中國學術思想研究輯刊

三七編

林慶彰 主編

第6冊

論魏晉知識分子的分化
——以《名士傳》、《文士傳》與《高士傳》為考核對象

黃銀姝 著

花木蘭文化事業有限公司

國家圖書館出版品預行編目資料

論魏晉知識分子的分化——以《名士傳》、《文士傳》與《高士傳》為考核對象／黃銀姝 著 -- 初版 -- 新北市：花木蘭文化事業有限公司，2023〔民 112〕

目 2+266 面；19×26 公分

（中國學術思想研究輯刊 三七編；第 6 冊）

ISBN 978-626-344-174-3（精裝）

1.CST：知識分子 2.CST：魏晉南北朝史

030.8 111021697

ISBN-978-626-344-174-3

9 786263 441743

中國學術思想研究輯刊

三七編 第 六 冊 ISBN：978-626-344-174-3

論魏晉知識分子的分化
——以《名士傳》、《文士傳》與《高士傳》為考核對象

作 者 黃銀姝

主 編 林慶彰

總 編 輯 杜潔祥

副總編輯 楊嘉樂

編輯主任 許郁翎

編 輯 張雅淋、潘玟靜 美術編輯 陳逸婷

出 版 花木蘭文化事業有限公司

發 行 人 高小娟

聯絡地址 235 新北市中和區中安街七二號十三樓

電話：02-2923-1455／傳真：02-2923-1452

網 址 http://www.huamulan.tw 信箱 service@huamulans.com

印 刷 普羅文化出版廣告事業

封面設計 劉開工作室

初 版 2023 年 3 月

定 價 三七編 17 冊（精裝）新台幣 46,000 元

論魏晉知識分子的分化
——以《名士傳》、《文士傳》與《高士傳》為考核對象

黃銀姝 著

作者簡介

黃銀姝，台南人。畢業於臺大中文系，於成大中文所在職專班修畢碩士，目前於台南市國中任教國文。喜歡閱讀，也愛旅行。在成大修習碩士課程時，接觸魏晉這群具有玄心妙賞、深情感物的士人，心嚮往之，加上江建俊教授的引導，開始投入對魏晉士人的研究。期許自己面對紛擾而變動的世界，能有魏晉士人由內而外的從容悠閒與灑脫氣度。

提　要

中國的士人自先秦形成一獨立階層後，影響政治、社會甚大，士人一方面背負著歷史的使命感，關懷社稷民生；一方面著作文章，傳承知識文化，可以說他們就是中國古代的知識分子。

本文主要討論在魏晉特殊的時空背景下所產生的知識分子。魏晉時玄學興起，當時的知識分子莫不受其影響，而這群知識分子依其特質，又可區分出三種主要的人物典型：其一為以名為重的名士，其風神瀟灑、能清談，又具玄心妙賞為特質；其二為以文章創作見長的文士，透過其文筆創作出麗辭縟彩與清新玄遠兩種截然不同風格的文學作品；其三為隱逸不仕的高士，除了秉持儒家與道家的隱逸精神，魏晉高士更將此二家隱逸思想融合，發展出玄學思想的新隱逸類型，至此，仕與隱的界線漸漸泯滅。

由於魏晉知識分子眾多，故本文以魏晉人編纂的雜傳《名士傳》、《文士傳》與《高士傳》為主要考核範圍，並以史傳補充。雖然因限定於某一範圍，難免有遺珠之憾，但如此卻能清楚的釐清魏晉此三種知識分子的典型，給予名士、文士與高士明確的定位，以凸顯魏晉知識分子之典型。

目

次

第一章　緒　論

第一節　研究動機

　　本書旨在探討魏晉知識分子的分流，除了釐清名士、文士與高士的內涵與其特質外，並試著從此三者的重疊處找出同時符合此三種身分的士人，藉以凸顯魏晉知識分子之典型。

　　中國知識分子是社會中最接近知識的人，他們是文化思想的創造者、知識的傳承者，更扮演人民教育者的角色。綜觀中國古代歷史，知識分子們總是左右政局、影響社會，然而史傳上多只記載個人事蹟，少有針對整個知識階層的行為與影響加以整理研究的，直到近代才開始有學者關注這個階層。知識分子自先秦形成一獨立階層以後，內部即開始慢慢分化，例如：漢朝有以鑽研經學章句為主的經生儒士；有以辭賦見長的言語侍從文人。雖然這兩類的士人群體皆屬知識階層，然因為他們對學術、文學或其他方面的偏重，使其漸漸在知識階層裡分化出兩個不同特質的群體。這樣的情形在中國歷史的各個朝代都存在著，也因此中國古代知識分子是具有多重涵義的，亦即其內部仍可細分為具不同特質的群體。

　　魏晉時期由於政治與時代思想的特殊，形成一群獨特的知識分子，他們可能具有玄心妙賞，長於品評人物、清談玄言；也可能有滿腹文才，創作出一篇篇動人的詩文；又可能是放棄官職，選擇隱逸，鎮日徜徉山水之間，故魏晉士人的角色具有多元的面向。然以往對魏晉知識分子的研究多是單一角度的，缺乏全面性的關照，頗有見樹不見林之憾，必須針對魏晉知識分子作全面性的分

類研究，方可還原他們完整真實的面貌，並依此建立起魏晉知識分子在中國知識階層中的地位。但是這樣的研究若無貫穿整個魏晉知識階層的主軸，則牽涉範圍流於過度廣泛，難以精確的定位出魏晉知識分子，所以在本文中將採三個面向來探討魏晉知識分子。其一為名士，因漢末以來人物品藻風氣盛行，加上魏晉玄風流衍，出現了一群獨特的文人，他們以名見重，稱為名士。這些名士著重外在神貌、名譽，善清談，又有服食之習，常是魏晉士階層的領袖人物，他們引領風騷，帶動風氣，對於當時士人的思想觀念、言行舉止影響甚大。其二是文士，當時因為個體意識的覺醒帶動文學的轉型，產生的一批藉詩歌文章抒情遣懷的文士。中國文學在魏晉時脫離經學的附庸，獨立成純文學──純粹為情感而抒發，為美感而創作；研究人物才性玄理的理論，在此時被用以建立文學理論，創作理論與文學批評大量產生，文人地位在此時亦提升。其三為高士，因為漢末政治的黑暗與道家思想的流行，造成漢末以來隱逸之風盛行；而魏晉玄學「遊外冥內」之旨，更為隱逸提供了理論依據，隱居的「高士」在魏晉大量出現。他們崇尚自然，不以俗務經心，追求一種超越的精神境界。魏晉的知識分子們莫不以自然為尚，隱逸為高，即使無法過著真正隱居山野的生活，也要硬創造出個「朝隱」來滿足自己出仕與隱逸兼得的渴望，不管是隱於野或隱於朝，魏晉高士之多是當時知識階層一種獨特的現象。

　　之所以從此三面向來研究魏晉的知識分子，乃參考魏晉時期的三本雜傳：《名士傳》、《文士傳》與《高士傳》，此三本書分別選錄魏晉知識階層內部三個重要分流的士人──名士、文士與高士，以此為著錄名士、文士與高士的參考文本，雖縮小了範圍，卻利於清楚聚焦。

　　研究過相關書籍發覺，多數對名士、文士的用法多半是混在一起，或以名士統稱魏晉士人，或以文士涵蓋之，這都是以廣義的涵義來統攝魏晉知識分子。若以狹義且精準的涵義來界定之，則名士與文士、高士皆是可以釐清其概念的。

　　名士、文士與高士，三者猶如鼎之三足，昂然立於魏晉士林之中，缺少了任何一種，就會使魏晉士人的特質無法彰顯。所以本文將由中國知識分子的角度切入，分別從三個不同面向去探討魏晉時期的知識分子，並試圖歸結出魏晉知識分子所獨有的特質，期能對魏晉知識分子有一個全面而清楚的認識。

第二節　研究方法與範圍

壹、研究方法

本書主要在探討魏晉的知識分子，因為這些人是魏晉文化的主要創造者，而魏晉文化又深入中國知識分子的生命中，對於中國藝術的、觀照的美感思維，以及處世智慧都有極大的啟發。對於魏晉的知識分子，我們不只想知道他們的行為生活，也想了解他們的思想內涵，由此二方面進行研究，方能有較深入的了解。

余英時的《歷史與思想》一書中介紹了人文主義的歷史學家—柯靈烏（R.G.Collingwood），之所以稱他為人文主義的歷史學家，乃因其研究特點在於總是以人為中心，將人從一般自然事物中超拔出來，以顯示人在宇宙間特有的尊嚴。余先生進一步說明柯靈烏的歷史理論乃強調「歷史是以人的思想為中心的學問」，故若能設身處地去體會古人的思想，才能更理解歷史的真相，如同中國有「將你心，換我心」，西方的「同情的理解」之意。因此在研究一個群體的共同特質時，應也深入了解其思想，設身處地去體會他們的思想，如此方能說對此群體有較完整的認識。

余英時先生又提到，柯靈烏在研究歷史事件時，應同時對於每個事件採取外在性與內在性的兩面看法，余先生說：

> 「外在性」便是一事件的物質狀態，如陳勝吳廣與戍卒等起事於大澤鄉，李世民於玄武門翦除建成元吉之勢力等；「內在性」則是一事件中人的思想狀態，如王安石變法時代新舊兩黨對於新政看法之衝突，戊戌政變時代維新派與滿清舊臣在思想上的矛盾。〔註1〕

所以對於歷史事件，我們不能只注意外在的事件，必須兼顧事件參與者的內在思想狀態。舉例說明，如果只知道秦二世元年陳勝吳廣於大澤鄉起義，卻不了解起義者的心理反應，則我們不能說已經懂得這件事。余先生又說：

> 因此柯氏認為歷史家所探討的不是單純的事件（即祇有外在性而無內在性），而是行動（action），行動是一件事的外在性與內在性的統一。〔註2〕

〔註1〕余英時：《歷史與思想・一個人文主義的歷史觀》（臺北：聯經出版社，1976年），頁227。

〔註2〕余英時：《歷史與思想・一個人文主義的歷史觀》，頁227。

余先生所引柯靈烏的歷史理論很適合用在探討古代知識分子，故擬以之為本文的研究方法，分別從魏晉士人的表面行為特質與內在思想著手。以名士而言，行為越禮任誕是外在面，然所秉持的內在思想（內在性）則不盡相同，有的是因為不滿名教被扭曲，禮法被濫用，因而以任誕的行為嘲諷之；有的卻沒有深厚的思想基礎，徒效放蕩，更以此滿足個人私慾，此真名士與假名士之差別，若沒有從內在性去探討，恐怕難以區隔，亦難以理解真名士之所以放達任誕的真正原因。以文士而言，文士的文學作品有繁詞麗藻，極力逞才競詞，寫物注重巧構形似；也有文辭清新，得意忘言，重視精神境界的追求，之所以有此兩極化的差異，是因其「內在性」，即所秉持的思想，以及所認同的價值不同所致。以高士而言，其隱逸是表面上可見的行為，而其內在面就是隱逸的動機與價值觀。有些人因避亂世而隱，有些則因追求個人之逍遙、順性而隱，若沒有深入探究其隱逸的動機，則無法釐清其隱逸的價值。所以本文將採用柯靈烏「行動」的歷史理論，從魏晉知識分子的外在面與內在面進行論述。

以往的研究已發現魏晉從正始、竹林、元康到永嘉，各個時期的知識分子，因為玄學思想與政治、經濟等因素的改變，其心態與行事作風都不太相同。而名士、文士與高士雖都同屬士階層，然彼此之間仍存在著顯著的差異。所以，要研究魏晉的知識分子，從個人事蹟、行為，到群體共同的行為模式都是必須關注的。文章的進行將採取以下的步驟：

一、對「名士」、「文士」與「高士」溯源，並釐清其在魏晉時期的涵義。

二、篩選出《名士傳》、《文士傳》與《高士傳》與其他史傳所錄的「名士」、「文士」與「高士」，並將之分別製成表格。

三、將魏晉的知識分子依其特質，區分為不同時期的群體加以介紹。

四、在論述每一個群體時，一方面從個人生平事蹟簡單說明，一方面抽繹出該群體的共同特質。

五、最後從整體的角度來看「名士」、「文士」與「高士」，歸納出「名士」、「文士」與「高士」的行為與思想特質。

希望透過這些步驟，可以將在魏晉特殊時空背景下產生的知識分子之面貌還原，並對其有更深入的了解。

貳、研究範圍

本文研究範圍以《名士傳》、《文士傳》與《高士傳》為主，這三本書分別

從名士的風流灑脫、文士的生花妙筆與高士的閒淡高遠，三個不同的面向去檢視士人的不同傾向。除了顯示出當時士人的不同特質外，更因這些書的作者皆為魏晉時期的人，〔註3〕從其選錄人物的標準，可探知魏晉時人看待名士、文士與高士的標準；而將這些著作所選錄的人物合起來看，則正好代表了魏晉知識分子「名士」、「文士」與「高士」的三個重要分流。

《名士傳》、《文士傳》與《高士傳》是魏晉時期雜傳編纂風氣盛行下的產物，也是魏晉人物品評的另一種呈現方式。魏晉強調個人特質，尊重個別差異，並對於人物進行審美的品鑑，這些書是時代思想的見證，故非常具有代表性的。然而因為年代久遠，加上當時戰爭頻仍，造成典籍散佚不全，所以必須輔以史傳資料，才能較完整的呈現，故以《三國志》、《晉書》為人物生平資料的補充說明，另外也引用許多《世說新語》的資料以彌補史傳偏於嚴肅的選材。

至於所研究人物的年代起訖，則因三類士人的著錄年代不同而稍有差異。名士真正的產生是在正始年間，故以曹魏正始年間開始，至東晉結束；文士則不同，因漢末建安時期與魏初的文士重疊性高，且文學風氣是相延續的，故將時間往前推至建安年間，到東晉陶淵明為止；高士的處理，因《高士傳》所錄人物多為魏朝以前的隱者，它在論文的角色扮演探知隱逸思想的資據，故魏晉高士的年代起訖乃以《三國志》、《晉書》所載為主，從漢末魏初到東晉結束。

第三節　前人研究成果

前人對魏晉士人的研究數量眾多，成果斐然，對於研究魏晉知識分子的幫助很大。在閱讀與寫作的過程中，發現有一些著作論述清楚，理論新穎，因此本文的許多論點參考了這些書籍。以下將對筆者產生較大的影響的書籍與論文概述之。

在知識分子的這個主題，有余英時先生的《士與中國文化》〔註4〕與《中國知識階層史論〈古代篇〉》〔註5〕（這兩本書籍所收錄的論文有一半是相同的），此二書以中國知識分子的歷史性格形成與流變為主旨，對於知識分子從先秦到魏晉，作一縱向的論述。其中〈古代知識階層的興起與發展〉一篇，對

〔註3〕《名士傳》作者袁宏，《文士傳》作者為張騭，《高士傳》作者皇甫謐，三人皆為晉朝人。
〔註4〕余英時：《士與中國文化》（上海：上海人民出版社，1996年）
〔註5〕余英時：《中國知識階層史論〈古代篇〉》（臺北：聯經出版社，1994年）

先秦知識分子的形成有其深入而精闢的論述，他以史學家的博覽，將所得資料立起一間架，並因此進行推論，還原先秦知識分子產生與演變的過程。〈漢晉之際士之新自覺與新思潮〉一文則以士大夫群體意識與個體意識的醒覺為主軸，從許多方面進行舉證論述，以說明、證實此觀點。此兩篇論文對筆者的影響較大，而且余先生論理綿密，舉證資料充足，這點是筆者極欽佩的地方。龔鵬程的《中國文人階層史論》〔註6〕則是將士人的範圍縮小，聚焦於文人階層，試圖釐清文人與其他士人，如經生、循吏間的差異。至於邵建的《知識分子與人文》〔註7〕一書，先將「知識分子」一詞的西方淵源與定義說明清楚，並以西方理論論述知識分子與人文主義，許多見解犀利而深入。馮必揚等著的《士思維》〔註8〕，針對中國士人作全面性的觀察與討論，此書篇幅不多，卻頗有深造自得之見。而羅宗強的《玄學與魏晉士人心態》〔註9〕將魏晉士人依朝代順序論述，並佐以歷史資料，以說明各個時期士人的不同心態，所涉及的士人眾多，又具有相當的深度，是研究魏晉士人必看的一本書。

在名士方面，李清筠的《魏晉名士人格研究》〔註10〕給予筆者清楚的名士概念，文中將《世說新語》正文與註解中，明言為「名士」者，以表格的方式列出，並進行研究，筆者即援引此一方法，同時針對名士、文士、高士加以著錄。劉蓉的《漢魏名士研究》〔註11〕對東漢末年至魏晉間名士的形成與名士階層的發展有深入的論述，此書的特點在於將名士階層的內部分化作清楚的分類。甯稼雨的《魏晉名士風流》〔註12〕從社會層面、生活情趣與思想靈魂三方面談魏晉名士，雖以非學術論文的方式寫成，然而以其深厚的學養，亦足可觀。關於名士思想方面，臺灣師大張雅茹的《魏晉名教的理論與實際》〔註13〕論理清晰，井井有條，釐清「名教」與「自然」間的關係，對於嵇康、阮籍越禮自放行為，其背後的理論論述頗為深入。

〔註6〕龔鵬程：《中國文人階層史論》（宜蘭：佛光人文社會學院，2002年）
〔註7〕邵建：《知識分子與人文》（臺北：秀威資訊科技，2008年）
〔註8〕馮必揚等著：《士思維》（上海：上海人民出版發行，1993年）
〔註9〕羅宗強：《玄學與魏晉士人心態》（臺北：文史哲出版社，1992年）
〔註10〕李清筠：《魏晉名士人格研究》（台北：文津出版社，2000年）
〔註11〕劉蓉：《漢魏名士研究》（北京：中華書局，2009年）
〔註12〕甯稼雨：《魏晉名士風流》（北京：中華書局，2007年）
〔註13〕張雅茹：《魏晉名教的理論與實際》（臺北：師範大學國文學系碩士論文，2008年）

　　在文士方面，孫若風的《高蹈人間——六朝文人心態史》〔註14〕將魏晉文人分為「建安發唱」、「正始逸調」、「中朝浮響」與「江左遠韵」四個階段來論述，對於人物的特質皆能清楚掌握，然書中所舉文人，有建安七子、何晏、王導、謝安等人，在名士與文士的界定上並不清楚。馬良懷的《魏晉文人講演錄》〔註15〕是一本上課講義，以極輕鬆的方式將魏晉文人作一概述。盧盛江的《魏晉玄學與文學思想》〔註16〕對於玄學影響文學思想的部分有極精闢而深入的探討，在文學思想方面給予筆者許多啟發。

　　在高士方面，蔣星煜的《中國隱士與中國文化》〔註17〕對中國隱士作通盤的考察，從隱士的名稱、形成因素、類型與政治、經濟、社會生活等多方面來了解中國的隱士，廣度上很足夠。張釩星的《魏晉知識分子道家意識之研究》〔註18〕將魏晉知識分子對道家思想的接受，作了非常有條理的說明，在研究魏晉知識分子的思想方面有極大的幫助。紀志昌的《魏晉隱逸思想研究——以高士類傳記為主所作的考察》〔註19〕則是以創新的角度來探索魏晉高士隱逸思想，分別從嵇康的《聖賢高士傳》、皇甫謐《高士傳》與戴逵《竹林七賢傳》中的人物分析歸納著手，進而探索作者本身的隱逸思想，論點新穎而具有深度。許尤娜的《魏晉隱逸的內涵——道德與審美側面之探究》〔註20〕從審美的角度看隱逸文化，並探討隱逸文化在中國藝術上的影響。

　　由於論題所涉及的人物面極為廣泛，牽扯的思想問題亦相當複雜，希望能藉著前輩們的研究成果，使自己的論述能更加周延，將魏晉知識分子的三個分流——名士、文士與高士的定位釐清，並歸納分析出他們的特質。

〔註14〕孫若風：《高蹈人間——六朝文人心態史》（石家莊：河北教育出版社，2001年）

〔註15〕馬良懷：《魏晉文人講演錄》（廣西：廣西師範大學出版社，2009年）

〔註16〕盧盛江：《魏晉玄學與文學思想》（天津：南開大學出版社，1994年）

〔註17〕蔣星煜：《中國隱士與中國文化》（上海：上海人民出版社，2009年）

〔註18〕張釩星：《魏晉知識分子道家意識之研究》（臺北：政治大學中文所博士論文，1987年）

〔註19〕紀志昌：《魏晉隱逸思想研究——以高士類傳記為主所作的考察》（臺北：輔仁大學中文所碩士論文，1998年）

〔註20〕許尤娜：《魏晉隱逸的內涵——道德與審美側面之探究》（臺北：淡江大學中文所碩士論文，1999年）

第二章　中國知識分子統論

　　綜觀中國古代歷史,「士人」可說是具備現代「知識分子」特質的一個階層,他們擁有知識,因此參與政治,對政治一方面是依附,一方面卻是批判;他們關懷社會,把教育人民的責任攬在身上,行有餘力則著述寫作,累積文化績業。在中國歷史上,士人一直扮演著重要的角色,也因傳統文化與政治等方面的影響,產生了一些特質。以下將針對知識分子的定義與士的形成作溯源,並對中國知識分子的特質加以抉發,期能循著歷史的軌跡而對中國古代的知識分子有更完整的認識。

第一節　中國古代知識分子的產生

　　士即指中國古代的知識分子,然而士並非一開始就成為一獨立階層,也並非一開始就具有知識分子的特質,這其中是經過一段演變的過程。當春秋戰國時期,士階層形成之後,孔子、孟子相繼賦予士許多特質,士的性格因此更加鮮明,然也與統治者脫離不了關係,士人與統治者的關係在各朝代多有差異,例如:諸侯為擴張自己的勢力,積極籠絡士人,於是諸子百家之學興;秦朝及漢朝初年,秦始皇的焚書坑儒,漢高祖劉邦的鄙視儒生,皆讓士人備受到壓抑與鄙視;至漢武帝獨尊儒術,士人地位提升,然也成為統治者的附庸。魏晉時期思想鬆綁、個性獨立,加上莊園經濟穩定,士人不單只是為統治者服務,他們已經有更多的自我空間來發揮自我。

壹、何謂知識分子

「知識分子」一詞極易產生歧義，單從字面上理解，乃指具有相當知識水準的人物；鄭也夫從符號學的角度來詮釋知識分子，他說：「知識分子是使用某種特殊符號系統的人。」〔註1〕而此符號系統即是文字。在中國古代，以文字的使用來區分知識分子與非知識分子是可行的，但於教育普及的近代，此方法就行不通了。要探討知識分子的涵義，從此詞語產生源頭開始，或許是個好方法。邵建先生追溯「知識分子」此一名詞的歷史淵源，其《知識分子與人文》一書說明「知識分子」一詞源於十九世紀的俄國與法國：

> 源於俄國的「知識分子」概念，其英文為「intelligentsia」，但該詞通
> 常被譯為「知識階層」。作為特定內涵，它是指由沙俄派到西歐去學
> 習先進文化而後回國的那批青年貴族。〔註2〕

彼得大帝派遣一群年輕人到法德去學習歐洲科學文化、思想觀念、生活方式，並讓他們將這些新觀念與新制度帶回國，試圖改變當時俄國落後的現象，而這一群人就被稱為「知識階層」（intelligentsia）。這些「半個外國人」的思想行為、生活習慣都與當時俄羅斯人扞格不入，但他們仍為改變眾人既有的觀念而努力著，後來這個詞語的涵義就傾向於指那些在政治、社會議題上提倡改革的人。以此推測，intelligentsia 不只指受過教育，更是關切政治、參與社會，具批判精神的人，所以源於此的「知識分子」有「有關懷公共事務，並將之視為己任」的意涵。

另一個源於法國的「知識分子」，邵建先生說：

> 源於法國的「知識分子」概念，其英文為「intellectual」，它的出現，
> 與 1898 年的「德雷福斯事件」有關，與作家左拉等人對這個事件的
> 介入有關。〔註3〕

法國的上尉軍官德雷福斯於 1894 年被控出賣軍事情報給德國，被判處終身監禁。事實上，這是一件誤判的案件，但軍方卻拒絕重新審理此案件。1898 年 1月作家左拉率先在報紙上發表給總統一封〈我控訴〉的信，之後又在報紙上刊載一篇有作家、學者、教師等簽名的宣言書〈抗議〉，此宣言被稱為「知識分

〔註1〕鄭也夫：〈符號、書與知識分子〉，《社會學研究》第 4 期（1992 年），頁 39。
〔註2〕邵建：《知識分子與人文・一個需要不斷闡釋的對象》（台北：秀威科技，2008年），頁 1。
〔註3〕邵建：《知識分子與人文・一個需要不斷闡釋的對象》，頁 2。

子宣言」，這群人則被稱為「知識分子」（intellectual）。因為他們對該案件的介入，使此冤獄得以重新審理並獲得平反，於是源於此事件的「知識分子」這一名稱，就帶有著對體制與權威的批判意味。

　　綜合以上「知識分子」此名稱的兩個歷史淵源可知，知識分子具有高道德感，關懷公眾事務，並勇於對權威體制提出批判的特質。所以我們可以說，所謂「知識分子」，是指具有相當的知識學問，並對政治、社會關切並具有影響力的人物。

貳、中國古代知識分子的產生

　　雖然知識分子此名稱起源較晚，但知識分子絕非近代才產生的，在古今中外的各個社會中，其實都存在著具有知識分子特質的人物，只是他們沒有使用「知識分子」這個詞語。這些人大多掌握了知識，並負責維護當時的政治與社會秩序，但因不同的政治環境、時代背景，而各有不同的名稱，例如：古希臘的智者（Sophist）、羅馬的文士（Literati）、印度古代之僧侶、中古歐洲的教士，與中國古代的士。

　　中國古代的「士人」可說是具備現代「知識分子」特質的一個階層，他們擁有知識，因此參與政治，對政治一方面是依附，一方面卻是批判；他們關懷社會，把教育人民的責任攬在身上，行有餘力則著述寫作，所以他們常被視為中國古代的知識分子，馮友蘭曾說：

　　　　所謂「士」就是中國封建社會中的知識分子階層。〔註4〕

邵建亦認為：

　　　　中國知識分子的傳統可以前溯到中國古代的「士」〔註5〕。

余英時也說：

　　　　知識階層在中國古代的名稱是士。〔註6〕

所以，士其實就是中國古代的知識分子，士階層則是中國古代的知識階層，要瞭解中國古代的知識分子，就必須從「士」來著手。以下將探討中國古代「士」的起源與演變，以便了解士如何演變成知識分子的。

〔註4〕馮友蘭：《中國哲學史新編》（臺北：藍燈文化事業，1991年），頁1。

〔註5〕邵建：《知識分子與人文‧一個需要不斷闡釋的對象》，頁3。

〔註6〕余英時：《中國知識階層史論〈古代篇〉‧古代知識階層的興起與發展》（臺北：聯經出版社，1994年），頁1。

　　而士之成為知識分子，並非一開始就如此，而是經過一番演變的。在中國古代，最早掌握知識的人是卜、巫等神職人員，進入周朝封建社會後，各種執掌、類型的士漸漸形成。先秦的典籍中，士可被解釋為「男子」，如《詩經·鄭風·女曰雞鳴》：「女曰：『雞鳴』，士曰：『昧旦』。」〔註7〕《易經·歸妹卦·上六》：「女承筐，無實；士刲羊，無血、無攸利。」〔註8〕另外，士亦可解釋為「古代貴族階層等級最低者」，《禮記·禮器》載：

　　　　有以高為貴者，天子之堂九尺，諸侯七尺，大夫五尺，士三尺，天子諸侯臺門，此以高為貴也。〔註9〕

由此可知，不同等級的貴族，其臺門的高度也因此不同，而士是其中等級最低者，所以臺門的高度最低。《春秋左傳·桓公傳二年》亦載：

　　　　師服曰：「吾聞國家之立也，本大而末小，是以能固。故天子建國，諸侯立家，卿置側室，大夫有貳宗，士有隸子弟，庶人工商，各有分親，皆有等衰。」〔註10〕

由師服的話可知在士階層之下，就是庶人階層，士應是貴族中等級最低者。西周時代禮不下庶人，《儀禮》乃記載先秦名物制度的典籍，其〈士冠禮〉、〈士昏禮〉、〈士相見禮〉、〈士喪禮〉與〈士虞禮〉五篇，皆冠上「士」，即以士為貴族的最低等級，其上為君卿諸侯，其下為庶民。所以在周朝的最初的封建制度下，士是貴族階層的最低等級，它是一種階級身分，由分封世襲制度而得來的。

　　至於士是做些什麼樣的工作呢？根據王長華先生在《春秋戰國士人與政治》一書的歸納，大致有三類型的職務：

　　　　春秋以前，周王朝中的有職之士，或擔任武士以保衛社稷，如《晏子·內篇·諫下》：「明君之蓄勇力之士也……內可以禁暴，外可以威敵，上利其功，下服其勇，故尊其位，重其祿。」或在天子、諸侯的宮廷和行政機構中擔任職事官職，如《國語·周語上》云：「大夫、士日恪位著以儆其官，庶人工商各守其業以共其上。」

〔註7〕　（清）阮元注疏：《詩經·鄭風·女曰雞鳴》（臺北：藝文印書館《十三經注疏》，1955年），卷四，頁168。

〔註8〕　（清）阮元注疏：《易經·歸妹卦·上六》（臺北：藝文印書館《十三經注疏》，1955年），卷五。

〔註9〕　（清）阮元注疏：《禮記正義·禮器》（臺北：藝文印書館《十三經注疏》，1955年），頁48。

〔註10〕　（清）阮元注疏：《春秋左傳正義·桓公二年》（臺北：藝文印書館《十三經注疏》，1955年），頁10。

又言：

> 《公羊傳‧隱公元年》：「宰，士也。」《儀禮》鄭玄注：「室老，家相
> 也；士，邑宰也，是家相邑宰為公士，大夫之貴臣也。」〔註11〕

此皆說明士擔任卿大夫邑宰與家臣的事實，故知士的工作性質，大致為擔任保衛王室職責的武士、擔任王室及諸侯的行政職事與做卿大夫的邑宰與家臣。此說與顧炎武說的：「士者大抵皆有職之人矣」〔註12〕是相合的。而士的培養教育，統一由官方培養：

> 樂正崇四術，立四教。順先王詩書禮樂以造士，春秋教以禮樂，冬
> 夏教以詩書。〔註13〕

周朝是官師教合一的。士被官方教以禮樂射御書數〔註14〕等知識技能，用以服務上層皇室貴族。《國語‧周語》：「天子聽政，使公卿至於列士獻詩。」大體上我們可以說西周以前的士雖具備知識，但並不完全等同於現今我們所說的「知識分子」，因為他們只是貴族階層中的某一固定等級，無法踰越分位的限制，之所以擁有知識技能，只是用以為上層貴族階級効勞，自然亦無法對社會國家產生「批判、關切」的影響力。

東周之後，士的質與量產生劇烈變化，由封建社會的貴族世襲身分轉變為非貴族世襲身分，而是以知識為憑藉的知識分子。周天子失其天下共主之位，諸侯國間的爭鬥兼併日益加劇，史記曾載：「《春秋》之中，弒君三十六，亡國五十二，諸侯奔走不得保其社稷者不可勝數。」〔註15〕由於社會的劇烈變動，許多貴族陵夷，下降到士庶人階層來，《左傳‧昭公三年》叔向對晏嬰談論晉國王室衰落的情形：

〔註11〕王長華：《春秋戰國士人與政治》（上海：上海人民出版社，1995年），頁3、12。

〔註12〕（清）顧炎武著，黃汝成集釋：《日知錄集釋》（上海：上海古籍出版社，2006年），卷七，「士何事」條，頁440。

〔註13〕（清）阮元注疏：《儀禮‧王制》（臺北：藝文印書館《十三經注疏》，1955年），卷五，頁256。

〔註14〕楊寬《古史新探‧我國古代大學的特點及其起源》一文中說明，西周大學的教學內容以禮樂和射御為主：「當時貴族生活中必要的知識和技能，有所謂『六藝』：禮、樂、射、御、書、數。但是，因為『國之大事，惟祀與戎』，他們是以禮樂和射御為主的。」（北京：中華書局，1965年），頁207。

〔註15〕（漢）司馬遷：《史記‧太史公自序》（北京：中華書局《二十四史》，1997年），卷一百三十，頁3297。

雖吾公室，今亦季世也。戎馬不駕，卿無軍行，公乘無人，卒列無
長，庶民罷敝……欒、卻、胥、原、狐、續、慶、伯，降在皁隸。

（杜注：八姓，晉舊臣之族也；皁隸，賤官也。）〔註16〕

指出八大姓原為晉室貴族高門，今卻淪為賤官。《左傳·昭公三十二年》史墨
對趙簡子說：

社稷無常奉，君臣無常位，自古以然。故詩曰：「高岸為谷，深谷為
陵。」三后之姓於今為庶，主所知也。〔註17〕

從叔向與史墨的話，可見公室的普遍衰落，當時下降到士階層來的貴族應不在
少數。另外，宗法制度下，嫡庶造成的大小宗也讓部分貴族成員不斷向下層移
動，成為士階層之一。《史記·商君列傳》載商鞅為「衛國之諸庶孽公子也」。
〔註18〕從歷史的演變上觀察，貴族下降為士是常見的，例如顏回是貧士，其遠
祖邾武公為魯國附庸而改姓顏氏，十四世皆仕魯為卿大夫，至顏回的祖父則已
降為「邑宰」，可能已是「士」了。〔註19〕貴族的下降，除了增加士的人數，
最重要的，是將原本保存於王室的知識帶入民間，使得原本保存在王官的學問
知識轉變為百家之學。

除了貴族下降為士，還有庶人藉著戰功或學術仕進的方式上升到士階層
來，趙簡子伐鄭誓詞：

克敵者，上大夫受縣，下大夫受郡，士田十萬，庶人工商遂，人臣
隸圉免。〔註20〕

庶人可因戰功而仕進，上升為士；另外，透過讀書學習也可跳脫原來的平民階
級，晉升為士，如《管子·小匡》：

是故農之子常為農，樸野而不慝，其秀才之能為士者，則足賴也。

故以耕則多粟，以仕則多賢，是以聖王敬畏戚農。〔註21〕

文中指出農人之子天資秀異者，透過學習也可以上升為士；以學術而仕進
者，還有孔子的弟子：「子贛、季路，故鄙人也；被文學，服禮義，為天下

〔註16〕 （清）阮元注疏：《春秋左傳正義·昭公三年》，頁722。
〔註17〕 （清）阮元注疏：《春秋左傳正義·昭公三十二年》，頁933。
〔註18〕 （漢）司馬遷：《史記·商君傳》，卷六十八，頁2227。
〔註19〕 余英時：《中國知識階層史論〈古代篇〉·古代知識階層的興起與發展》，頁17。
〔註20〕 （清）阮元注疏：《春秋左傳正義·哀公二年》，頁993。
〔註21〕 （周）管仲撰：《管子·小匡》（臺北：中華書局《諸子集成》，1954年），頁
121。

列士。」〔註22〕這些情形大量的發生於春秋末期至戰國之際，當時原本森嚴的階級制度漸漸崩壞，貴族與平民階級的劃分不再截然分明。在此舊秩序解體的過程中，士階層人數大量增加，性質也產生轉變，已不是「皆有職之人」，春秋晚期以後，除了少部分的士保有其官職，大部分的士則失去周王室政治與經濟上的依靠，開始游離於社會，社會上於是出現一批具自由身分的新興士人，而他們是沒有固定工作的。至於士脫離貴族階層，被定位於平民階層中，且與商農工並列四民之一，在《管子》一書中可見到這些情況的紀錄：

　　　　故先王使農士商工四民交能易作，終歲之利，無道相過也。〔註23〕

士階層已獨立為一階層，並被列入四民之一，至此，我們可以正式宣告士階層已產生，而非只是附屬於貴族階層；然四民的順序是農、士、商、工，顯示當時農人的地位仍在士之上。士受到諸侯重視，成為四民之首，最晚應在戰國時期，顧炎武《日知錄》云：

　　　　春秋以後游士日多，《齊語》言桓公為游士八十人，秦以車馬衣裘，
　　　　多其資幣，使周遊四方，以號召天下之賢士，而戰國之君遂以士為
　　　　輕重，文者為儒，武者為俠。〔註24〕

因為戰國時期各諸侯國間的權力與軍事角逐，游士成為各國爭相拉攏的對象，加上養士風氣盛行，對於士人的產生與士人地位的上升起了推波助瀾的作用。在成書較晚的《穀梁傳·成公元年》中，我們可看到其記載四民的順序是以士為首了：

　　　　上古者有四民：有士民、有商民、有農民、有工民。〔註25〕

春秋末期所產生的游士與周朝封建制度貴族階層中的士不同，此時士的性質已轉變，這群新興的士學習、擁有知識，並憑藉知識與社會進行交流。他們目睹當時諸侯國間的政治角力與混亂的社會秩序，或自創一套學說，盼穩定政治社會秩序、造福百姓，如孔子、老子；或積極參與其中出謀劃策，如商鞅、韓非，其特質與知識分子「對政治、社會關切並具有影響力的人物」的特質相近，所以因此可以說：這群新興的士就是中國古代的知識分子的原型。

〔註22〕（周）荀況撰：《荀子·大略》（臺北：中華書局《諸子集成》，1954 年），頁334。

〔註23〕（周）管仲撰：《管子·治國》，頁 262。

〔註24〕（清）顧炎武撰，黃汝成集釋：《日知錄集釋》，卷七，「士何事」條，頁 440。

〔註25〕（清）阮元注疏：《穀梁傳·成公元年》（臺北：藝文印書館《十三經注疏》，1955 年），頁 128。

第二節　中國古代知識分子的特質

　　先秦諸子百家爭鳴，其中以儒、道、法三家佔明顯優勢，成為中國文化的傳統的主要精神。對於士人，儒家的討論相當多，而且在士階層形成之初，孔子就賦予士一些特質，為士人定下一些道德標準，並探討士與國家社會的關係，區別士與其他階層的差異；孟子又指出「士之仕也，猶農夫之耕也。」確立了士人以仕為職業；漢武帝獨尊儒術，並對士人廣開仕門，知識分子與政治更脫離不了關係。隋唐之後以科舉取士，所習內容無非四書五經，儒家的思想漸內化為士人的精神與特質，而在儒家思想的影響下，中國古代知識分子形成重視自身道德修養、積極入世、以天下國家為己任的特質。魏晉南北朝，政治的紛亂，道家學說又重新受到重視並累加詮釋，而為當時士人大量接受，形成另外一股影響士人的力量，至此中國士人的精神大致以儒道為主體，並互補之。

壹、人文精神

　　在中國古代，不同朝代的知識分子因其時代背景、思想的不同而呈現出不同的特質，但就整體知識階層而論，他們具有一些共同的特點，其中一項就是具有強烈的人文精神，重視人與群體間的關係與責任。這裡所謂的「人文」（Humanism），泛指任何以人為中心的學說，以區別於以神為中心的神本主義。中國古代知識分子一向以人為思考重心，並理性的觀察、衡量現實，而建構出一套以人為思考脈絡的世界觀，與世界其他國家的知識分子相比，中國知識分子的人文精神發展得最早，亦即對現世的關注最早，當其他國家仍關注著宗教神明的事務時，中國的知識分子已將眼光放在現實人世間，探討人的力量、生活課題以及人與群體的關係。

　　中國在夏商周三代時已有人文思想的先驅者出現，如：伊尹，孟子曾引用他的話：「天作孽，猶可違；自作孽，不可逭。」〔註26〕充分肯定人的力量能創造其命運；又如周公旦：「天不可信，我道唯寧王德延。」〔註27〕言天命無常，唯有德者、得民者能長保天命。子產曰：「天道遠，人道邇。」〔註28〕其

〔註26〕　（清）阮元注疏：《孟子・公孫丑上》（臺北：藝文印書館《十三經注疏》，1955
　　　　　年），卷三，頁63。
〔註27〕　（清）阮元注疏：《尚書・周書・君奭》（臺北：藝文印書館《十三經注疏》，
　　　　　1955年），卷十六，頁245。
〔註28〕　（清）阮元注疏：《春秋左傳正義・昭公十八年》，頁840。

關注的焦點是人事，而非天道，孔子承襲此思想脈絡，對於宗教上的神鬼亦不多言，認為人生在世的課題才是應該著力的，有一次季路問鬼神之事於孔子，孔子曰：「未能事人，焉能事鬼？」又曰：「未知生，焉知死？」〔註29〕可見孔子所關切的是現實人生的課題，所遵循的禮義規範，也是針對現實社會階級劃分，以及穩定社會秩序而來。

　　新興知識分子的形成正當孔子之時，孔子及其學生可說是最初產生的新興知識分子，自孔子開始，樹立了士人的道德觀與行為規範，加上其弟子們的努力，使儒學成為顯學。漢武帝獨尊儒術，將儒家以外的各家思想罷黜，使儒家思想成為大一統專制政權裡的唯一學術權威。人民學習的是《詩》、《書》、《禮》、《易》、《春秋》等儒家重要經典，透過對儒家經典的學習與實踐，才有機會受到推薦，進入朝廷為官。此後，儒家思想根深柢固植入士人心中，延續了兩千多年。影響所及，就是中國古代知識分子普遍重視現實面，而較不關心天道鬼神的問題。

貳、道德修養與歷史使命感

　　受到儒家思想的根本性影響，中國古代的士人均極重視自身的道德修養，遵守一定的行為規範，而且對國家社會有強烈的使命感。子貢曾與孔子有一段何如才可稱為「士」的問答：

> 子貢問曰：「何如斯可謂之士矣？」子曰：「行己有恥，使於四方，不辱君命，可謂士矣。」曰：「敢問其次？」曰：「宗族稱孝焉，鄉黨稱弟焉。」曰：「敢問其次？」曰：「言必信，行必果；硜硜然，小人哉！抑亦可以為次矣。」曰：「今之從政者何如？」子曰：「噫！斗筲之人，何足算也！」〔註30〕

身為「士」，必須言信行果，對宗族鄉黨做到孝悌，並使於四方而不負君王的使命，簡而言之，就是要誠信、果決、忠孝，應對得宜。可知孔子對於士的道德要求已有一定的標準，而這足以將士與其他階層清楚區分。

　　孔子的學說以「仁」為中心，所賦予士的道德要求就是要符合「仁」，他甚至將「仁」的地位推至生命之上：

〔註29〕（清）阮元注疏：《論語·先進》（臺北：藝文印書館《十三經注疏》，1955年），卷十一，頁97。

〔註30〕（清）阮元注疏：《論語·子路》，卷十三，頁118。

子曰:「志士仁人,無求生以害仁,有殺身以成仁。」〔註31〕
而「仁」的內涵是什麼?《論語・雍也》載:

子貢曰:「如有博施於民而能濟眾,何如?可謂仁乎?」子曰:「何
事於仁,必也聖乎!堯、舜其猶病諸!夫仁者,己欲立而立人,己
欲達而達人。能近取譬,可謂仁之方也已。」〔註32〕

「己欲立而立人,己欲達而達人」這樣才稱為仁,孔子的「仁」是建立在實踐
自我與他人的價值上。顏淵問「仁」,孔子的回答是:

克己復禮為仁。一日克己復禮,天下歸仁焉。為仁由己,而由人乎
哉?〔註33〕

志士仁人必須遵守禮節,因為禮節正是用以表現「仁」這個孔子學說的基本內
涵。「仁」的具體表現在於禮的實踐上,即「非禮勿視,非禮勿聽,非禮勿言,
非禮勿動。」另外,仁的內涵也是「恭、寬、信、敏、惠」,〔註34〕孔子以此
建立士人道德修養的基本內涵,用比較高的道德標準要求士,造成中國士人非
常注重道德修養。除了道德修養,孔子還帶領著儒家士人建立起極為強烈的使
命感,提出以實踐「道」作為士的價值取向,「道」是士安身立命的依據,成
為評判士人行為是非的最高價值準則,孔子說:

士志於道,而恥惡衣惡食者,未足與議也!〔註35〕

此道的內涵就是仁,或說禮義。換言之,是一種道德規範、人倫秩序,亦是社
會賴以和諧,階級制度賴以穩定的依據。孔子將「道」放到極高的地位,在一
切物質追求與個人利益之上,所以當「道」與個人利益相衝突時,「道」是唯
一選擇,君子所謀所憂皆為「道」:

子曰:「君子謀道不謀食。耕也,餒在其中矣;學也,祿在其中矣。
君子憂道不憂貧。」〔註36〕

當然,會對士提出「道」的要求,與孔子所處的時空背景有極大的關係,當時
禮崩樂壞,孔子針對當時的情形,提出了恢復政治社會秩序的策略。對於當時

〔註31〕 (清)阮元注疏:《論語・衛靈公》,卷十五,頁138。
〔註32〕 (清)阮元注疏:《論語・雍也》,卷六,頁55。
〔註33〕 (清)阮元注疏:《論語・顏淵》,卷十二,頁106。
〔註34〕 (清)阮元注疏《論語・陽貨》:「子張問仁於孔子。孔子曰:『能行五者於天
下,為仁矣。』請問之。曰:『恭、寬、信、敏、惠。恭則不侮,寬則得眾,
信則人任焉,敏則有功,惠則足以使人。』」(頁154。)
〔註35〕 (清)阮元注疏:《論語・里仁》,卷四,頁37。
〔註36〕 (清)阮元注疏:《論語・衛靈公》,卷十五,頁140。

的士也就有這樣的要求了。以孔子對士的標準來看,「志於道,據於德,依於仁,游於藝」〔註37〕應該是較完整的說明,士必須志於道,以仁德為立身依據,並以六藝陶冶身心。

因為志於「道」,於是發展出士對於歷史的使命感與憂國憂民的意識,所謂歷史的使命感是以「道」自任,自覺的承擔道統,形成凜然不容侵犯的尊嚴感。孟子說:「天下有道,以道殉身;天下無道,以身殉道。」〔註38〕這種使命感還表現在「學而優則仕」的積極入世、參與政治上,導致中國古代知識分子總以天下國家為己任,故有「樂以天下,憂以天下」的憂國憂民情懷。對於朝廷與人民,中國知識分子總是戰戰兢兢的,不敢以個人的享樂為優先,總要等天下皆樂之後,自己才敢享樂。

既然以國家社會的大我為優先思考的原則,個人的富貴享樂就不是考量的重點,因此造成士人公而忘私、國而忘家的價值取向,所以「惡衣惡食」不足恥,而恥「道」之不由己行,恥國家百姓未蒙其恩澤。因為這樣的價值取向,也塑成了中國知識分子在重道德修養、使命感之外,還具有安貧樂道的特質。

參、直觀體悟的思維模式

西方知識分子強調邏輯思維,但中國知識分子卻較缺乏這樣的邏輯思維,而追求一種非邏輯的直觀領悟,換句話說,就是重了悟而不重論證,如道家老子提出「玄覽」的方法,先要「絕聖棄知」,即閉塞感官與外部事物的接觸,放棄主觀成見,然後「致虛守靜」,使內心像一面澄淨的鏡子,則真理自然呈現眼前。這所依靠的,就是內心的一種直覺感悟。莊周亦以為要用一種內心直覺的思維去體悟「道」,並與之合而為一,透過修養的功夫使心境達到虛靜空靈的境界,如此方可以觀照萬物,而在這種心境澄明的狀態中,體悟人生的最高境界。儒家講倫理道德,重視內在心性的修養,在觀察萬物時常帶有一種主觀的道德評論,孟子更強調人有先天的良知、良能,「盡其心者,知其性,則知天矣。」〔註39〕所以求知的方向是向內的,向內探求本來即具有的良善本質。在這樣的思維下,中國古代知識分子對於外在自然現象與條理顯得不是很注重,他們關心的是內在的心靈境界或道德本質。

〔註37〕（清）阮元注疏:《論語·述而篇》,頁60。
〔註38〕（清）阮元注疏:《孟子·盡心上》(臺北市:藝文印書館《十三經注疏》,1955年),卷十三,頁243。
〔註39〕（清）阮元注疏:《孟子·盡心上》,卷十三,頁227。

　　這種直觀的思維方式不求事物的精準性，重視以心來感受觀照，從藝術的角度而言，反而成為一種審美情趣，此以玄學影響下的文學藝術審美精神為代表。玄學所探討的「得意忘言」亦是採用這種觀照的思維方式，例如嵇康「手揮五絃，目送歸鴻」，又如陶淵明之「此中有真意，欲辯已忘言」，對於詩句中的美感體驗，是一種超越文字，以心去感悟的體會方式。

　　較具有邏輯思辨的鄧析、惠施、公孫龍等名家士人，其理論雖在先秦極盛一時，卻沒有延續下來，故其邏輯思維的發展也僅止於片段的，影響後世不大，而影響中國知識分子最深的儒家和道家，在理解事物上偏重於直觀體悟思維的方式，故中國知識分子的思維大致不注重邏輯的推理，雖亦有「正名定分」的觀念，但也僅止於序上下尊卑的次序及施政之循名責實，力求名實相符耳。

肆、儒道互濟的處世觀

　　錢穆先生根據其對於中國歷史上知識分子思想的觀察指出：

> 中國思想界，遇盛世積極，則講道德人生，都崇尚孔、孟儒家。遇
> 衰世消極，則講藝術人生，偏向莊老道家。因此以後的中國思想界，
> 遂形成了孔、孟與莊、老遞興遞衰的局面。〔註40〕

這番話對於中國古代知識分子的出處思想作了清楚而簡單的評述。因為中國古代知識分子的生計與價值都依附政治上，士人無法掌控政治權力，只能被動的隨著政治的風浪起起伏伏，當他們發覺世道混亂，或遭受打壓而無力回天時，常會選擇投靠老莊思想，傾向無為虛靜、自然無爭與全性貴身，以安撫躁進的情緒，得到內心之平靜，並告訴自己養精蓄銳以待時，待客觀環境許可，又可出來發揮自己的才能。

　　在儒家也有退而隱的說法。當政治混亂，「道」之不行時，退而保身全道是另一種人生選擇，孔子曾說：

> 道不行，乘桴浮于海。〔註41〕

然而儒家的隱居是「待時」、「全道」，心境終究憂國憂君，心中總是不平靜的，因為欲有所施展，卻無從發揮，故此時心境的寧靜，就有賴道家思想的調劑了。

〔註40〕錢穆：《中國思想史》（臺北：學生書局，1988 年），頁 49。
〔註41〕（清）阮元注疏：《論語·公冶長》，卷五，頁 42。

　　先秦時老莊思想，強調自然無為，講歸根復命，以回復自然本性，老子說：「致虛極，守靜篤。萬物並作，吾以觀其復。夫物芸芸，各歸其根。歸根曰靜，是謂復命。」〔註42〕所以老子反對儒墨兩家倡導禮義與禮法秩序，以及尚賢有為的政治倫理學說，他認為那些都違反人的純然本性，老子嚮往風俗純樸、與世無爭的社會，人民無貪欲，貴柔無爭，自足常樂。莊子則追求一種逍遙寧靜的聖人境界，蔡忠道說：

> 聖人的境界，莊子名為「攖寧」，就是能在變化擾攘之中保有絕對寧靜的心境，到達這種境界，自然能順應萬物，與造物者遊，心靈毫無黏滯，享受自在至樂。〔註43〕

莊子認為人的一生都在追求外在的財富、名位與權勢，卻忘記生命的本質，更因為追求這些外在事物而失去生命或純然的本性，所以莊子提出，要拋棄這些外在的誘惑與無謂的追求，捨棄世俗的價值觀，如此才能悟道而入逍遙之境。

　　儒家思想的積極進取，正可鼓舞士人伸展抱負，實現自我；道家謙讓無爭，逍遙寧靜使士人受挫的心得以安撫，中國古代知識分子在盛世講儒家，衰世時則談老莊，此二家學說可謂影響中國知識分子甚大。

　　春秋戰國時代是中國士人階層形成、發展的一個重要時期，士脫離原來的貴族階層，成為四民之首。在諸侯爭霸的環境中，新興的士人積極參與政治，亦關懷社會，可以說是中國歷史上知識分子的原型。〔註44〕他們依賴知識而生存，其文化身分卻因此凸顯，也成為古代文化的保存者與傳播者。

　　中國古代知識分子的人文精神發展得很早，孔子之前就有關於人文精神的言論出現，孔子更以人為思考重心，關心人與社會的秩序。在儒家思想的影響下中國知識分子所關注的焦點在「人事」，而非「天道」，相對於其他國家以宗教為優先的文化發展趨勢而言，這點是非常獨特的。因為「士志於道」的理想，發展出士對於歷史的使命感與憂國憂民的意識，一方面要求具備道德學識，一方面又要能建立功業，兼濟天下，以道統的實現為其人生的價值。另外，中國古代知識分子習慣一種非邏輯的、直觀領悟的思維方式，強調由內心去探索事物之理，較不注重外在的自然規律。在科技發展上，此思維方式影響了科

〔註42〕（周）李耳：《老子・十六章》（北京：中華書局《諸子集成》，1954年），頁89。
〔註43〕蔡忠道：《魏晉儒道互補之研究》（臺北：文津出版社，2000年），頁144。
〔註44〕馬良懷：《魏晉文人講演錄》（桂林：廣西師範大學出版社，2009年），頁2。

學的進步；但在藝術上，卻強化了審美的情趣，使文學、書畫等藝術著重於意境的觀照與感悟。

魏晉時期由於對道家思想的重新審視與詮釋，使道家學說被多數士人接受，並與儒學合流，產生玄學，加上佛教思想的注入，讓中國知識分子在沉重的負擔與嚴肅的人生之外，多了一分優雅閒適，也增添幾許超然與美感。從此中國知識分子檢視個人內在世界，追求精神的超越與圓融；重新省視自己與社會、自然間的關係，優游於儒、釋、道之間，入世則為帝王師，為忠臣，唯百姓福祉為憂；出世則為貴生養神，為成全自我，追求精神的圓融自在，我們可以說中國知識分子的文化價值，是集合了知識、道德與美感為一體的。

第三章　風雅灑脫的名士

　　魏晉是一個政治極黑暗的時代，詭譎多變的政治局勢讓當時的士人猶如處於狂風驟浪的大海中，亟求一線生存的機會。然而黑暗的政治也正提供一個轉變的契機，魏晉士人因此有更多的心思放在非政治的事務上。名士們寬衣大袖、喝酒服食，醉心於老莊、熱衷求道養生，他們特立獨行、任情任性，嚮往超越現實的精神境界。魏晉名士們讓我們見識了中國傳統儒家士人從來所沒有的超然與拔俗、率真與任情，帶領我們以另一種眼光看世界，以另一種方式思考，進入觀照與審美的境界。

第一節　名士義涵的演變

　　「名士」一格之成為一種人物典型，一種代表著風流儒雅、超世拔俗的士人典型，不得不以魏晉為發軔。本章意在探討魏晉名士之特質，而在行文之前，先對「名士」一格的出現及其相對應之性格加以追溯，期能從歷史與文化積澱的角度認識魏晉名士，並藉魏晉名士與前朝名士之相異，以折射魏晉特殊的文化現象。

壹、魏晉以前的「名士」義涵

　　「名士」，這個對中國士人的稱呼，自先秦時期就存在著，漢末開始被大肆標榜著，至魏晉，名士一反傳統儒士的規步矩行，別有一番風流瀟灑的味道，但也因其政治上的表現而極受爭議。「名士」一詞最早的意思與魏晉時的「名士」並不相同，乃是經過一番演變，才成為現今具有特殊內涵的「魏晉名士」。

以下將針對「名士」一詞的義涵與歷史演變加以探討，以了解名士在魏晉之前以及在魏晉時的不同義涵。

一、「名士」一詞的出現

　　「名士」一詞於先秦典籍已見使用，最早出現於《呂氏春秋》一書，而且總共出現四次，分別見於〈季春紀〉、〈孟夏紀〉、〈孟秋紀〉、〈季秋紀〉，其中〈孟夏紀〉曰：

> 子張，魯之鄙家也；顏涿聚，梁父之大盜也；學於孔子。段干木，
> 晉國之大駔也，學於子夏。高何、縣子石，齊國之暴者也，指於鄉
> 曲，學於子墨子。索盧參，東方之鉅狡也，學於禽滑黎。此六人者，
> 刑戮死辱之人也，今非徒免於刑戮死辱也，由此為天下名士顯人，
> 以終其壽，王公大人從而禮之，此得之於學也。〔註1〕

文中強調學習可增進知識、修養品德，進而徹底改變一個人，並舉出六位原為刑戮死辱之徒，後來成為「名士」為證。此處所指的士，乃指新興的士階層。新興的士階層與農工商階層明顯的差異在於他們擁有知識這項有力的工具，並以「仕」為主要職業。余英時先生認為由於春秋晚期以來社會的變動，貴族下降，庶民上升，造成士階層擴大，性質亦改變，從「大抵有職之人」進入一種「士無定主」的狀態。〔註2〕《呂氏春秋》成書的時代大約是戰國晚期，當時的士不僅已從貴族階層游離出來，成為依仗知識與社會進行交流的新興知識分子，而且游說諸國的風氣正盛，所以上文的士是指在戰國時期非常活躍的游士，則名士應指有名的游士。〈孟秋紀〉中亦載：

> 凡救守者，太上以說，其次以兵。以說則承從多群，日夜思之，事
> 心任精，起則誦之，臥則夢之，自今單脣乾肺，費神傷魂，上稱三
> 皇五帝之業以愉其意，下稱五伯名士之謀以信其事，早朝晏罷以告
> 制兵者，行說語眾以明其道。〔註3〕

文中將「五伯」與「名士」相提而論，「五伯」即五霸，而「名士」則指為霸主諸侯獻策謀畫的有名游士。另外〈季秋紀〉亦載：

〔註1〕（周）呂不韋編：《呂氏春秋・孟夏紀》（北京：中華書局《諸子集成》，1954年），頁204。

〔註2〕余英時：《中國知識階層史論（古代篇）》（臺北：聯經出版社，1993年），頁22。

〔註3〕（周）呂不韋編：《呂氏春秋・孟秋紀》，頁401。

> 凡物之然也必有故，而不知其故，雖當與不知同，其卒必困。先王
> 名士達師之所以過俗者，以其知也。〔註4〕

此則將「名士」與「先王」、「達師」相提，乃以其知物之所以然，亦即此三類
人是具有智謀學問的。另外，〈季春紀〉則曰：

> 天子布德行惠，命有司發倉窌，賜貧窮，振乏絕，開府庫，出幣帛，
> 周天下，勉諸侯，聘名士，禮賢者。〔註5〕

此則下高誘注曰：「聘，問之也。有名德之士，大賢之人，聘而禮之，將與興
化致理也。」可見其將名士解釋為「有名德之士」。此段文字內容與《禮記‧
月令》相同，鄭玄謂《禮記》乃後世禮學家抄錄自《呂氏春秋》，並注之曰：
「名士，不仕者。」鄭玄解釋為不仕者，意指天子於季春時節聘問隱居的賢者。
然而不管是「有名德之士」或「隱居的賢者」，此處的名士都強調德行的興化。
綜合以上所列，我們可以知道：先秦時期的名士大抵指因學問智謀或道德而受
禮遇的有名士人，其性質多屬於游士，亦有指隱居的賢者之意。

二、漢朝名士與求名風氣

秦始皇統一天下後，因專制政權不利於游士活動，游士風氣稍歇。但由於
秦朝只有短短的十五年國祚，對於戰國以來鼎盛的游士風氣並沒有太大的影
響。漢朝初年分封諸侯，各諸侯國林立的狀況，使游士又起，故漢初對於「名
士」的概念仍停留在戰國時期的游士。

然而自西漢中期以後，名士義涵產生了一些變化，漢初的「游士名士」，
漸轉為「文學名士」。文學名士，乃指通於「六藝之科、孔子之術」等儒學的
知名士人。迨至東漢，因王莽篡奪漢朝政權，許多前漢士人不願事奉新朝，遂
隱居不仕。漢光武帝中興之後，因其志節而推崇之，不仕者聲名反高，此風延
續到漢末，加上漢末政治黑暗，社會混亂，更多的士人遁入山林，造成更多的
「隱逸名士」的出現。

漢朝以來，名士之內涵不斷分化擴充，漢末可稱為名士者，不再侷限於道
德學問而已。江建俊曾歸納出漢季名士的十個條件：其一，累世公卿，或數世
清德；其二，逸才宏博，以才氣自負；其三，孝悌廉讓，鄉里推重；其四，盡
力所事，以著忠義；其五，賞識愛才，提攜後進；其六，經濟情況佳，足以養

〔註4〕（周）呂不韋編：《呂氏春秋‧季秋紀》，頁491。
〔註5〕（周）呂不韋編：《呂氏春秋‧季春紀》，頁121。

護一方；其七，卓言偉行，風流自賞；其八，矜奇好勝，率性任情；其九，早知夙慧，鄉黨稱奇；其十，遺落世事，胸有丘壑。〔註6〕可知時至漢末，名士之內涵已包含多種特質，士人各因不同的特質而聲名遠播。以下將列舉數則漢代史傳中關於名士的記載，以了解名士在漢朝各個時期的意義與其特質。

（一）《史記》中的名士義涵

從漢朝建立到漢武帝獨尊儒術為止的這段期間，統治者多採黃老學說與民休養生息，又施行分封制度，各諸侯國分立，使秦朝稍歇的游士風氣復熾，此時對於「名士」的概念多承襲於先秦戰國時期，多指具游士性質的有名之士。《史記·律書》中記載：

> 自是之後，名士迭興，晉用咎犯，而齊用王子，吳用孫武，申明軍約，賞罰必信，卒伯諸侯，兼列邦土，雖不及三代之誥誓，然身寵君尊，當世顯揚，可不謂榮焉？豈與世儒闇於大較，不權輕重，猥云德化，不當用兵，大至君辱失守，小乃侵犯削弱，遂執不移等哉！故教笞不可廢於家，刑罰不可捐於國，誅伐不可偃於天下，用之有巧拙，行之有逆順耳。〔註7〕

文中，司馬遷議論用兵與刑罰對於國家的必須性，並舉狐偃、王子成父與孫武三人為例，說明晉、齊、楚因聘用這些名士而得以稱霸諸侯，兼併邦土。其中的「名士」雖指有名的軍事專家，其性質仍偏向游士。而《史記·李斯列傳》云：

> 秦王乃拜斯為長史，聽其計，陰遣謀士齎持金玉以游說諸侯。諸侯名士可下以財者，厚遺結之；不肯者，利劍刺之。離其君臣之計，秦王乃使其良將隨其後。秦王拜斯為客卿。〔註8〕

西元前二三七年，秦王政母親之嬖人嫪毐為亂而被殺，呂不韋牽連其中，亦廢死。宗室大臣於是議逐賓客，呂不韋之客李斯亦在被逐之列。李斯乃上書秦王，言秦國之盛，賓客功不可沒，秦王遂聽其言，並遣人持黃金遊說諸侯名士，不接受者，以利劍刺之。觀其文句與時代背景，文中所謂「名士」，仍指戰國期間游走各國，各具才能的游士。而〈張耳陳餘列傳〉亦云：

〔註6〕江建俊：《魏晉玄理與玄風之研究》（臺北：中國文化大學中文所博士論文，1987年），頁339~340。
〔註7〕（漢）司馬遷：《史記·律書》（北京：中華書局《二十四史》，1997年），卷二十五，頁1241。
〔註8〕（漢）司馬遷：《史記·李斯傳》，卷八十七，頁2540~2541。

> 高祖為布衣時，嘗數從張耳游，客數月。秦滅魏數歲，已聞此兩人
> 魏之名士也，購求有得張耳千金，陳餘五百金。〔註9〕

文中指張耳、陳餘為「名士」。張耳「大梁人也。其少時，及魏公子毋忌為客。張耳嘗亡命游外黃。」而陳餘「好儒術，數游趙苦陘。」〔註10〕二人都以游士身分而聞名，所以此中提及的名士，其義涵與《呂氏春秋》書中所列差別不大，其中「名士」乃指具游士性質的知名之士。然而在〈韓長孺列傳〉中，司馬遷則稱壺遂、臧固是天下名士：

> 安國為人多大略，智足以當世取合，而出於忠厚焉。貪嗜於財。所
> 推舉皆廉士，賢於己者也。於梁舉壺遂、臧固、郅他，皆天下名士。
> 〔註11〕

太史公曾與壺遂共同制定律曆，並讚壺遂「內廉行脩，斯鞠躬君子也」。〔註12〕此處的名士內涵與前舉三例有所差別，壺遂是精通天文曆算且有德之士，與戰國游士不同。觀乎《史記》書中對「名士」一詞的定義，仍只是指「有名之士」，其內涵可能是游辯之士，也可能是有德行才學之士。

（二）《漢書》中的名士

自武帝獨尊儒術，設置五經博士後，陸續即位的幾個皇帝亦遵循此政策，並增設博士弟子員，於是漢朝士人的隊伍日漸龐大。〔註13〕上之所好，下必效之，當時私人教授儒學的情形在民間也非常盛行，因此西漢中期後儒士數量激增。隨著儒士隊伍日漸龐大，名士內涵也漸漸起了變化。到了西漢中期以後，名士多指精通「文學」且擔任官職的有名之士。漢時所謂「文學」與今日「文學」的概念不相同，漢代文學乃指儒家典籍，文學之士則是精通儒術之士，〔註14〕這樣的變化在《漢書》中可見到。以下針對《漢書》中涉及

〔註9〕　（漢）司馬遷：《史記·張耳陳餘傳》，卷八十九，頁2572。

〔註10〕　（漢）司馬遷：《史記·張耳陳餘傳》，卷八十九，頁2571。

〔註11〕　（漢）司馬遷：《史記·韓長孺傳》，卷一〇八，頁2865。

〔註12〕　（漢）司馬遷：《史記·韓長孺傳》，卷一〇八，頁2863。

〔註13〕　（漢）班固《漢書·儒林傳》：「昭帝時舉賢良文學，增博士弟子員滿百人，宣帝末增倍之。元帝好儒，能通一經者皆復。數年，以用度不足，更為設員千人，郡國置五經百石卒史。成帝末，或言孔子布衣養徒三千人，今天子太學弟子少，於是增弟子員三千人。歲餘，復如故。」（北京：中華書局《二十四史》，1997年，卷八十八，頁3596。）

〔註14〕　（漢）班固《漢書·儒林傳》：「漢興，言易自淄川田生；言書自濟南伏生；言詩，於魯則申培公，於齊則轅固生，燕則韓太傅；言禮，則魯高堂生；言春秋，

「名士」一詞的幾則文獻加以探討，以釐清「名士」一詞內涵在西漢中後期的演變。《漢書·杜周傳》載杜欽事蹟：

> （杜欽）徵詣大將軍莫府，國家政謀，鳳常與欽慮之。數稱達名士
> 王駿、韋安世、王延世等，救解馮野王、王尊、胡常之罪過，及繼
> 功臣絕世，填撫四夷，當世善政，多出於欽者。〔註15〕

文中提及的名士有王駿、韋安世與王延世三人。顏師古注：「王駿，王陽子也。韋安世，韋賢之孫，方山之子也。王延世，成帝時塞河隄者也。」王駿，成帝時任御史大夫，是王吉之子。《漢書·王吉傳》：「初，吉兼通五經，能為騶氏《春秋》，以《詩》、《論語》教授，好梁丘賀說《易》，令子駿受焉。駿以孝廉為郎。左曹陳咸薦駿賢父子，經明行修，宜顯以厲俗。光祿勳匡衡亦舉駿有專對材。」〔註16〕可知王駿的父親兼通五經，並以此傳授王駿，王駿遂熟習儒家典籍。

韋安世，其祖韋賢「兼通《禮》、《尚書》，以《詩》教授，號稱鄒魯大儒。」〔註17〕如此家學淵源，安世耳濡目染，亦精通儒家典籍。《漢書·韋賢傳》載：「自賢傳國至玄孫乃絕。玄成兄高寢令方山子安世歷郡守，大鴻臚，長樂衛尉，朝廷稱有宰相之器，會其病終。」〔註18〕言朝廷稱韋安世有宰相之才。安世與王駿的家世背景相似，亦歷任官職，為世所稱。而王延世，只知曾因築黃河堤力省功倍，受皇帝嘉許，〔註19〕其他相關的記載則較少。

以王駿、韋安世之例來看，二人皆通儒家典籍，為文學儒者，又任官職，故名聲益揚。值得注意的是，此時所謂的「文學」，專指儒家所傳之經典，像王駿承其家學《詩經》與《論語》；韋氏精通《禮》、《尚書》與《詩經》。自漢武帝獨尊儒術後，儒學成為漢朝的顯學，五經為士人所必學，自然多文學名士，此乃時勢所趨。

於齊則胡毋生，於趙則董仲舒。及竇太后崩，武安君田蚡為丞相，黜黃老、刑名百家之言，延文學儒者以百數，而公孫弘以治春秋為丞相封侯，天下學士靡然鄉風矣。」（卷八十八，頁3593。）

〔註15〕 （漢）班固：《漢書·杜周傳》，卷六十，頁2676。

〔註16〕 （漢）班固：《漢書·王吉傳》，卷七十二，頁3066。

〔註17〕 （漢）班固：《漢書·韋賢傳》，卷七十三，頁3107。

〔註18〕 （漢）班固：《漢書·韋賢傳》，卷七十三，頁3115。

〔註19〕 （漢）班固：《漢書·溝洫志》：「河隄使者王延世使塞，以竹落長四丈，大九圍，盛以小石，兩船夾載而下之。三十六日，河隄成。上曰：『東郡河決，流漂二州，校尉延世隄防三旬立塞。其以五年為河平元年。辛治河者為著外繇六月。惟延世長於計策，功費約省，用力日寡，朕甚嘉之。其以延世為光祿大夫，秩中二千石，賜爵關內侯，黃金百斤。』」（卷二十九，頁1688。）

另外，《漢書》記載名士們共同推舉王莽，漢成帝因此以莽為賢：

> 久之，叔父成都侯商上書，願分戶邑以封莽，及長樂少府戴崇、侍
> 中金涉、胡騎校尉箕閡、上谷都尉陽並、中郎陳湯，皆當世名士，
> 咸為莽言，上由是賢莽。〔註20〕

文中所言之名士有戴崇、金涉、箕閡、陽並、陳湯。戴崇為張禹的學生，其人「愷弟多智」，甚得張禹之喜愛；〔註21〕陳湯則任副校尉，於元帝建昭三年假託朝命令，與都護甘延壽發西域諸國兵至康居，誅滅郅支單于〔註22〕。此舉引起朝中軒然大波，美言者稱頌其功勞；詆毀者則詬病其矯制行事，最後皇帝則因其「雖踰義干法，內不煩一夫之役，不開府庫之藏，因敵之糧以贍軍用，立功萬里之外，威震百蠻，名顯四海」〔註23〕而封陳湯為關內侯。至於其他所舉諸名士，史傳的紀錄較少，只知皆是有官職者。

由此可知，西漢中期所謂的名士，其內涵已開始轉變，與漢初之游士性質不同。《漢書》中言名士者，大抵指熟習「文學」且在朝為官的有名士人。蓋因漢朝政治穩定，仕門廣開，士人自然樂意入仕；而儒術的獨尊，通經致用的強調，使儒家經典成為士人必讀之典籍。在西漢尊儒風氣的影響下，朝中文武官員俱熟習儒術，一直到東漢開國之初，此風氣未曾稍減，連將帥亦有儒者氣象，如：追隨光武帝平定河北的祭遵「取士皆用儒術，對酒設樂，必雅歌投壺。又建為孔子立後，奏置《五經》大夫。」〔註24〕以及攻打彭寵有功，被封為廣武侯的郭涼「雖武將，然通經書，多智略。」〔註25〕趙翼的《二十二史劄記》即云：「西漢開國功臣多出於亡命無賴，至東漢中興，則

〔註20〕（漢）班固：《漢書・王莽傳》，卷九十九上，頁 4040。

〔註21〕（漢）班固《漢書・張禹傳》：「禹成就弟子尤著者，淮陽彭宣至大司空，沛郡戴崇至少府九卿。宣為人恭儉有法度，而崇愷弟多智，二人異行。禹心親愛崇，敬宣而疏之。崇每候禹，常責師宜置酒設樂與弟子相娛。禹將崇入後堂飲食，婦女相對，優人筦弦鏗鏘極樂，昏夜乃罷。而宣之來也，禹見之於便坐，講論經義，日晏賜食，不過一肉卮酒相對。宣未嘗得至後堂。及兩人皆聞知，各自得也。」（卷八十一，頁 3349。）

〔註22〕（漢）班固《漢書・陳湯傳》：「宣帝時，匈奴乖亂，五單于並爭，漢擁立呼韓邪單于，而郅支單于怨望，殺漢使者，西阻康居。」（卷九十六上，頁 3892。）

〔註23〕（漢）班固：《漢書・陳湯傳》，卷九十六上，頁 3019～3020。

〔註24〕（南朝宋）范曄：《後漢書・祭遵傳》（北京：中華書局《二十四史》，1997 年），卷二十，頁 741。

〔註25〕（南朝宋）范曄：《後漢書・杜茂傳》，卷二十二，頁 777。

諸將帥皆有儒者氣象。」〔註26〕此為西漢儒學盛行，並延續到東漢的另一證明。

（三）《後漢書》中的名士

相較於《史記》、《漢書》中名士相關的篇章（不超過十則），《後漢書》中名士出現的次數大幅提高了，大約出現二十幾處，而且名士的義涵也產生變化。如：

> 時河南尹田歆外甥王諶，名知人。歆謂之曰：「今當舉六孝廉，多得
> 貴戚書命，不宜相違，欲自用一名士以報國家，爾助我求之。」明日，
> 諶送客於大陽郭，遙見暠，異之。還白歆曰：「為尹得孝廉矣，近洛陽
> 門下史也。」歆笑曰：「當得山澤隱滯，迺洛陽吏邪？」諶曰：「山澤
> 不必有異士，異士不必在山澤。」歆即召暠於庭，辯詰職事。暠辭對
> 有序，歆甚知之，召署主簿，遂舉孝廉，辟太尉府，舉高第。〔註27〕

由田歆與王諶的對話可透露一些訊息：其一，田歆言當時舉孝廉多為貴戚所薦，可見當時官位常有被貴族壟斷之現象；其二，當時所謂名士應指隱居山澤之士人，所以當王諶推薦种暠時，田歆有「當得山澤隱滯，迺洛陽吏邪」之疑問。此隱逸士人而被稱為名士的現象於《後漢書·劉平列傳》亦有：

> （劉）平再遷侍中，永平三年，拜宗正，數薦達名士承宮、郇恁等。
> 〔註28〕

承宮道德學識兼具，通天文曆算。被辟為博士，遷左中郎將。他數納忠言，議論肯切，是盡力於所事的忠臣；〔註29〕而郇恁則是隱居修德之士，光武帝召之不至，明帝時被迫應辟，月餘即罷官而歸，是一位意在山林，無心入仕的林野隱士。〔註30〕入仕者被稱為名士在《史記》、《漢書》中已可見，然隱

〔註26〕 （清）趙翼：《二十二史劄記》（臺北：樂天出版社，1973 年），卷四，「論東漢功臣多近儒」條，頁 54。

〔註27〕 （南朝宋）范曄：《後漢書·种暠傳》，卷五十六，頁 1826～1827。

〔註28〕 （漢）班固：《漢書·劉平傳》，卷三十九，頁 1297。

〔註29〕 承宮事蹟參見（漢）班固：《漢書·承宮傳》，卷二十七，頁 944～945。

〔註30〕 （漢）班固：《漢書·周燮傳》：「郇恁，字君大，少亦脩清節，資財千萬，父越卒，悉散與九族。隱居山澤，以求厥志。王莽末，匈奴寇其本縣廣武，聞恁名節，相約不入荀氏閭。光武徵，以病不至。永平初，東平王蒼為驃騎將軍，開東閣延賢俊，辟而應焉。及後朝會，顯宗戲之曰：『先帝徵君不至，驃騎辟君而來，何也？』對曰：『先帝秉德以惠下，故臣可得不來。驃騎執法以檢下，故臣不敢不至。』後月餘，罷歸，卒於家。」（卷五十三，頁 1741。）

逸之士人被稱為名士則是在《後漢書》才見到。東漢「名士」之義涵豐富，不再侷限於道德學問方面，被稱為「名士」者，可能是在政治事蹟、個人才能言行特殊者，甚至是隱士，此觀念與《史記》、《漢書》中名士之意涵產生了較大的差異。

三、漢代求名風氣與漢末名士

漢末名士眾多，此與漢朝求名的風氣有很大的關係，而求名的風氣則與選官制度、光武之獎掖名節有關。漢代選官制度為察舉與辟召，〔註31〕或由地方政府推薦人才給中央，或由朝廷直接徵召有名望之士為官，以「孝廉」、「賢良方正」等儒家的德行規範為取才標準，此制度促成鄉黨品評人物，並形成風氣。士人想要入仕必須先求得好名聲，方有機會被拔擢為官。此選官制度促成了士人普遍追求名譽的風氣，有的更不惜特立獨行以博得美名，如《漢書·文苑列傳》載趙壹入京師，以奇特的舉動引起司徒袁逢與河南尹羊陟的重視：

> 是時司徒袁逢受計，計吏數百人皆拜伏庭中，莫敢仰視，壹獨長揖
> 而已。逢望而異之，令左右往讓之。……既出，往造河南尹羊陟，
> 不得見。壹以公卿中非陟無足以託名者，乃日往到門，陟自強許通，
> 尚臥未起，壹逕入上堂，遂前臨之，曰：「竊伏西州，承高風舊矣，
> 乃今方遇而忽然，奈何命也！」因舉聲哭，門下驚，皆奔入滿側。
> 陟知其非常人，乃起，延與語，大奇之。謂曰：「子出矣。」陟明旦
> 大從車騎奉謁造壹。時諸計吏多盛飾車馬帷幕，而壹獨柴車草屏，
> 露宿其傍，延陟前坐於車下，左右莫不歎愕。陟遂與言談，至薰夕，
> 極歡而去，執其手曰：「良璞不剖，必有泣血以相明者矣！」陟乃與
> 袁逢共稱薦之。名動京師，士大夫想望其風采。〔註32〕

趙壹怪異的舉動果真引起了袁逢與羊陟的重視，因而受到推薦而「名動京師」。透過知名官吏的薦舉延譽，是獲高名的捷徑。不管是否因高名而仕，名

〔註31〕漢朝官吏之產生主要來自察舉與徵辟兩大類。察舉方面：可分為詔舉、茂才及孝廉。詔舉由朝廷下詔朝臣、郡國太守推舉賢良方正、敢言直諫者，經皇帝策問授以官職；另外每年州舉茂才，郡舉孝廉出任官職。徵辟方面：分為徵召及辟舉。徵召為由朝廷直接徵召有才德的士人出任官職；辟舉為君主授權中央要官及地方郡守，按各自需要自辟掾屬。察舉與徵辟通常依據此人於鄉邑間的風評聲譽，所以士人想要入仕，就得先有良好的聲譽。

〔註32〕（漢）班固：《漢書·文苑傳》，卷八十下，頁2623。

譽對漢朝士人而言，本身就具有相當大的意義，這是在漢朝重名的社會風氣下所形成的士人普遍心態。

西漢士人已形成追求名聲的風氣，再加上東漢光武帝即位後，認為王莽篡位時，許多士大夫為追求功名而背漢投新，缺乏臣子應有的忠義氣節，故對於拒絕在新朝作官而隱居山林者多禮遇訪求，表彰其氣節，藉以提振士人的正義感與道德良知。顧炎武於《日知錄》中亦說：

> 漢自孝武表彰六經之後，師儒雖盛，而大義未明，故新莽居攝，頌德獻符者徧於天下。光武有鑒於此，故尊崇氣節，敦厲名實，所舉用者莫非經明行修之人，而風俗隨之一變。〔註33〕

光武帝此舉對東漢士林產生很大的鼓勵作用，造成東漢士人崇尚名譽與氣節的高潔風氣。然而當「高名」成為終南捷徑時，難免出現一些名不副實的投機者，無所不用其極的想得到美名而入仕。東漢時，許多士人對求名趨之若鶩，無非也是為了求得官職。趙翼的《二十二史劄記》「東漢尚名節條」提到了這樣的狀況：

> 蓋當時薦舉徵辟，必採名譽，故凡可以得名者，必全力赴之。好為苟難，遂成風俗。〔註34〕

此風漸盛行，追求個人名聲成為風氣，士人競相以名為重。在東漢士人的價值觀裡，「名」本身已具有非凡而獨立的價值，不只是可藉此入仕，名可令「子伏其死，而母歡其義。」〔註35〕求名可以是人生的目的。

在此求名的風氣下，名士輩出。而名士中有實至名歸者，如：漢末名士李膺，「有澄清天下之志」，為了國家人民利益，不惜以生命與宦官相抗；也有名實不符，過度誇譽者，如：南陽名士樊英〔註36〕，漢順帝備玄纁玉帛，

〔註33〕（清）顧炎武著，黃汝成集釋：《日知錄》（上海：上海古籍出版社，2006年），卷十三，「兩漢風俗條」，頁752。

〔註34〕（清）趙翼：《二十二史劄記》，卷五，「東漢尚名節條」，頁61。

〔註35〕（南朝宋）范曄：《後漢書‧黨錮列傳》載黨錮之禍時，朝廷大誅黨人，詔下急捕范滂等人。范滂不欲連累親人好友，即自詣獄，臨行與母訣別，其母謂曰：「汝今得與李、杜齊名，死亦何恨！既有令名，復求壽考，可兼得乎？」（卷六十七，頁2207。）

〔註36〕（南朝宋）范曄《後漢書‧方術傳》：「樊英字季齊，南陽魯陽人也。少受業三輔，習京氏易，兼明五經．又善風角、星算、河洛七緯，推步災異。隱於壺山之陽，受業者四方而至。州郡前後禮請不應；公卿舉賢良方正、有道，皆不行。」（卷八十二上，頁2721。）

「降寢殿，設壇席，尚書奉引，延問得失。」〔註37〕結果竟是無奇策深謀，司馬光因而評論之：「飾偽以邀譽，釣奇以驚俗，不食君祿而爭屠沽之利，不受小官而規卿相之位，名與實反，心與迹違。」〔註38〕范曄於《後漢書‧方術傳》亦云：

> 漢世之所謂名士者，其風流可知矣。雖弛張趣舍，時有未純，於刻情修容，依倚道藝，以就其聲價，非所能通物方，弘時務也。及徵樊英、楊厚，朝廷若待神明，至，竟無他異。英名最高，毀最甚。李固、朱穆等，以為處士純盜虛名，無益於用，故其所以然也。〔註39〕

指出像樊英這類「刻情修容，依倚道藝，以就其聲價」的名士，其實並非真能通達事理而為當世之務的政治人才，只是徒有虛名。有些藉著隱逸而獲取高名的名士，亦是純盜虛名，無用於事。

除卻一些浮誇無實的偽名士，在漢末詭譎難測的政局裡，名士們其實常扮演著與外戚宦官政治角力的重要角色。自東漢和帝以來，繼位君王多半年幼，往往倚賴母后臨朝，外戚勢力因此進入朝廷，藉機把持國政。〔註40〕當皇帝年長，無法容忍外戚之專政跋扈，便藉助宦官以打擊外戚勢力（如：和帝借鄭眾之力除掉竇憲），然而也因此讓宦官有竊取政權的機會。桓、靈二帝後，宦官手握大權，更加肆無忌憚，為所欲為，造成朝綱日陵，國際屢啟的局面。這樣的局面引發士人們的強烈不滿，紛紛起而批評國政，《後漢書‧黨錮列傳》即云：

> 逮桓靈之閒，主荒政繆，國命委於閹寺，士子羞與為伍，故匹夫抗憤，處士橫議，遂乃激揚名聲，互相題拂，品覈公卿，裁量執政，婞直之風，於斯行矣。〔註41〕

連原本培育國家人才的太學，也成了議論朝政之地。太學生們集結起來，形成一股強大的輿論壓力。此時更有一群清流名士與太學生相呼應，常聚而品評公

〔註37〕（漢）班固：《漢書‧黃瓊傳》，卷五十一，頁 2042。

〔註38〕（宋）司馬光：《資治通鑑‧漢紀四十三》收入王雲五編：《四部叢刊初編縮本》（臺北：臺灣商務印書館，1967 年），「孝順帝永建二年」，冊三，卷五十一，頁 464。

〔註39〕（南朝宋）范曄：《後漢書‧方術傳》，卷八十二上，頁 2724。

〔註40〕（南朝宋）范曄《後漢書‧皇后紀》載：「東京皇統屢絕，權歸女主，外立者四帝，臨朝者六后，莫不定策帷帟，委事父兄，貪孩童以久其政，抑明賢以專其威。任重道悠，利深禍速。」（卷十上，頁 401。）

〔註41〕（南朝宋）范曄：《後漢書‧黨錮傳》，卷六十七，頁 2185。

卿，議論朝廷決策事宜，謂之「清議」，其影響之大，甚至足以左右朝廷。這群清流名士極享盛譽，言行舉止皆帶動風潮，成為太學生們的精神領袖，他們彼此間更相互標榜，名譽因之越來越高，《後漢書·黨錮列傳》云：

> 自是正直廢放，邪枉熾結，海內希風之流，遂共相標榜，指天下名士，為之稱號。上曰「三君」，次曰「八俊」，次曰「八顧」，次曰「八及」，次曰「八廚」，猶古之「八元」、「八凱」也。竇武、劉淑、陳蕃為「三君」。君者，言一世之所宗也。李膺、荀翌、杜密、王暢、劉祐、魏朗、趙典、朱禹為「八俊」。俊者，言人之英也。郭林宗、宗慈、巴肅、夏馥、范滂、尹勳、蔡衍、羊陟為「八顧」。顧者，言能以德行引人者也。張儉、岑晊、劉表、陳翔、孔昱、苑康、檀敷、翟超為「八及」。及者，言其能導人追宗者也。度尚、張邈、王考、劉儒、胡母班、秦周、蕃嚮、王章為「八廚」。廚者，言能以財救人者也。〔註42〕

這些名士不管是在朝為官或是隱居在野，都受到社會相當大的重視，連肆無忌憚的宦官們仍須屈服在名士的盛名之下，《後漢書·陳寔列傳》中記載了位高權重的宦官張讓，其父歸葬潁川時，無名士前往弔唁，令張讓甚感羞恥：

> 中常侍張讓權傾天下。讓父死，歸葬潁川，雖一郡畢至，而名士無往者，讓甚恥之。〔註43〕

名士可以如此不費吹灰之力的讓權傾天下的宦官張讓受辱。在當時，名士本身就代表著一種社會輿論，形成一股與朝中奸宦抗衡的制衡力量。

　　漢末這群清流名士在魏晉名士人格特質的形成過程中，扮演著過渡橋樑的角色。以下取陳蕃、李膺作為在朝代表，此為黨錮名士；取郭林宗為在野代表，此為高蹈名士，藉著檢視他們的事蹟，以釐清漢末名士之特質。關於陳蕃與李膺，時人常並而提之，據《世說新語·品藻》載：

> 汝南陳仲舉，潁川李元禮二人，共論其功德，不能定先後。蔡伯喈評之曰：「陳仲舉彊於犯上，李元禮嚴於攝下。犯上難，攝下易。」仲舉遂在三君之下，元禮居八俊之上。〔註44〕

〔註42〕（南朝宋）范曄：《後漢書·黨錮傳》，卷六十七，頁2187。
〔註43〕（南朝宋）范曄：《後漢書·陳寔傳》，卷六十二，頁2066。
〔註44〕余嘉錫：《世說新語箋疏·品藻1》（台北：華正書局，2003年），頁499。以下引自本書的內容，皆以下面的方式表示其篇名與則數，如〈品藻篇〉的第一則，註記為：〈品藻1〉。

時人比較陳仲舉與李元禮時，因為二人功業與德行相當，一直論而未決，而蔡伯喈以「彊於犯上」、「嚴於攝下」分出二人之高下。陳蕃任樂安太守，正當東漢末年外戚與宦官交相為禍時，漢順帝梁皇后之兄──大將軍梁冀託信使帶來一封信，讓陳蕃為他做一件事情。信使來，陳蕃拒而不見，信使便假傳是大將軍求見，陳蕃知道後大怒，鞭打信使致死，但也因此被貶為一縣令，於是當時有歌謠云：「不畏強禦陳仲舉」。〔註45〕後因陳蕃政績很好，再度被起用，官至太傅。他又以戰亂禍延、民生疾苦之因上書皇帝，建議減少後宮妃子、停止畋獵殺禽；並應斥退黃門、察納忠言，完全不怕因此得罪皇帝而丟官失命。陳蕃剛直方正，據理力爭，敢抗顏諫上，這就是蔡伯喈所謂的「犯上」。對皇帝直言，有可能因此性命不保，然而陳蕃卻昂然凜直，唯義是從，這樣的氣節著實令人動容，無怪乎《世說新語・德行篇》第一則即紀錄：

> 陳仲舉言為士則，行為世範，登車攬轡，有澄清天下之志。〈德行1〉

至於李膺，其人個性簡亢，人目其「謖謖如勁松下風」。〔註46〕為官威明，任青州刺史時，當地貪贓之郡守即望風棄官；任司隸校尉時，依法嚴辦不法之徒，連宦官張讓之弟張朔亦不放過。〔註47〕李膺於職責內所該懲治的，即使權貴，亦不輕言寬貸。他謹守法度，嚴格規範下屬，率領兵士整飭京城治安，這就是蔡伯喈所謂的「攝下」，故《世說新語》有以下的記載：

> 李元禮風格秀整，高自標持，欲以天下名教是非為己任。後進之士，
> 有升其堂者，皆以為登龍門。〈德行4〉

李膺在亂世中潔身自持，堅貞不屈，因此成為天下士人的楷模。升其堂，竟以為「登龍門」，可見其地位之神聖崇高。

漢末，以陳蕃與李膺為代表的這一類清議名士，多數名列黨錮之禍的黨人名單中，他們秉直剛正，高風亮節，與朝中專權的奸宦周旋到底，是士人們賴以扳倒宦官、澄清政治的寄託，連外戚欲打擊宦官時，也必倚重這些名士的聲

〔註45〕（南朝宋）范曄：《後漢書・黨錮傳》，卷六十七，頁3166。

〔註46〕余嘉錫《世說新語箋疏・賞譽2》：「世目李元禮：『謖謖如勁松下風』。」此條目下，劉孝標引《李氏家傳》曰：「膺嶽峙淵清，峻貌貴重。」（頁415。）可知元禮為人莊重，誠實清朗，剛強固執。

〔註47〕（南朝宋）范曄《後漢書・黨錮傳》：「時張讓弟朔為野王令，貪殘無道，至乃殺孕婦。聞膺厲威嚴，懼罪逃還京師，因匿兄讓第舍，藏於合柱中，膺知其狀，率將吏卒破柱取朔，付洛陽獄。受辭畢，即殺之。……自此諸黃門常侍皆鞠躬屏氣，休沐不敢復出宮省。帝怪問其故，並叩頭泣曰：『畏李校尉。』」（卷六十七，頁3169。）

望,《後漢書‧竇武傳》即載竇武與陳蕃欲翦除宦官,借助名士的聲望與號召力:

> 武於是引同志尹勳為尚書令,劉瑜為侍中,馮述為屯騎校尉;又徵天下名士廢黜者前司隸李膺、宗正劉猛、太僕杜密、廬江太守朱富等,列於朝廷;請前越巂太守荀翌為從事中郎,辟潁川陳定為屬:共定計策。於是天下雄俊,知其風旨,莫不延頸企踵,思奮其智力。 〔註48〕

漢末宦官與士人的角力賽的結果是黨錮之禍的爆發,雖然將這些名士的聲望推向高峰,但也無情的宣告了士人的徹底失敗。〔註49〕

　　從以上二人的事蹟可知,陳蕃與李膺都是朝廷忠臣,以守護政權為己命,而與貪濁勢力抗衡到底,因此為天下士人的精神領袖,傳統儒家「以天下為己任」的憂國憂民意識在他們身上得到充分的印證,對於漢末政治具激濁揚清的示範效果。范曄於《後漢書》中對他們的評價很高,甚至認為漢末動亂不安,卻還延續了一百多年的國祚,就是靠這些大臣的力量。〔註50〕

　　若說陳蕃、李膺代表對漢代朝廷的不離不棄,則郭林宗、夏馥則代表著一批背離政權的士人。《後漢書‧郭太傳》載郭林宗「博通墳籍。善談論,美音制。乃游於洛陽。始見河南尹李膺,膺大奇之,遂相友善,於是名震京師。」他知漢末之局勢不可為,順應時勢隱而不仕〔註51〕;善於人倫鑑識,有知人之明;言語謙遜行為正直,對人循循善誘,因此成為士人爭相仿效崇拜的名士。郭林宗沒有像陳蕃、李膺與「刑人腐夫」同朝抗爭的義憤填膺;也沒有像遁入山林的隱士,斷絕與世俗的往來,就如同范滂所云:「隱不違親,貞不絕俗,

---

〔註48〕 （南朝宋）范曄:《後漢書‧竇武傳》,卷六十九,頁2241~2242。
〔註49〕 第一次黨錮之禍因牽連宦官子弟,僅二百餘人廢錮終生。第二次黨錮之禍竟是死者百餘人,受牽連而死、廢、徙、禁者六、七百人。
〔註50〕 （南朝宋）范曄《後漢書‧陳蕃傳》:「論曰:桓、靈之世,若陳蕃之徒,咸能樹立風聲,抗論惛俗。而驅馳嶮阨之中,與刑人腐夫同朝爭衡,終取滅亡之禍者,彼非不能絜情志,違埃霧也。愍夫世士以離俗為高,而人倫莫相恤也。以遯世為非義,故屢退而不去;以仁心為己任,雖道遠而彌屬。及遭際會,協策竇武,自謂萬世一遇也。懍懍乎伊、望之業矣!功雖不終,然其信義足以攜持民心。漢世亂而不亡,百餘年閒,數公之力也。」（卷六十六,頁2171。）
〔註51〕 （南朝宋）范曄《後漢書‧郭太傳》:「司徒黃瓊辟,太常趙典舉有道。或勸林宗仕進者,對曰:『吾夜觀乾象,晝察人事,天之所廢,不可支也。』遂並不應。」（卷六十八,頁2225。）

天子不得臣，諸侯不得友。」〔註52〕在亂世中能自保其身，仍能秉守正道，可謂兼具德行操守與處世智慧的人才。故范曄對其評論曰：

> 莊周有言，人情險於山川，以其動靜可識，而沈阻難徵。故深厚之性，詭於情貌；「則哲」之鑒，惟帝所難。而林宗雅俗無所失，將其明性特有主乎？然而遜言危行，終亨時晦，恂恂善導，使士慕成名，雖墨、孟之徒，不能絕也。〔註53〕

對郭林宗之識見清明與「雅俗無所失」稱譽有加。另外一名與政權疏離的代表人物是夏馥，夏馥言行質樸正直，《後漢書》載：「同縣高氏、蔡氏並皆富殖，郡人畏而事之，唯馥比門不與交通，由是為豪姓所仇。」〔註54〕他雖不與當時官場士人往來，卻因聲譽極高而受到宦官猜忌，黨錮之禍時，與張儉、范滂同被誣陷而通緝，遂隱姓埋名，躲入山中。兩三年後，其弟夏靜尋之，於涅陽市遇見，夏馥密與其弟曰：「吾以守道疾惡，故為權宦所陷。且念營苟全，以庇性命，弟奈何載物相求，是以禍見追也。」第二天一早隨即離去，不知所蹤。

　　郭林宗與夏馥對於漢朝政權採取了疏離的態度，這反映出漢末部份的士人對朝廷的不信任，而寧可山林湖海度餘生，猶如徐孺子對郭林宗所言：「大樹將顛，非一繩所維，何為栖栖不遑寧處？」〔註55〕是這類名士們共同的心聲。

　　觀乎漢末名士，不管是在朝或在野，其實大都秉持著對朝廷的一片忠誠，只是政治之污濁險惡，使其經世濟民之志難伸。在此局勢下，有人堅持力挽狂瀾，義無反顧；有人選擇緘默不言，明哲保身，甚至遠走高飛。而兩次黨錮之禍的發生，徹底衝擊了那些對政權稍有依戀的士人，使其原本以天下國家為己任的積極進取、擁護政權心態，漸漸與朝廷疏離，轉變為避世隱遁，重視個人的老莊思想。〔註56〕加上漢末章句訓詁的經學已走到支離破碎、僵固凝滯的地步，轉而傾向義理化，玄學思想隱隱成流。

〔註52〕（南朝宋）范曄：《後漢書·郭太傳》，卷六十八，頁2226。

〔註53〕（南朝宋）范曄：《後漢書·郭太傳》，卷六十八，頁2231。

〔註54〕（南朝宋）范曄：《後漢書·黨錮傳》，卷六十七，頁2202。

〔註55〕（南朝宋）范曄：《後漢書·徐稺傳》，卷五十三，頁1747。

〔註56〕羅宗強先生分析漢魏之間的社會思想概況說：「其時正處於一個變動不居、各種思想、各種價值、各種是非雜處並存的時期。經學束縛解除了，儒家的道德標準則已經失去了約束力。」見羅宗強：《玄學與魏晉士人心態》（臺北：文史哲出版社，1992年），頁37。

在此混亂不安的時代背景下，漢末魏晉間的思潮正悄悄的變化著，名士的義涵也隨之改變，由重視道德修養漸轉移到重外貌才性等個人特質。羅宗強先生於《玄學與魏晉士人心態》書中提出漢末名士的「清議」到魏晉名士的「清談」之間，還經歷了「人物品評」的階段，他說：

> 漢末的人物品評中承接清議而衡人重道德情操判斷這一主要傾向
> 中，也出現了一些新的東西，即開始出現了對於人的才性、風姿儀
> 容的評論。〔註57〕

「清議」原本是鄉閭選拔人才的一種社會輿論，具監督作用。漢末名士的清議，對人物評價的觀點是道德情操方面的；而魏晉「清談」則是談論義理與玄學問題，在兩者之間，還歷經了關於才性的人物品評階段。此發展軌跡明顯的反映在名士義涵的轉變上，若說名士在漢朝是指以政治才能與學問德行聞名之士；在魏晉是指以丰姿神態、清言談玄與任情不羈聞名的士人，而漢末名士就可視為此二者的過渡橋樑。除了思想上的漸漸轉變，對於外在儀容的重視，也透露出漢末名士過渡的性質，如：陳蕃「登車攬轡，有澄清天下之志」、李膺被目為「謖謖如勁松下風」，而郭林宗「善談論，美音制」，皆可看出已對人物風姿神態與談論的重視。

總之，漢末名士多為潔身以立世者，或忠貞不二於朝廷，欲效伊尹、呂望之功業；或以時退隱保全其身，慕許由、伯夷之高美。此時所謂的名士，仍泛指知名之士，但已稍微帶有魏晉名士重儀容、關注個人的特質。道家思想的滲入，使漢末名士不再只是純粹儒家大一統思想的擁護者，他們預先為魏晉名士的風流灑脫留下更大的發揮空間。

貳、魏晉名士的義涵

漢朝以來，以名治天下，凡為輿論所稱，則為有名者也。〔註58〕漢末魏晉時期，「好名」已成士人的普遍風氣，「名士」大量出現。然而自先秦至兩漢的名士義涵皆泛指有名的知識分子；到魏晉時，名士義涵一變，乃專有所指。魏晉名士乃指以老莊思想為內在精神追求，以清談縱酒、任誕曠達為外在行為的一群知識分子，「名士」代表一種人格特質，一種超越世俗而無法以功利眼光看待的特質。

〔註57〕羅宗強：《玄學與魏晉士人心態》，頁 65。
〔註58〕湯用彤：《儒學‧佛學‧玄學》（南京：江蘇文藝出版社，2009 年），頁 227。

　　魏晉名士義涵的轉變，從士人對於人物容貌神態的關切也可觀察出。魏晉名士們不止欣賞外在容貌，他們更重視內在氣質所散發出來的神韻，此點改變，觀《晉書》所載之名士特質即可知道，如《晉書‧衛玠傳》載王導稱衛玠為「風流名士」，而劉惔更譽衛玠「神清」：

> 丞相王導教曰：「衛洗馬明當改葬。此君風流名士，海內所瞻，可修薄祭，以敦舊好。」後劉惔、謝尚共論中朝人士，或問：「杜乂可方衛洗馬不？」尚曰：「安得相比，其間可容數人。」惔又云：「杜乂膚清，叔寶神清。」其為有識者所重若此。于時中興名士，唯王承及玠為當時第一云。〔註59〕

衛玠從小風姿秀逸，被視為「玉人」、「珠玉」；〔註60〕他的身體非常瘦弱，王導曾謂其「居然有羸形，雖復終日調暢，若不堪羅綺。」〔註61〕早慧體弱的他，年僅二十七就不堪勞疾而逝。衛玠除了外表俊美羸弱，符合當時審美標準，他更擅長清談。《晉書‧衛玠列傳》載：

> 及長，好言玄理。其後多病體羸，母恒禁其語。遇有勝日，親友時請一言，無不咨嗟，以為入微。琅邪王澄有高名，少所推服，每聞玠言，輒嘆息絕倒。故時人為之語曰：「衛玠談道，平子絕倒。」
> 〔註62〕

衛玠俊美的外表，加上精微深入的談論，是他被稱為名士之因。而《晉書‧江惇傳》亦載阮裕、王濛為名士：

> 蘇峻之亂，避地東陽山，太尉郗鑒檄為兗州治中，又辟太尉掾；康帝為司徒，亦辟焉；征西將軍庾亮請為儒林參軍；徵拜博士、著作郎，皆不就。邑里宗其道，有事必諮而後行。東陽太守阮裕、長山令王濛，皆一時名士，並與惇游處，深相欽重。〔註63〕

阮裕個性宏達卻不放縱，以德業知名。王敦命為主簿，裕知敦有不臣之心，於是終日酣觴，後因酒被廢職。阮裕終其一生不追求高官厚祿，屢辭徵召，出仕

〔註59〕　（唐）房玄齡等撰：《晉書‧衛玠傳》（北京：中華書局《二十四史》，1997年），卷三十六，頁1068。

〔註60〕　余嘉錫：《世說新語箋疏‧容止14》：「驃騎王武子是衛玠之舅，雋爽有風姿，見玠輒歎曰：『珠玉在側，覺我形穢！』」（頁613。）

〔註61〕　余嘉錫：《世說新語箋疏‧容止16》，頁614。

〔註62〕　（唐）房玄齡等撰：《晉書‧衛玠傳》，卷三十六，頁1067。

〔註63〕　（唐）房玄齡等撰：《晉書‧江惇傳》，卷五十六，頁1539。

只為求三餐溫飽。〔註64〕雖不博學，然論難甚精微，《晉書・阮裕傳》載阮裕評論謝萬與傅嘏所論之〈四本論〉時「精義入微，聞者皆嗟味之」，〔註65〕可見也是一位擅於清談的名士。

至於王濛，《晉書》載其善隸書，美姿容，以清約見稱。他亦長於清談，言理辭簡而融通。謝安亦常稱美王濛：「王長史語甚不多，可謂有令音。」〔註66〕王濛以其外在姿容之美、至通清簡之性與辭約令言的清談而聞名。

綜合以上兩則《晉書》所提及的名士，很明顯的可以發現：魏晉時期所謂的名士，不再著重政治表現，也不見得是在德行或經學上有特殊事蹟；而是指具有玄學思想、儀態風流、任情縱性，並在清談上或其他才藝上有令人讚賞的表現的士人。至此，「名士」一詞成為一個專有名詞，專指魏晉這群有著相同行事風格與思想傾向的士人。牟宗三於〈魏晉名士及其玄學名理〉一文中，對「名士」一格的出現持著這樣的看法：

> 東晉袁宏作《名士傳》，以夏侯太初（玄）、何平叔（晏）、王輔嗣（弼）
> 為正始名士，……據此，「名士」一格自魏末開始。魏初言才性名理
> 者，如著《人物志》之劉邵，歷史上則列於名家，屬形名學，不列
> 於名士。名士所談者以老莊玄理為主，以因此而稱為名士。……然
> 則「名士」者清逸之氣也。清則不濁，逸則不俗。〔註67〕

從牟先生此段話可推得：其一，所謂的「名士」乃專指魏晉間專談論老莊玄理，並得天地之逸氣，展現從容與風流的士人。其二，魏晉名士以魏末何晏、王弼等人為開端。此說與《晉書》：「六國多雄士，正始出風流。」〔註68〕相為呼應。廖蔚卿亦云：

> 名士一詞的發生，雖早於魏晉之時，然使所謂名士這一類的人在生活
> 意識及行為態度方面具有特色，確不能不說是魏晉時的事。〔註69〕

〔註64〕（唐）房玄齡等撰《晉書・阮裕傳》：「問裕曰：『子屢辭徵聘，而宰二郡，何邪？』裕曰：『雖屢辭王命，非敢為高也。吾少無宦情，兼拙於人間，既不能躬耕自活，必有所資，故曲躬二郡。豈以騁能，私計故耳。』」（卷四十九，頁1369。）

〔註65〕（唐）房玄齡等撰《晉書・阮裕傳》：「裕雖不博學，論難甚精。嘗問謝萬云：『未見〈四本論〉，君試為言之。』萬敘說既畢，裕以傅嘏為長，於是構辭數百言，精義入微，聞者皆嗟味之。」（卷四十九，頁1368。）

〔註66〕（唐）房玄齡等撰：《晉書・王濛傳》，卷九十三，頁2418、2419。

〔註67〕牟宗三：《才性與玄理》（臺北：臺灣學生書局，1993年），頁67、68。

〔註68〕（唐）房玄齡等撰：《晉書・劉毅傳》，卷八十五，頁2211。

〔註69〕廖蔚卿：《漢魏六朝論文集・論魏晉名士的狂與癡》（臺北：大安出版社，1997年），頁149。

所以魏晉名士已不像先秦兩漢的名士一樣，泛指因學識道德而聞名的人，而是具有特定性格思想傾向、言行舉止超凡脫俗的一群知識分子。魏晉名士重視個人的風姿儀態與精神氣度；口談玄言，筆注《老》《莊》；他們親近大自然，悠然暢寄己身於山水間；更有背棄禮俗，任誕不羈的行為，他們的一切，都與以往傳統儒家思想下的士人不同。「名士」一詞，在冠上魏晉這個朝代的限定語時，就是指受玄學影響，在思想與行為舉止皆表現出玄味的士人。

第二節　名士的著錄

本文名士的著錄以《名士傳》與《江左名士傳》為主，輔以《世說新語》、《三國志》及《晉書》中明言「名士」者，但並非認定只有這些人才是名士，許多人雖未被稱為名士，然確實具有名士的思維與行事，當然也是名士，今作此限制只是縮小研究範圍，清楚聚焦於「名士」，期能明確定位「名士」，並梳理出名士之思想與行事特質，以便了解魏晉知識分子多面向中符合名士特質的一面。

壹、名士之載錄

《名士傳》與《江左名士傳》皆以魏晉名士為收錄對象，作者為東晉的袁宏，《世說新語・文學94》曾載袁宏作《名士傳》一事：「宏以夏侯太初、何平叔、王輔嗣為正始名士；阮嗣宗、嵇叔夜、山巨源、向子期、劉伯倫、阮仲容、王濬沖為竹林名士；裴叔則、樂彥輔、王夷甫、庾子嵩、王安期、阮千里、衛叔寶、謝幼輿為中朝名士。」《江左名士傳》則為劉孝標所作。二書都已散佚，然其內容有多處卻被劉孝標用以注解《世說新語》。以下將《名士傳》與《江左名士傳》所錄的名士列出。

一、《名士傳》與《江左名士傳》所錄之名士

名　士	大略內容	出　處
夏侯玄	《名士傳》曰：「初，玄以鍾毓志趣不同，不與之交。玄被收時，毓為廷尉，執玄手曰：『太初何至於此？』玄正色曰：『雖復刑餘之人，不可得交。』」	方正6注
	《名士傳》曰：「玄以鄉黨貴齒，本不論德，年長者必為拜。與陳本母前飲，騫來而出，其可得同，不可得而雜者也。」	方正7注

何晏	《名士傳》曰：「是時曹爽輔政，識者慮有危機。晏有重名，與魏姻戚，內雖懷憂，而無復退也。」	規箴 6 注
阮籍 裴楷	《名士傳》曰：「阮籍喪親，不率常禮。裴楷往弔之，遇籍方醉，散髮箕距，旁若無人。楷哭泣盡哀而退，了無異色。」	任誕 11 注
王戎	《名士傳》曰：「戎由是幼有神理之稱也。」	雅量 4 注
裴楷	《名士傳》曰：「楷行己取與，任心而動，毀譽雖至，處之晏然，皆此類。」	德行 18 注
	《名士傳》曰：「楚王之難，李肇惡楷名重，將害之。楷神色不變，舉動自若，諸人請救，得免。」	雅量 7 注
	《名士傳》曰：「楷病困，詔遣黃門郎王夷甫省之，楷回眸矚夷甫云：『竟未相識。』夷甫還，亦嘆其神儁。」	容止 10 注
王衍	《名士傳》曰：「夷甫天形奇特，明秀若神。」	賞譽 16 注
劉伶	《名士傳》曰：「伶字伯倫，沛郡人。肆意放蕩，以宇宙為狹。常乘鹿車，攜酒一壺，使人荷鍤隨之，云：『死便掘地以埋。』土木形骸，遨遊一世。」	文學 69 注
山濤	《名士傳》曰：「濤居魏晉之間，無所標明。」	識鑒 4 注
阮咸	《名士傳》曰：「咸字仲容，陳留人，籍兄子也。任達不拘，當世皆怪其所為。及與之處，少嗜欲，哀樂至到，過絕於人，然後皆忘其所議。為散騎侍郎。山濤舉為吏部，武帝不用。」	賞譽 12 注
郭象	《名士傳》曰：「郭象字子玄，自黃門郎為太傅主簿，任事用勢，傾動一府。敳謂象曰：『傾自是當世大才，我疇昔之意，都已盡矣！』其伏理推心，皆此類也。」	賞譽 26 注
	《名士傳》曰：「子玄有儁才，能言《莊》、《老》。」	賞譽 32 注
阮脩	《名士傳》曰：「阮脩字宣子，陳留尉氏人。好《老》、《易》，能言理。不喜見俗人，時誤相逢，即舍去。傲然無營，家無儋石之儲，晏如也。」	文學 19 注
	《名士傳》曰：「脩性簡任。」	任誕 18 注
阮瞻	《名士傳》曰：「瞻字千里，夷任而少嗜欲，不修名行，自得於懷。讀書不甚研求，而識其要。仕至太子舍人。年三十而卒。」	賞譽 29 注
庾敳	《名士傳》曰：「敳不為辨析之談，而舉其旨要。太尉王夷甫雅重之也。」	賞譽 41 注
	《名士傳》曰：「敳雖居職任，未嘗以事自嬰，從容博暢，寄通而已。是時天下多故，機事屢起，有為者拔奇吐異，而禍福繼之。敳常默然，故憂喜不至也。」	賞譽 44 注
	《名士傳》曰：「敳頹然淵放，莫有動其聽者。」	品藻 58 注
王承	《名士傳》曰：「王承字安期，太原晉陽人。父湛，汝泰太守。承沖淡寡欲，無所循尚。累遷東海內史，為政清靜，吏民懷之。」	政事 9 注

	《江左名士傳》曰：「承言理辯物，但明其旨要，不為詞費，有識伏其約而能通。」	品藻10注
謝鯤	《江左名士傳》：「鯤通簡有識，不修威儀。好迹逸而心整，形濁而言清。居身若穢，動不累高。」	賞譽97注
劉惔 謝尚 杜乂 衛玠	《江左名士傳》曰：「永和中，劉真長、謝仁祖共商略中朝人士。或曰：『杜弘治清標令上，為後來之美；又面如凝脂，眼如點漆，粗可得方諸衛玠。』」	容止26注
劉惔 杜乂 衛玠	《江左名士傳》曰：「劉真長曰：『吾請評之，弘治膚清，叔寶神清。』論者謂為知言。」	品藻42注
杜乂	《江左名士傳》：「乂，清標令上也。」	賞譽70注

二、《世說新語》與其他注解所錄之名士

名　士	大略內容	出　處
夏侯玄	《世語》曰：「玄至，不肯下辭，廷尉鍾毓自臨履玄。玄正色曰：『吾當何辭？為令史責人邪？卿便為吾作。』毓以玄名士，節高不可屈，而獄當竟，夜為作辭，令與事相附。」	方正6注
李豐	《魏略》曰：「李豐字安國，……識別人物，海內注意。明帝得吳降人，問江東聞中國名士為誰？以安國對之。」	容止4注
王戎 和嶠	《晉陽秋》曰：「戎為豫州刺史，遭母憂，性至孝，不拘禮制，飲酒食肉，或觀棊弈，而容貌毀悴，杖而後起。時汝南和嶠，亦名士也，以禮法自持。」	德行17注
王衍 裴頠	王夷甫長裴成公四歲，不與相知。時共集一處，皆當時名士。謂王曰：「裴令令望何足計。」王便卿裴，裴曰：「自可全君雅志。」	雅量12
王衍 裴頠 張華 王戎	諸名士共至洛水戲，還，樂令問王夷甫曰：「今日戲樂乎？」王曰：「裴僕射善談名理，混混有雅致；張茂先論史漢，靡靡可聽；我與王安豐說延陵子房亦超超玄著。」	言語23
王夷甫 樂令 張華 周恢 杜育	劉令言始入洛，見諸名士而歎曰：「王夷甫太解明，我所敬，張茂先我所不解，周弘武巧於用短，杜方叔拙於用長。」	品藻8
郭象	裴散騎娶王太尉女，婚後三日，諸婿大會，當時名士，王斐子弟悉集。郭子玄在座，挑與斐談。	文學19

楊淮	荀綽《冀州記》：「淮見王綱不振，遂縱酒不以官事規意，消搖卒歲而已。成都王知淮不治，猶以其名士，惜而不遣，召為軍咨議祭酒，府散停家。」	賞譽58注
庾敳	司馬太傅府多名士，一時儁異。庾文康云：「見子嵩在其中，常自神王。」	賞譽33
王承	太傅東海王鎮許昌，以王安期為記室參軍，雅相知重。敕世子毗曰……，或曰：「王、趙、鄧三參軍，人倫之表，汝其師之！」謂安期、鄧伯道、趙穆也。袁宏作《名士傳》直云王參軍。	賞譽34
王澄	王澄別傳：「澄風韻邁達，志氣不群。從兄戎、兄夷甫，名冠當時。四海人士，一為澄所題目，則二兄不復措意，云：『已經平子』，其見重如此。是以名聞益盛，天下知不知，莫不傾注。澄後事迹不逮，朝野失望。及舊遊識見者，猶曰：『當今名士也。』」	賞譽31注
	王太尉問眉子：「汝叔名士，何以不相推重？」眉子曰：「何有名士終日妄語？」	輕詆1
庾亮 周顗 桓彝	《高坐傳》：「庾亮、周顗、桓彝皆一代名士，一見和尚，披衿致契。」	賞譽48注
庾亮	深公云：「人謂庾元規名士，胸中柴棘三斗許。」	輕詆3
王湛	王汝南既除所生服，遂停墓所。……濟雖儁爽，自視缺然，乃喟然嘆曰：「家有名士，三十年而不知。」	賞譽17
王濛	《王濛別傳》曰：「丞相王導辟名士時賢，協贊中興，旌命所加，必延俊義。辟濛為掾。」	任誕32注
衛玠	洗馬以永嘉六年喪，謝鯤哭之，感動路人。咸和中，丞相王公教曰：「□洗馬當改葬。此君風流名士，海內所瞻，可脩薄祭，以敦舊好。」	傷逝6
王胡之	謝太傅語真長：「阿齡於此事，故欲太厲。」劉曰：「亦名士之高操者。」	賞譽131
殷仲堪 韓康伯	有人問袁侍中曰：「殷仲堪何如韓康伯？」答曰：「理義所得，優劣乃復未辨；然門庭蕭寂，居然有名士風流，殷不及韓。」	品藻81
王廣	劉孝標注：「臣謂：王廣名士，豈以妻父為戲？」	賢媛9注
李平陽	李平陽，秦州子，中夏名士。于時以比王夷甫。	賢媛17
夏侯玄 何晏 王弼 阮籍 嵇康 山濤 向秀	宏以夏侯太初、何平叔、王輔嗣為正始名士；阮嗣宗、嵇叔夜、山巨源、向子期、劉伯倫、阮仲容、王濬沖為竹林名士；裴叔則、樂彥輔、王夷甫、庾子嵩、王安期、阮千里、衛叔寶、謝幼輿為中朝名士。	文學94注

| 劉伶
阮咸
王戎
裴楷
樂廣
王衍
庾敳
王承
阮瞻
衛玠
謝鯤 | | |

　　然僅以《世說新語》及其注所錄名士為研究範圍，未免有遺珠之憾，故補之以《三國志》、《晉書》中所錄名士，才能較完整的涵蓋魏晉時期的名士，茲錄於下。

三、《三國志》所錄之名士

名　士	大略內容	出　處
曹操	魏書曰：太尉橋玄，世名知人，太祖而異之，曰：「吾見天下名士多矣，未有若君者也！君善自持。吾老矣！願以妻子為託。」由是聲名益重。	〈武帝紀〉注引《魏書》，卷一
韓嵩 鄧義	公進軍江陵，下令荊州吏民，與之更始。乃論荊州服從之功，侯者十五人，以劉表大將文聘為江夏太守，使統本兵，引用荊州名士韓嵩、鄧義等。	〈武帝紀〉，卷一
周毖 伍瓊 何顒	侍中周毖、城門校尉伍瓊、議郎何顒等，皆名士也。	〈袁紹傳〉，卷六
胡班	漢末名士錄曰：班字季皮，太山人，少與山陽度尚、東平張邈等八人並輕財赴義，振濟人士，世謂之八廚。	〈袁紹傳〉，卷六
劉表 陳翔 范滂 孔昱 苑康 檀敷 張儉 岑晊	漢末名士錄云：（劉）表與汝南陳翔字仲麟、范滂字孟博、魯國孔昱字世元、勃海苑康字仲真、山陽檀敷字文友、張儉字元節、南陽岑晊字公孝為八友。	〈劉表傳〉，卷六
趙昱	廣陵太守琅邪趙昱，徐方名士也。	〈陶謙傳〉，卷八

李豐 夏侯玄	初，明帝在東宮，豐在文學中。及即尊位，得吳降人，問「江東聞中國名士為誰」？降人云：「聞有李安國者是。」 （夏侯）玄正色責毓曰：「吾當何辭？卿為令史責人也，卿便為吾作。」毓以其名士，節高不可屈，而獄當竟，夜為作辭，令與事相附，流涕以示玄。	〈夏侯玄傳〉，卷九
王經 王允	清河王經亦與允俱稱冀州名士。	〈夏侯玄傳〉，卷九
荀攸	何進秉政，徵海內名士攸等二十餘人。	〈荀攸傳〉，卷十
劉陽	朗家傳曰：朗少與沛國名士劉陽交友。陽為莒令，年三十而卒，故後世鮮聞。	〈王朗傳〉引《王朗家傳》，卷十三
常林	後刺史梁習薦州界名士林及楊俊、王淩、王象、荀緯，太祖皆以為縣長。	〈常林傳〉，卷二十三
裴頠	臣松之案陸機《惠帝起居》注稱：「頠雅有遠量，當朝名士也」，又曰：「民之望也」。	〈裴潛傳〉引陸機《惠帝起居》注，卷二十三
裴楷	康、楷、綽皆為名士，而楷才望最重。	〈裴潛傳〉注，卷二十三
崔林	初，林識拔同郡王經於民伍之中，卒為名士，世以此稱之。	〈崔林傳〉，卷二十四
王承	昶諸子中，湛最有德譽，而承亦自為名士，述及坦之並顯重於世，為時盛門云。	〈王承傳〉，卷二十七
衛瓘	杜預言於□曰：「伯玉其不免乎！身為名士，位望已高，既無德音，又不御下以正，是小人而乘君子之器，將何以堪其責乎？」瓘聞之，不俟駕而謝。	〈鄧艾傳〉，卷二十八
單子春	大會賓客百餘人，坐上有能言之士，輅問子春：「府君名士，加有雄貴之姿，輅既年少，膽未堅剛，若欲相觀，懼失精神，請先飲三升清酒，然後言之。」	〈方技·管輅傳〉，卷二十九
劉恢	耽子恢，字真長，尹丹楊，為中興名士也。	〈方技·管輅傳〉，卷二十九
黃承彥	襄陽記曰：「黃承彥者，高爽開列，為沔南名士。」	〈諸葛亮傳〉，卷三十五
張表	張表，時名士，清望踰忠。	〈馬忠傳〉，卷四十三
姜維 諸葛誕 夏侯玄	會與維出則同輿，坐則同席，謂長史杜預曰：「以伯約比中土名士，公休、太初不能勝也。」	〈姜維傳〉，卷四十四
魯肅 諸葛瑾	招延俊秀，聘求名士，魯肅、諸葛瑾等始為賓客。	〈孫權傳〉，卷四十七

| 太史慈 | 策曰：「太史子義，青州名士，以信義為先，終不欺策。」 | 〈太史慈傳〉，卷四十九 |
| 顧榮 | 晉書曰：（顧）榮字彥先，為東南名士，仕吳為黃門郎，在晉歷顯位。 | 〈顧雍傳〉注引《晉書》，卷五十二 |

四、《晉書》所錄之名士

名　士	大略內容	出　處
石浚	浚字景倫，清儉有鑒識，敬愛人物。位至黃門侍郎，為當世名士，早卒。	〈石浚傳〉，卷三十三
衛瓘	初，杜預聞瓘殺鄧艾，言於□曰：「伯玉其不免乎！身為名士，位居總帥，既無德音，又不御下以正，是小人而乘君子之器，當何以堪其責乎？」瓘聞之，不俟駕而謝。	〈衛瓘傳〉，卷三十六
王承衛玠	于時中興名士，唯王承及玠為當時第一云。	〈衛展傳〉，卷三十六
樂廣	廣時年八歲，玄常見廣在路，因呼與語，還謂方曰：「向見廣神姿朗徹，當為名士。卿家雖貧，可令專學，必能興卿門戶也。」	〈樂廣傳〉，卷四十三
陳壽閻乂費立	巴西陳壽、閻乂、犍為費立皆西州名士。	〈何攀傳〉，卷四十五
阮脩	脩居貧，年四十餘未有室，王敦等斂錢為婚，皆名士也，時慕之者求入錢而不得。	〈阮脩傳〉，卷四十九
阮放	放素知名，而性清約，不營產業，為吏部郎，不免饑寒。王導、庾亮以其名士，常供給衣食。	〈阮放傳〉，卷四十九
王玄阮脩	于時名士王玄、阮脩之徒，並以鯤初登宰府，便至黜辱，為之歎恨。	〈謝鯤傳〉，卷四十九
羊曼溫嶠庾亮阮放桓彝	曼任達積縱，好飲酒。溫嶠、庾亮、阮放、桓彝同志友善，並為中興名士。	〈羊曼列傳〉，卷四十九
阮裕王濛	東陽太守阮裕、長山令王濛，皆一時名士，並與惇游處，深相欽重。	〈江惇傳〉，卷五十六
司馬元顯	元顯無良師友，正言弗聞，諛譽日至，或以為一時英傑，或謂為風流名士，由是自謂無敵天下，故驕侈日增。	〈司馬元顯傳〉，卷六十四

王衍 樂廣 張華 周恢 杜育	隗伯父訥，字令言，有人倫鑒識。初入洛，見諸名士而歎曰：「王夷甫太鮮明，樂彥輔我所敬，我所不解，周弘武巧於用短，杜方叔拙於用長。」	〈劉訥傳〉，卷六十九
王湛	（王濟）乃歎曰：「家有名士，三十年而不知，濟之罪也。」既而辭去，湛送至門。	〈王湛傳〉，卷七十五
和嶠	從伯導與其書曰：「太保、安豐侯以孝聞天下，不得辭司隸；和長輿海內名士，不免作中書令。」	〈王允之傳〉，卷七十六
謝安 孫綽 李充 許詢 支遁 王羲之	會稽有佳山水，名士多居之，謝安未仕時亦居焉。孫綽、李充、許詢、支遁等皆以文義冠世，並築室東土，與羲之同好。	〈王羲之傳〉，卷八十
張軌	其兄讓龕曰：「張涼州一時名士，威著西州，汝何德以代之！」龕乃止。	〈張軌傳〉，卷八十六

◎上列表格所錄名士，將之整理如下：

《名士傳》與 《江左名士傳》	《世說新語》	《三國志》	《晉書》
夏侯玄、何晏、阮籍、裴楷、王戎、王衍、劉伶、山濤、阮咸、郭象、阮脩、阮瞻、庾敳、王承、謝鯤、劉惔、謝尚、杜乂、衛玠	夏侯玄、李豐、王戎、和嶠、王衍、裴頠、張華、樂令、周恢、杜育、郭象、楊淮、庾敳、王承、王澄、庾亮、周顗、桓彝、王湛、王濛、衛玠、王胡之、殷仲堪、韓康伯、王廣、李平陽、何晏、王弼、阮籍、嵇康、山濤、向秀、劉伶、阮咸、阮瞻、謝鯤	曹操、韓嵩、鄧義、周毖、伍瓊、何顒、胡班、劉表、陳翔、范滂、孔昱、苑康、檀敷、張儉、岑晊、趙昱、李豐、夏侯玄、王經、王允、荀攸、劉陽、常林、裴頠、裴楷、崔林、王承、衛瓘、單子春、劉惔、黃承彥、張表、姜維、諸葛誕、魯肅、諸葛瑾、太史慈、顧榮。	石浚、衛瓘、王承、衛玠、樂廣、陳壽、閻乂、費立、阮脩、阮放、王玄、羊曼、溫嶠、庾亮、桓彝、阮裕、王濛、司馬元顯、王衍、張華、周恢、杜育、王湛、和嶠、謝安、孫綽、李充、許詢、支遁、王羲之、張軌
共 19 人	共 36 人	共 38 人	共 31 人

綜合以上表格並去其重複者，可算出魏晉之世被稱為名士且史籍有載者，僅約九十人。然而這些人就可稱為「魏晉名士」嗎？然誠如上一章節所論：所

謂的「魏晉名士」，乃專指魏晉間專談論老莊玄理，在生活意識及行為態度方面具有玄風，展現從容與風流的士人。若依此標準再檢視，則必須由正始年間的名士開始。雖然在何晏、夏侯玄與王弼等正始名士站上魏晉清談與玄學舞台之前，漢末到魏初已產生一批與傳統儒家規步矩行大異其趣的名士，他們重情任性，講才性，談名理，實為魏晉名士之前驅，如荀粲、裴徽與傅嘏等人。然荀粲、裴徽與傅嘏等人並未真正涉及玄理的清談，故不在此節的論述範圍；真正對玄理有所闡發者，當屬何晏、王弼與夏侯玄等正始名士。李栖的〈魏晉名士的浪漫一文〉指出：一般研究魏晉名士的時間起點是在魏齊王芳即位的正始年間（西元 240 年），而到東晉亡國（西元 420 年）為止。東晉立國以前，地域以中原一帶為主，洛陽是其中心；東晉立國後，則以江南建康為中心，並及於荊州、豫章等地。〔註70〕而且袁宏作《名士傳》，亦以夏侯玄、何晏、王弼為第一個名士群體，這樣的劃分方式比較能清楚聚焦於魏晉名士，故本文擬採取這樣的劃分方式。

下一個部份將從正始名士開始，針對魏晉各時期的名士群體進行耙梳，以便能更進一步了解魏晉各個時期的名士與其特質。

貳、魏晉各時期的名士

魏晉名士面臨最大的問題是「名教」與「自然」的衝突與調和，在不同時期，名士們的想法與行為都有所不同，相對的，由其思想所反映出的行為也各有差異。故以下將加以區分時期而論述，然在此之前有一問題需要解決，即阮籍、嵇康是否列入正始名士群體中？羅宗強先生將何晏、王弼、夏侯玄與竹林七賢同歸入正始時期〔註71〕，因為羅先生認為竹林是否真有其地，七賢是否共聚於竹林飲宴，此有待商榷，然七賢交遊始於正始三年，之後陸續進行著，與何晏、王弼談玄同時。正始年間，嵇康與阮籍已有論及玄旨的文章，他們與何、王思想心態的差異，只能看作同一時期不同人的差別，而難以看作理論上不同

〔註70〕 李栖：〈魏晉名士的浪漫一文〉，收入成功大學中文系編：《魏晉南北朝文學與思想研討會論文集》（台北：文史哲出版社，1991 年 8 月），頁 353。

〔註71〕 羅宗強先生將魏晉士人區分為：一、正始時期：自魏明帝青龍元年，至魏元帝咸熙元年阮籍死，嵇康被殺止（西元 233～264 年）。二、西晉時期：自魏咸熙二年十一月，司馬炎迫魏元帝曹奐禪讓，自立為帝開始，到晉愍帝建興四年止（西元 265～316 年）。三、東晉階段：自司馬睿在江東建立東晉開始，至晉恭帝止（西元 317～420 年）。見羅宗強：《玄學與魏晉士人心態》，頁 59。

階段的標志，故將阮籍、嵇康一同列入正始名士裡。而張釽星的論文《魏晉知識分子道家意識研究》則持不同看法，他將何晏、王弼與阮籍、嵇康分成不同的兩個階段，其根據有二：一是學術思想上，一是實際生活上。在學術思想方面，何、王援道入儒，旨在溫和改革儒家之繁瑣，其對《老子》的重視，遠勝於《莊子》；阮、嵇則更進一步毀棄名教禮法，以《莊子》為探討主體，追求人性的開放，故在思想本質上，二者有極大的差異。在實際生活方面，何、王之玄學思想僅於理論探討，而阮、嵇則已落實到實際生活中了。

仔細思考何、王與嵇、阮之間，著實存在本質上的差異。何、王對於儒家禮法基本上是認同的，但感於漢末士人種種虛偽矯情的行為與刑名法治的繁瑣，欲有所革弊，所以可以說何、王是在既定的社會禮法框架裡去思考「自然」這個問題。而嵇、阮則因對司馬政權偽作名教的唾棄與對莊子人生境界的嚮往，已打破既定的社會禮法框架，試圖在此框架之外去尋求問題的解決。因為何晏、王弼與阮籍、嵇康間的思想差異不小，表現於出處的實際選擇與人生境界的追求亦不同，所以筆者認為張釽星的分法較能清晰的呈現。而且張仁青的《魏晉南北朝文學思想史》亦認為何、王並未拋棄儒學，是在儒家中尋求改革，而嵇、阮則是正面攻擊儒家，在思想本質上有較大的差異。〔註72〕再加上何晏、夏侯玄、王弼等人是洛陽清談的中心人物，而以阮籍、嵇康為主的竹林七賢則在山陽形成另一個團體，故是兩個不同的名士群體。雖然是否真有「竹林」仍眾說紛紜，但七賢之往來是確實的，基於以上的原因，本文將正始時期的何晏、王弼與阮籍、嵇康加以細分成正始名士與竹林名士，以進行論述。以下將魏晉名士們區分為正始名士、竹林名士、西晉名士、江左名士，並分別加以論述。

一、正始名士

漢末以來，隨著大一統政權的崩壞、經學的中衰，長期受儒家思想箝制的僵化思想開始鬆動。除了表現在經學研究的義理化、精簡化，也表現在士人個體意識的覺醒與社會風氣的趨向任情任性，正始名士即在這樣的背景下開始思索人與社會、自然間的問題。面對自然與名教日趨激烈的衝突，如何調和二者，並找出適合的理論依據，以及由此衍伸出的本末、有無、言意之辯等問題

〔註72〕張仁青《魏晉南北朝文學思想史》：「何晏王弼鑒於司馬懿弄權作威，又以國家嚴刑過甚，故酷嗜老莊，濟以談玄之風。然二子被服儒者，從容中道，固未嘗鄙薄儒學。刻意提倡道家學說，垂範後世，正面攻擊儒家學說，形諸文字者，實自竹林七賢始。」（臺北：文史哲出版社，1978年12月，頁335。）

是正始名士關切的議題。然而所謂正始名士主要是指哪一些人呢？根據王曉毅先生於〈漢魏佛教與何晏玄學關係之探索〉文中所言：

> 所謂正始名士是指曹魏第二、三代中、青年知識精英。他們反對漢儒的名教，也不滿曹魏名法，而是追求自然無為，是玄學思潮的社會載體。其中有以何晏、夏侯玄為代表的中年政治實力派和以王弼、鍾會為代表的少年思想家兩代人。〔註73〕

王先生所舉的正始名士有中年政治實力派何晏、夏侯玄與少年思想家王弼、鍾會。而上面依據《世說新語》、《三國志》、《晉書》所錄正始時期的名士，除了何晏、王弼、夏侯玄，還有王廣、李豐等人，而以何晏、王弼、夏侯玄為中心，故將以此三人為正始名士的代表人物，而分別進行論述之。

1. 何晏

何晏「何進孫也。母尹氏，為太祖夫人。晏長于宮省，又尚公主，少以才秀知名，好老莊言，作道德論及諸文賦著述凡數十篇。」〔註74〕在文帝、明帝時期，何晏未被重用，直到齊王芳正始年間曹爽掌權，以何晏為吏部尚書，典掌人才選舉，始進入權力中心。然正始十年高平陵之變後，曹爽兄弟被免官，黃門張當又奏陳曹爽與何晏、鄧颺及桓範等人謀圖神器，意謀造反，於是「收爽、羲、訓、晏、颺、謐、軌、勝、範、當等，皆伏誅，夷三族。」〔註75〕

何晏任尚書時，位高權重，是洛陽宮廷勢要的核心之一，當時盛行的談玄之風，亦以之為中心。《世說新語‧文學篇》注引《文章敘錄》：「晏能清言，而當時權勢，天下談士多宗尚之。」〔註76〕又引《續晉陽秋》言：「正始中，王弼、何晏好莊、老玄勝之談，而世遂貴焉。」〔註77〕由於何晏對於許多新玄學上的命題提出基本構想，可謂之「正始玄學構想者」；〔註78〕他處於高位，聚集許多士人清談，對後輩能多所提攜〔註79〕，所以亦可說他是正始玄學的領

〔註73〕 王曉毅：〈漢魏佛教與何晏玄學關係之探索〉，收入湯一介、胡仲平編：《魏晉玄學研究》（武漢：湖北教育出版社，2008 年 8 月），頁 608。

〔註74〕 （晉）陳壽：《三國志‧何晏傳》（北京：中華書局《二十四史》，1997 年），卷九，頁 292。

〔註75〕 （晉）陳壽：《三國志‧曹爽傳》，卷九，頁 288。

〔註76〕 余嘉錫：《世說新語箋疏‧文學 6》注引《文章敘錄》，頁 196。

〔註77〕 余嘉錫：《世說新語箋疏‧文學 6》注引注引《續晉陽秋》，頁 196。

〔註78〕 蔣凡：《世說新語英雄譜》（北京：中國人民大學出版社，2008 年 7 月），頁 154。

〔註79〕 余嘉錫《世說新語箋疏‧文學 6》：「何晏為吏部尚書，有位望，時談客盈坐，

導者。何晏是首倡「以無為本」的人物之一〔註80〕，他將天地的所有事物皆稱為「有」，而「無」是一切事物的根本，即「無」就是「有」的根本。何晏的「無」是「無所有」，相對應於天地萬物的「有所有」，是無形無象，但並非不存在，而且是一切事物之母，萬物與「無」之間還存在著相互感應的關係。何晏援引《老子》的觀點，以「無」來解釋宇宙本體，指出所有事物的基礎與本源是抽象的「無」，可謂一大突破，他以「有」「無」的觀點解釋「道」與「物」間的衝突與矛盾，這是他最大的貢獻。但大部分關於有無、本末、言意之辯等哲學問題的探討，則至王弼這位「正始玄學奠基人」〔註81〕出現時，才有令人耳目一新的創見。

2. 王弼

王弼「幼而察慧，年十餘，好老氏，通辯能言。……性和理，樂遊宴，解音律，善投壺。」〔註82〕王弼是個早慧的天才，何晏對其玄學理論大為讚嘆，《三國志》載：「于時何晏為吏部尚書，甚奇弼，歎之曰：『仲尼稱後生可畏，若斯人者，可與言天人之際乎！』」〔註83〕何晏所謂的天人之際，「天」即天道自然，「人」則指人事社會。王弼以「貴無」的理論為基礎，深入探討「有」、「無」之間的關係。他主張「崇本息末」，並將外在的禮儀制度解釋為「末」，內在的謙讓孝敬的情感解釋為「本」，本為重，末為輕。一切順應於道體「無」，亦即順應人內在的自然真性而為，所以徒具形式而不具情感本質的禮儀制度都是失其根本的，應返回根本，重視內在情感才是正確的。王弼此論點的提出，解決了現實儒家禮法與道家自然間的衝突，既能順應情感個性，又兼顧世俗規矩制度，頗得社會上的認同。

王弼未弱冠往見之。晏聞弼名，因條向者勝理語弼曰：『此理僕以為極，可得復難不？』弼便作難，一坐人便以為屈，於是弼自為客主數番，皆一坐所不及。」（頁196。）何晏大王弼二、三十歲，以何晏當時在學術界與政治界的身分地位，他不僅給王弼機會，更延譽之，十分難得。此舉對於學術風氣的發展有極大的幫助，故稱其為領導者實不為過。

〔註80〕 （唐）房玄齡《晉書・王衍傳》：「魏正始中，何晏、王弼等祖述老莊，立論以為：『天地萬物皆以無為本。無也者，開物成務，無往不存者也。陰陽恃以化生，萬物恃以成形，賢者恃以成德，不肖恃以免身。故無之為用，無爵而貴矣。』」（卷四十三，頁1236。）

〔註81〕 蔣凡：《世說新語英雄譜》，頁161。

〔註82〕 （晉）陳壽：《三國志・鍾會傳》注引何劭《王弼傳》，卷二十八，頁795。

〔註83〕 （晉）陳壽：《三國志・鍾會傳》注引何劭《王弼傳》，卷二十八，頁795。

至於何晏「聖人無情」論點，王弼則持相反的看法，他認為聖人有情，只是聖人「神明茂」，故能「體沖和以通無」，而做到有情而無累；以其能「性其情」，故其情不至流蕩失真，此亦是崇本而末可舉之說也。

3. 夏侯玄

夏侯玄，字太初。「少知名，弱冠為散騎黃門侍郎。嘗進見，與皇后弟毛曾並坐，玄恥之，不悅形之於色。明帝恨之，左遷為羽林監。」〔註84〕齊王芳即位，曹爽與司馬懿共同輔政，夏侯玄為曹爽所用；迨曹爽被誅，司馬氏掌權，玄以爽之故而被抑絀，甚失意。後來，中書令李豐與光祿大夫張緝等人謀以玄代大將軍司馬景王輔政，事跡敗露，玄與豐、緝等皆被夷三族。夏侯玄被捕入獄時，「不肯下辭，廷尉鍾毓自臨履玄。……毓以玄名士，節高不可屈，而獄當竟，而夜為作辭，令與事相附。」〔註85〕玄臨刑東市，從容自若，顏色不變。

夏侯玄亦擅長清談玄理，曾著〈本玄論〉，收錄於張溥輯《太初集》，今已亡逸，僅存《列子‧仲尼》篇張注引夏侯玄言：「天地以自然運，聖人以自然用，自然者道也。道本無名，故老氏曰彊為之名，仲尼稱堯蕩蕩無能名焉。」〔註86〕可知夏侯玄與何晏「以無為本」的論點是相同的。《三國志‧夏侯玄傳》注引《魏略》亦曰：「玄嘗著〈樂毅〉、〈張良〉及〈本無〉、〈肉刑論〉，辭旨通遠，咸傳於世。」〔註87〕除了玄學與清談，夏侯玄從容鎮定的氣度更令人肅然起敬，《世說新語》載：

> 裴令公目夏侯太初：「肅肅如入廊廟中，不修敬而人自敬。」（〈賞譽8〉）

《世說新語》又載：

> 夏侯太初嘗倚柱作書。時大雨，霹靂破所倚柱，衣服焦然，神色無變，書亦如故。賓客左右，皆跌蕩不得住。（〈雅量3〉）

何晏、王弼與夏侯玄在正始時期玄學理論的發展史上，都佔有重要的角色，他們打開魏晉玄學的大門，讓後來的名士們得入其門，窺其堂奧，並創造燦爛的魏晉玄學文化。劉勰對於正始間名士的思想論述極為稱譽，謂其「論之英也」：

> 詳觀蘭石之〈才性〉，仲宣之〈去伐〉，叔夜之辨聲，太初之〈本玄〉，

〔註84〕（晉）陳壽：《三國志‧夏侯玄傳》，卷九，頁295。
〔註85〕余嘉錫：《世說新語箋疏‧方正6》注引《世語》，頁285。
〔註86〕（周）列禦寇著，楊伯峻集釋：《列子集釋‧仲尼篇》，卷四，頁121。
〔註87〕（晉）陳壽：《三國志‧夏侯玄傳》，卷九，頁302。

　　輔嗣之兩〈例〉，平叔之二論，並師心獨見，鋒穎精密，蓋論之英也。
〔註88〕

　　除了玄學理論的倡導，正始名士也開了魏晉「服食」的風氣。何晏曾說：
「服五石散，非唯治病，亦覺神明開朗。」（《世說新語·言語14》）五石散又稱
寒食散，吃了之後要走路，讓藥性散發；要衣少、冷食；藥性運行後，全身皮
膚會發熱，不適合穿窄小合身的衣服和鞋襪，必須寬衣大袖和穿木屐。此穿著
風氣一直延續到東晉，造成魏晉名士們飄飄然如仙人般的形象，影響廣泛深遠。

　　玄學到最後不僅影響魏晉士人的思想，更深入其內在，對其生活方式、生
活情趣與人生境界產生根本性的改變。然而，由於正始名士正處在儒家思想崩
解、玄學理論尚在建立之初，所以雖在玄學思想上有所闡發，但在處世態度上，
仍是偏向於儒家的積極入世，像何晏與夏侯玄雖高唱自然無為的道家思想，但
兩人實際上卻是熱衷功名，急欲在政治上有所表現，與道家出世的理念背道而
馳。而且正始名士們著眼於《老子》一書，《老子》本身就是一部關於治理國
家的書籍，道家思想對他們而言，只是可以提供許多調和儒道與改革政治的理
論依據，並非一種人生態度。高平陵事件後，何晏、夏侯玄相繼被殺，王弼英
年早逝，一代玄學元老陸續辭世，證明玄學式的政治不被掌權的司馬氏喜愛。
以名教治國的司馬政權，對於殺戮反對其政權的士人們絕不手軟，面對如此險
惡的政治環境，入仕成了險途，士人們的思考對象開始由政治轉到個人生存與
精神寄託的層面，其典型就以竹林名士為代表。

二、竹林名士

　　《世說新語》載：

　　　　陳留阮籍，譙國嵇康，河內山濤，三人年皆相比，康年少亞之。預
　　　　此契者：沛國劉伶，陳留阮咸，河內向秀，琅邪王戎。七人常集于
　　　　竹林之下，肆意酣暢，故世謂竹林七賢。」（〈任誕1〉）

　　七人共遊於竹林的地點在洛陽附近的河內郡山陽縣一帶，時間應在魏齊
王嘉平四年，當時阮籍四十三歲。〔註89〕竹林之遊所延續的時間不長，之後諸
人即分道揚鑣。此七子雖共遊於竹林，然其政治傾向卻不甚相同，嵇康與司馬

〔註88〕（南朝梁）劉勰著，周振甫注：《文心雕龍注釋·論說》（臺北：里仁書局，1984
　　　　年），頁 347～348。
〔註89〕周宛亭：《陳留阮氏之家學與家風研究——以《晉書》諸阮傳為對象》（臺
　　　　南：成功大學中文所碩士論文，2008 年），頁 16。

氏保持疏離的關係，他隱居冶鐵、登山求仙，想自外於政治，冀求無累於世；然一身傲骨，使他睥睨鍾會、筆譏山濤，司馬氏懼其影響擴大，也恨其指桑罵槐，自當除之以絕後患。阮籍則採取自晦隱跡的方式以求自保，表面上與司馬氏親近，一直為司馬氏僚屬，實則是內心充滿痛苦的煎熬，故常途窮慟哭。劉伶與阮咸皆沉湎於酒，仕途不甚得意。向秀在嵇康被殺後入仕晉室，出處態度轉變。王戎與山濤位居晉朝高官，顏延之詠七賢時，因此將二人排斥在外。七人的人生遭遇、思想、出處選擇存在著許多差異性。然而其共同點就是受老莊思想影響，任情不羈。

　　將竹林七賢列入《世說新語·任誕篇》的第一則實有其代表性意義。所謂任誕是任情放達與荒誕不經。漢末以來，任情縱性的風氣已漸漸產生，正始名士何晏、王弼為重情不重禮的社會風氣找到理論上的依據，而竹林名士則是此理論的具體實踐，充分展現了任情放達。這七位名士其實彼此間的性格、出處之選擇、人生境界有很大的差別，被稱為七賢，是因為他們共集於竹林之下，肆意酣暢，而且大都是傾向道家玄學思想、蔑視禮教的。竹林七賢正處於魏晉政權轉移的時刻，于時曹魏與司馬氏鬥爭激烈，司馬集團最後戰勝曹魏黨而掌控朝政。他們一方面製造輿論以為謀權篡位鋪路，一方面對異己者進行高壓迫害。不想同流合污的正直士人，心理因此承受著極大的壓力，而喝酒正是他們紓解壓力、逃避令人為難的現實之共同選擇。共飲於竹林的七賢以嵇（康）、阮（籍）為核心，他們大多是文學家或思想家，是繼建安七子之後在中國文學史上影響很大的一個文人群體。〔註90〕

　　觀乎《晉書》本傳所載，竹林名士有一些相同的特質，性情上，他們是「任性不羈、不拘禮教」的。如：阮籍「傲然獨得，任性不羈，而喜怒不形於色。」〔註91〕居喪期間仍然飲酒吃肉；與嫂相見與別，不顧叔嫂不通問的禮俗。阮咸「任達不拘」，母喪期間縱情越禮，騎驢追回姑之鮮卑婢。劉伶「放情肆志」，常乘鹿車，攜酒一壺，使人荷鍤而隨之，謂曰：「死便埋我。」他裸身於屋中，客來仍泰然處之，還質問人為何入其褲中。他們率性由情，無視傳統禮教，肆意而為；在乎的是禮教背後人與人之間的真實情感，對於足以桎梏人心的禮法教條，他們是不屑遵守的。

〔註90〕 蔣凡：《世說新語英雄譜》，頁182。
〔註91〕 （唐）房玄齡等撰：《晉書·阮籍傳》，卷四十九，頁1359。以下所引《晉書》
　　　　中竹林七賢中阮籍、嵇康、阮咸、向秀與劉伶的引文皆在本卷；而山濤、王戎
　　　　的引文都在卷四十三。不另外標出，以清簡版面。

　　竹林名士多好老莊，不管是無意為官，或有意入仕，他們都愛好老莊思想。如：嵇康對於仕途不抱積極的心態，並說自己是「託好莊老，賤物貴身，志在守樸，養素全真。」向秀「雅好老莊之學。莊周著內外數十篇，歷世才士雖有觀者，莫適論其旨統也，秀乃為之隱解，發明奇趣。」阮籍、山濤、劉伶亦都是老莊的愛好者。

　　喝酒則是竹林名士所必備的條件，不管是真的愛喝酒，或藉喝酒以避禍全身，酒在竹林名士的生活裡是不可或缺的。雖然更早就有文士飲酒，但因之前士人的社會地位不高，飲酒只是生活中的點綴，自然不會引起極大的注意。自漢末以來，士人飲酒的風氣漸盛，如孔融常與賓客談論共飲、曹植飲酒不節、劉表有三雅之爵。〔註92〕至竹林七賢，因其極高的士林地位與其沉湎於酒的程度，更加深了酒與士人的關係。阮籍曾因酣醉六十日，避免了與司馬氏的聯姻；也因為喝酒，讓欲陷害他的鍾會無機可乘。阮咸大盆盛酒，甚至豬來共飲也無所謂。劉伶喝酒喝到妻子捐酒毀器，涕泣規勸，仍無法戒酒。酒可以讓人脫離現實的痛苦，進入一種飄飄然的境界，對於看盡死生無常、嚮往精神解脫的魏晉士人而言，吸引力當然是非常大的。

　　竹林名士也是多才多藝的，他們不僅通音樂，也善於屬文，精於思想。如阮籍、嵇康、阮咸都擅長音律，尤其嵇康彈了一手好琴；嵇、阮的詩文後世評價甚高；向秀、嵇康與阮籍在玄學思想上，都有其精到之處。

　　竹林名士中以阮籍、嵇康對當時與後世士人的影響較大，故分別論述於下，其他則大略敘述之。

1. 阮籍

　　阮籍字嗣宗，生於建安十五年。出身陳留尉氏大族，是建安七子阮瑀之子。自幼即聰穎，八歲能屬文，叔父阮武以為其才能傑出，寄予光大家族之厚望。《晉書·阮籍傳》載其：

　　　籍容貌瑰傑，志氣宏放，傲然獨得，任性不羈，而喜怒不形於色。

〔註92〕（魏）曹丕《典論·酒誨》：「荊州牧劉表，跨有南土，子弟驕貴，並好酒。為三爵，大曰伯雅，次曰仲雅，小曰季雅。伯雅受七升，仲雅受六升，季雅受五升。又設大鍼於杖端，客有醉酒寢地者，輒以劍刺之，驗其醒醉。是酷於趙敬侯以筒酒灌人也。大駕都許，使光祿大夫劉松北鎮袁紹軍，與紹子弟日共宴飲。松嘗以盛夏三伏之際，晝夜酣飲極醉，至於無知，云以避一時之暑，二方化之。故南荊有三雅之爵，河朔有避暑之飲。」收入（清）嚴可均：《全三國文》（京都：中文出版社，1981年），卷八，頁1095。

　　或閉戶視書，累月不出；或登臨山水，經日忘歸。博覽群籍，尤好

　　莊老。嗜酒能嘯，善彈琴。

阮籍幼年是學習儒家經典，受到儒家思想薰陶的，其〈咏懷詩〉十五：「昔年
十四五，志尚好書詩。被褐懷珠玉，顏閔相與期。」〈咏懷詩〉三十九：「忠為
百世榮，義使令名彰。垂聲謝後世，氣節故有常。」表現出慷慨昂揚，欲立功
業、名垂後世的企圖心。只是曹魏與司馬氏鬥爭激烈，當時紛亂的局勢使他不
得不思全身之道，〔註93〕加上道家思想的影響，造就了阮籍「喜怒不形於色」、
「好莊老，嗜酒能嘯」的個人特質。

　　阮籍三十八歲時曹爽召為參軍，他託病不赴召。四十歲時，曹爽為司馬
氏所殺，他雖任司馬懿的從事中郎，對於高平凌事件的「同日殺戮，名士減
半」，阮籍豈能不震懾而哀憫之？內心同情曹爽兄弟與諸名士，卻敢怒不敢
言。〔註94〕對於自己上司的所作所為，阮籍雖痛心疾首卻無可奈何。他歷任司
馬懿、司馬師、司馬昭的從事中郎，等於長期伴於虎側，為了保全自身，不得
不掩蓋真性，虛與委蛇，他「口不論人過」，司馬昭因此稱他「至慎」。但是內
心的煎熬與憤懣不斷衝擊著，於是他藉著肆無忌憚的行為嘲弄時代，也藉著醉
酒麻醉自己與逃脫現實。危險的政治局勢讓他思考了一套應對的技巧，他佯
狂、醉酒、蔑視禮教、對人青白眼，〔註95〕看似遊戲人生；但在這樣的外表下，
其實蘊藏著阮籍嚴肅的人生態度。

　　阮籍的嗜酒與放達一直為人關注討論著，並影響後來中朝名士的任誕行
為。除了上文所述之任誕行為，《世說新語》更載：

　　晉文王功德盛大，坐席嚴敬，擬於王者。唯阮籍在坐，箕踞嘯歌，

　　酣放自若。(〈簡傲9〉)

其狂傲至此，司馬昭卻屢屢寬容維護，難怪何曾那些人會眼紅，想盡辦法要羅
織罪名於阮籍。然《世說新語》又載：

〔註93〕（唐）房玄齡等撰《晉書·阮籍傳》：「籍本有濟世志，屬魏晉之際，天下多故，
　　　　名士少有全者，籍由是不與世事，遂酣飲為常。」，卷四十九，頁1360。

〔註94〕魏齊王嘉平三年，阮籍作〈鳩賦〉傷其兩鳩子為狗所殺，雙鳩似擬曹爽兄弟。
　　　　參見周宛亭：《陳留阮氏之家學與家風研究——以《晉書》諸阮傳為對象》，頁
　　　　15。

〔註95〕（唐）房玄齡等撰《晉書·阮籍傳》：「籍又能為青白眼，見禮俗之士，以白眼
　　　　對之。及嵇喜來弔，籍作白眼，喜不懌而退。喜弟康聞之，乃齎酒挾琴造焉，
　　　　籍大悅，乃見青眼。」（卷四十九，頁1361。）

> 阮公鄰家婦有美色，當壚酤酒。阮與王安豐常從婦飲酒，阮醉，便
> 眠其婦側。夫始殊疑之，伺察，終無他意。（〈任誕8〉）

阮籍的行為雖任誕違反禮俗，但內心是坦蕩足鑑日月的。阮籍重視真性情的自
然流露，反偽禮教的桎梏人心，故以其任誕的行為譏諷世俗。喝酒是阮籍另一
不滿世俗的行為表現，他聽聞步兵營廚人善釀，並有貯酒三百斛，於是求為步
兵校尉，而帝欣然同意之。藉著喝酒，可澆胸中壘塊，暫時逃離他所厭惡又不
得不處其中的污穢現實。他的縱酒與任誕自有其情感與理論的基礎，更有其豐
厚的學養與高潔的心志為後盾。後人不解，徒效其皮毛而不得其內蘊，遂以阮
籍為任誕浮誇之宗主，學其任達卻流於污穢，實在屈辱了阮籍。顏延之的〈五
君詠‧阮步兵〉詩對阮籍的評述，或稱公允：

> 阮公雖淪跡，識密鑒亦洞。沈醉似埋照，寓辭類託諷。長嘯若懷人，
> 越禮自驚眾。物故不可論，途窮能無慟？〔註96〕

阮籍的途窮慟哭說明了他內心的沉痛苦悶，其縱酒越禮等行為並非為了個人
的享樂，而是有其高致的精神內蘊，顏延之可謂阮籍之知音。

2. 嵇康

嵇康，字叔夜，譙國銍人。生於魏文帝黃初四年（西元223）。〔註97〕娶
長樂亭主（曹氏的後代）後，補郎中，後拜中散大夫，世稱「嵇中散」。《晉書》
載其：

> 有奇才，遠邁不群。身長七尺八寸，美詞氣，有風儀，而土木形骸，
> 不自藻飾，人以為龍章鳳姿，天質自然。恬靜寡欲，含垢匿瑕，寬
> 簡有大量。學不師受，博覽無不該通，長好老莊。

《世說新語‧容止5》載：

> 嵇康身長七尺八寸，風姿特秀。見者嘆曰：「蕭蕭肅肅，爽朗清舉。」
> 或云：「肅肅如松下風，高而徐引。」山公曰：「嵇叔夜之為人也，
> 巖巖若孤松之獨立；其醉也，傀俄若玉山之將崩。」

可知嵇康之身形高大挺拔、氣質秀逸清朗，自內而發的氣質神采，令人一見傾
心。《晉書‧文苑傳》載趙至游太學遇嵇康：

〔註96〕（南朝宋）顏延之：〈五君詠‧阮步兵〉，收入收入逯欽立輯：《先秦漢魏南北
朝詩‧宋詩》（北京：中華書局，1998年），卷五，頁1235。

〔註97〕或言生於黃初五年（西元224），卒於景元四年（西元263），如羅宗強：《玄學
與魏晉士人心態》即持此說。見頁106。

年十四，詣洛陽，游太學，遇嵇康於學寫石經，徘徊視之不能去，
而請問姓名。康曰：「年少何以問邪？」曰：「觀君風器非常，所以
問耳。」康異而告之。

趙至的「徘徊視之不能去」乃因嵇康「風器非常」，自然而然被其秀逸清朗的
氣質吸引。嵇康之風度可謂名士風度，一種由內在思想與人品所融合而散發出
來的瀟灑風度。

　　嵇康雖然好老莊，但其本性高傲耿直、剛腸疾惡〔註98〕，對司馬氏專權，
藉名教禮法之名迫害異己的行為，無法像阮籍一樣與之虛與委蛇、為文隱而不
露。他明言自己「非湯武而薄周孔」、「越名教而任自然」，此言命中司馬政權
的要害〔註99〕。他又得罪鍾會，以高傲之姿對待之〔註100〕，鍾會遂譖康。《世
說新語》注引《文士傳》曰：

　　呂安罹事，康詣獄以明之。鍾會庭論康，曰：「今皇道開明，四海風
　　靡，邊鄙無詭隨之民，街巷無異口之議。而康上不臣天子，下不事
　　王侯，輕時傲物，不為物用，無益於今，有敗於俗。昔太公誅華士，
　　孔子戮少正卯，以其負才亂群惑眾也。今不誅康，無以清潔王道。」
　　於是錄康閉獄。〔註101〕

於是只是因為替好友呂安的案件出庭作證，嵇康便被殺了，其實被戮之因不在
呂安案，而在鍾會所言：「其負才亂群惑眾也」。嵇康才高聞名當世，為士林所
重，將刑東市，太學生三千人請以為師，顯示其背後凝結的是一群士人的反抗
勢力，故司馬氏為殺雞儆猴，當然非殺嵇康不可。嵇康與阮籍皆為天下名士，
但阮籍任誕以自污隱晦，嵇康卻是任誕以反譏當朝，兩人下場自然不同。

　　受到老莊思想的影響，嵇康亦主張回歸自然、物我兩忘。與阮籍不同的是，

〔註98〕嵇康在〈與山巨源絕交書〉自言自己不適合當官之因，有「必不堪者七，甚不
　　　　可者二」，其中的「甚不可者二」為：「又每非湯武而薄周孔，在人間不止，此
　　　　事會顯世教所不容，此甚不可一也。剛腸疾惡，輕肆直言，遇事便發，此甚不
　　　　可二也。」見（清）嚴可均輯：《全三國文》，卷四十七，頁1321。
〔註99〕因為司馬政權乃「受禪」（其實是篡位）而來，此乃儒家至美的政治理想；名教
　　　　則是司馬氏賴以立國統治的理論根據，雖然其本身的行為即違反君臣之綱，但
　　　　這個天大的謊言是不容戳破的。嵇康對司馬氏的攻擊卻命中要害，直指其痛處。
〔註100〕余嘉錫《世說新語箋疏·簡傲24》：「鍾士季精有才理，先不識嵇康。鍾要于
　　　　時賢俊之士，俱往尋康。康方大樹下鍛，向子期為佐鼓排。康揚槌不輟，傍
　　　　若無人，移時不交一言。鍾起去，康曰：『何所聞而來？何所見而去？』鍾曰：
　　　　『聞所聞而來，見所見而去。』」（頁767。）
〔註101〕余嘉錫：《世說新語箋疏·雅量2》，頁344。

阮籍追求的境界高遠虛緲，難以落實人間；嵇康則嚮往一種優游容與的生活與閒適自在的人生，可以在現實中實現，只要「意足」，無入而不自得。故其詩文中常呈現一種隨性之所至的悠閒情趣：

若夫三春之初，麗服以時，乃攜友生，以邀以嬉。涉蘭圃，登重基；
背長林，翳華芝；臨清流，賦新詩。嘉魚龍之逸豫，樂百卉之榮滋。
理重華之遺操，慨遠慕而長思。〔註102〕

涉蘭圃、臨清流、賦新詩，萬物欣欣向榮，自己也在大自然中優游自得。

嵇康善談理，能畫善書，亦精通音樂，其〈廣陵散〉〔註103〕成千古絕唱，而其〈琴賦〉、〈聲無哀樂論〉展現了他在音樂上的見解與造詣。〈琴賦〉將製琴和演奏的理論與道家思想結合，體現與道融合的高妙境界。〈聲無哀樂論〉則駁斥儒家「音樂有移風易俗的教化作用」之理論，認為音樂本身並無感情，哀樂之情是人主觀的心理活動。

顏延之〈五君詠·嵇中散〉詩對嵇康的一生描繪出簡單而清楚的輪廓：

中散不偶世，本自餐霞人。形解驗默仙，吐論知凝神。立俗迕流議，
尋山洽隱淪。鸞翮有時鎩，龍性誰能馴？〔註104〕

生於政治黑暗的亂世，嵇康的峻急性格、高潔心志與其忤時之思想言論，注定其一生必以悲劇收場。然哲人雖殞，其風采高義卻永留人心。

3. 向秀

向秀，字子期，河內懷人。《晉書》本傳載其：「清悟有遠識，少為山濤所知，雅好老莊之學。」向秀與嵇康是好朋友，嵇康善於鍛鐵，向秀則為佐鼓排，兩人心靈相契。嵇康著〈養生論〉，向秀便以辭難之，欲激發嵇康，使之思想益發高致。嵇康被誅，對向秀心理的震撼是巨大的，他因此入洛陽，後任散騎侍郎，轉黃門侍郎、散騎常侍。若說只是因為嵇康的事件就使向秀的人生觀急遽轉折，未免太過獨斷，向秀之入洛陽應也與其思想傾向於「有」有關。《世說新語》載：

初，注莊子者數十家，莫能究其旨要。向秀於舊注外為解義，妙析奇

〔註102〕（魏）嵇康：〈琴賦〉，收入（清）嚴可均輯：《全三國文》，卷四十七，頁1320。
〔註103〕余嘉錫《世說新語箋疏·雅量2》：「嵇中散臨刑東市，神氣不變·索琴彈之，奏廣陵散。曲終曰：『袁孝尼嘗請學此散，吾靳固不與，廣陵散於今絕矣！』太學生三千人上書，請以為師，不許。文王亦尋悔焉。」（頁344。）
〔註104〕（南朝宋）顏延之：〈五君詠·嵇中散〉，收入逯欽立輯《先秦漢魏南北朝詩·宋詩》，卷五，頁1235。

致，大暢玄風。唯秋水、至樂二篇未竟而秀卒。秀子幼，義遂零落，
然猶有別本．郭象者，為人薄行，有儁才。見秀義不傳於世，遂竊以
為己注。乃自注秋水、至樂二篇，又易馬蹄一篇，其餘眾篇，或定點
文句而已。後秀義別本出，故今有向、郭二莊，其義一也。(〈文學17〉)

可知向秀注《莊子》一書，頗能發明奇趣，使讀之者超然心悟，故一時玄風大
起，道家之言極盛。《世說新語・文學32》：「莊子逍遙篇，舊是難處，諸名賢
所可鑽味，也而不能拔理於郭、向之外。」劉孝標於此條下注曰：

向子期、郭子玄逍遙義曰：夫大鵬之上九萬里，尺鷃之起榆枋，小
大雖差，各任其性。苟當其分，逍遙一也。然物之芸芸，同資有待，
得其所待，然後逍遙耳。唯聖人與物冥而循大變，為能無待而常通，
豈獨自通而已。又從有待者不失其所待；不失，則同於大通也。

向秀認為大鵬與尺鷃形體雖有小大之別，但若能「任其性」、「當其分」，一樣
可達逍遙之境。芸芸萬物都是有所待的，當得其所待之條件達成，則萬物亦可
逍遙；聖人則無所待而常通於逍遙之境。向秀對「逍遙」的解釋，解決了「名
教」與「自然」的衝突。

4. 阮咸、劉伶

阮咸與劉伶終其一生沒有任高官享厚爵，《晉書》本傳所載事蹟皆強調二
人之縱酒放蕩，行事風格頗近，故一併論述。阮咸，字仲容。為阮籍兄之子。
受老莊思想影響，生性任達不拘，與叔父阮籍同為竹林之游。《名士傳》載其
「任達不拘，當世皆怪其所為。及與之處，少嗜欲，哀樂至到，過絕於人，然
後皆忘其向議。」(《世說新語・賞譽12》注引) 山濤任吏部尚書掌典人才拔
選，曾薦阮咸曰：「阮咸貞素寡欲，深識清濁，萬物不能移。若在官人之職，
必絕於時。」對阮咸的清素寡欲讚譽有加，然晉武帝以咸耽酒浮虛，遂不用之。
[註105] 魏晉名士多愛酒，阮咸自不例外，但像阮咸之以大盆盛酒、與豕共飲
而聞名的，大概找不出第二位。阮咸亦妙解音律，善彈琵琶，時謂「神解」，
連深於音律的荀勗 [註106] 也自以為不如。

[註105]　(唐) 房玄齡等撰：《晉書・阮籍傳》，卷四十九，頁1362。
[註106]　余嘉錫《世說新語箋疏・術解1》：「荀勗善解音聲，時論謂之闇解。遂調律
　　　　呂，正雅樂。每至正會，殿庭作樂，自調宮商，無不諧韻。阮咸妙賞，時謂
　　　　神解。每公會作樂，而心謂之不調。既無一言直勗，意忌之，遂出阮為始平
　　　　太守。後有一田父耕於野，得周時玉尺，便是天下正尺。荀試以校己所治鐘
　　　　鼓、金石、絲竹，皆覺短一黍，於是伏阮神識。」(頁703。)

　　劉伶，字伯倫，沛國人。《晉書》本傳載其：「容貌甚陋。放情肆志，常以
細宇宙齊萬物為心。澹默少言，不妄交游，與阮籍、嵇康相遇，欣然神解，攜
手入林。」〔註107〕劉伶仕途不甚得意，只做到建威參軍，但也得以壽終。劉
伶亦縱酒，妻子憂其喝酒太過而傷身，屢勸其戒酒，劉伶仍手不釋杯。〔註108〕
著有〈酒德頌〉一篇，文中表達了「齊禍福、一死生」的老莊思想，並藉「大
人先生」寄託追求精神自由、淡泊利欲的心境，也諷刺那些虛偽世俗禮教中的
貴公子、搢紳處士。劉伶之醉酒其實也是一種對虛偽名教的反擊，《晉書》說
他：「雖陶兀昏放，而機應不差。」可見並非真的喝醉，只是用另外一種態度
去面對不如己意又無力改變的現實罷了。他的任達也是此心態下所產生的行
為。《世說新語‧任誕6》載：「劉伶恒縱酒放達，或脫衣裸形在屋中，人見譏
之。伶曰：『我以天地為棟宇，屋室為褌衣，諸君何為入我褌中？』」對於徒具
形式而無真實情感為基礎的禮法，劉伶用他任達不羈的方式對社會抗議。

　　5. 山濤、王戎

　　山濤、王戎入晉後皆為司馬氏所用，且位居高官，山濤官拜吏部尚書、太
子少傅、左僕射、司徒等；王戎亦官至司徒、尚書令，故將二人併而論之。山
濤，字巨源，河內懷人。《晉書》：「少有器量，介然不群。性好莊老，每隱身
自晦。與嵇康、呂安善，後遇阮籍，便為竹林之交。」山濤個性謹慎，洞察幽
微，他起初是當曹爽下的小官，司馬氏與曹爽鬥爭激烈，曹爽將敗前，山濤即
隱退避嫌。後大局底定，他才出來當官，並漸獲得司馬昭之信任，進入政治權
力中心，可見山濤極有識見。他的識見也表現在識人方面，山濤任吏部尚書，
典掌人才選舉時，對於所奏甄拔人物，皆能以其才幹稱其職位。〔註109〕山濤
雖備受榮寵，位居三公，但一生儉約貞慎，其祿賜俸秩，多散與親故。山濤的

〔註107〕　（唐）房玄齡等撰：《晉書‧阮籍傳》，卷四十九，頁1375～1376。
〔註108〕　余嘉錫《世說新語箋疏‧任誕3》：「劉伶病酒，渴甚，從婦求酒．婦捐酒毀
　　　　　器，涕泣諫曰：『君飲太過，非攝生之道，必宜斷之！』伶曰：『甚善。我不
　　　　　能自禁，唯當祝鬼神，自誓斷之耳！便可具酒肉。』婦曰：『敬聞命。』供酒
　　　　　肉於神前，請伶祝誓。伶跪而祝曰：『天生劉伶，以酒為名，一飲一斛，五斗
　　　　　解酲。婦人之言，慎不可聽。』便引酒進肉，隗然已醉矣。」（頁729～730。）
〔註109〕　（唐）房玄齡等撰《晉書‧山濤傳》：「每一官缺，輒啟擬數人，詔旨有所向，
　　　　　然後顯奏，隨帝意所欲為先。故帝之所用，或非舉首，群情不察，以濤輕重
　　　　　任意。或譖之於帝，故帝手詔戒濤曰：『夫用人惟才，不遺疏遠單賤，天下便
　　　　　化矣。』而濤行之自若，一年之後群情乃寢。濤所奏甄拔人物，各為題目，
　　　　　時稱山公啟事。」（卷四十三，頁1226。）

處世態度與嵇康、阮籍有很大的差異，他積極入仕，秉持儒家士人的道德典範而行事，他沒有嵇、阮之任誕行為，立身清正而行不違俗，氣度寬宏而真情至性。在好友嵇康被殺二十年後，薦舉其子嵇紹為秘書丞，並對嵇紹說：「為君思之久矣！天地四時，猶有消息，而況人乎？」（《世說新語‧政事8》）可見對故人之情重。山濤亦飲酒，但八斗而止，與其他竹林名士之狂飲大醉不同，此亦可見其性格之自制。在暗潮洶湧的政治局勢裡，山濤的處世智慧與識見使其得以全身而退。

　　王戎，字濬沖。官至司徒，因平吳之功，封為安豐侯，人稱王安豐。《晉書》載其：「自幼穎悟，神彩秀徹。視日不眩，裴楷見而目之曰：『戎眼爛爛，如巖下電。』」《名士傳》曰：「戎由是幼有神理之稱也。」（《世說新語‧雅量4》注引）可見王戎的眼睛澄亮，具早智夙慧。

　　王戎十五歲時結識阮籍，《世說新語‧簡傲2》注引《竹林七賢論》曰：「初籍與戎父渾俱為尚書郎，每造渾，坐未得安，輒曰：『與卿語，不如與阿戎語。』就戎，必日夕而返。籍長戎二十歲，相得如時倍。」因心神契合，結為竹林之友。王戎性至孝，與和嶠同時遭大喪，兩人俱以孝稱，王戎雞骨支牀，和嶠哭泣備禮。仲雄曰：「和嶠雖備禮，神氣不損；王戎雖不備禮，而哀毀骨立。」（《世說新語‧德行17》）足見王戎的思親是發自內在，並非虛應禮節。王戎善談，有人倫鑒識，當時人莫知山濤之才能器量時，就曾目山濤如璞玉渾金；其族弟王敦時有高名，然戎惡之，常託疾不見，後王敦果為逆亂。王戎晚年為人詬病的是其儉嗇，《世說新語》載：

　　司徒王戎，既貴且富，區宅僮牧，膏田水碓之屬，洛下無比。契疏鞅掌，每與夫人燭下散籌算計。（〈儉嗇3〉）

　　王戎女適裴頠，貸錢數萬。女歸，戎色不說。女遽還錢，乃釋然。
（〈儉嗇5〉）

然這與其早年的一些行為是相矛盾的：其父王渾卒於涼州，故吏賵贈數百萬，王戎皆辭而不受；南郡太守劉肇以十丈細布賄賂王戎，王戎沒有接受，却寫信感謝劉肇；八王之亂中，郟縣縣令華譚撫卹百姓，王戎「聞而善之」，「出穀三百斛以助之」。〔註110〕以此觀之，其晚年之儉嗇行為，疑為亂世求生的自晦之

〔註110〕　（唐）房玄齡等撰《晉書‧華譚傳》：「永寧初，出為郟令。于時兵亂之後，境內饑饉，譚傾心撫卹。司徒王戎聞而善之，出穀三百斛以助之。」（卷五十二，頁1453。）

術，〔註111〕又或者當時士人嗜財的共同傾向。〔註112〕

　　竹林名士留給後世的風範氣度令人企羨，孫綽作〈道賢論〉，曾以天竺七僧方竹林七賢：

> 護公德居物宗，巨源位登論道，二公風德高遠，足為流輩矣。
>
> 帛祖釁起於管蕃，中散禍於鍾會。二賢並呂俊邁之氣，昧其圖身之慮。栖心事外，輕俗招患，殆不異也。
>
> 法乘安豐，少有機悟之鑒。雖道俗殊操，阡陌可呂相准。
>
> 潛公道素淵重，有遠大之量。劉伶肆意放蕩，以宇宙為小。雖高棲之業，劉所不及，而曠大之體同焉。
>
> 支遁向秀，雅尚莊老。二子異時，風好玄同矣。
>
> 蘭公遺身，高尚妙迹，殆至人之流。阮步兵傲獨不群，亦蘭之儔也。
>
> 咸有累騎之譏。邊有清冷之譽。何得為匹。孫綽曰。雖迹有窪隆高風一也。〔註113〕（此則《全三國文》無，補自《高僧傳》〔註114〕）

將七賢的特點一一呈現，並給予適當之評價。七位曾共遊竹林，酣飲於林下的名士，之後人生的境遇和選擇都不盡相同，蓋因其思想受到儒、道的影響各有偏重，加上個人性格的關係，人生的結局也各隨造化。然而他們愛好老莊思想，嚮往清靜無為之自然境界的心是一致的。他們的飲酒、放達實出有因，後來的元康名士不解其衷而爭相仿效，造成名士飲酒、放達之風盛行，甚至有流於荒唐無恥者。

二、西晉名士

　　西晉以名教立國，然由於得國不正，又大戮名士，寵樹同己，無法名正言順的倡導君臣忠義，在處理名教上的問題只能避重就輕，依違兩可，使得

〔註111〕余嘉錫《世說新語箋疏·儉嗇3》注引《晉陽秋》：「戎多殖財賄，常若不足。或謂戎故以此自晦。」又引戴逵〈竹林七賢論〉云：「王戎晦默於危亂之際，獲免憂禍，既明且哲，於是在矣。」（頁874。）

〔註112〕羅宗強認為王戎晚年是個與時浮沈，而醉心於財貨的人物，與他在晉國始建之前的名士風采已經大不相同了。當時的名士普遍有自全與嗜財如命的行為，王戎之嗜財並非單一現象。見羅宗強：《玄學與魏晉士人心態》，頁232。

〔註113〕（晉）孫綽：〈道賢論〉，收入（清）嚴可均輯：《全晉文》，卷六十二，頁1812～1813。

〔註114〕（宋）贊寧等撰：《宋高僧傳三十卷》（臺北：臺灣商務印書館，1977年），卷四，義解一，于道邃十一，頁350。

士人進退失據。加上晉武帝本身即耽於享樂，縱情聲色，〔註115〕流風所及，造成西晉士人忠義羞恥之心無存，彼此競尚浮誇且窮奢極侈。〔註116〕《晉書‧儒林傳》序云：「有晉始自中朝，迄於江左，莫不崇飾華競，祖述虛玄，擯闕里之典經，習正始之餘論，指禮法為流俗，目縱誕以清高，遂使憲章弛廢，名教頹毀，五胡乘間而競逐，二京繼踵以淪胥，運極道消，可為長歎息者矣。」〔註117〕對於晉朝的士風淪喪而使國祚不保有極深的感慨。然而西晉士人的尚玄虛、縱享樂，除了政治因素之外，還有其他的原因。個人意識覺醒、莊園經濟穩定，使士人沉湎物質的享樂中；向秀、郭象「自生」、「獨化」理論的建立，讓士人的行為有了依據，而更理直氣壯享受俗世的一切。晉朝中期以後士人的心態與正始時期明顯不同，這時的士人已經在名教與自然間找到立身點，既出世又入世，滿足了精神的寄託，也擁有豐裕的物質生活。

袁宏的《名士傳》所錄中朝〔註118〕名士有裴楷、樂廣、王衍、庾敳、王承、阮瞻、衛玠、謝鯤。而《世說新語》所錄之名士尚有晉初的張華、和嶠、杜育，以及王湛、周恢、郭象、楊准等人，《晉書》則又錄衛瓘、陳壽、閻乂、費立、阮放、王玄、阮裕、羊曼、溫嶠等人，故一併論之，而稱為西晉名士。今擇其較具代表性的人物而述之。

（一）晉初名士

1. 張華

晉初的名士以張華、和嶠、裴楷最享盛名。張華，字茂先，范陽方城人。為人少威儀，多姿態，擅長清談〔註119〕。少孤貧，然其學識人品出眾。《晉書》本傳載華：「學業優博，辭藻溫麗，朗贍多通，圖緯方伎之書莫不詳覽。

〔註115〕（唐）房玄齡等撰《晉書‧后妃上‧胡貴嬪傳》：「泰始九年，帝多簡良家子女以充內職，自擇其美者以絳紗繫臂。……時帝多內寵，平吳之後復納孫皓宮人數千，自此掖庭始將萬人。而並寵者甚眾，帝莫知所適，常乘羊車，恣其所之，至便宴寢。宮人乃取竹葉插戶，以鹽汁灑地，而引帝車。」（卷三十一，頁962。）

〔註116〕晉朝的何曾與何劭父子，王濟、王愷、石崇等人都以競奢聞名，羊琇、賈謐也是有名的豪奢人物。

〔註117〕（唐）房玄齡等撰：《晉書‧儒林傳》，卷九十一，頁2346。

〔註118〕所謂中朝，一般指晉惠帝即位（290年）到晉愍帝建興四年永嘉南渡止（316年）的二十七年間。

〔註119〕余嘉錫《世說新語箋疏‧言語23》載：「諸名士共至洛水戲。還，樂令問王夷甫曰：『今日戲樂乎？』王曰：『裴僕射善談名理，混混有雅致；張茂先論史漢，靡靡可聽；我與王安豐說延陵、子房，亦超超玄箸。』」（頁85。）

少自修謹，造次必以禮度。勇於赴義，篤於周急。器識弘曠，時人罕能測之。」
〔註120〕張華未知名時，著〈鷦鷯賦〉以自寄，阮籍見而歎曰：「王佐之才也！」
於是張華聲名始著。郡守鮮于嗣薦華為太常博士，盧欽又薦之於司馬昭，於是
張華一路升遷，晉朝建立後，拜黃門侍郎。晉武帝伐吳，大臣皆以為未可輕進，
華獨堅執，以為必克。及吳滅，華因功又封為廣武縣侯。晉史及儀禮憲章、詔
誥草定皆出於張華之手，因而聲譽益盛，有台輔之望。張華位居政壇領袖的地
位，對於後進能多所提攜，見窮賤之士有善者，便為之延譽，展現了極大的度
量。如：陸機兄弟以吳之名家初入洛陽，不受中原人士推重，張華卻與之一面
如故，加以褒獎，二陸之聲名始揚，故陸氏兄弟極欽佩張華德範，禮之如師。
張華被誅後，陸機兄弟為其作誄，又為〈詠德賦〉以悼之。左思〈三都賦〉成，
亦因張華的讚嘆造成豪貴之家競相傳寫，而洛陽為之紙貴的景象。張華極愛有
文才者，其自身也是一位飽讀詩書、雅愛典籍的文士，身死之日，家無餘財，
惟有文史充溢箱篋。祕書監摯虞撰定官書，皆以張華所藏之本校對取正。除了
書籍，張華又喜歡收集天下奇祕稀有之物，可謂當世少有博物洽聞如張華者。

張華以其學識受到司馬氏的器重〔註121〕而名重一世，眾所推服，卻因涉
入賈皇后與趙王司馬倫間的鬥爭，而被司馬倫以「黨附賈皇后」之名戮於殿前
並處死，朝野莫不悲痛。西晉士人的命運從張華身上可見縮影：由於西晉政治
實權一直擺盪於外戚與宗室之間，士人為了政治前途，常必須依附於權貴，如
張華即為賈后所拉攏，然當所依附者失勢，士人亦隨之失寵，甚至喪命，如張
華之見戮於趙王倫，之後的王衍、陸機兄弟、潘岳等人，皆是同此下場。

2. 和嶠

和嶠，字長輿，汝南西平人。自幼欽慕其舅夏侯玄，以之為榜樣。和嶠受
武帝重視，命為中書令。與任愷、張華相善，皆為名士，而與何曾、荀顗一派
以名教自居的禮法之士是晉初相互抗衡的兩大勢力。王導曾目和嶠曰：「長輿
嵯櫱。」（《世說新語・品藻16》）言其氣質高俊雄偉。然而這樣一位「嵯櫱」
的名士卻非常愛財，《晉書》載和嶠「家產豐富，擬於王者，然性至吝。以此
獲譏於世，杜預以為嶠有錢癖。」〔註122〕

〔註120〕（唐）房玄齡等撰：《晉書・張華傳》，卷三十六，頁1068。
〔註121〕（唐）房玄齡等撰《晉書・張華傳》：「華強記默識，四海之內，若指諸掌。
　　　　武帝嘗問漢宮室制度及建章千門萬戶，華應對如流，聽者忘倦，畫地成圖，
　　　　左右屬目。帝甚異之，時人比之子產。」（卷三十六，頁1070。）
〔註122〕（唐）房玄齡等撰：《晉書・和嶠傳》，卷四十五，頁1284。

3. 裴楷

裴楷，字叔則。楷風神高邁，容儀俊爽，而且博涉群書，精於理義，時人謂之「玉人」〔註123〕。因鍾會推薦，做了輔政大將軍司馬昭的僚屬，從此進入晉朝政治權力中心。裴楷談吐極佳，曾被召至御前執讀，殿前眾官聽而忘倦，清俊的相貌，搭配清越動聽的聲音語調，其迷人風采可想而見。他身陷賈后干政與八王之亂的紛擾政局中，卻始終能保持自身清白與性命，委實不容易，若非有相當的識見與智慧，難以兩全。裴楷之識見也表現在知人方面，他曾目夏侯太初：「蕭蕭如入廊廟中，不修敬而人自敬」、「見鍾士季，如觀武庫，但覩矛戟」、「見傅蘭碩，江廧靡所不有」、「見山巨源，如登山臨下，幽然深遠。」都能深入其人特質，給予貼切的評論。

（二）元康名士

西晉中期以後重要名士有王衍、樂廣、謝鯤、衛玠等人，一般稱為元康名士，皆以清談名聞天下，除了注重外表的風神儀態，亦強調不以世俗縈懷。

1. 王衍、樂廣

《晉書‧樂廣傳》：「廣與王衍俱宅心事外，名重於時。故天下言風流者，謂王、樂為稱首焉。」〔註124〕王衍字夷甫，琅邪臨沂人。自幼神情明秀，風姿詳雅，為山濤所稱。因其容貌整麗，皮膚白皙，又妙於談玄，承繼了何晏、王弼的貴無思想，於名士群體中極被稱許。王衍官至太尉，卻不以政事經心，只求自全，知悉賈后欲加害愍懷太子，卻坐視不管，更上表惠帝，請求自己的女兒與太子離婚。事情發生後兩個月，趙王倫政變，殺賈后與賈謐等人，王衍才將實情托出，因此受有司的彈劾。又趙王倫被誅後，衍官拜司空司徒，鑑於禍亂將起，乃薦用自己的弟弟王澄為荊州刺史，族弟王敦為青州刺史，佈置了京師（王衍所在）、荊州（王澄所在）、青州（王敦所在）的三窟，一旦有任何狀況，可彼此相互照應，並為逃難之所。因此為人所譏。〔註125〕

樂廣，字彥輔，南陽淯陽人。《晉書》載其：「廣孤貧，僑居山陽，寒素為業，人無知者。性沖約，有遠識，寡嗜慾，與物無競。尤善談論，每以約言析

〔註123〕余嘉錫：《世說新語箋疏‧容止 12》：「裴令公有儁容儀，脫冠冕，麤服亂頭皆好。時人以為『玉人』。見者曰：『見裴叔則如玉山上行，光映照人。』」（頁612。）

〔註124〕（唐）房玄齡等撰：《晉書‧樂廣傳》，卷四十三，頁1244。

〔註125〕（唐）房玄齡等撰：《晉書‧王衍傳》，卷四十三，頁1237。

理，以厭人之心，其所不知，默如也。」樂廣以善談聞名，連裴楷也自嘆不如。衛瓘稱其「此人，人之水鏡也，見之若披雲霧覩青天。」（《世說新語・賞譽 23》）言樂廣談論玄理超卓清晰，使人如撥雲見日。樂廣雖好老莊思想，但並不否定名教，看到王澄、胡母輔之裸體酣飲〔註 126〕，樂廣不以為然的說：「名教中自有樂地，何為乃爾也！」（《世說新語・德行 23》）樂廣為中朝最具代表性的名士之一，也是屢被渡江諸名士稱許的人物，然其「進璽綬於趙王倫」〔註 127〕的事件卻成為其人生最大的汙點。

2. 謝鯤

謝鯤，字幼輿，陳國陽夏人。「通簡有高識，不修威儀，好老易，能歌善鼓琴，王衍、嵇紹並奇之。」〔註 128〕謝鯤個性通達任情，初登宰相府，當時的名士王玄、阮脩等人，至相府黜辱之，鯤不以為意，仍清歌鼓琴。《晉書》載：「鄰家高氏女有美色，鯤嘗挑之，女投梭，折其兩齒。時人為之語曰：『任達不已，幼輿折齒』鯤聞之，傲然長嘯曰：『猶不廢我嘯歌。』」而謝鯤為王敦大將軍長史時，當他知道王敦有不臣之心，便優游寄遇，不務政事。常與畢卓、王尼、阮放、羊曼、桓彝、阮孚等名士縱酒為樂。〔註 129〕謝鯤放達適性，不拘禮法，崇尚自然，自謂心在山水之間，所以顧愷之為謝鯤畫像時，將他畫在岩石之間，表現出謝鯤「一丘一壑」之志。

3. 衛玠

衛玠，字叔寶，「嘗以人有不及，可以情恕；非意相干，可以理遣，故終身不見喜慍之容。」〔註 130〕衛玠自幼風神秀異，是有名的美男子，王武子見玠常歎曰：「珠玉在側，覺我形穢！」（《世說新語・容止 14》）衛玠至京師，當地人士聞其姿容，觀者如堵。

衛玠亦好玄理，能清談，《世說新語・賞譽 45》載：「王平子邁世有儁才，少所推服。每聞□玠言，輒歎息絕倒。」王敦亦曾在謝鯤面前盛讚衛玠，曰：

〔註 126〕 （唐）房玄齡等撰：《晉書・王澄傳》：「時王敦、謝鯤、庾敳、阮修皆為衍所親善，號為四友，而亦與澄狎，又有光逸、胡母輔之等亦豫焉。酣讌縱誕，窮歡極娛。」（卷四十三，頁 1239。）

〔註 127〕 趙王倫叛變，滿奮、崔隨、樂廣進璽綬於倫，乃僭即帝位，大赦，改元建始。事見（唐）房玄齡：《晉書・趙王倫傳》，卷五十九，頁 1601～1602。

〔註 128〕 （唐）房玄齡等撰：《晉書・謝鯤傳》，卷四十九，頁 1377。

〔註 129〕 （唐）房玄齡等撰：《晉書・謝鯤傳》，卷四十九，頁 1377。

〔註 130〕 （唐）房玄齡等撰：《晉書・衛玠傳》，卷三十六，頁 1068。

「昔王輔嗣吐金聲於中朝，此子復玉振於江表，微言之緒，絕而復續。不意永嘉之末，復聞正始之音，何平叔若在，當復絕倒。」〔註131〕不只王澄與王敦對衛玠之清談如此稱許，在諸過江名士的眼中，也將衛玠及王承並稱為第一。

　　4. 裴頠

　　裴頠，字逸民，亦為當時名士。其思想受到向秀「自生」觀的影響，主張萬有不是由「無」產生的，而是「自生」的，「自生而必體有」，而且萬物生化皆有其規律，裴頠從〈崇有論〉出發，試圖證明一切社會制度禮法的存在具合理性。他反對元康名士虛妄浮誇的行為，有感於正始何、王以來，士人口談浮虛，不遵禮法，仕不事事；至王衍、樂廣之輩，聲譽隆盛，位高勢重，卻不以政務自嬰，士人爭相放效，導致風教陵遲，故欲以「崇有」的理論出發而矯正之。然而適性任情的玄學思想已浸潤太深，裴頠的學說在當時並未引起太大的迴響，西晉士人仍偏愛向秀、郭象的《莊子》注，並朝其適性稱情的方向發展。

　　晉朝初期的名士，如張華、和嶠雖然稍稍缺乏臣子應有的忠義氣節，然於政事尚能竭盡心力。西晉中期的元康名士，如樂廣、王衍等人，多不以國事為意，雖居高位，俱「宅心事外」；庾敳見亂將起，「未嘗以事嬰心，從容酣暢，寄通而已」。〔註132〕元康名士在思想上與行為上都承續了正始名士何晏、王弼結合儒道的道路，此時的名士已不見阮籍之苦悶孤獨，也沒有嵇康的憤世嫉俗，他們將現實生活與玄學理想合而為一，並將向秀「適性」、「逍遙」的理論充分發揮，採用了郭象結合名教與自然的思想。（郭象的莊子注和向秀的差異不大，只是郭象的理論系統更精密了。）郭象認為萬物自生自化，人事亦如此，所以不要強求之；人的命運、一切遭遇也自有其發展變化，這種變化也是自身使然：

> 我生有涯，天也；心欲增之，人也。然此人之所謂耳，物無非天也。
>
> 天也者，自然者也；人皆自然，則治亂成敗，遇與不遇，非人為也，
> 皆自然耳。〔註133〕

既然一切人為的事物都是自然的，就應該順應之，因為萬物等同，沒有彼我的差別；萬物等同就是齊物，齊物才能泯滅物我的差別而達玄冥之境。故「聖人

〔註131〕　（唐）房玄齡等撰：《晉書·衛玠傳》，卷三十六，頁1067。
〔註132〕　（唐）房玄齡等撰：《晉書·庾敳傳》，卷五十，頁1396。
〔註133〕　（周）莊周著，（晉）郭象注：《莊子·大宗師》（臺北：藝文印書館，1983年），
　　　　　卷三，頁130～131。

雖在廟堂之上，然其心無異於山林之中」（〈逍遙遊注〉），「聖人常遊外弘內，
無心以順有」（〈大宗師〉注）。郭象的論點讓當時士人的行為找到了理論依據，
任情縱性的行為，可以解釋為「自然耳」；不嬰事務，尸位素餐，也可以說「無
為耳」。所有任誕而背離禮法的行為也可以解釋為適性罷了。《世說新語·德行
23》劉注引王隱《晉書》：

> 魏末阮籍嗜酒荒放，露頭散髮，裸袒箕踞。其後貴遊子弟阮瞻、王
> 澄、謝鯤、胡毋輔之之徒，皆祖述於籍，謂得大道之本。故去巾幘，
> 脫衣服，露醜惡，同禽獸，甚者名之為通，次者名之為達。〔註134〕

可見當時此種任誕不經的行為是被視為通達，而且還因此獲致美名。

老莊思想主張回歸自然，與物同化。由於對老莊思想的喜愛，西晉名士親
近山水、歌誦山水。石崇的金谷園之會就是一個大規模的士人聚會，宣示著山
水進入士人的生活之中。他們登高臨水，歌詠賦詩，或寫山水之美，或抒己之
衷。在山水美景飲宴，讓士人生活更加高雅有情趣。元康名士一邊身居高官，
一邊口談玄虛，不務朝政；一邊風流灑脫，一邊窮奢極侈，縱欲任誕；一邊怡
情山水，一邊追求功名富貴，人間榮華。這些看似矛盾的特質，都同時在西晉
名士身上找到了。然而也因為這些國家賴以為支柱的臣子對政事心態消極，無
法匡扶社稷，迨八王之亂起，晉室支離破碎，外族乘隙而入，永嘉亂起，中原
皇家士族不得不南遷，西晉國祚就此告終。即使王衍臨死前說出自己的感嘆：
「嗚呼！吾曹雖不如古人，向若不祖尚浮虛，戮力以匡天下，猶可不至今日。」
〔註135〕也為時已晚。

元康名士徒仿竹林名士之放達，甚至於「去巾幘，脫衣服」，而無其抗爭
的精神內涵，東晉戴逵對此評論曰：「若元康之人，可謂好遁跡而不求其本，
故有捐本徇末之弊，舍實逐聲之行，是猶美西施而學其顰眉，慕有道而折其巾
角，所以為慕者，非其所以為美，徒貴貌似而已矣。」又曰：「放者似達，所
以亂道。然竹林之為放，有疾而為顰者也，元康之為放，無德而折巾者也，可
無察乎。」〔註136〕可謂中肯矣。

四、江左名士

晉室南渡，司馬睿於江東建立東晉政權。當時因戰亂而南渡的中原名士不

〔註134〕余嘉錫：《世說新語·德行23》，頁24。
〔註135〕（唐）房玄齡等撰：《晉書·王衍傳》，卷四十三，頁1238。
〔註136〕（唐）房玄齡等撰：《晉書·隱逸傳·戴逵》，卷九十四，頁2457、2458。

少，像衛玠、謝鯤、周顗、溫嶠、庾亮、王濛、羊曼、胡毋輔之、阮放等人。
國土淪喪，家園殘破，被迫來到江東這個完全陌生的環境，名士們難免感慨萬
千，〔註137〕然而他們並沒有就此改掉西晉以來的習性，亦仍有前朝的任誕之
風。即使朝中大臣，亦不拘禮法，像周顗〔註138〕為人頗有德望，獲海內盛名，
然「與親友言戲，穢雜無檢節。」〔註139〕為世所穢，周顗又常縱酒：

> 周伯仁風德雅重，深達危亂。過江積年，恆大飲酒。嘗經三日不醒，
> 時人謂之「三日僕射」。（《世說新語·任誕28》）

余嘉錫對此評論曰：「伯仁名德，似不宜有此。然魏、晉之間，蔑棄禮法，放
蕩無檢，似此者多矣。」除了不拘禮節，率性任為之外，名士們仍清談不輟，
《世說新語》載衛玠渡江後，仍繼續著清談：

> 王敦為大將軍，鎮豫章。玠避亂，從洛投敦，相見欣然，談話彌日。
> 于時謝鯤為長史，敦謂鯤曰：「不意永嘉之中，復聞正始之音。阿平
> 若在，當復絕倒。」（《世說新語·賞譽51》）

東晉玄風仍盛，許多名士均善清談。大體上東晉初期，名士們仍沿襲著中朝的
生活習慣，然因為戰亂的衝擊，讓此時的士人開始較關心國家事務。東晉初期
出現一些名士，身居高官，但不像中朝的王衍、樂廣一樣不嬰世務。他們雖崇
尚老莊，喜愛清談，但卻能為朝廷分憂解勞，奉獻心力，例如宰相王導，以及
溫嶠和庾亮。在《世說新語》和《晉書》中皆無明言王導為名士之資料，但觀
乎王導之言行風格確有名士之風流，〔註140〕歷來學者皆將王導視為東晉之名
士來論述。〔註141〕在東晉初期，王導不僅是政壇上的領袖人物，更是清談的

〔註137〕衛玠在永嘉四年攜家渡江，面對茫茫江水，不禁思及家國之憂、身世之感，
　　　　而百感交集。見余嘉錫《世說新語箋疏·言語32》：「衛洗馬初欲渡江，形神
　　　　慘悴，語左右云：『見此芒芒，不覺百端交集。苟未免有情，亦復誰能遣此！』」
　　　　（頁94。）
〔註138〕周顗字伯仁，安東將軍浚之子也。官拜吏部尚書、太子少傅，王敦叛變，周
　　　　顗被王敦殺害前，痛斥王敦，雖被人以戟傷其口，血流至踵，顗仍顏色不變，
　　　　容止自若，觀者皆為流涕。（見房玄齡等撰：《晉書·周顗傳》，卷六十九。）
〔註139〕此則劉注引鄧粲《晉紀》曰：「王導與周顗及朝士詣尚書紀瞻觀妓。瞻有愛妾，
　　　　能為新聲。顗於眾中欲通其妾，露其醜穢，顏無怍色。」（見余嘉錫：《世說
　　　　新語箋疏·任誕25》，頁742。）
〔註140〕余嘉錫：《世說新語箋疏·德行27》劉注引《丞相別傳》：「導少知名，家世
　　　　貧約，恬暢樂道，未嘗以風塵經懷。」（頁28。）
〔註141〕如羅宗強：《玄學與魏晉士人心態》一書將王導視為東晉清談名士之一（頁
　　　　309）。蔣凡《世說新語英雄譜》：「王導是位禮、玄雙修的清談名士。」（頁79。）

倡導者，〔註142〕其地位猶如正始時期的何晏一般。《世說新語》中關於王導的記載也有五十多條，可見於晉朝名士群體中的重要性，所以在此將王導納入東晉初期的名士一併論之。

1. 王導

王導，字茂弘。少有風鑒，識量清遠。他是東晉的第一位宰相，深得晉元帝的器重。雖居宰輔之高位，但任真推分，淡泊寡欲。由於北方中原士族與南方吳人素來隔閡與歧視頗深，為了能讓東晉政權於江東穩固，王導採取了「以吳制吳」〔註143〕和寬縱懷柔政策，幫助晉元帝順利的解決南人與北人間的對立，對於穩定東晉局勢具有很大的貢獻。王導也長於清談，《世說新語・文學21》：「舊云：王丞相過江左，止道聲無哀樂、養生、言盡意，三理而已。然宛轉關生，無所不入。」他雖貴為丞相，仍有著名士任達不拘的性情，曾枕在周伯仁的膝上，指其腹曰：「卿此中何所有？」周伯仁回答說：「此中空洞無物，然容卿輩數百人。」（《世說新語・排調18》）可見二人之不拘禮與坦率。

2. 溫嶠

溫嶠，字太真。性聰敏，為人有識量，博學能屬文。風儀秀整，美於談論。溫嶠對於東晉朝廷貢獻頗多，王敦、蘇峻之亂時，嶠皆肝腦塗地，義不容辭的捍衛朝廷，是兩晉以來少見的忠勇之臣。《世說新語・方正32》載：

> 王敦既下，住船石頭，欲有廢明帝意。賓客盈坐，敦知帝聰明，欲以不孝廢之。每言帝不孝之狀，而皆云溫太真所說。溫嘗為東宮率，後為吾司馬，甚悉之。須臾，溫來，敦便奮其威容，問溫曰：「皇太子作人何似？」溫曰：「小人無以測君子。」敦聲色並厲，欲以威力使從己，乃重問溫：「太子何以稱佳？」溫曰：「鈞深致遠，蓋非淺識所測。然以禮侍親，可稱為孝。」

〔註142〕余嘉錫《世說新語箋疏・文學22》：「殷中軍為庾公長史，下都，王丞相為之集，桓公、王長史、王藍田、謝鎮西並在。丞相自起解帳帶麈尾，語殷曰：『身今日當與君共談析理。』既共清言，遂達三更。丞相與殷共相往反，其餘諸賢，略無所關。既彼我相盡，丞相乃歎曰：『向來語，乃竟未知理源所歸，至於辭喻不相負。正始之音，正當爾耳！』明旦，桓宣武語人曰：『昨夜聽殷、王清言甚佳，仁祖亦不寂寞，我亦時復造心，顧看兩王掾，輒翣如生母狗馨。』」（頁212。）可見當時在王導身旁有一群善於清談的名士，並以王導為中心。

〔註143〕王導於東晉立國之初即勸晉元帝重用南人，像「東南名士」顧榮，以及賀循、紀瞻、陸玩、虞譚、孔愉等江東士族的代表性人物都入仕晉朝。

溫嶠無懼於手握軍權的王敦，而秉忠直言，即使王敦聲色並厲，以威相逼，仍無所畏懼，其忠與勇斷非元康諸名士可及。

3. 庾亮

庾亮，字元規。《晉書》載：「亮美姿容，善談論，性好莊老，風格峻整，動由禮節，閨門之內不肅而成，時人或以為夏侯太初、陳長文之倫也。」〔註144〕庾亮官拜中書郎，於王敦叛變、蘇峻作亂時，皆能忠心為朝廷平亂。及帝疾篤，亮與王導受遺詔共輔幼主。明帝曾問謝鯤：「君自謂何如庾亮？」謝鯤答曰：「端委廟堂，使百僚準則，臣不如亮。一丘一壑，自謂過之。」（《世說新語・品藻17》）可知庾亮之端整風格。

其實東晉與西晉不管在玄學思潮，或是社會風氣上都有許多相似點，然而畢竟不同的自然環境、不同的時空背景，定會形成東晉名士與西晉名士的差異性。東晉中期以後的名士已經沒有竹林名士的苦悶與徘徊，也漸漸褪去西晉名士的誇誕，在江南一片秀麗的山水與偏安的局勢中，他們發展出一種淡泊的逍遙與寧靜的心態。《晉書》所錄的東晉名士除了初期渡江諸名士之外，還有王濛、謝安、孫綽、李充、許詢、支遁、王羲之、張軌。《世說新語》則尚載錄杜乂、謝尚、劉惔、王胡之、韓康伯、殷仲堪等人。這些皆為東晉中期以後的名士。

4. 王濛、劉惔

王濛與劉惔皆擅長清談，兩人是好朋友。劉惔常稱王濛性情通達，任其自然卻知所節制。王濛，字仲祖。少年時放縱不羈，不為鄉曲所齒，晚年始克己勵行。《晉書》載其：「有風流美譽，虛己應物，恕而後行，莫不敬愛焉。事諸母甚謹，奉祿資產常推厚居薄，喜慍不形於色，不修小潔，而以清約見稱。善隸書。美姿容，嘗覽鏡自照，稱其父字曰：『王文開生如此兒邪！』」〔註145〕劉惔，字真長，沛國相人。劉惔個性清簡獨貴，愛好老莊。為政清整，門無雜賓。劉惔善於言理，簡文帝為相時，惔與王濛俱因能談而為坐上賓，甚受簡文之禮遇。〔註146〕年三十六，卒官。孫綽為之誄云：「居官無官官之事，處事無事事之心。」（見《晉書》本傳）

〔註144〕　（唐）房玄齡等撰：《晉書・庾亮傳》，卷七十三，頁1915。

〔註145〕　（唐）房玄齡等撰：《晉書・王濛傳》，卷九十三，頁2418。

〔註146〕　（唐）房玄齡等撰《晉書・劉惔傳》：「時孫盛作易象妙於見形論，帝使殷浩難之，不能屈。帝曰：『使真長來，故應有以制之。』乃命迎惔。盛素敬服惔，及至，便與抗答，辭甚簡至，盛理遂屈。一坐撫掌大笑，咸稱美之。」（卷七十五頁，1990。）

5. 孫綽、許詢

孫綽，字興公。以文才名重於世，于時文士，綽為其冠。溫、王、郗、庾諸公之薨，皆綽為碑文，然後刊刻於石〔註147〕。少時與許詢俱有高尚之志，曾居于會稽，游放山水，著有〈遂初賦〉自述其志。許詢，字玄度。高陽人。風情簡素，有才藻。《晉書》載：「綽與詢一時名流，或愛詢高邁，則鄙於綽，或愛綽才藻，而無取於詢。沙門支遁試問綽：『君何如許？』答曰：『高情遠致，弟子早已伏膺；然一詠一吟，許將北面矣。』」〔註148〕孫興公認為，論玄妙超脫的情致，自己不如許詢；但在吟詩作賦方面，許詢恐要臣服於自己。《世說新語‧賞譽篇》曾載許詢有「清風朗月」之懷，並擅於「襟情之詠」，連簡文帝亦為之傾服。〔註149〕許詢才情皆備，尤有高雅清明之情致，並長於抒發情懷；孫綽則文才縱橫，長於為文作賦，二人各有傑出之處。除了玄學，孫綽亦信奉佛教，與名僧竺道潛、支遁都有交往。曾著〈道賢論〉將七位傳道的佛門名僧依其特質比擬為竹林名士，孫綽將名士與名僧並列，是東晉風氣使然。東晉名士與名僧交遊頻繁，許詢、孫綽、王濛、劉惔、謝安諸人均與名僧有所往來。

6. 謝安

東晉另一位代表性的名士為謝安。謝安，字安石。初辟司徒府，後以疾辭官，隱居於會稽，與王羲之及許詢、支遁遊處，出則漁弋山水，入則言詠屬文，無入世為官之意。六、七年間，屢徵不就，一直及到謝安弟弟謝萬被黜廢，謝安始有仕進志，當時年已四十餘歲。他最初擔任桓溫征西大將軍府的司馬，後來一直升遷至宰相。桓溫在剪除庾氏勢力後，專擅朝政，甚至想取王位而代之。在與桓溫的周旋與鬥爭中，謝安展現出了超人的膽識與氣度，據《世說新語‧雅量29》載：

> 桓公伏甲設饌，廣延朝士，因此欲誅謝安、王坦之。王甚遽，問謝

〔註147〕（南朝梁）劉勰著，周振甫注《文心雕龍注釋‧誄碑》：「及孫綽為文，志在於碑，〈溫〉、〈王〉、〈郗〉、〈庾〉，辭多枝雜，《桓彝》一篇，最為辨裁矣。」其注曰：「《桓彝碑》已散失，《丞相王導碑》、《太宰郗鑒碑》、《太尉庾亮碑》都殘缺。」（頁220。）

〔註148〕（唐）房玄齡等撰：《晉書‧孫綽傳》，卷五十六，頁1544。

〔註149〕余嘉錫《世說新語箋疏‧賞譽144》：「許掾嘗詣簡文，爾夜風恬月朗，乃共作區室中語。襟情之詠，偏是許之所長；辭寄清婉，有逾平日。簡文雖契素，此遇尤相咨嗟；不覺造膝，共叉手語，達于將旦。既而曰：『玄度才情，故未易多有許。』」（頁492。）

曰：「當作何計？」謝神意不變，謂文度曰：「晉阼存亡，在此一行。」
相與俱前。王之恐狀，轉見於色。謝之寬容，愈表於貌。望階趨席，
方作〈洛生詠〉，諷「浩浩洪流」。桓憚其曠遠，乃趣解兵。王、謝舊
齊名，於此始判優劣。

當時因謝安等人趁桓溫不在京師，立司馬曜為皇太子，桓溫親率大軍，回兵京
師，要向謝安、王坦之問罪，並欲趁機掃平京城，自立為王。朝廷上下人心惶
惶，皇帝司馬曜下詔讓吏部尚書謝安和侍中王坦之到新亭迎接桓溫。謝安於四
周埋伏兵甲的緊張局勢中，從容不迫的作〈洛生詠〉，化解了這場危機。而淝
水之戰精密的佈局，謹慎的謀略讓苻堅潰不成軍。謝安入仕為宰輔，功名顯赫；
隱居東山，風流灑脫，在他身上同時看到儒家經世濟民與道家自然淡泊。

7. 王羲之

王羲之，字逸少，王導之從子。羲之幼時口訥不善言，人未奇之。十三歲
時曾謁周顗，顗察而深異之，先割牛心炙與羲之啗，於是始知名。羲之善於隸
書，為古今之冠，《晉書》載：「論者稱其筆勢，以為飄若浮雲，矯若驚龍。」
〔註150〕官至右將軍，自言自己無廊廟之志，後辭官隱居。《晉書》載：「羲之
雅好服食養性，不樂在京師，初渡浙江，便有終焉之志。會稽有佳山水，名士
多居之，謝安未仕時亦居焉。孫綽、李充、許詢、支遁等皆以文義冠世，並築
室東土，與羲之同好。嘗與同志宴集於會稽山陰之蘭亭，羲之自為之序以申其
志。」〔註151〕羲之去官後，與東土人士盡山水之游，弋釣為娛。信仰天師道，
與道士許邁共修服食，採藥石不遠千里，遍游東中諸郡，窮諸名山，泛滄海，
歎曰：「我卒當以樂死。」

王羲之優游於江南秀麗山水中，其〈蘭亭集序〉寫出眾人聚會於蘭亭的情
景，字裡行間盡是山水詩意：

此地有崇山峻嶺，茂林修竹，又有清流激湍，映帶左右，引以為流
觴曲水，列坐其次。雖無絲竹管絃之盛，一觴一詠，亦足以暢敘幽
情。〔註152〕

在一片綠意盎然的山林中，臨清流，列坐次，吟詠以敘幽情，文士生活的雅趣
在此間表露無遺。又〈與謝萬書〉亦云：

〔註150〕（唐）房玄齡等撰：《晉書‧王羲之傳》，卷八十，頁2093。
〔註151〕（唐）房玄齡等撰：《晉書‧王羲之傳》，卷八十，頁2099。
〔註152〕（唐）房玄齡等撰：《晉書‧王羲之傳》，卷八十，頁2099。

> 頃東遊還，修植桑果，今盛敷榮，率諸子，抱弱孫，遊觀其間，有
> 一味之甘，割而分之，以娛目前。雖植德無殊邈，猶欲教養子孫以
> 敦厚退讓。庶令舉策數馬，仿彿萬石之風。君謂此何如？比遇重熙，
> 去當與安石東游山海，並行田盡地利，頤養閒暇，衣食之餘，欲與
> 親知時共懽讌，雖不能興言高詠，銜杯引滿，語田里所行，故以為
> 撫掌之資，其為得意，可勝言邪？

當所修植之桑果結實纍纍，與子孫游觀其間，並分食甘果，這樣的生活讓王羲之開懷得意。在王羲之的身上，我們看到東晉士人對大自然的欣賞與寄情，漸漸轉向莊園式的田園之樂，並充滿人間的情味。

　　東晉名士深入混亂政局中，也總能以其識見與氣度全身而退。雖然仕途帶來顯赫聲名，但他們卻醉心於江南明秀的自然美景中，並從自然景物領悟到人生哲理與審美藝術，如王羲之〈蘭亭集序〉云：

> 夫人之相與，俯仰一世，或取諸懷抱，悟言一室之內，或因寄所託，
> 放浪形骸之外。雖趣舍萬殊，靜躁不同，當其欣於所遇，暫得於己，
> 快然自足，不知老之將至。及其所之既倦，情隨事遷，感慨係之矣。
> 向之所欣，俛仰之間，已為陳跡，猶不能不以之興懷。況修短隨化，
> 終期於盡。古人云：死生亦大矣。豈不痛哉！〔註153〕

羲之從「崇山峻嶺，茂林修竹，清流激湍」的美景進而感慨人生之境遇與生命之短暫。他們將對山水的美感經驗帶入中國士人的生活中，讓中國士人的生命情調更添雅趣。東晉的名士通常帶有一種風流瀟脫與優雅從容的氣度，這是一種發自內在的氣質，他們雖承襲西晉以來重情任性的餘風，但已經漸漸少了任誕而不被世俗接受的行為，其情發自至誠而有所節制，少掉虛偽的繁文縟節，多了真摯的性格情感。在東晉名士身上，除了有匡扶社稷的擔當，還多了一分閒適與從容，以及與自然相親、共存的謙卑。

　　名士以名為高，然而是否具有名士之稱者，就是有其實質？這是值得商議的。魏晉名士裡有真名士，也有徒慕虛華、不具內在實學的假名士。真「名士為對抗名教之虛偽，刻意不遵禮法以示其非，而假名士則是在刻意不遵禮法之中，再次成就了名教的虛假。」〔註154〕《高僧傳》序云：

〔註153〕（唐）房玄齡等撰：《晉書‧王羲之傳》，卷八十，頁2101。
〔註154〕張雅茹：《魏晉名教的理論與實際》（臺北：臺北師範大學國文學系碩士論文，2008年），頁138。

> 自前代所撰，多曰「名僧」，然名者，本實之賓也。若實行潛光，則
> 高而不名；寡德適時，則名而不高。名而不高，本非所紀；高而不
> 名，則備今錄，故省「名」音代以「高」字。〔註155〕

此可用以看待魏晉之名士，有些假名士就是「寡德適時，則名而不高」〔註156〕，他們只是乘著時代潮流的順風車到達名譽的山頂。在眾多名士裡，我們可以發現他們之間的優劣懸殊，有些是魚目混珠，有些則令人企羨其風姿氣度與才學性情，在研究魏晉名士群體時不可不察。

第三節　魏晉名士的特質

魏晉名士的特質已經學界一再討論，牟宗三認為：「名士者清逸之氣」、「是則清逸、俊逸、風流、自在、清言、清談、玄思、玄智，皆名士一格之特徵。」〔註157〕從內在思想智慧、外在風流神韻與清談三個角度來說明魏晉名士的特質。張蓓蓓則說：「蓋魏晉為文學清談稱盛之時代，當時人物典型即『風流名士』若美風神、富文藻、有理思、精音吐者流。」〔註158〕從風神儀容、文學理思與清談來定位魏晉名士。李清筠的《魏晉名士人格研究》一書對名士的探討尤為深入，她以「崇尚自然的思想」、「任誕不羈的行為」、「清逸脫俗的神貌」、「秀出穎悟的才識」、「優游從容的器度」為魏晉名士的核心特質。名士表現於外的特質，實與其思想有很大的關係，故以下分別就思想與行為兩方面來探討魏晉名士的特質。

壹、魏晉名士的思想特質

魏晉時期玄學思想主軸以討論「有無」為起始，進入探討「名教」與「自然」間的消長關係。所謂的名教，錢鍾書《管錐編》言：

> 守「名器」，爭「名義」，區「名分」，設「名位」，倡「名節」，一以
> 貫之，曰「名教」，而已矣。〔註159〕

〔註155〕（梁）慧皎：《高僧傳》（臺北：廣文書局，1976 年），頁 7。
〔註156〕（晉）葛洪《抱朴子・審舉》亦批評當時名士空有俊逸風姿而無才學：「士有風姿豐偉，雅望有餘，而懷空抱虛，幹植不足。」（臺北：新文豐出版社，1998 年，卷十五，頁 160。）
〔註157〕牟宗三：《才性與玄理》，頁 68～69。
〔註158〕張蓓蓓：〈從「器識」一詞論魏晉名士人格〉，《中古學術論略》（臺北：大安出版社，1991 年），頁 49。
〔註159〕錢鍾書：《管錐編》（北京：三聯書局，2001 年），一五五，頁 58～59。

其定義簡單明瞭。而余英時以為：

> 事實上魏晉所謂名教乃指整個人倫秩序而言，其中君臣父子兩倫更
> 被看作全部秩序的基礎。〔註160〕

此對名教所下的定義從魏晉政治歷史的角度來看，亦是非常貼切的。然而甯稼
雨對名教的定義應是最周全而清楚的，他說：

> 名教是指整個社會統治者以其政治制度和道德規範等對個人的為人
> 處世方面造成的追求名譽的心理，來達到進行政治統治的目的，所
> 以名教是封建統治的重要手段。〔註161〕

名教是統治者為了穩固政權，維持社會秩序，從思想上對個人所灌輸的種種
價值觀與規範，例如君臣倫理、儀節名分。以名而教，代表著「名」是價值
的根據與來源，一切的教化皆為達到求名的目的。這是漢朝政權用以操控士
人的最大利器，它提供成名的機會與一切隨著成名而帶來的附加利益，使得
士人為此疲於奔命。

「自然」一詞出自道家的經典《老子》：「人法地，地法天，天法道，道法
自然。」自然是一種無人為雕飾的本來狀態。《莊子》亦崇尚自然，認為道法
自然，反對人為，所謂的自然是「牛馬四足」，所謂人為是「落馬首，穿牛
鼻」。道家重視自然，儒家強調名教禮法，也因此「自然」與「名教」之爭，常被視
為儒家與道家勢力的消長。

魏晉玄學思想中，「名教」與「自然」與士人生活態度、出處選擇最有相
關性，故以下將針對此部分加以說明。

一、貴無論

兩漢以來的學術思想多只停留在宇宙生成論，談陰陽五行，說天人感應，
並多只針對具體的人事物層面來探討，鮮少觸及形上本體論。魏初何晏從道家
的經典《老子》的思想引出「有、無」之辨，並將「無」視為萬物的根源，「無」
成就了一切。《晉書》載：

> 魏正始中，何晏、王弼等祖述老莊，立論以為：「天地萬物皆以無
> 為本。無也者，開物成務，無往不存者也。陰陽恃以化生，萬物
> 恃以成形，賢者恃以成德，不肖恃以免身。故無之為用，無爵而

〔註160〕 余英時：《士與中國文化・名教思想與魏晉士風的演變》（上海：上海人民出
版社，1996 年），頁 403。
〔註161〕 甯稼雨：《魏晉名士風流》（北京：中華書局，2007 年），頁 187。

貴矣。」〔註162〕

這個「無」又是無形無名，因此可以成為所有事物的根據，可以用來說明任何
具體事物，是變中之常。在其早期的玄學思想著作〈無名論〉中言：

> 為民所譽，則有名者也；無譽，無名者也。若夫聖人，名無名，譽無
> 譽；謂無名為道，無譽為大。則夫無名者，可以言有名矣；無譽者，
> 可以言有譽矣。然與夫可譽可名者豈同用哉？此比於無所有，故皆
> 有所有矣。而於有所有之中，當與無所有相從，而與夫有所有者不
> 同。〔註163〕

因為所有具體有形的事物不能互為彼此，亦不能互為本源，而「無」因其無名
無譽，才能兼容萬物，而為其根本。何晏的「無」即為「道」，它是無形無聲
的：

> 夫道之而無語，名之而無名，視之而無形，聽之而無聲，則道之全
> 焉。〔註164〕

因為道的無語、無名、無形、無聲，才不會被牽絆限制住，而得以保全其完整
性。何晏一直強調「無形」與「有形」、「無所有」與「有所有」，藉著明顯的
對比來闡明具體的「萬有」源於抽象的本體——無。在重視刑名法術的曹魏政
權時代，何晏等正始玄學家欲改革政治，使之去繁從簡，「以無為本」的政治
改革依據就此應運而生，強調為政只要掌握根本，末端再多再繁複，也能從容
以對。何晏的〈景福殿賦〉中即可看見將儒家治國化民的理念與道家無為自然
的思想結合：

> 規矩既應乎天地，舉措又順乎自然。是以六合元亨，九有雍熙。
> 家懷克讓之風，人詠康哉之詩。莫不優游以自得，故淡泊而無所
> 思。……招中正之士，開公直之路，想周公之昔戒，慕咎繇之典
> 謨。除無用之官，省生事之故。絕流遁之繁禮，反民情於太素。
>
> 〔註165〕

〔註162〕（唐）房玄齡等撰：《晉書・王衍傳》，卷四十三，頁1236。

〔註163〕（周）列禦寇著，楊伯峻集釋：《列子集釋・仲尼篇》（臺北：華正書局，1987
　　　　年）張湛注引〈無名論〉，卷四，頁121。

〔註164〕（周）列禦寇著，楊伯峻集釋：《列子集釋・天瑞篇》張湛注引〈道論〉，卷
　　　　一，頁10。

〔註165〕（魏）何晏：〈景福殿賦〉，收入（清）嚴可均輯：《全三國文》，卷三十九，
　　　　頁1273。

除了順應自然，也提到「除無用之官，省生事之故」，可見何晏的貴無理論也被運用到政治上。另外，何晏提出「聖人無情」論，即聖人無喜怒哀樂，但其本意非指聖人無情，而是聖人以其道德修養節制之，聖人之情是道德化的感情。此論點的提出乃針對當時社會任情而動的流弊，希望能加以約束節制。

王弼以何晏「以無為本」的本體論為基礎，深入探討道的內涵與萬物間的關係，並建立一套有系統的理論。在王弼《老子》注中有言：

> 天下之物，皆以有為生，有之所始，以無為本。將欲全有，必反於
> 無也。（四十章）

> 萬物萬形，其歸一也。何由致一？由於無也。由無乃一，一可謂無。
> （四十二章）〔註166〕

王弼的「無」並非空無，而是存在於自然事物中的「道」，是萬物之母、萬物生成發展的依據；「有」則是純有，實有具體的萬物。將要保全「有」，必要返回「無」。其「道」就是「無」，是「一」〔註167〕。在漢朝象數易學家的眼裡，「一」是一個實數；但在王弼的哲學思維中，「一」是萬物根本，已超越其實質數字的意義，是一個抽象的原理原則。他提出著「崇本息末」的主張，一切順應於「無」：

> 因而不為，順而不施。崇本以息末，守母以存子。賤夫巧術，為在
> 未有；無責於人，必求諸己，此其大要也。〔註168〕

不要有人為的干預，順其自然之性而發展，事物之性直，則直之；事物之性彎，則彎之，不逆其性而行。他又強調「本末不二」，「無」是「體」，「有」是「用」，「無」須透過「有」這個具體事物來呈現，即「無」存在每一個具體的事物中。他還將儒家所強調的仁義禮法等形式上的行為解釋為「子」，而且是不可缺少的〔註169〕；而人自然親愛慈孝的本性即為「母」，仁義禮法是

〔註166〕（魏）王弼著，樓宇烈校釋：《王弼集校釋‧老子道德經注》（臺北：華正書局，2006年），頁110、117。

〔註167〕王曉波分析王弼的天道理論，云：「王弼的『道』是『無』、是『本』、是『體』、是『一』、是『玄』、是『虛』、是『靜』，屬於本體界的；相對的是『有』、是『末』、是『子』、是『用』、是『多』、是『動』，則是屬於現象界的，或統稱之為『有』或『末』。」見王曉波：〈「歸本於黃老」與「以無為本」——韓非及王弼對老子哲學詮釋的比較研究〉，《臺大哲學論評》，第29期（94年3月），頁32。

〔註168〕（魏）王弼著，樓宇烈校釋：《王弼集校釋‧老子指略》，頁196。

〔註169〕王弼提出：「喜怒哀樂，民之自然，應感而動，則發聲而歌。所以陳詩采謠，

人親愛慈孝的本性所生，所以應拋棄偽飾而徒具形式的孝悌仁義，而應順著本性去流露：

> 夫載之以大道，鎮之以無名，則物無所尚，志無所營；各任其貞，事用其誠，則仁德厚焉；行義正焉，禮敬清焉。……守母以存其子，崇本以舉其末，則形名俱有而邪不生，大美配天而華不作，故母不可遠，本不可失。仁義，母之所生非可以為母；形器，匠之所成非可以為匠也。捨其母而用其子，棄其本而適其末，名則有所分，形則有所止。雖極其大，必有不周，雖盛其美，必有患憂，功在為之，豈足處也。〔註170〕

王弼對「本末」之表述，目的在於調和社會上名教與自然的衝突。因為漢朝以來根深柢固的儒家思想要求謹守禮儀規範，以群體為思考原則。但漢末魏初當時社會已吹起自然任性之風，標榜個人特質，於是所習之觀念與所欲之情感產生扞格，所以王弼主張崇本（自然）息末（名教），重視自然的情感甚於禮儀制度，也告訴人們其實「本、末」只是以「體、用」的不同形式出現，其根本是相同的。

　　王弼之學說為儒道搭起溝通的橋樑，也為後世留下許多依循的線索，像嵇、阮將「崇本息末」擴大解釋，著重自然的追求；郭象的逍遙、裴頠的崇有說則取「本末相即」的論點補充之。此名教與自然的議題被提出後，大大的影響了魏晉士人思想與生活。

二、越名教而任自然

　　阮籍與嵇康等竹林名士與正始名士思想較大的差異在於：他們正面批評儒家，且極力強調「自然」。正始名士對於老莊思想多只表現在學術上，阮、嵇等竹林名士則是將老莊思想落實到日常生活中。

　　阮籍著有〈通老論〉、〈達莊論〉、〈大人先生傳〉表達其玄學思想。其〈達莊論〉闡發莊子萬物與我為一之義：

> 天地生於自然，萬物生於天地。自然者無外，故天地名焉。天地者

以知民風，……因俗立制，以達其禮，……禮若不設，則樂無所樂。」喜怒哀樂，出於人性之自然流露，而禮法的設置亦是必然的，其「追求自然」的觀點與名教是不衝突的。（見王弼著，樓宇烈校釋：《王弼集校釋·論語釋疑·泰伯篇》，頁625。）

〔註170〕（魏）王弼著，樓宇烈校釋：《王弼集校釋·老子三十八章注》，頁95。

有內，故萬物生焉。當其無外，誰謂異乎？當其有內，誰謂殊乎？……
故曰，自其異者視之，則肝膽楚越也；自其同者視之，則萬物一體
也。〔註171〕

阮籍站在莊子齊同萬物的高度來批評引起爭議的儒家名教制度，他說：「彼六
經之言，分處之教也；莊周之云，致意之辭也。」他對於儒家的人倫制度痛
加批評，說儒家是：「繁稱是非、背質追文者，迷罔之倫也。」在〈大人先生
傳〉裡，阮籍以大人先生代表超越世俗，與造物同體的道家人物，以城中君
子代表拘於禮教，動靜有節的儒家人士，並強烈批評儒家所維護的君臣禮法
制度：

君立而虐興，臣設而賊生。坐制禮法，束縛下民。欺愚誑拙，藏智
自神。強者睽眄而凌暴，弱者憔悴而事人。假廉以成貪，內險而外
仁，罪至不悔過，幸遇則自矜。馳此以奏除，故循滯而不振。

對於虛偽的禮法制度，阮籍的批評是不留情。阮籍進而指出大人先生的境界為
其理想境界：「與造物同體，天地並生，逍遙浮世，與道俱成，變化散聚，不
常其形」，而這樣的境界必須拋棄世俗一切是非善惡、一切對於人性的約束，
才能達到。

稽康亦是站在道家清靜無為的角度以反對儒家的名教禮法，因為世俗的
種種機巧爭奪讓人失去純真的本性，所以稽康主張回歸自然，他在〈卜疑〉裡
說道：

大道既隱，智巧滋繁。世俗膠加，人情萬端。利之所在，若鳥之追
鸞。富為積蠹，貴為聚怨。〔註172〕

而「仁義」等儒家的道德規範是人為的修飾，有違自然之性，並非全性歸真之
徑：「造立仁義，以嬰其心；制其名分，以檢其外；勸學講文，以神其教，故
六經分錯，百家繁熾，開榮利之途。……然則自然之得，不由抑引之六經，全
性之本，不須犯情之禮律。故仁義務於理偽，非養真之要素。」〔註173〕所以
稽康所嚮往的境界是「越名教而任自然」的：

夫氣靜神虛者，心不存於矜尚；體亮心達者，情不繫於所欲。矜尚

〔註171〕 （魏）阮籍：〈達莊論〉，收入（清）嚴可均輯：《全三國文》，卷四十五，頁
1311。
〔註172〕 （魏）稽康：〈卜疑〉，收入（清）嚴可均輯：《全三國文》，卷四十七，頁 1320。
〔註173〕 （魏）稽康：〈難張遼叔自然好學論〉，收入（清）嚴可均輯：《全三國文》，
卷五十八，頁 1336。

不存乎心，故能越名教而任自然；情不繫於所欲，故能審貴賤而通

物情。物情順通，故大道無違；越名任心，故是非無措也。〔註174〕

只有掙脫名利禮法的枷鎖，才能得到精神的自由，見到全真的本性。嵇康同阮籍一樣，正面攻擊了儒家的禮法與道德規範，而且還將這樣的想法落實到實際生活中，而有「青白眼」、「箕踞嘯歌」等違反世俗的任誕行為。

三、崇有論與獨化說

越名教而任自然的思想與任誕的行為被後世名士奉為圭臬，並誇張放大之，將縱欲任性的行為合理化。然而這樣的生活態度讓名士們在仕途中受挫，而且違背了士族的利益，於是有調和名教與自然的論點出現，如向秀、郭象的「獨化說」與裴頠的「崇有論」乃因應士族社會的需要而出現了。

《晉書·裴頠傳》載：「頠深患時俗放蕩，不尊儒術，何晏、阮籍素有高名於世，口談浮虛，不遵禮法，尸祿耽寵，仕不事事；至王衍之徒，聲譽太盛，位高勢重，不以物務自嬰，遂相放效，風教陵遲，乃著崇有之論以釋其蔽。」〔註175〕裴頠提出〈崇有論〉是為了矯正時弊，他認為：「生以有為已分，則虛無是有之所謂遺者也。」否定以無為本的論點，也沿用向秀自生的理論：「夫至無者無以能生，故始生者自生也。」而且他認為「無」是「有」消失遺漏的狀態，沒有「有」就沒有「無」，所以「有」才是「本」，「無」則是「末」。他重視現實的一切，並認為實際的事物是不能忽略的。

郭象注《莊子》與向秀注雷同者極多，一般皆以為乃郭象襲其注而擴充。〔註176〕向秀以物之自生來取代何、王「虛無」的道體，影響崇有理論的產生與成熟。《列子·天瑞》「故生物者不生，化物者不化」句，張湛注引向秀語：

吾之生也，非吾之所生，則生自生耳。生生者豈有物哉？（無物也，）

故不生也。吾之所化，非物之所化，則化自化耳。化化者豈有物哉？

無物也，故不化焉。〔註177〕

〔註174〕　（魏）嵇康：〈釋私論〉，收入（清）嚴可均輯：《全三國文》，卷五十，頁1334。

〔註175〕　（唐）房玄齡等撰：《晉書·裴頠傳》，卷三十五，頁1044。

〔註176〕　余嘉錫《世說新語箋疏·文學17》注曰：「向秀《莊子注》今已不傳，無以考見向、郭異同。《四庫總目》一百四十六〈莊子提要〉嘗就《列子》張湛注、陸氏《釋文》所引秀義，以校郭注，有向有郭無者，有絕不相同者，有互相出入者，有郭與向全同者，有郭增減字句大同小異者。知郭點定文句，殆非無證。」（頁207。）

〔註177〕　（魏）王弼著，楊伯峻集釋：《列子集釋·天瑞篇》張湛注，卷一，頁4。

否定了宇宙本體─道，亦即造物主的存在，一反正始時期何晏、王弼的貴無理論，成為裴頠「崇有論」的先驅。向秀又主張情欲本自然，他於〈難嵇叔夜養生論〉中提出：

> 有生則有情，稱情則自然。若絕而外之，則與無生同，何貴於有生哉？且夫嗜欲，好榮惡辱，好逸惡勞，皆生於自然。〔註178〕

將人的情欲、好榮惡辱與好逸惡勞都視為自然，若加以棄絕，則與無生相同。但這些欲望也非無窮盡去滿足，要以人之「心」、「智」調節，以「禮」節制〔註179〕。向秀將人的情欲與名教的道德禮法結合，即將儒家與道家，名教與自然統合。然向秀之學說易產生流弊，因為他將人的生理與心理需求都視為理所當然，並應該去滿足，此論點為享樂縱欲主義者擴大解釋並扭曲之，而有後來元康名士的縱樂無度，流於浮誇糜爛的生活態度。向秀《莊子》注在魏晉玄學的發展中佔有重要的地位，李中華先生云：「他的哲學思想是正始時期何晏、王弼的貴無論向元康時期裴頠、郭象的崇有論過渡的中間環節。」〔註180〕向秀以「自生」的理論取代了何、王「以無為體，以有為用」，認為萬物的存在是「自生」的，影響了裴頠、郭象崇有理論的產生。

郭象為調和名教與自然，先賦予「逍遙」新的定義，他以「適性」來界定逍遙，對於：

> 夫小大雖殊，而放於自得之場，則物任其性，事稱其能，各當其分，逍遙一也，豈容勝負於其間哉！
>
> 夫大小之物，苟失其極，則利害之理均；用得其所，則物皆逍遙也。
>
> 〔註181〕

物各當其分，自足其性，不管大小，都可達到逍遙境界。而其理想人格的內涵是具有道家精神內蘊與儒家入世行止的：

〔註178〕（晉）向秀：〈難嵇叔夜養生論〉，收入（清）嚴可均輯：《全晉文》，卷七十二，頁1876。

〔註179〕（晉）向秀：〈難嵇叔夜養生論〉云：「夫人受形於造化，與萬物並存，有生之最靈者也。……有動以接物，有智以自輔，此有心之益，有智之功。」又云：「富與貴，是人之所欲也。但求之以道，不苟非義」、「夫人含五行而生，口思五味，目思五色，感而思室，飢而求食，自然之理也。但當節之以禮耳。」（收入嚴可均輯：《全晉文》，卷七十二，頁1876。）

〔註180〕李中華：〈向秀玄學思想簡論〉，收入湯一介，胡仲平編：《魏晉玄學研究》（武漢：湖北教育出版社，2008年），頁520。

〔註181〕（周）莊周著，（晉）郭象注：《莊子・逍遙遊》，卷一，頁9。

> 夫神人即今所謂聖人也。夫聖人雖在廟堂之上，然其心無異于山林
> 之中，世豈識之哉！徒見其戴黃屋，佩玉璽，便謂足以纓紱其心矣；
> 見其歷山川，同民事，便謂足以憔悴其神矣。豈知至至者之不虧哉！
> 今言王德之人，而寄之此山，將明世所無由識，故乃托之於絕垠之
> 外，而推之於視聽之表耳。處子者，不以外傷內。〔註182〕

至此，郭象將莊子至高脫俗的「神人」境界拉回現實世界，給予「神人」新的
內涵，神人是合於世俗的，可以「戴黃屋，佩玉璽」的，因為他能「遊外而弘
內」、「無心以順有」：

> 夫理有至極，外內相冥，未有極遊外之致而不冥於內者也，未有能
> 冥於內而不游於外者也。故聖人常游外以（宏）〔冥〕內，無心以
> 順有，故雖終日（揮）〔見〕形而神氣無變，俯仰萬機而淡然自若。
> 〔註183〕

郭象將入世與出世結合，處廟堂等同於處山林，儒家與道家又融合了。郭象的
學說深得西晉名士之心意，因為在魏晉時期，隱逸已成為士人嚮往的生活方
式，然現實條件的不允許，或無法擺脫世俗之情，只好選擇出仕。為了調和出
仕與隱居，晉朝社會已發展出「朝隱」：

> 夫隱之為道，朝亦可隱，市亦可隱。隱初在我，不在於物。〔註184〕

郭象的說法正好為求官入仕的士族提供一個充足的理論依據。將傳統隱逸觀
加以修正，認為只要保持心靈的超然與無礙，出仕仍然可以達到隱逸的自在快
樂，進入「迹冥圓融」之境。

四、禮玄兼修

朝隱之說所產生的流弊就是居官者不以政事為意，士人對國家社會不能
發揮匡正扶弱的作用，致使朝政民生日趨敗壞。東晉時，佛教思想傳入，玄佛
思想合流，又影響了當時的玄學理論。張湛「至虛」的理論代表大部分東晉士
人的玄學觀點。他主張要能逍遙物外，也不能拋棄安邦輔國與禮樂教化，他說：
「若欲捐詩書、易治術者，豈救弊之道？即而不去，為而不恃，物自全矣。」
〔註185〕張湛認為具體的事物都是短暫的，只有「至虛」才是永恆的存在，體

〔註182〕（周）莊周著，（晉）郭象注：《莊子‧逍遙遊》，卷一，頁22。
〔註183〕（周）莊周著，（晉）郭象注：《莊子‧大宗師》，卷三，頁153。
〔註184〕（唐）房玄齡等撰：《晉書‧鄧粲傳》，卷八十一，頁2151。
〔註185〕（魏）王弼著，楊伯峻集釋：《列子集釋‧仲尼篇》引張湛注，卷四，頁116。

認到「至虛」之境界，方能超越限制，達到解脫。而這樣的境界正是王導、謝安等人努力想達成的境界，到達此境界，則不管身處何種境況都能逍遙無礙。至此，仕與隱無所謂優劣之分。《世說新語‧文學 91》劉注曰：「《謝萬集》載其敘四隱四顯，為八賢之論，謂漁父、屈原、季主、賈誼、楚老、龔勝、孫登、嵇康也。其旨以處者為優，出者為劣。孫綽難之，以謂體玄識遠者，出處同歸。」「禮玄兼修」、「出處同歸」代表了東晉名士的思想潮流。

從正始名士首倡玄學開始，魏晉名士用自己的心靈與身軀來摸索與證實道家理論於現實生活的可行性。從儒道調和的起點開始，歷經越名教而任自然，最終還是回到儒道的融合。然而這不是白走一遭，因為到東晉的儒道調和已非同正始時期。觀乎東晉名士的人格與事功，會發現他們既能謹守士人本分，匡扶社稷，又具從容的氣質與優雅的情趣，如王導、謝安之流，可謂儒道融合的最佳典範，而且對於出仕隱逸都能同時給予尊重，展現多元思考的包容性。

貳、魏晉名士的行為特質

受到玄學思想的影響，魏晉名士在生活態度、處世原則和生命情趣方面，都與以往兩漢的士人不同。上面針對魏晉名士玄學思想的發展以瞭解其內在心態，現在則從名士的行為來探討其特質。

一、尚儀容與重氣度

魏晉是一個個體自覺的時代，對於「人物美」非常重視，隨著人物品藻的普遍，講究容貌是士人得到良好聲譽的手段之一。魏晉名士們除了品鑑人物的氣質神韻，對於外在的風姿容貌之美亦相當注重，他們認為「瞻形」可「得神」：經由外在的風姿儀態，可探知內在的精神氣質，猶如劉邵《人物志‧九徵》所載：

> 故其剛柔、明暢、貞固之徵，著乎形容，見乎聲色，發乎情味，各
> 如其象。〔註186〕

人物的性格特徵會反映到外在的形貌舉止上，內在的精神也會顯現於外貌。這樣的理論是魏晉名士一般的共識，所以魏晉士人不止注重人物的內涵，也相當重視外表，他們讚美人外在的容貌儀態，要膚白、骨瘦才算俊美，例如：

〔註186〕 （魏）劉邵著，吳家駒注：《人物志‧九徵》（臺北：三民書局，2006 年），
卷上，頁 12。

王夷甫容貌整麗,妙於談玄,恒捉白玉柄塵尾,與手都無分別。(《世說新語‧容止8》)

王丞相見衛洗馬曰:「居然有羸形,雖復終日調暢,若不堪羅綺。」
(《世說新語‧容止16》)

魏晉名士的審美觀不同以往,傳統男性的美是威武陽剛的,魏晉則欣賞清美陰柔之美。而且不止欣賞外在容貌,他們更重視內在氣質所散發出來的清簡、神令之氣,如:

庾公目中郎:「神氣融散,差如得上。」(《世說新語‧賞譽42》)

蔡叔子云:「韓康伯雖無骨幹,然亦膚立。」(《世說新語‧品藻66》)

即使矮胖,不符合魏晉名士的審美標準,卻因為「神氣融散」、「膚立」的氣質而受到肯定。又如:

劉丹陽、王長史在瓦官寺集,桓護軍亦在坐,共商略西朝及江左人物。或問:「杜弘治何如衛虎?」桓答曰:「弘治膚清,衛虎奕奕神令。」王、劉善其言。(《世說新語‧品藻42》)

對於杜弘治膚白之讚美,在《世說新語》的其他篇章也有:「王右軍見杜弘治,歎曰:『面如凝脂,眼如點漆,此神仙中人。』」(〈容止26〉)可見杜弘治皮膚之白皙柔潤,其形象有如《莊子‧逍遙遊》中「肌膚若冰雪,綽約若處子」的藐姑射山仙人,自是魏晉名士企羨的對象;而衛虎奕奕有神,流露出由內而外的精神氣足,則是另一個受注目的焦點。且桓伊言下之意,頗有衛虎勝過杜弘治之意,因為魏晉人普遍認為眼睛是靈魂之窗,足以表現內在的精神氣質,比起外在的形體,更可深入人的內在。

玄學思想造成名士對玄味氣質的追求與讚賞。「這種人格氣質,實質上是老莊所提倡的超功利的審美人生態度的表現,即是魏晉文人在放達和閑逸生活中所表現出來的灑脫飄逸的氣質風度。」[註187]例如:

王戎云:「太尉神姿高徹,如瑤林瓊樹,自然是風塵外物。」《世說新語‧賞譽16》

劉尹、王長史同坐,長史酒酣起舞。劉尹曰:「阿奴今日不復減向子期。」(〈品藻44〉)

王衍給人的感受是世俗外的、具玄味的。劉尹覺得王濛酒酣起舞之姿態灑脫不拘,呈現真實的自我,所以劉尹讚美他今日有向秀一般的瀟灑風采。另外如謝

[註187] 寗稼雨:《魏晉名士風流》,頁73。

安於桓溫欲加害他時，能從容不迫的作〈洛生詠〉；聽到淝水之戰的捷報時的鎮靜自若，都是這種玄味氣質的表現。

　　儒家有許多禮法是透過對身體的規範而完成的，魏晉士人個體意識覺醒，對禮法的超越率先表現在身體規範的解除上；身體規範解除後，魏晉士人進而發現身體自主的快樂，也開始欣賞身體的美。然而他們沒有停留於此，因為身體的有限性無法讓他們得到精神的解脫，他們進而將思考層面提至「道」的高度上，對於人體美的追求也提升至「道」的境界。人的美成為一種風神、氣韻的精神存在，而不再只是一種身體的存在。〔註188〕魏晉士人以身體為起點的美的追求，卻以身體的「虛化」為其最終目的，最後進入了著重神韻氣質的精神層次。

二、常任誕與縱飲酒

　　魏晉名士常是放蕩不拘禮法的，任誕的行為最能表現魏晉名士的獨特之處。一般多認為阮籍是魏晉任誕之祖，《世說新語・任誕篇》余嘉錫注引干寶《晉紀總論》曰：「觀阮籍之行，而覺禮教崩弛之由。」意謂阮籍之任誕行為引起後世仿效，禮俗遂因此敗壞。以阮籍、嵇康為首的竹林名士常表現與世俗格格不入的任誕行為，例如：

　　　阮籍嫂嘗還家，籍見與別。或譏之。籍曰：「禮豈為我輩設也？」（《世
　　　說新語・任誕7》）

　　　劉伶恒縱酒放達，或脫衣裸形在屋中，人見譏之。伶曰：「我以天地
　　　為棟宇，屋室為褌衣，諸君何為入我褌中？」（《世說新語・任誕6》）

　　然而這樣的任誕行為的背後自有其深意，就如廖蔚卿所說：「魏晉名士的放誕行為所蘊涵的意義，實出於相關的兩種目的：即對於弄權者的反抗與個人人格的維護。」〔註189〕竹林名士之任誕，即是一種對虛偽禮法之士，以及藉禮教名義來操縱政權者的「積極」反抗。阮咸居母喪，縱情越禮，騎驢追姑之婢，曰：「人種不可失」的事件〔註190〕頗為禮法之士所譏，然就其內在層面，實為男女真情的表露。當時門閥制度深嚴，鮮卑族婢女的社會地位低下，而咸

〔註188〕陳迎輝：〈魏晉人物審美的身體境遇〉，《學術交流》，第173期（2008年8月），頁149。

〔註189〕廖蔚卿：《漢魏六朝論文集・論魏晉名士的狂與癡》，頁155。

〔註190〕余嘉錫：《世說新語箋疏・任誕15》：「阮仲容先幸姑家鮮卑婢。及居母喪，姑當遠移，初云當留婢，既發，定將去。仲容借客驢著重服自追之，累騎而返。曰：『人種不可失！』即遙集之母也。」（頁735。）

為陳留阮氏名門之後，娶鮮卑族婢女，會影響其仕途與社會觀感，然阮咸義無反顧，足證其深情重義。此舉適以反襯出當時所謂禮法的不通人情，也讓人明白名士任誕行為的背後所擁有的真情至性。竹林名士對於政局世俗並非麻木不仁，所以用蔑視禮法、驚世駭俗的行為側面嘲弄之。然而中朝諸名士不解其任誕之因，徒效其任誕之行為而至荒唐地步：

> 惠帝元康中，貴游子弟相與為散髮裸身之飲，對弄婢妾，逆之者傷好，非之者負譏，希世之士恥不與焉。〔註191〕

其任誕行為只剩下對形式上的盲從，不再有嵇阮諸人崇高人格的堅持與超拔世俗的精神追求了。

有時名士任誕的行為，也來自真實自我的顯現與情感之不能自已。當外在所加諸的種種價值觀與禮儀被拋棄，回到本真自我，這時所表現的行為也會顯得不同於俗，像：

> 桓子野每聞清歌，輒喚「奈何！」謝公聞之曰：「子野可謂一往有深情。」（《世說新語・任誕42》）

這是基於情感的發動而不能自已，所以子野呼「奈何」。王子猷於大雪之夜，忽然想見戴安道，便夜乘小船造之，到了戴安道家門卻不前而返。人問其故，王曰：「吾本乘興而行，興盡而返，何必見戴？」（《世說新語・任誕47》）此事極為後世津津樂道，在這裡我們看到的是魏晉名士任誕行為背後的率真本性。

伴隨任誕行為的通常是喝酒，酒在魏晉名士的生活中是不可或缺的。從竹林名士開始，士人即嚮往莊子清虛逍遙的境界，飲酒則是進入此種境界的媒介，像劉伶的〈酒德頌〉所描寫的：

> 靜聽不聞雷霆之聲，熟視不睹泰山之形，不覺寒暑之切肌，利欲之感情。俯觀萬物，擾擾焉如江漢之載浮萍，二豪待側焉，如螺蠃之與蝝蛉。〔註192〕

那樣自在超然，所以王光祿說：「酒，正使人人自遠。」（《世說新語・任誕35》）王佛大歎言：「三日不飲酒，覺形神不復相親。」（《世說新語・任誕52》）魏晉名士的醉酒，常常是具有深遠的玄味。而縱酒有時候也是一種避禍的手段，像阮籍之醉酒，可以不問政事，撇開政治上的惡鬥；阮裕知道王敦有不臣之心，乃終日酣觴，以酒廢職。

〔註191〕（唐）房玄齡等撰：《晉書・五行志》，卷二十七，頁820。
〔註192〕（唐）房玄齡等撰：《晉書・劉伶傳》，卷四十九，頁1376。

　　除了避禍全身，也有只為及時行樂而喝酒的：

　　　　畢茂世云：「一手持蟹螯，一手持酒柸，拍浮酒池中，便足了一生。」
　　（《世說新語・任誕21》）

眼前物質口欲的滿足，便足了一生。這樣的飲酒已失去竹林名士反抗禮法的內蘊，單純為享受而喝酒。總之，酒既是魏晉名士追求逍遙之境的媒介，也是用以反抗虛偽禮法的工具；是避禍遠害的保護傘，也是享受人生的必需品。飲酒縱酒成了魏晉名士的重要標誌。

　　自嵇康越名教而任自然、阮籍縱酒而狂疎，違反禮俗的行為就被魏晉名士視為放達、親近老莊的行為，然任誕縱酒的背後若沒有崇高的理想與正直的人格支撐，只會流於形式而沒有意義。任誕縱酒的行為來自於不同流俗的價值觀，就魏晉名士掙脫世俗規範，勇於表現自我的層面而言，他們給後世上了寶貴的一堂課。

三、精文學與愛藝術

　　在中國的文藝發展史上，魏晉南北朝是個非常繁榮的時期，文學、書法、繪畫、音樂與雕刻都有輝煌的成就。處於社會上層的魏晉名士當然也是擅屬文、多才藝的。上節名士表格中所列人物同時收錄於《文士傳》者就有王弼、阮籍、嵇康、張華、郭象、杜育、顧榮等人，這些人同時具有名士與文士的身分。當然，不在《文士傳》中的能文名士也不少，如孫綽、王羲之等人。

　　在文學方面，竹林名士的詩文受到普遍的肯定，在文章思想方面，阮籍有〈大人先生傳〉，寄寓人生的理想與對現實禮教的批判；〈通老論〉、〈達莊論〉充分反映其玄學思想與人生追求的境界；還有四言與五言〈咏懷詩〉，將自己的感懷、憂傷傾注於詩中，鍾嶸《詩品》列其五言詩於上品，給予極高的評價。嵇康有許多關於哲學思想的著作，他的〈聲無哀樂論〉、〈樂論〉對後世音樂美學產生很大的啟發；〈養生論〉將「養生」這件魏晉士人普遍重視的事理論化，建立起養生的原理原則；〈釋私論〉、〈難自然好學論〉則闡述了嵇康思想核心——「越名教而任自然」；另外其四言、五言詩歌的創作亦不少。向秀的〈思舊賦〉真摯感人；《莊子》注思想精闢，亦為世所稱。張華亦是著名的詩人，《晉書》載其「學業優博，詞藻溫麗。」《文心雕龍》云：「張華短章，弈弈清暢，其鷦鷯寓意，即韓非之說難也。」〔註193〕孫綽文才稱譽當時，溫嶠、王

〔註193〕（南朝梁）劉勰著；詹鍈義證：《文心雕龍義證・才略》（上海：上海古籍出版：1989年），卷十，頁1809。

導、郗鑒和庾亮諸公之誄文，皆出自其手。而王羲之的〈蘭亭集序〉文章與書法俱為千古佳作。

　　除了文學，魏晉名士多精於音律，竹林七賢中善彈琴、精於音樂的就有嵇康、阮籍、阮咸三人。阮咸音律的造詣，連善解音律的荀勖都自嘆不如。嵇康臨刑，索琴彈奏〈廣陵散〉，那種從容與瀟灑的神態深深的烙印在每個人的心中。謝尚也是一位多才多藝的名士，《晉書・謝尚傳》載：

> 謝尚，……善音樂，博綜眾藝。司徒王導深器之。……導以其有勝
> 會，謂曰：「聞君能作鴝鵒舞，一坐傾想，寧有此理不？」尚曰：「佳。」
> 便著衣幘而舞。導令坐者撫掌擊節，尚俯仰在中，傍若無人，其率
> 詣如此。〔註194〕

謝尚聰穎秀美，不拘小節，深受王導器重。他率性的為眾人表演鴝鵒舞，其飄灑風采，令人欽慕。在音樂與舞蹈中，心情得以抒發，身體因此解放，名士透過這樣的方式找回自我，歸返自然。

　　魏晉名士對於音樂的看法已擺脫傳統儒家的教化功能，進入一種單純美感的領略，音樂甚至可以使人心靈相通，不交一語：

> 王子猷出都，尚在渚下。舊聞桓子野善吹笛，而不相識。遇桓於岸
> 上過，王在船中，客有識之者云：「是桓子野。」王便令人與相聞云：
> 「聞君善吹笛，試為我一奏。」桓時已貴顯，素聞王名，即便回下
> 車，踞胡牀，為作三調。弄畢，便上車去。客主不交一言。（《世說
> 新語・任誕49》）

對於音樂的感受力強烈，是重情風氣下的必然現象，魏晉名士至情至性，音樂剛好提供了抒發情感的管道。

　　魏晉也是中國書法繪畫的黃金時代。名士多擅長書法，張懷瓘的《書斷》謂嵇康之書：

> 妙於草制，觀其體勢，得之自然，意不在乎筆墨，若高逸之士，雖
> 在布衣，有傲然之色。〔註195〕

而王羲之的〈蘭亭集序〉有「天下第一行書」的美譽，令唐太宗愛不釋手。其草書亦佳，是草書發展史上的關鍵人物之一。羲之之子獻之亦精於書法，其作

〔註194〕　（唐）房玄齡：《晉書・謝尚傳》，卷七十九，頁2069。
〔註195〕　（唐）張懷瓘：《書斷》，收入（唐）張彥遠輯：《法書要錄》（西安：陝西人
　　　　　民出版社，2007年）卷八，頁547。

品逸氣縱橫，遠比王羲之更放達。張懷瓘《書議》評曰：「子敬之法，非草非行，流便於行，草又處其中間。無藉因循，字拘制則，挺然秀出，務於簡易，情馳神縱，超逸優游，臨事制宜，從意適便。有若風行雨散，潤色開花，筆法體勢之中，最為風流者也。」〔註196〕在非草非行的筆下所寫出的仍是魏晉名士不滯於物的灑脫。魏晉名士有從容瀟灑的翩翩風采，又能為善書，可謂集所有士人之優雅於一身。

四、妙清談與吐雋語

清談是名士的重要標誌，也是名士間的重要社交活動，可以讓名士們「一談成名」。漢末清議與才性名理之論後，才進入以玄學為主體的清談。自何晏、王弼開始，清談之風吹遍兩晉而不息。

魏晉名士們在清談時多會執塵尾，講究論辯的技巧與言辭，甚至在論辯往返間相當激烈，在《世說新語·文學篇》中有一段關於清談的精采描述：

> 孫安國往殷中軍許共論，往反精苦，客主無閒。左右進食，冷而復煗者數四。彼我奮擲塵尾，悉脫落，滿餐飯中。賓主遂至莫忘食。殷乃語孫曰：「卿莫作強口馬，我當穿卿鼻。」孫曰：「卿不見決鼻牛，人當穿卿頰。」(〈文學 31〉)

當時雙方論辯非常激烈，孫、殷二人爭執不下，開始謾罵對方，只不過連罵人也很有語言藝術的。在魏晉，清談也是品評人物的重要觀點之一。魏晉名士們想要在談座中難倒各方高手，博得美名，必須語言工麗、音韻優美，或者談理精闢。如：

> 郗嘉賓道謝公：「造膝雖不深徹，而纏綿綸至。」又曰：「右軍詣嘉賓。」嘉賓聞之云：「不得稱詣，政得謂之朋耳！」謝公以嘉賓言為得。(《世說新語·品藻 62》)

郗嘉賓認為謝安談理雖不透徹深入，卻也切近名理，思慮綿密周詳；而右軍之學問涵養，已經可算是自己的同輩了。其中，郗嘉賓即是從清談義理深入與否的角度來肯定謝安與王羲之的。又如：

> 王太尉云：「郭子玄語議如懸河寫水，注而不竭。」(《世說新語·賞譽 32》)

除了分析道理要透徹，清談時的音調與用詞亦非常重要，猶如劉邵《人物

〔註196〕 （唐）張懷瓘：《書議》，收入（唐）張彥遠輯：《法書要錄》，卷四，頁 501。

志・材理》所說：「夫辯，有理勝，有辭勝。」〔註197〕若說謝安與王羲之是理勝；則王濛之「韶音令辭」為辭勝：

> 劉尹至王長史許清言，時苟子年十三，倚床邊聽。既去，問父曰：
> 「劉尹語何如尊？」長史曰：「韶音令辭，不如我；往輒破的，勝我。」
> （《世說新語・品藻48》）

王長史認為自己擅長以優美的辭彙、抑揚的聲調來談玄論理，此即劉邵所謂之「辭勝」；劉尹則是說理中肯、鞭辟入裡〔註198〕，為劉邵所謂之「理勝」。受到玄學清簡之風的影響，清談的語言以簡單扼要為上，王夷甫曾自嘆：「我與樂令談，未嘗不覺得我言為煩。」（《世說新語・賞譽25》）劉孝標注在〈品藻10〉的條目下引《江左名士傳》：「承言理辨物，但明其要旨，不為辭費，有識者伏其約而能通。」說明王承說理簡約卻能切中事理。

　　魏晉清談風氣盛行，不只促進玄學思想的發展，後來甚至以是否擅長清談為品評人物的標準之一，清談遂成為魏晉士階層獨特之文化現象之一。雖然後世對清談不務實，使國力積弱不振的負面影響時有批評，如顧炎武謂之「亡天下」〔註199〕；但就學術思想而言，魏晉清談對玄學推波助瀾的功效，就缺乏抽象思考的中國哲學來說，其貢獻是不容抹滅的。誠如馮友蘭先生所言：「在中國哲學史上，魏晉玄學是中華民族抽象思維的空前發展。」〔註200〕而清談正是其背後的重要助力。

　　受到玄學思想與清談語言藝術的影響，魏晉名士在日常言談上充分展現其機趣，妙語如珠，例如：

> 庾公造周伯仁。伯仁曰：「君何所欣說而忽肥？」庾曰：「君復何所
> 憂慘而忽瘦？」伯仁曰：「吾無所憂，直是清虛日來，滓穢日去耳。」
> （《世說新語・言語30》）

〔註197〕（魏）劉邵著，吳家駒注：《人物志・材理》，卷上，頁49。

〔註198〕謝安也說：「劉尹語審細。」讚許劉尹思辨之周詳縝密。見余嘉錫：《世說新語箋疏・賞譽116》，頁482。

〔註199〕顧炎武以其經世濟民之儒家觀點，對魏晉清談做了相當嚴厲的批判：「以至於國亡於上，教淪於下，羌胡互僭，君臣屢易，非林下諸賢之咎而誰咎哉！有亡國，有亡天下，亡國與亡天下奚辨？曰：易姓改號謂之亡國。仁義充塞，而至於率獸食人，人將相食，謂之亡天下。魏晉人之清談，何以亡天下？是孟子所謂楊墨之言，至於使天下無父無君而入於禽獸也。」見〔清〕顧炎武著，黃汝成集釋：《日知錄集釋》，卷十三，「正始」條，頁755～756。

〔註200〕馮友蘭：《中國哲學史》（北京：人民出版社，1986年），頁44。

簡單的一句話，輕鬆的肯定了自我，打擊了對方，使人讀來不禁莞爾。裴楷的機智妙語則化解了晉武帝的不悅與朝臣的不安：

> 晉武帝始登阼，探策得「一」。王者世數，繫此多少。帝既不說，群臣失色，莫能有言者。侍中裴楷進曰：「臣聞天得一以清，地得一以寧，侯王得一以為天下貞。」帝說，群臣歎服。(《世說新語・言語 19》)

充滿機智與文學素養的雋語，除了增加生活情趣之外，亦能化解危機。魏晉名士的言談中充分展現其自信與幽默，其語言之運用趨於精簡化與藝術化。

五、崇隱逸與親山水

魏晉時代隱逸風行，社會風氣以「隱」為高，「仕」為下。主要原因大致可分為三方面：其一為政治之動盪。除了不斷產生的戰亂，如永嘉之亂；政治派系間的惡鬥亦使名士喪生無數，如司馬氏與曹魏集團間的角力，使夏侯玄、何晏、鄧颺等人喪生。在此紛亂的時代，為保全性命與人格，隱逸於是成了他們最佳的選擇。其二為玄風熾盛。老莊思想主張曠遠淡泊、返樸歸真，使士人嚮往自然、隱逸的生活。其三為經濟的富裕。魏晉門閥世族漸漸形成，他們自有莊園田產，經濟獨立，生活不須仰仗俸祿，所以也不一定要入仕。

然而居住在山林中，生活極為不便，故真能隱居而不仕也只有少數人；另有些人因被逼迫，不得不出仕，便以縱酒、佯狂或不管事等行為來自我掩飾。漸漸的，這種在職不做事的風氣成為一股風尚，而謂之「朝隱」——即在朝為官，卻表現出「居官無官官之事，處事無事事之心」〔註201〕的與時俯仰。朝隱結合「仕」與「隱」，讓作官的少了一分世俗的鄙吝勞心，多了一分出世的脫俗優雅，非常符合魏晉的玄學思想與政治環境。此風又有學說為其提供理論基礎，如：向秀提出「冥」的概念，只要心存「冥」意，無心順有，不被物所役，入仕與隱逸都是一樣的；郭象融合名教與自然，所樹立的理想人格「聖人」，則揉合了儒家聖人與道家神人的概念。於是魏晉名士們更加理所當然的標榜自己是身在魏闕，心存山水，高舉朝隱的旗幟。像謝鯤對於庾亮與自己的評價，即以自己的親近自然為高：

> 明帝問謝鯤：「君自謂何如庾亮？」答曰：「端委廟堂，使百僚準則，臣不如亮。一丘一壑，自謂過之。」(《世說新語・品藻 17》)

〔註201〕劉惔卒，孫綽為之誄云：「居官無官官之事，處事無事事之心。」見（唐）房玄齡等撰：《晉書・劉惔傳》，卷七十五，頁 1991。

謝鯤認為在政事上，自己表現不如庾亮，然而他對自己鍾情山水、自然放達的
行為，深以為傲；且言下之意，自己是勝過庾亮的。與謝鯤同具此價值觀的名
士，於時不在少數，他們所追求的是逍遙自適的人生，而且當時社會對「隱」
的評價是很高的，例如：

> 戴安道既屬操東山，而其兄欲建式遏之功。謝太傅曰：「卿兄弟志業，
> 何其太殊？」戴曰：「下官『不堪其憂』，家弟『不改其樂』。」（《世
> 說新語·棲逸 12》）

由戴逵之言可為另一佐證：當時社會上的價值觀，多偏向認為隱是樂，仕是憂。
如能像隱者般不理政事，閒淡高遠，寄情於山水之間，才是名士們所企羨的。
例如孫綽也說自己「蕭條高寄，不以時務經懷」，而韓康伯亦因其「門庭蕭寂」
被譽為有名士之風：

> 有人問袁侍中曰：「殷仲堪何如韓康伯？」答曰：「理義所得，優劣
> 乃復未辨；然門庭蕭寂，居然有名士風流，殷不及韓。」故殷作誄
> 云：「荊門晝掩，閒庭晏然。」（《世說新語·品藻 81》）

可知，在魏晉時代，追求自然，嚮往隱逸是名士們共同的思想傾向。

　　儒家治國平天下的入仕觀與道家游於物外的隱逸觀，自古即為中國士人
二大思想取向。仕與隱向來與政治脫離不了關係，邦有道則仕，邦無道則退隱
山林。漢末，隱逸之風盛行，許多士人一反儒家「家事、國事、天下事，事事
關心」的積極入仕原則，選擇保性全命，並進而標榜隱逸。至魏晉，崇尚隱逸
遂成了名士們的特質。

　　與隱逸思想相伴隨而來的觀念是親近山水。老莊思想強調反樸歸真，一切
回歸自然；加上魏晉名士屢屢受挫於現實政治，山水提供了絕佳的撫慰療傷環
境。永嘉南渡後，東晉名士徜徉於江南的好山好水中，自然環境與老莊閒淡寧
靜的心境結合，引導了魏晉名士一步一步走進山水的懷抱，於是東晉士人發現
山水的美，並發而為詩文歌誦之，如謝萬〈蘭亭詩〉二首之一：

> 青蘿翳岫，修竹冠岑。谷流清響，條鼓鳴音。玄崿吐潤，霏霧成陰。
> 〔註202〕

又如：

> 王子敬云：「從山陰道上行，山川自相映發，使人應接不暇。若秋冬

〔註202〕　（晉）謝萬：〈蘭亭詩〉，收入逯欽立輯：《先秦漢魏南北朝詩·晉詩》（臺北：
　　　　　學海出版社，1984 年），卷十三，頁 906。

之際，尤難為懷。」(《世說新語‧言語 91》)

王子猷的山陰道上行，從山水中體驗審美的感受，進而引起情感的波動。東晉名士的生活中充滿了山水冶遊之趣，像謝安隱居會稽，孫綽、李充、許詢、支遁與王羲之皆築室於此，也是因為此地山水之佳妙。王瑤於《中古文學史論》中言：「山水美的發現便成了東晉這個時代對於中國藝術和文學的絕大貢獻。」〔註203〕由親近山水進而發現山水之美，再將山水審美的經驗與理論應用於藝術與文學上，正是魏晉名士對後世山水文學的貢獻。

從戰國時期名士最初的產生，一直到魏晉名士的定格，其間經歷了秦朝與兩漢。「名士」一詞大抵指有名之士，只是士的內涵隨著時代的思想、風氣而不斷的改變著。戰國時代至西漢初年，名士多指知名的游士；西漢中期至東漢，因經學成為學術的主流，名士多指通經之士；另外，東漢時因隱逸而被稱為名士者，相較於以往，數量明顯增加，顯示東漢隱逸之風的盛行；而漢末，一群士人為國家人民，不顧個人生命，與外戚宦官抗衡，其道德操守令人敬佩，他們亦被稱為名士。漢末名士除了堅持國家社會的群體利益、以天下為己任的之外，自我意識漸漸覺醒，開始關注於個人的特質，他們品題人物，相互標榜，其流風延續並發展，形塑了不同於以往的魏晉名士。由於政局的險惡與玄學思潮的影響，魏晉名士嚮往老莊逍遙自在的境界；由於對儒家僵滯經學與虛偽名教的反感，魏晉名士以任誕不羈的行為與縱酒來對抗。他們善於清談，多才多藝，他們親近山水、寄情山水，更發展出山水文化，為中國知識分子注入高雅的情趣。從此中國知識分子被稱為「名士」者，多了一分優雅，也多了一分從容，並與「士」劃開界線。

本章從思想與行為來探討魏晉名士，思想方面從為調和儒道的「貴無用有」論的提出，歷經「越名教而任自然」、「自生獨化」的思想，到「禮玄兼修」，最終還是回到儒道的融合。然東晉的儒道調和已非同正始時期，而為更表現於人生情境的玄化、雅化。觀乎東晉名士的人格與事功，會發現他們既能謹守士人本分，匡扶社稷，又具從容的氣質與優雅的情趣，可謂儒道融合的最佳典範。

魏晉名士在歷史一直承受正反兩面的評論，像顧炎武秉持儒家經世濟民的原則去檢視魏晉名士，對其多所斥責。《日知錄》卷十三：「正始時，名士風流，盛於雒下。乃其棄經典而尚老莊，蔑孔法而崇放達，視其主之顛危，若路

〔註203〕王瑤：《中古文學史論》(臺北：長安出版社，1982年)，頁61。

人然，即此諸賢之倡也。」〔註204〕以士人職守而言，這樣的批評不過分。然而對於歷史人物的評價應當回歸其原來的時空背景中，如此方能有公允的評定，魏晉名士在政治上的表現或許以儒家的角度而言是不夠盡職的，但他們卻為中國哲學思惟注入一股源源不絕的泉源，並讓中國知識階層除了官宦「本職」外，還有琴棋、詩畫與山水的高雅生活，並進入抽象思維的哲學世界。在中國士人的長河裡，魏晉名士是一彎曲流，他們為中國士人找到生命轉彎處的流動節奏，也為中國士人沉澱出風雅優游的沃壤。

　　不管後世對其評價如何，魏晉名士確實創造了屬於自己燦爛的一頁歷史，他們擁有不同於其他朝代知識分子的特質，他們儀態風流俊美卻行為任誕，擅清談雋言且多才多藝，他們親近大自然，並嚮往隱逸的超然脫俗。魏晉名士們永恆的生命之美跨越了時空，流傳於後世。

〔註204〕（清）顧炎武著，黃汝成集釋：《日知錄》，卷十三，「正始」條，頁755。

第四章　生花妙筆的文士

　　魏晉是一個文學極為發展的時代,於中國文學史上具有承先啟後的地位,文學上許多的成果誕生或成熟於此時,如:詩歌體制的成熟與內容的藝術化、駢文唯美文學的創作、文學理論與批評的出現。這一切皆讓後世讚嘆不絕,然而在我們驚艷之餘,別忘了創造這一切的主角:魏晉文士。

　　魏晉時期文學受到重視,文士地位提升,隊伍日漸龐大,更有為文士專門立傳者,如張騭的《文士傳》;《晉書》也別立〈文苑傳〉紀錄文士們的事蹟。本章節意在探討魏晉時期的文士。以下將依年代的先後次序對魏晉以前「文士」(或稱文人)做一概略的回溯,再論及魏晉之文士,並以《文士傳》中所錄文士為主要探討對象,輔以《三國志・王粲傳》與《晉書・文苑傳》,以釐清魏晉文士在文學的發展上所佔地位與所具之特質。

第一節　文士義涵的演變

　　文士是士階層的一部分,但有別於精通儒家典籍的經生與執行政策的官吏,他們是致力於文學創作,以文章抒情言志的士人。故文士雖屬於中國古代知識分子(士人)的一種,卻不等同之。程頤曾對文士下了明確的定義:

　　　　今之學者岐而為三:能文者謂之文士,談經者謂之講師,惟知道者
　　　　乃儒學也。〔註1〕

所謂的文士,就是指有文辭才能的士人。龔鵬程亦謂:「文士本來就是士之一

─────────────

〔註 1〕(清)黃宗羲著,全祖望補修:《宋元學案・伊川學案上》(臺北市:華世出版
　　　社,1987 年),冊二,卷十五,頁 632。

類，是專指士中具有文辭才能而較一般人優越的那一類人。」〔註2〕士人擁有知識，並以入仕為主要選擇；文士則是除了入仕之外，更以所擁有的知識進行文章創作。所以，文士亦屬於士人，是從士人中分化出來一脈支流。然而，將文士定義為「能文」之士，並非一開始就是如此，而是經過一番演變的。

在探討其演變之前必須注意一點，即「文士」與「文人」常有混用的情形，東漢王充所言「文人」乃指能以優美詞藻表現經術者，與後世所理解的「文士」涵義雷同，只是因為受漢代學術思想──經學的影響，作品的思想內容以儒家為主；曹丕所謂的「文人」，其實與「文士」的含意相同。所以在對「文士」一詞溯源時，其實不能拘泥於字面上，必須將「文人」一詞也納入。

壹、魏晉以前的「文士」

一、「文士」與「文人」一詞的出現

「文士」一詞由來已久，且隨著文學意識的覺醒，更頻繁的被使用著。「文士」一詞最早出現在先秦時期，《戰國策‧蘇秦始將連橫》一文中，蘇秦說秦王曰：

> 古者使車轂擊馳，言語相結，天下為一。約從連橫，兵革不藏，文
> 士並飭，諸侯亂惑，萬端俱起，不可勝理。〔註3〕

鮑彪校注曰：「文謂辯也。」蘇秦對秦王說明，當時雖然各國講究合縱連橫，卻是戰爭不息，說客和謀士們的巧辯和詐術，使得諸侯更加慌亂疑惑。可知此處的文士應指辯士，即在戰國時期遊走諸侯國，而具口舌之能的游辯之士。戰國時期士階層漸漸形成，有的由貴族身分下降為士，有的從平民或奴隸上升為士，故士人的隊伍日漸龐大。此時諸侯間為了壯大勢力、擴張土地，積極爭取有才能的士人為其服務，加上國與國間的外交事務繁忙，負責遊說諸侯的能言口辯之士也應運而起。

雖然在後世文士與文人兩者的涵義是相近的，但在先秦時期「文人」的涵義是不同於「文士」的。《尚書‧周書‧文侯之命》：「追孝于前文人。」孔穎達所作《尚書》疏曰：「追孝行于前世文德之人。」〔註4〕他將文人解釋為周朝

〔註2〕 龔鵬程：《中國文人階層史論》（宜蘭：佛光人文社會學院，2002年），頁16。
〔註3〕 （漢）劉向輯，（宋）鮑彪校注：《戰國策‧秦策》（臺北：臺灣商務印書館，1967年），卷三，「蘇秦始將連橫」，頁30。
〔註4〕 （漢）孔安國傳，（唐）孔穎達疏：《尚書正義‧周書‧文侯之命》（臺北：藝文印書館《十三經注疏》，1955年），頁2。

之祖先。《詩·大雅·江漢》:「釐爾圭瓚,秬鬯一卣,告於文人。」毛傳曰:
「文人,文德之人也。」〔註5〕朱熹《詩集傳》進一步解釋:「文人,先祖之有
文德者。」〔註6〕可知在先秦時期,「文人」被解釋為具有禮儀道德的祖先們。

故先秦時期的文士乃指言甘辭巧的口辯之士;文人則稱具有文德的周朝
祖先們,不管是文士或文人,其最初的義涵都與後世不同。

二、漢朝的文士與文學、文章

(一)西漢時期

至西漢初年,文士的定義發生轉變了,《韓詩外傳》曰:

> 鳥之美羽勾啄者,鳥畏之;魚之侈口垂腴者、魚畏之;人之利口贍
> 辭者、人畏之。是以君子避三端:避文士之筆端,避武士之鋒端,
> 避辯士之舌端。〔註7〕

此處的文士與「筆」結合,指善於寫文章的士人,和戰國時期的口辯之士已產
生差異。在秦朝專制尚功利的政權下,游士的活動受到壓抑。〔註8〕西漢初年
由於諸侯國並立,士人又開始遊走四方,尋求依附的諸侯王。漢初的諸侯王,
如吳王、楚王、淮南王、河間王等皆以招納賢才聞名,如《漢書·地理志》載:

> 漢興,高祖王兄子濞於吳,招致天下之娛游子弟,枚乘、鄒陽、嚴
> 夫子之徒興於文、景之際。而淮南王安亦都壽春,招賓客著書。而
> 吳有嚴助、朱買臣,貴顯漢朝,文辭並發,故世傳楚辭。〔註9〕

吳王欲謀反,枚乘奏書諫之,吳王不納,於是鄒陽、枚乘、嚴忌知吳王不可說,
皆去之梁,從梁孝王游。這幾位游士都因長於辭賦,〔註10〕而成為孝王身旁之
隨侍文人。另外,淮南王劉安好書善屬文,招致賓客數千人,時常與之討論學

〔註5〕 李學勤編:《毛詩正義·大雅·江漢》(臺北:臺灣古籍出版社,2001 年),卷
　　　　十八,頁 1464。

〔註6〕 (宋)朱熹:《詩集傳》(臺北:臺灣商務印書館,1966 年),卷十八,頁 33。

〔註7〕 (漢)韓嬰著,周延寀校注:《韓詩外傳》(北京:中華書局,1985 年),卷七,
　　　　頁 88。

〔註8〕 許倬雲《求古編·秦漢知識分子》:「秦帝國需要的是一批稱職的官吏,而不是
　　　　求知心切的知識分子。」(台北:聯經出版社,1984 年,頁 484~485。)按秦
　　　　朝的教育目的在培養政府機構中擔任文書工作的工作,所以以吏為師。文學、
　　　　知識在秦帝國的眼中,只考慮對於帝國的統一實用與否。故劉勰《文心雕龍·
　　　　奏啟》曰:「秦世不文。」

〔註9〕 (漢)班固:《漢書·地理志》,卷二十八,頁 1668。

〔註10〕 (漢)班固《漢書·枚乘傳》:「梁客皆善屬辭賦,乘尤高。」(卷五十一,頁
　　　　2366。)

術，而著《淮南鴻烈》。其賓客有高才者，據《淮南鴻烈》叙目載，有蘇飛、李尚、左吳、田由、雷被、毛被、伍被、晉昌八公。〔註11〕漢初的文士活動的場域多半在這些諸侯國中，此與中央政權好黃老刑名的樸直少文形成明顯對比。

觀乎此時文士的涵義，已較接近後世所認知的，然所作文章不外辭賦與奏議書論，文章的風格大抵上承戰國之餘緒，如賈誼的〈陳政事疏〉、鄒陽的〈獄中上書〉，言詞縱橫馳騁，慷慨激昂；賈誼〈弔屈原賦〉、嚴忌〈哀時命〉，充分表現內心的失落迷惘與幽怨悽楚，直有屈宋之餘風。

隨著中央集權的施行，諸侯勢力的削減，漢朝的文士也漸漸向中央靠攏以謀求晉身。漢武帝喜好文學，天下能文之士樂為所用，紛紛依附於朝廷之下。《漢書‧東方朔傳》載漢武帝曾羅列朝中諸賢才，問東方朔自比之如何：

> 是時朝廷多賢材，上復問朔：「方今公孫丞相、兒大夫、董仲舒、夏侯始昌、司馬相如、吾丘壽王、主父偃、朱買臣、嚴助、汲黯、膠倉、終軍、嚴安、徐樂、司馬遷之倫，皆辯知閎達，溢于文辭，先生自視，何與比哉？」〔註12〕

武帝言下之意，頗有輕視東方朔只能從事辭賦的創作，比不上朝中「辯知閎達，溢于文辭」的士人。武帝如此說，乃因當時的觀念認為，文章的創作必須建立在經學的基礎上才是有價值的，而當時他們將「經學」稱為「文學」。換句話說，就是文章的主旨思想必須以文學（經學）為主才有價值，故武帝之後的兩漢，所謂「文學之士」並非我們現在所理解的「文士」，因為獨尊儒術之後，「文學」的涵義已成為「經學」，「文學之士」乃指精通儒術的士人，與文章的創作沒有絕對的關係。蔡長林曾對漢代的「文章」與「文學」加以說明：

> 漢代的文學或者說漢人的文學觀念，主要體現在「文章」之上。而「文章」者，其類別既有辭賦，亦有各式策論、奏章；從形制來看，所謂「文章」，其概念即嚴可均《全上古三代秦漢三國六朝文》的「文」，包括散文、駢文、賦三種文體；而其內容，則與儒家之道德論述，密切相關。〔註13〕

〔註11〕（漢）劉安編，劉文典集解：《淮南鴻烈集解‧叙目》（上海：上海書店，1931年），頁1~2。

〔註12〕（漢）班固：《漢書‧東方朔傳》，卷六十五，頁2863。

〔註13〕蔡長林：〈從「文學」到「文人」──漢代「文章」的經學底蘊〉，《東華人文學報》第10期（2007年1月），註3，頁52。

可知，「文章」乃指漢朝當時創作的各種文類，不只是純文學的；而「文學」則指經學，是當時「文章」創作的指導思想。

「文學」在先秦時指的是儒家的經典。〔註14〕秦漢的「文學」涵義則與先秦有所不同，《史記‧蒙恬傳》：「恬嘗書獄典文學。」《索隱》謂：「恬嘗學獄法，遂作獄官，典文學。」〔註15〕文帝時鼂錯「學申商刑名於軹張恢先所，與雒陽宋孟及劉禮同師。以文學為太常掌故。」〔註16〕此時的「文學」則並非限於儒家經典，而是泛指古代學問。所以秦朝至漢初，「文學」的涵義並非特指某種學問，其範圍是寬廣的。

漢武帝獨尊儒術以後以「經學」為取士標準，所取之士稱之為「文學之士」，至此「文學」此一概念縮小成為「經學」，即儒家典籍。《史記‧儒林傳》載：

> 及今上即位，趙綰、王臧之屬明儒學，而上亦鄉之，於是招方正賢良文學之士。自是之後，言詩於魯則申培公，於齊則轅固生，於燕則韓太傅。言尚書自濟南伏生。言禮自魯高堂生。言易自菑川田生。言春秋於齊魯自胡毋生，於趙自董仲舒。及竇太后崩，武安侯田蚡為丞相，絀黃老、刑名百家之言，延文學儒者數百人，而公孫弘以春秋白衣為天子三公，封以平津侯。天下之學士靡然鄉風矣。〔註17〕

文中所謂「文學之士」，都是嫻習儒家典籍之人，而「文學」即是經學。漢武帝更採董仲舒「罷黜百家，獨尊儒術」的主張，以及丞相衛綰罷免治「申、商、韓非、蘇秦、張儀之言」之賢良的奏請：

> 建元元年冬十月，詔丞相、御史、列侯、中二千石、二千石、諸侯相舉賢良方正直言極諫之士。丞相綰奏：「所舉賢良，或治申、商、韓非、蘇秦、張儀之言，亂國政，請皆罷。」奏可。〔註18〕

〔註14〕王叔岷〈漫談文學通材〉，《語文、性情、義理──中國文學的多層面探討學術會議論文集》：「『文學』這個名稱，首見於《論語‧先進篇》孔子以德行、言語、政事、文學四科教士。所謂『文學』大體泛指經典而言，乃廣義的文學，與狹義的文學無關。」（臺北：臺灣大學，1996年，頁2。）
〔註15〕（漢）司馬遷：《史記‧蒙恬傳》，卷八十八，頁2565。
〔註16〕（漢）司馬遷：《史記‧鼂錯傳》，卷一百一，頁2745。
〔註17〕（漢）司馬遷：《史記‧儒林傳》，卷一百二十一，頁3118。
〔註18〕（漢）班固：《漢書‧武帝紀》，卷六，頁155～156。

一連串的措施將儒家思想提到前所未有的高度,儒術成為朝廷認可的主流學術思想,而在這些文學儒者的推動下,武帝更廣開儒者入仕之門,採用董仲舒的興太學、薦賢才的建議:

> 臣願陛下興太學,置明師,以養天下之士,數考問以盡其材,則英俊宜可得矣。……臣愚以為使諸列侯、郡守、二千石各擇其吏民之賢者,歲貢各二人以給宿衛,且以觀大臣之能;所貢賢者有賞,所貢不肖者有罰。夫如是,諸侯、吏二千石皆盡心於求賢,天下之士可得而官使也。〔註19〕

故武帝以後文學之士的來源大致有兩個:一是設置五經博士及弟子員,由官學培養;一是由諸侯、郡守、官吏推薦。太學中所習是儒家經典,所薦賢才的標準無非儒家的學問與道德規範。儒術成為入仕的必備學問,於是士人學習者越來越多,致使朝中「公卿大夫士吏彬彬多文學之士矣。」〔註20〕

　　除了以儒術入仕的「文學之士」,武帝身邊另有一批長於辭賦的「文章之士」。文學之士以治經章句為主,皆以通經而被徵召入仕,例如申培公、轅固生、董仲舒、公孫弘等,亦可稱之為經生;文章之士則擅長辭賦,雖參與國家之事,但多是待詔賦頌、應詔擬文草賦之類的職務,如司馬相如、枚皋、東方朔、王褒等。因此我們可將漢朝文士大略區分為「文學之士」與「文章之士」二大類。〔註21〕其中「文學之士」又可細分為兩類,一是單純依附於經典,闡述經典,較少文章創作的「章句文學之士」,例如:申培公、轅固生等;一是將「文章」與「文學」結合,即以斐然之文采來表達儒家仁義與人倫的教化思想的「文章文學之士」,如董仲舒、公孫弘等。為因應對策奏章的寫作需求,如大臣上奏議事、平民上書言事拜官〔註22〕,許多通經的文學之士亦長於文章的寫作,如:倪寬治《尚書》,事歐陽生,以郡國選諸博士,受業於孔安國,是一典型以治經為業的儒生,然倪寬亦善屬文,《漢書‧藝文志》載其賦兩篇;蕭望之亦是一例,他治《齊詩》,以明經而知名,《漢書‧藝文志》載其賦有四

〔註19〕（漢）班固:《漢書‧董仲舒傳》,卷五十六,頁2512～2513。
〔註20〕（漢）班固:《漢書‧儒林傳》,卷八十八,頁3596。
〔註21〕當然此兩者的身分會有相互重疊的情形,彼此亦相互影響,此處只是就其所偏重的部分而予以歸類,以方便釐清文學與文章的概念。
〔註22〕漢武帝詔舉賢良,平民上書言事而拜官者不乏其人,如主父偃、東方朔、嚴安等人皆拜為郎,成為武帝的近侍。漢代未受諸侯、郡守推薦者,可親至京師,將奏論交與公車司馬投遞,故欲自薦為官者,可由此一路徑,但先決條件是必須有粲然可觀之文章,並具豐厚之經學底蘊。

篇。這樣的情形顯現出，文學之士與文章之士的身分常有相互重疊的情形，也可看出文學之士（經生）漸傾向於文章之士的趨勢。以下針對漢朝士人，試以表格呈現之。

◎ 漢朝士人分類簡表

分　類	說　明	例　子
文學之士（經生）	章句文學之士：單純依附於經典，闡述解釋經典，較少文章的創作。	申培公、轅固生
	文章文學之士：以文采斐然之詞藻來表達儒家仁義與人倫的教化思想。	董仲舒、公孫弘
文章之士（文士）	言語侍從之士：待詔賦頌、應詔草擬文賦的言語侍從之臣，地位不高。	司馬相如、枚皋、東方朔、王褒

表格中屬「文章文學之士」與「文章之士」範疇的，就是漢朝文人（或稱文士）的義涵，它包含了以文章表現經學的「文章文學之士」，與以辭賦創作見長的「文學侍從之士」。〔註23〕

漢朝的文士非常熱衷辭賦方面的創作，班固在〈兩都賦〉序中曾描述西漢賦作之豐：

> 故言語侍從之臣，若司馬相如、虞丘壽王、東方朔、枚皋、王褒、劉向之屬，朝夕論思，日月獻納；而公卿大臣，御史大夫、太常孔臧、太中大夫董仲舒、宗正劉德、太子太傅蕭望之等，時時間作。〔註24〕

從班固的話可知：司馬相如、東方朔這些文章之士被視為言語侍從之臣；倪寬、孔臧等則被稱為公卿大臣，而言語侍從之臣日夜不停的思索創作辭賦，公卿大臣也偶有寫作。當然，這樣的分法或許對司馬相如等被視為言語侍從之臣者不公平，然而如此二分，除了反映漢代文章之士低落的政治地位，也凸顯這些言語侍從之臣寫作辭賦之專業。由於賦的文學形式利於賣弄文人的才華，武帝之後又給予高度的肯定，西漢文士為提升自己在政治上的地位，莫不殫精竭慮創

〔註23〕於此必須再一次的強調：此分類方法不是依照漢朝士人寫作的文類，乃泛指從事文章創作的士人，因為古代文士皆有官職，不免寫作奏議書表，雖然其用途為政治性的，然亦是經由「創作寫作」的過程而來，而且這些寫作奏議書表的士人也有辭賦詩歌等作品，若以是否從事純文學創作來劃分中國文士其實是有困難的，尤其在經學獨尊的漢朝。

〔註24〕（漢）班固：〈兩都賦序〉，收入（清）嚴可均輯《全後漢文》，卷二十四，頁602。

作辭賦，只為博得皇帝之青睞。[註25] 西漢自武帝以後，文士寫作辭賦不是頌美君王，即是諷諫君王，多是帶有功名目的，而非以文抒發個人情感。因為漢朝文章價值並非獨立的，它是依附於經學而生存，要符合儒家教化實用的觀念要求，才能得到認同，也因此以辭賦見長的文章之士亦隨之不受重視，只被視為文學侍從之臣，其工作只為統治者潤色鴻業。然而在漢朝，文章寫作風氣極盛，文士數量大增，儼然已形成一個獨立的階層。[註26]

西漢時期的文士雖已結合文筆，指進行文章創作，具有寫作專長的士人，但因為武帝後儒家思想的獨尊，影響了西漢中期以後文士寫作文章的思想內容，而且此時文士寫作文章都有其政治上的目的，不管是議論政事的奏論，還是賣弄文才的大賦，其寫作的出發點都是為了政治事務與吸引帝王的目光，而其遵循的思想規範都是儒家的，「文學」與「文章」都在儒家的政治與思想指導下進行。所以蔡長林認為：「漢人的文學觀念或文學意識，主要是體現在「文章」之上，而『文章』是表現『文學』（經學）的重要手段，二者關係密不可分。所以『文人』，大概可以這麼來看，即是運用「文章」表現「文學」（經學）之人。」[註27]

觀乎漢朝的「文士」，不管是偏重儒術的文學之士，或是以辭賦見長的文章之士，通常擔任文職工作的文官或為帝王諸侯的文學侍從。應劭《漢官儀》也清楚紀錄了文士在漢朝是擔任文職的官吏：

> 左右曹受尚書事，前世文士以中書在右。因謂中書為右曹，又稱西掖。[註28]

所以在西漢，文士的概念包含兩方面，一是以粲然之文章表現經學，擔任文官者；一是以辭賦見長者，而為文學侍從者。

[註25] （漢）桓譚撰，（清）孫馮翼輯注：《新論・袪蔽》載漢成帝詔令揚雄作〈甘泉賦〉，揚雄苦思的情形：「卒暴，遂倦臥，夢其五臟出地，以手收而內之。及覺，氣病一年。」張衡作〈二京賦〉，「精思傅會，十年乃成。」（臺北：中華書局，1981 年，頁 7。）

[註26] 龔鵬程《中國文學史》：「文人起於士階層，而其確立為一獨立之階層，具有與其他階層不同且足以辨識之徵象，則在漢代。」（臺北：里仁書局，2009 年，頁 73。）

[註27] 蔡長林：〈從「文學」到「文人」——漢代「文章」的經學底蘊〉，《東華人文學報》第十期（2007 年 1 月），頁 62。

[註28] （漢）應劭撰：《漢官儀》，收入（清）嚴可均輯：《全後漢文》，卷三十四，頁667。

（二）東漢時期

自武帝定儒術於一尊，新的價值觀、學術觀成立後，漸漸成長茁壯，儒學經典已成為一切事物的真理，上自天道，下至人倫，都在其指導下進行著。經過西漢的長期積澱，儒家的道德規範更深入東漢士人的生活思想中。士大夫每議朝政，動輒引經據典，援古釋今；儒士周旋於章句之間，耗費一生心力研習一門之說，卻無法應用於實際的政治與生活當中。有感於儒士經生之迂腐可笑、無益於政事，王充、王符、仲長統等人開始起而批評此僵化之學風，他們從現實政治出發，討論儒術與政治的實際關係，於是在一片繁瑣紛擾的章句家法風氣下，漸漸產生一種通經義、輕章句的為學態度。其中王充對於文人定義與文章價值多有論述，故於此針對王充書中的文人定義加以探討。王充曾將東漢士人分類，並作一有次序的高低排列，《論衡・超奇》載：

> 故夫能說一經者為儒生，博覽古今者為通人，采摭傳書以上書奏記者為文人，能精思著文連結篇章者為鴻儒。故儒生過俗人，通人勝儒生，文人逾通人，鴻儒超文人。〔註29〕

文中對儒生、通人、文人與鴻儒四種士人類別做了說明，大約可分為兩類：一類是儒生、通人，其主要任務在闡釋先王之道與儒家典籍，藉由博覽典籍，儒生可上升為通人；另一類是文人、鴻儒，精於章奏表議的文人若能著文成篇章，則可稱為鴻儒。王充認為能著文成篇章的鴻儒地位最高，文人次之，儒生則是最低的。〔註30〕在此必須說明的是，王充這裡所謂的文人是指以儒家經術為基礎，而用詞采表現此方面的思想者。〔註31〕

王充又將著作者稱為文儒，說經者稱為世儒。至於傳經的儒生（或稱為世儒）雖在當世備受尊榮，若無文人（或稱為文儒）錄之於書，其名不傳。其《論衡・超奇篇》即云：

> 文儒之業，卓絕不循，人寡其書，業雖不講，門雖無人，書文奇偉，

〔註29〕　（漢）王充：《論衡・超奇》（上海：上海古籍出版社，1990年），卷十三，頁136。

〔註30〕　王充認為儒生墨守家法章句，弊端叢生，要能博通各家典籍，靈活運用融會貫通，並有自己的見解，才能稱為通人（或稱通儒）。另外，王充對於文章的著作亦非常重視，他認為能提出獨創的見解，並有系統的匯集成書，這才是令人欽慕的鴻儒。

〔註31〕　（漢）王充《論衡・佚文》：「文人宜遵五經六藝為文，諸子傳書為文，造論著說為文，上疏奏記為文，文德之操為文，立五文在世，皆當賢也。」（卷二十，頁197。）

世人亦傳。彼虛說，此實篇。折累二者，孰者為賢？案古俊又著作辭說，自用其業，自明於世。世儒當時雖尊，不遭文儒之書，其跡不傳。〔註32〕

將文士與儒生作明確劃分，在班固的《漢書》也可看見，〈公孫弘贊〉曰：

儒雅則公孫弘、董仲舒、倪寬，……；文章之士則司馬遷、相如。〔註33〕

這與王充文儒、世儒的分法類似，表現出東漢前期對士人的粗略共識。王充非常看重是否成一家之言、有著作傳世，〈超奇篇〉言：

夫通覽者，世間比有；著文者，歷世希然。近世劉子政父子、揚子雲、桓君山，猶文、武、周公，並出一時也。其餘直有，往往而然，譬珠玉不可多得，以其珍也。〔註34〕

雖然王充未脫離傳統「文學」的定義，仍以儒家思想為寫作文章的思想主旨，但他提高了文人的地位，對之十分尊崇，例如周長生，王充認為他是「文士之雄」：

古昔之遠，四方辟匿，文墨之士，難得紀錄。且近自以會稽言之，周長生者，文士之雄也，在州為刺史任安舉奏，在郡為太守孟觀上書，事解憂除，州郡無事，二將以全。〔註35〕

其因在於周長生能上書奏舉，為州郡長官分憂解勞；而且他著有《洞歷》〔註36〕一書，達到王充「能精思著文連結篇章者為鴻儒」的標準。至於寫作文章的標準，據《論衡‧自紀篇》言：

文士之務，各有所從，或調辭以巧文，或辯偽以實事。必謀慮有合，文辭相襲，是則五帝不異事，三王不殊業也。美色不同面，皆佳於目；悲音不共聲，皆快於耳。酒醴異氣，飲之皆醉；百穀殊味，食之皆飽。謂文當與前合，是謂舜眉當複八采，禹目當複重瞳。〔註37〕

〔註32〕（漢）王充：《論衡‧書解》，卷二十八，頁270。
〔註33〕（漢）班固：《漢書‧公孫弘傳》，卷五十八，頁2633。
〔註34〕（漢）王充：《論衡‧超奇》，卷十三，頁135。
〔註35〕（漢）王充：《論衡‧超奇》，卷十三，頁137。
〔註36〕王充謂周長生：「作《洞歷》十篇，上自黃帝，下至漢朝，鋒芒毛髮之事，莫不紀載，與太史公《表》、《紀》相似類也。上通下達，故曰『洞歷』。」（《論衡‧超奇》，卷十三，頁137。）
〔註37〕（漢）王充：《論衡‧自紀》，卷三十，頁283。

指出文士寫作文章有兩個趨向：一是追求文藻的優美，一是辨明是非道理，具有實際用途的。在其《論衡·定賢》，王充提出文章要具有實用性與政教性：

> 以敏於賦頌，為弘麗之文為賢乎？則夫司馬長卿、揚子雲是也。文麗而務巨，言眇而趨深，然而不能處定是非，辯然否之實。雖文如錦繡，深如河、漢，民不覺知是非之分，無益於彌為崇實之化。〔註38〕

雖然承認文采的追求是文章的趨向，然而仍較重視文章的教化性，由此可知，王充對於文章的價值認定仍然承續西漢以來的觀念。王充因疾當世之虛妄而作《論衡》，自以辨妄反正為務，他認為「虛妄之語不黜，則華文不見息；華文放流，則實事不見用」，所以要作有益風俗、正教化之文，像奏議類的文章有其實用性，便為王充所稱，他說：「孝武之時，詔百官對策，董仲舒策文最善。王莽時，使郎吏上奏，劉子駿章尤美。美善不空，才高知深之驗也。」〔註39〕

從王充對於文士的看重與《漢書》為多位文學家作傳，可看出文士的地位在東漢已漸漸提升，而且漸重視文章辭藻的追求，〔註40〕然就文章的價值認定而言，東漢仍承繼西漢以來的「以經術為指導原則」，注重文章的政治教化作用，所以東漢文士的內涵基本上與西漢差異不大，只是更加強調文采與著作的重要性。

從西漢中期一直發展下來的儒學漸漸走向家法森嚴、章句繁瑣的地步，釋一言動輒上萬字，更摻雜了讖緯之學，如此拘泥呆滯、附會穿鑿的學風延續至東漢中期，而令一些士人不滿，於是有打通師法、不守一經的新學風興起。體現此新學風的就是王充所謂的「通人」，或稱「通儒」一格。此新學風至漢末更加為社會所認同，《顏氏家訓·勉學》曾對漢朝學術風氣的轉變有一綜概的說明：

> 學之興廢，隨世輕重。漢時賢俊，皆以一經弘聖人之道，上明天時，下該人事，用此致卿相者多矣。末俗已來不復爾，空守章句，但誦師言，施之世務，殆無一可。故士大夫子弟，皆以博涉為貴，不肯專儒。〔註41〕

〔註38〕（漢）王充：《論衡·定賢》卷二十七，頁262。
〔註39〕（漢）王充：《論衡·佚文》，卷二十，頁197。
〔註40〕如與班固同時期的傅毅〈舞賦〉：「文人不能懷其藻兮，武毅不能隱其剛。」收入（清）嚴可均輯：《全後漢文》，卷四十三，頁705。
〔註41〕（北齊）顏之推：《顏氏家訓·勉學》（臺北：臺灣商務印書館，1986年），卷三，頁59。

漢末學術風氣改變,加上政治與社會的因素,文士的思想與行為也隨著產生一些變化,常有張揚個性、表現自我的言行,例如《後漢書·文苑傳》的傳主有許多是任情不羈的,如張升「升少好學,多閱覽,而任情不羈」、趙壹「美鬚豪眉,望之甚偉。而恃才倨傲,為鄉黨所擯」、禰衡「少有才辯,而尚氣剛傲,好矯時慢物。」〔註42〕連經學大師馬融亦染此氣息,《後漢書》載其「善鼓琴,好吹笛,達生任性,不拘儒者之節。居宇器服,多存侈飾。常坐高堂,施絳紗帳,前授生徒,後列女樂。」〔註43〕在尚通脫,率性任真的風氣下,利於抒發個人思想情感的純文學滋長,可以說,漢末已為魏晉文學創作塑造了一個有利的環境。

貳、魏晉文士的義涵

一、漢魏之際的文士

漢末儒學一尊的地位開始動搖,對於學術上的約束力減弱,於是文學漸擺脫經學的束縛,不再以闡述經義為主,而以表達個人情感與反映現實生活為其內容,加上曹操父子雅好文章詩歌,〔註44〕對文士自然禮遇有加,與之一同從事創作、討論文章,因此漢末文士漸群集曹操帳下,文章發展也漸漸蓬勃起來。張仁青云:

> 建安時代,乃文學自覺之時代,亦文學思想轉變之樞鍵也。前乎此者為周秦兩漢,文學依附學術,為服翼道德、維繫彝倫之工具,故無獨立生命可言。洎乎建安,時移世異,文運大昌,在自由空氣之瀰漫下,文士乃驟然覺醒,以為文學自有其崇高的價值與無窮的生命,亟宜革除儒家實用之觀念,突破倫理道德之藩籬,而勇向藝術至上的唯美主義之路邁進。〔註45〕

所以三國之後,「文士」、「文人」一詞更頻繁的出現了,魏朝卞蘭〈贊述太子表〉言:

〔註42〕 以上所舉三例請參見(南朝宋)范曄:《後漢書·文苑傳》,卷八十下,頁2627、
  2628、2652。
〔註43〕 (南朝宋)范曄:《後漢書·馬融傳》,卷六十上,頁1972。
〔註44〕 (南朝梁)劉勰著,周振甫注《文心雕龍注釋·時序》:「自獻帝播遷,文學蓬轉,建安之末,區宇方輯。魏武以相王之尊,雅愛詩章;文帝以副君之重,妙善辭賦;陳思以公子之豪,下筆琳瑯;並體貌英逸,故俊才雲蒸。」(臺北:里仁書局,1984年,頁815。)
〔註45〕 張仁青:《魏晉南北朝文學思想史》,頁423。

伏惟太子，研精典籍，留思篇章。覽照幽微，才不世出。稟聰叡之
絕性，體明達之殊風。慈孝發於自然，仁恕洽於無外。是以武夫懷
息，文士歸德。竊見所作典論，及諸賦頌，逸句爛然，沈思泉涌，
華藻雲浮，聽之忘味。正使聖人復存，猶稱善不暇，所不能閒也。
〔註46〕

此乃卞蘭推崇太子曹丕之文，言曹丕聰睿慈愛，不論是武夫還是文士，都十分
愛戴之。文中的文士與「武夫」相對應，應指曹氏父子身旁一群文采斐然的侍
從文人，推測應指鄴下的文士，如阮瑀、陳琳之屬。《三國志‧郤正傳》：

後進文士祕書郎郤正數從光諮訪，光問正太子所習讀并其情性好尚，
正答曰：「奉親虔恭，夙夜匪懈，有古世子之風；接待群僚，舉動出
於仁恕。」〔註47〕

則明確指出祕書郎郤正是一位文士，《三國志》又載：「正本名纂。少以父死母
嫁，單煢隻立，而安貧好學，博覽墳籍。弱冠能屬文，入為祕書吏，轉為令史，
遷郎，至令。性澹於榮利，而尤耽意文章，自司馬、王、揚、班、傅、張、蔡
之儔遺文篇賦，及當世美書善論，益部有者，則鑽鑿推求，略皆寓目。」當蜀
後主聽從譙周之計，遣使請降于鄧艾，其書即郤正所造，郤正的職事是為皇帝
草擬詔書，屬文職方面。至此，我們更可肯定「文士」從漢朝到魏朝，都是指
以其文學才能而在朝中擔任文書方面職位者。

「建安七子」與「三曹」是建安時期作家的主力，對詩、賦、散文的發展
貢獻很大。曹丕在其〈典論論文〉中提到聞名當世的文人有七位：

今之文人：魯國孔融文舉，廣陵陳琳孔璋，山陽王粲仲宣，北海徐
幹偉長，陳留阮瑀元瑜，汝南應瑒德璉，東平劉楨公幹，斯七子者。
〔註48〕

文中所謂的「文人」乃指著述篇章，文筆斐然的建安七子。曹丕在此之前先確
立了文章的價值及其獨立性：「蓋文章經國之大業，不朽之盛事。年壽有時而
盡，榮樂止乎其身。二者必至之常期，未若文章之無窮。是以古之作者，寄身
於翰墨，見意於篇籍，不假良史之辭，不託飛馳之勢，而聲名自傳於後。故西
伯幽而演易，周旦顯而制禮，不以隱約而弗務，不以康樂而加思。」言透過文

〔註46〕　（魏）卞蘭：〈贊述太子表〉，收入（清）嚴可均輯：《全三國文》，卷三十，頁
　　　　　1222～1223。
〔註47〕　（晉）陳壽：《三國志‧孟光傳》，卷四十二，頁1024。
〔註48〕　（魏）曹丕：〈典論論文〉，收入，（清）嚴可均輯：《全三國文》，卷八，頁1097。

章的流傳，人的聲名可傳諸後世，猶如生命之延續而不朽。雖然曹丕所舉的例子：西伯與周旦仍有儒家的氣息，但較之王充將文章的價值建立在經學上，曹丕賦予了文章更獨立的地位，而曹丕於〈典論論文〉中所言七位文人的作品，如王粲〈登樓賦〉、〈征思〉，徐幹之〈玄猿〉、〈橘賦〉與陳琳、阮瑀之章表書記，體裁與主旨涵蓋廣泛，已超出儒家文章的政治教化作用了。可知曹丕所認定的文章已較王充進步，雖未完全脫離儒家，卻也提高了文章的獨立地位。曹丕於〈與吳質書〉又言：

> 觀古今文人，類不護細行，鮮能以名節自立。〔註49〕

表示當時文人更破除了儒家重視士品的觀念，也屏棄了儒家道德的教條，自有一套行事準則。所以漢末魏初，「文士」、「文人」一詞雖也指具文采之文官人員，但因為文學漸漸獨立，此時的「文士」有更大的成分是指善屬文著作，以文章傳世之人，其涵義較接近我們今日的說法。

二、晉朝的文士

晉朝「文士」一詞的使用更加頻繁了，如《晉書・荀勗傳》：

> 時將發使聘吳，並遣當時文士作書與孫皓，帝用勗所作。皓既報命和親，帝謂勗曰：「君前作書，使吳思順，勝十萬之眾也。」帝即晉王位，以勗為侍中，封安陽子，邑千戶。〔註50〕

文中稱荀勗為文士。勗有博洽之才，久任中書令，專管機事。在本質上，此處的文士仍是指具文才且擔任文書職務的士人。《晉書・庾峻傳》所載庾峻之〈上疏請易風俗興禮讓〉：

> 夫不革百王之弊，徒務救世之政，文士競智而務入，武夫恃力而爭先。〔註51〕

舉「文士」與「武夫」相對應，依據前文「救世之政」之政，此處的「文士」應指朝中具文才謀略的文臣，「武夫」則指為國征戰沙場的武將。潘尼〈後園頌〉：

> 明明天子，肅肅庶官。文士濟濟，武夫桓桓。講藝華林，肆射後園。
>
> 〔註52〕

〔註49〕（魏）曹丕：〈又與吳質書〉，收入（清）嚴可均輯：《全三國文》，卷七，頁1089。

〔註50〕（唐）房玄齡等撰：《晉書・荀勗傳》，卷三十九，頁1153。

〔註51〕（唐）房玄齡等撰：《晉書・庾峻傳》，卷五十，頁1393。

〔註52〕（晉）潘尼：〈後園頌〉，收入（清）嚴可均輯：《全晉文》，卷九十四，頁2002。

文中的「文士」亦與「武夫」相對應，其涵義應與〈庾峻傳〉所載相同。另外，葛洪《抱朴子》一書中亦多次使用了「文士」一詞，如：

> 今孝廉必試經無脫謬，而秀才必對策無失指，則亦不得暗蔽也。良
> 將高第取其膽武，猶復試之以對策，況文士乎？〔註53〕

此處「文士」乃指文官人員。葛洪認為武將除了取其武力之外，更要以對策試之；文職人員更應試之以對策，才知是否具真才實學，裨益於朝廷。又如：

> （劉）表欲作書與孫權，討逆於時已全據江東，帶甲百萬，欲結輔
> 車之援，與共距中國，使諸文士立草，盡思而不得表意。乃示衡。
> 〔註54〕

此處「文士」乃指為劉表作書立草的能筆之士，其身分偏向於侍從文人，禰衡即是文中立草之文士。《晉書·張協傳》載：

> 于時天下已亂，所在寇盜，協遂棄絕人事，屏居草澤，守道不競，
> 以屬詠自娛。擬諸文士作七命。〔註55〕

《晉書·孫綽傳》亦載：

> 綽少以文才垂稱，于時文士，綽為其冠。溫、王、郗、庾諸公之薨，
> 必綽為碑文，然後刊石焉。〔註56〕

這兩段文字中的「文士」都偏向指善屬文著作之士。張協頗有才藻，與張載、張亢被稱為「三張」。孫綽亦是博學善屬文，能為溫嶠、王導等地位顯赫的大臣作碑文，可見文筆之被看重。所以此二處的「文士」應指有才藻、善屬文之士人。

　　魏晉時期，「文章」已擺脫漢朝時依附於經學的附庸地位，與現在「文章」的定義相近。曹丕視文章瀚墨為不朽之盛事，等於賦予文章獨立、無上之價值。相對的，文士的地位也提高了，而且此時的「文士」所指的是執筆操墨、書寫文章的士人。

　　綜合以上可知，「文士」一詞最早出現在《戰國策》一書中，最初的涵義是指具口舌之能的游辯之士。直到西漢初年，「文士」與筆結合，指長於文章辭賦寫作的文學侍從之臣。漢武帝獨尊儒術之後，文章與儒學結合，以儒家思

〔註53〕（晉）葛洪：《抱朴子·審舉》，卷十五，頁161。
〔註54〕（晉）葛洪：《抱朴子·彈禰》，卷四十七，頁243～244。
〔註55〕（唐）房玄齡等撰：《晉書·張協傳》，卷五十五，頁1519。
〔註56〕（唐）房玄齡等撰：《晉書·孫綽傳》，卷五十六，頁1547。

想為主旨的文章才有價值，文章依附於經學。此時文士的概念包含兩方面，一是以粲然之文章表現經學，擔任文官者；一是以辭賦見長者，而為文學侍從者。相對的，必須從事儒學化文章創作的文士，才有受重用的機會；單純以辭賦創作見長的文士通常仍被視為言語侍從之臣而不用重用。此時因從事文學創作的文士眾多，文士此一流品乃確定形成。

漢末經學繁瑣的章句師法制度漸被多數士人所棄，轉而追求義理的了解，並破除各家偏執一隅的解經態度，採取博通的治學方法，文章漸漸脫離經學的掌控，地位越受重視，文士的地位亦隨之提高。在三曹與建安七子的帶領之下，文章進入一個新的境界，文人階層也壯大起來。魏晉時所謂的文士，多指有文采，擅長於文章寫作的士人。

第二節　文士的著錄

本節文士的分期，乃以《文士傳》所錄文士為主要依據，故與前章名士的分期不同。第一個階段為建安時期，漢末建安時期雖不算魏晉的範疇而屬東漢，但就文學發展史而言，建安與東漢的文學風氣全然不同，文學內容也有極大的差異，而且當時曹操挾天子以令諸侯，雖未篡漢，實已掌握政權，可以說自建安起就是曹氏的年代，尤其就文學的角度而言。然因有許多建安時期的文士橫跨建安到魏朝文帝，甚至是明帝年間；建安蓬勃的文學創作風氣與精神亦延續之，故所謂所謂建安文士並非僅止於建安時期，亦包含了魏朝初期。景蜀慧的《中國魏晉南北朝文學史》即言：

> 建安是東漢獻帝劉協的年號（公元 196～220 年），雖然朝代上尚屬
> 東漢的範圍，但歷史的進程，卻已從兩漢跨入魏晉新時代的門檻，
> 社會的政治格局，思想風貌都迥異於前代，文學創作從形式到內容
> 上，也都處在由「漢音」到「魏響」的轉化過程之中。而建安文學
> 在分期上，亦順理成章地成為魏晉南北朝文學的開端。〔註57〕

建安文學是一個階段，為維持其完整性，不能斷然切割，所以論魏晉文士當從建安時期（西元 196 年）開始。第二階段則為三國時期，因為《文士傳》所錄文士包含魏國與吳國的文士，而且所收錄的吳國文士有六人，比魏國文士四人還多兩位，為能較忠實的呈現《文士傳》，仍以兼顧吳國文士為宜（雖

〔註57〕景蜀慧：《中國魏晉南北朝文學史》（北京：人民出版社，1994 年），頁 6。

然典型代表只有魏國的嵇、阮二人）。此時文士的心態與文學作品內容與建安時期有極大的差異，而且文士零落，寥寥無幾，足可為代表的只有竹林七賢中的嵇康、阮籍。第三階段為西晉時期，其中以太康年間文學發展較為熱絡。由於司馬炎創造一個猶如建安鄴下的安定環境，此時文士輩出，揮筆酣歌，和墨談笑，足以媲美建安時期之興盛。第四階段為東晉時期，此時玄學浸潤已深，並融入佛學，山水文學興起，文士優游容與，相互唱和，其中以孫綽、王羲之為代表。

壹、文士之載錄

　　《文士傳》是中國第一部文人的傳記，作者為張騭（或言張隱），收錄了戰國至南朝宋代文人之事跡，在《三國志》注、《世說新語》注、《水經》注、《文選》注和李賢《後漢書》注，以及唐宋重要類書《北堂書鈔》、《藝文類聚》、《初學記》與《太平御覽》等，都曾徵引《文士傳》的內容。此書載有當時文人動態風貌的資料，對於文人的研究有其價值，但因宋朝之後此書已散佚不全，只能從上列徵引其內容的書籍獲得片段材料。日本學者古田敬一將散見各書籍的《文士傳》引文輯錄成書，編為《文士傳輯本》，對於保存《文士傳》之內容與研究魏晉文士有很大的幫助。另有大陸學者周勛初的《魏晉南北朝文學論叢》，書中亦收錄《文士傳》輯本，〔註58〕二書內容大致相同。以下根據古田敬一之《文士傳輯本》將文士依照書中排序的年代、人名順序製成表格。然一位傳主下或許同時蒐集到來自《藝文類聚》、《太平御覽》、《北堂書鈔》與史傳的注解引文，為省篇幅，只摘錄其中一則之內容以為參考。

　　本文所探討的文士以《文士傳》所錄的文士為主，《三國志·王粲傳》、《晉書·文苑傳》為輔，以便對魏晉文士有更完整的認識，並釐清魏晉文士在時代與思潮的影響下所具有的特質為何。以下先將《文士傳》、《三國志》與《晉書》中所錄文士作一表格整理，之後再依其年代的先後，以文士群體的方式來論述。

〔註58〕此書內容與古田敬一之版本相同，唯多一位文士嫵覽，條目下謂：「《元和姓纂》卷二五支：『《文士傳》有嫵覽』」其餘則無。見周勛初：《魏晉南北朝文學論叢·張騭《文士傳》輯本》（南京：江蘇古籍出版社，1999年，頁109。）

一、《文士傳》所錄之文士

時　　期	姓　名	內容摘要
建安文士	楊脩	《藝文類聚》一九注：「魏文帝愛楊脩才。脩誅後，追憶脩。脩曾以寶劍與文帝，帝後佩之，告左右曰：『此楊脩劍也。』」
	劉楨	《太平御覽》三八五注：「劉楨字公幹。少以才學知名，年八、九能誦《論語》、《詩》、論及篇賦數萬言。警悟辯捷，所問應聲而答，當其辭氣鋒烈，莫有折者。」
	孔融	《藝文類聚》八六注：「孔融年四歲。與諸兄食梨，輒取其小者。人問其故，答曰：『小兒法當取小者。』」
	邊讓	《世說新語·言語》注：「邊讓字文禮，陳留人。才儁辯逸。大將軍何進聞其名，召署令史，以禮相見之。讓占對閑雅，聲氣如流，坐客皆慕之。讓出就曹，時孔融、王朗並前為椽，共刺從讓，讓平衡與交接。後為九江太守，為魏武帝所殺。」
	禰衡	《後漢書·禰衡傳》注：「魏太祖欲辱衡，乃令人錄用為鼓史。後至八月朝普天閱試鼓節，作三重閣，列坐賓客，以帛絹制作衣，一岑牟，一單絞及小褌。」、「衡擊鼓作漁陽參撾，蹋地來前，躡駊足腳，容態不常，鼓聲甚悲，易衣畢，復擊鼓參撾而去。至今有漁陽參撾，自衡始也。」
	王粲	《三國志·王粲傳》注：「粲說琮曰：『僕有愚計，願進之於將軍，可乎？』琮曰：『吾所願聞也。』粲曰：『天下大亂，豪傑並起，在倉卒之際，彊弱未分，故人各有心耳。當此之時，家家欲為帝王，人人欲為公侯。觀古今之成敗，能先見事機者，則恆受其福。今將軍自度，何如曹公邪？』琮不能對。粲復曰：『如粲所聞，曹公故人傑也。雄略冠時，智謀出世，摧袁氏於官渡，驅孫權於江外，逐劉備於隴右，破烏丸於白登，其餘梟夷蕩定者，往往如神，不可勝計。今日之事，去就可知也。將軍能聽粲計，卷甲倒戈，應天順命，以歸曹公，曹公必重德將軍。保己全宗，長享福祚，垂之後嗣，此萬全之策也。粲遭亂流離，託命此州，蒙將軍父子重顧，敢不盡言！』琮納其言。」
	陳琳	《北堂書鈔》一百注：「陳琳少有辯才，魏武帝以管記室書羽檄，多琳所作。魏武帝使為書，帝時苦頭風臥，省琳之書，翕然而起曰：『善愈吾疾矣。』」
	阮瑀	《三國志·阮瑀傳》注：「太祖雅聞瑀名，辟之，不應，連見偪促，乃逃入山中。太祖使人焚山，得瑀，送至，召入。太祖時征長安，大延賓客，怒瑀不與語，使就技人列。瑀善解音，能鼓琴，遂撫弦而歌，因造歌曲曰：『奕奕天門開，大魏應期運。青蓋巡九州，在東西人怨。士為知己死，女為悅者玩。恩義苟敷暢，他人焉能亂？』為曲既捷，音聲殊妙，當時冠坐，太祖大悅。」

	丁廙	《三國志‧陳思王傳》注:「廙少有才姿,博學洽聞。初辟公府,建安中為黃門侍郎。廙嘗從容謂太祖曰:『臨菑侯天性仁孝,發於自然,而聰明智達,其殆庶幾。至於博學淵識,文章絕倫。當今天下之賢才君子,不問少長,皆願從其游而為之死,實天所以鍾福於大魏,而永授無窮之祚也。』欲以勸動太祖。太祖答曰:『植,吾愛之,安能若卿言!吾欲立之為嗣,何如?』廙曰:『此國家之所以興衰,天下之所以存亡,非愚劣瑣賤者所敢與及。廙聞知臣莫若於君,知子莫若於父。至於君不論明闇,父不問賢愚,而能常知其臣子者何?蓋由相知非一事一物,相盡非一旦一夕。況明公加之以聖哲,習之以人子。今發明達之命,吐永安之言,可謂上應天命,下合人心,得之於須臾,垂之於萬世者也。廙不避斧鉞之誅,敢不盡言!』太祖深納之。」
	丁儀	《三國志‧陳思王傳》注:「植既以才見異,而丁廙、丁儀、楊脩等為之羽翼。」
三國文士	(魏)李康	《藝文類聚》一九注:「李康,清廉有志節,不能和俗。為鄉里豪右所共害,故宦塗不進。作〈遊山九吟〉。」
	(魏)王弼	《太平御覽》三八五注:「王弼字輔嗣,山陽高平人。幼聰達,年十餘歲便能誦詩書,讀《莊》、《老》,善通其意。」
	(魏)阮籍	《藝文類聚》九四注:「晉文帝大親阮籍,恒與談戲,任其所欲,不迫以職事。籍從容常言:『平生曾遊東平,樂其土風,願得為東平太守。』文帝大悅,即從其意。籍便騎驢,徑到郡。至皆壞府舍諸壁鄣,使內外相望,然教令清當。十餘日,便乘驢去。」
	(魏)嵇康	《太平御覽》三五八注:「山巨源為吏部郎,欲舉嵇康自代,康聞與之書曰:『譬猶禽鹿,少見馴育,則服教從制,長而見羈,雖飾以金鑣,饗以嘉肴,愈思長林,而志在豐草。』」
	(吳)鄭冑	《三國志‧孫權傳》注:「冑字敬先,沛國人。父札,才學博達,權為驃騎將軍,以札為從事中郎,與張昭、孫邵共定朝儀。冑其少子,有文武姿局,少知名,舉賢良,稍遷建安太守。呂壹賓客於郡犯法,冑收付獄,考竟。壹懷恨,後密譖冑。權大怒,召冑還,潘濬、陳表並為請,得釋。後拜宣信校尉,往救公孫淵,已為魏所破,還遷執金吾。子豐,字曼季,有文學操行,與陸雲善,與雲詩相往反。司空張華辟,未就,卒。」
	(吳)張溫	《三國志‧張溫傳》注:「溫姊妹三人皆有節行,為溫事,已嫁者皆見錄奪。其中妹先適顧承,官以許嫁丁氏,成婚有日,遂飲藥而死。吳朝嘉歎,鄉人圖畫,為之贊頌云。」
	(吳)華融	《三國志‧孫綝傳》注:「華融字德蕤,廣陵江都人。祖父避亂,居山陰蕊山下。時皇象亦寓居山陰,吳郡張溫來就象學,欲得所舍。或告溫曰:『蕊山下有華德蕤者,雖年少,美有令志,可舍也。』溫遂止融家,朝夕談講。俄而溫為選部尚書,乃擢融為太子庶子,遂知名顯達。融子諝,黃門郎,與融并見害。次子譚,以才辯稱,晉祕書監。」

	（吳）陸績	《世說新語・品藻》注：「績字公紀。幼有儁朗才數，博學多通。龐士元年長於績，共為交友。仕至鬱林太守，自知亡日，年三十二而卒。」
	（吳）陸景	《三國志・陸抗傳》注：「陸景母張承女，諸葛恪外生。恪誅，景母坐見黜。景少為祖母所育養，及祖母亡，景為之心喪三年。」
	（吳）張純	《初學記》一七注：「吳郡張純，少有令名。嘗謁陣南將軍朱據，據令賦一物然後坐。純應聲便成，文不加點。」
西晉文士	王濟	《北堂書鈔》五七注：「王濟，字武子。少有俊才，起家為中書郎。」
	何楨	《三國志・管寧傳》注：「楨字元幹，廬江人，有文學器幹，容貌甚偉。歷幽州刺史、廷尉，入晉為尚書光祿大夫。楨子龕，後將軍；勗，車騎將軍；惲，豫州刺史；其餘多至大官。自後累世昌阜，司空文穆公充，惲之孫也，貴達至今。」
	張華	《北堂書鈔》一〇一注：「張華窮覽古今，嘗徙居，有書三十乘。」
	成公綏	《太平御覽》四六四注：「成公綏口訥不能談論，默而內朗。人有劇問，以筆墨答之。」
	孫楚	《世說新語・言語》注：「孫楚字子荊。太原中都人也。」
	棗據	《三國志・任峻傳》注：「祗本姓棘，先人避難，易為棗。孫據，字道彥，晉冀州刺史。據子嵩，字臺產，散騎常侍。並有才名，多所著述。嵩兄腆，字玄方，襄陽太守，亦有文采。」
	棘嵩	《太平御覽》五八七注：「棘嵩見陸雲作〈逸民賦〉，嵩以為丈夫出身，不為孝子，則為忠臣，必欲建功立策，為國幸輔，遂作〈官人賦〉，以反雲之賦。」
	夏侯湛	《世說新語・文學》注：「湛字孝若，譙國人，魏征西將軍夏侯淵曾孫也，有盛才，文章巧思，善補雅詞，名亞潘岳，歷中書侍郎。」
	賈謐	《太平御覽》注：「賈謐與愍懷太子博爭道，成都王厲聲曰：『皇太子國之儲君，賈長淵何得無禮？』」
	左思	《太平御覽》四六四注：「左思字太沖，貌惡不揚，口訥不能給談，默而心解。」
	郭象	《世說新語・文學》注：「象作《莊子》注，最有清辭遒旨。」
	摯虞	《太平御覽》三五一注：「摯虞答策曰：『古之良臣，受彤弓彤戈之錫，銘之彝器既之後昆，曠世歷代，以為賓榮，豈無其物，貴殊品也。』」

	華譚	《太平御覽》四六四注：「華譚字令思，年十四，舉秀才入洛，會宣武場，座有卞者嘲南人，諸君楚人，亡國之餘，有何秀異，忽應斯舉，眾無答，譚在下行，遙曰：『當今六合齊軌，異人並出，吾聞大禹出於東夷，文王生於西羌，賢聖之所在，豈常之有，昔武王伐紂，遷商頑民於洛邑，得無吾子是其苗裔。』時咸改視，辯者無以應也。」
西晉文士	殷基	《三國志‧顧邵傳》注：「禮子基，無難督，以才學知名，著《通語》數十篇。有三子。巨字元大，有才器，初為吳偏將軍，統家部曲，城夏口，吳平後，為蒼梧太守。少子祐，字慶元，吳郡太守。」
	張載	《太平御覽》二三四注：「張載作〈濛汜賦〉，太僕傅玄見賦，歎息稱善，以車迎載，言談終日，玄深貴重載遂知名，起家徵為佐著作郎。」
	束皙	《太平御覽》三六二注：「束皙字廣微，疎廣後也。王莽末，廣曾孫孟造，自東海避難歸蕪城，改姓，去疎之足為束氏。」
	杜育	《太平御覽》三八五注：「杜育童孺奇才，博學能著文章，心解性達，無所不綜，一時稱為舞陽杜孔子。」
	潘尼	《藝文類聚》五六注：「潘尼曾與同僚飲。主人有瑠璃椀。客使賦之，尼於坐立成。」
	顧榮	《北堂書鈔》三二注：「顧榮觀中國日弊，乃求病急還南，既造江渚，欣然自得。」
	陸機	《世說新語‧賞譽》注：「機清厲有風格，為鄉黨所憚。」
	陸雲	《世說新語‧賞譽》注：「雲性弘靜怡怡然，為士友所宗。」
	鄭豐	《北堂書鈔》九八注：「鄭豐字子曹，與盛彥陸雲友，性不好酒，相得恆簞食瓢飲清談極日。」
	江統	《北堂書鈔》六六注：「江統字應元，補太子洗馬。」
	曹攄	《三國志‧曹休傳》注：「肇孫攄，字顏遠，少屬志操，博學有才藻。仕晉，辟公府，歷洛陽令，有能名。大司馬齊王冏輔政，攄與齊人左思俱為記室督。從中郎出為襄陽太守、征南司馬。值天下亂，攄討賊向吳，戰敗死。」
	張翰	《世說新語‧任誕》注：「翰任性自適，無求當世，時人貴其曠達。」
	孫承	《三國志‧孫承傳》注：「丞好學，有文章，作〈螢火賦〉行於世。為黃門侍郎，與顧榮俱為侍臣。歸命世內侍多得罪尤，惟榮、丞獨獲全。常使二人記事，丞答顧問，乃下詔曰：「自今已後，用侍郎皆當如今宗室丞、顧榮疇也。」吳平赴洛，為范陽涿令，甚有稱績。永安中，陸機為成都王大都督，請丞為司馬，與機俱被害。」

說郭本文士傳	三國	張儼	張儼、朱異、張純三人，共詣驃騎將軍朱據，據聞三人才名，告各為賦，然後乃坐。純乃賦席曰：「席為冬設，簟為夏施，揖讓而坐，君子攸宜。」
	三國	王肅	王肅對明帝曰：「司馬遷記事不虛美，不隱惡；劉向揚雄服其敘事有良史之才，謂之實錄。」
	梁朝	梁武帝	初武帝招延後進二十餘人，置酒賦詩，詩不成，罰酒一斗。臧盾飲盡，顏色不變，言笑自若；蕭介染翰，便成文，無加點。帝兩美之曰：「臧盾之飲，蕭介之文，即席之美。」

　　古田敬一的《文士傳輯本》另外還收入說郭本《文士傳》所載的十七位文士，其中張儼、王肅與梁武帝是上列書籍注解未曾引用的，故將其另外附於表格之末。現存《文士傳輯本》所錄文士包括了後漢與魏晉的文士，除了建安年間的文士之外，其餘後漢文士則不在本文研究之列，故桓驎、朱穆、張衡、延篤、劉梁、侯瑾、高岱、蔡邕、趙壹、張叔序、張讚等人略而不論。

　　觀乎《文士傳》所收錄之文士，張騭除敘述其家世、學問、才華與生平軼事外，還提及其創作，可見有無創作是收錄與否的重要標準之一。河南大學趙蕾碩士論文《文士傳研究》曾對《文士傳》傳主的身分與作品屬性加以分析，以此定位張騭眼中的文士。發覺就身分而言，傳主大多有官職，職位集中在內廷官員（如：侍中、散騎常侍、黃門侍郎）、東宮侍從（如：太子中庶子、太子舍人、太子洗馬）與公卿屬吏（如：中書侍郎、尚書郎、太傅主簿、丞相橡屬）；就作品而言，則包含詩賦純文學創作、應用性文章與學術性專著，其中以詩賦純文學的作品居多。〔註59〕魏晉時期的文士官職品第明顯高於漢代，可見政治地位之提升；純文學作品的增加，也反映了當時文士對於文學的重視與文學思想的轉變。

　　《三國志・王粲傳》以王粲為首，分別敘述三國時期博學能文之士。其篇章雖未以「文」為名，其性質卻如同〈文苑傳〉一般，其中人物都是具文才之士，可為《文士傳》之補充，故將傳中人物列於下，以為參考。

二、《三國志・王粲傳》所錄之文士

姓　　名	大略事蹟
王粲	字仲宣，山陽高平人。博物多識，問無不對。時舊儀廢弛，興造制度，粲恆典之。著詩、賦、論、議垂六十篇。

〔註59〕趙蕾：《文士傳研究》（開封：河南大學碩士論文，2004年5月），頁11～21。

徐幹	字偉長，北海人。為司空軍謀祭酒掾屬，五官將文學。
陳琳	字孔璋，廣陵人。前為何進主簿。袁氏敗，琳歸太祖。太祖並以琳、瑀為司空軍謀祭酒，管記室，軍國書檄，多琳、瑀所作也。
阮瑀	字元瑜，陳留人。太祖並以琳、瑀為司空軍謀祭酒，管記室，軍國書檄，多琳、瑀所作也。瑀徙為倉曹掾屬。
應瑒	字德璉，汝南人。瑒被太祖辟，為丞相掾屬。瑒轉為平原侯庶子，後為五官將文學。
劉楨	字公幹，東平人。楨被太祖辟，為丞相掾屬。以不敬被刑，刑竟署吏。咸著文賦數十篇。
邯鄲淳	字子叔，潁川人。博學有才章，又善蒼、雅、蟲、篆、許氏字指。
繁欽	字休伯，潁川人。以文才機辯，少得名於汝、潁。欽既長於書記，又善為詩賦。其所與太子書，記喉轉意，率皆巧麗。為丞相主簿。建安二十三年卒。
路粹	字文蔚，陳留人。少學於蔡邕。建安初，以高才與京兆嚴像擢拜尚書郎。
丁儀	字正禮，沛郡人。與曹植交好，擁護曹植為太子。
丁廙	字敬禮，沛國人。丁沖之子，丁儀之弟。建安中期任黃門侍郎，和曹植交好，支持他成為世子。曹丕即位之後被滅族。
楊脩	字德祖，弘農華陰人，太尉彪子。謙恭才博。建安中，舉孝廉，除郎中，丞相請署倉曹屬主簿。
荀緯	字公高，河內人。少喜文學。建安中，召署軍謀掾、魏太子庶子，稍遷至散騎常侍、越騎校尉。年四十二，黃初四年卒。
應璩	字休璉，汝南人。博學好屬文，善為書記。文、明帝世，歷官散騎常侍。齊王即位，稍遷侍中、大將軍長史。曹爽秉政，多違法度，璩為詩以諷焉。其言雖頗諧合，多切時要，世共傳之。
應貞	字吉甫，汝南人。少以才聞，能談論。正始中，夏侯玄盛有名勢，貞嘗在玄坐作五言詩，玄嘉玩之。
阮籍	字嗣宗，陳留人。才藻艷逸，而倜儻放蕩，行己寡欲，以莊周為模則。官至步兵校尉。
嵇康	字叔夜，譙郡人。文辭壯麗，好言老、莊，而尚奇任俠。至景元中，坐事誅。
桓威	下邳人。出自孤微，年十八而著《渾輿經》，依道以見意。從齊國門下書佐、司徒署吏，後為安成令。
吳質	字季重，濟陰人。以文才為文帝所善，官至振威將軍，假節都督河北諸軍事，封列侯。
衛覬	字伯儒，安邑人。少夙成，以才學稱。受詔典著作，又為魏官儀，凡所撰述數十篇。好古文、鳥篆、隸草，無所不善。

王象	字羲伯，河內人。及王粲、陳琳、阮瑀、路粹等亡後，新出之中，惟象才最高。受詔撰《皇覽》，合四十餘部，部有數十篇，通合八百餘萬字。象既性器和厚，又文采溫雅，用是京師歸美，稱為儒宗。
潘勗	字元茂，河南人。建安末，尚書右丞河南潘勗與覬並以文章顯。
劉廙	字恭嗣，南陽安□眾人。太祖辟為丞相掾屬，轉五官將文學。文帝器之，命廙通草書。魏國初建，為黃門侍郎。
劉劭	字孔才，廣平邯鄲人。正始中，執經講學，賜爵關內侯。凡所選述，法論、人物志之類百餘篇。卒，追贈光祿勳。
繆襲	字熙伯，東海人。亦有才學，多所述叙，官至尚書、光祿勳。
仲長統	字公理，山陽人。少好學，博涉書記，贍於文辭。漢末為尚書郎，早卒。著昌言，詞佳可觀省。
蘇林	字孝友，陳留人。博學多通古今字指，凡諸書傳文閒危疑，林皆釋之。建安中，為五官將文學，甚見禮待。亦著文賦，頗傳於世。
韋誕	字仲將，京兆人。太僕端之子。有文才，善屬辭章。建安中，為郡上計吏，特拜郎中，稍遷侍中中書監，以光祿大夫遜位，年七十五卒於家。
夏侯惠	字稚權，沛國譙人。幼以才學見稱，善屬奏議。歷散騎黃門侍郎，與鍾毓數有辯駁，事多見從。遷燕相、樂安太守。
孫該	字公達，任城人。彊志好學。年二十，上計掾，召為郎中。著魏書。遷博士司徒右長史，復還入著作。景元二年卒官。
杜摯	字德魯，河東人。初上箹賦，署司徒軍謀吏。後舉孝廉，除郎中，轉補校書。
傅嘏	字蘭石，北地泥陽人。嘏弱冠知名，司空陳群辟為掾。嘏既達治好正，而有清理識要，好論才性，原本精微，鮮能及之。

《晉書‧文苑傳》中收錄晉朝詞賦甚麗、文章典雅的文士。其贊曰：「爻象垂法，宮徵流音。美哉群彥，揚蕤翰林。俱諧振玉，各擅鏘金。子安、太沖，遒文綺爛。袁、庾、充、愷，縟藻霞煥。架彼辭人，共超清貫。」[註60] 此傳所錄文士可為晉朝文士之補充，故亦將之整理於下。

三、《晉書‧文苑傳》所錄之文士

姓　名	大略事蹟
應貞	字吉甫，汝南南頓人，魏侍中璩之子也。貞善談論，以才學稱。夏侯玄有盛名，貞詣玄，玄甚重之。
成公綏	字子安，東郡白馬人。幼而聰敏，博涉經傳。性寡欲，不營資產，家貧歲飢，常晏如。少有俊才，詞賦甚麗，閑默自守，不求聞達。

〔註60〕（唐）房玄齡等撰：《晉書》，卷九十二，頁2407。

左思	字太沖，齊國臨淄人也。家世儒學。貌寢，口訥，而辭藻壯麗。不好交遊，惟以閑居為事。著〈三都賦〉，豪貴之家競相傳寫，洛陽為之紙貴。祕書監賈謐請講漢書，謐誅，退居宜春里，專意典籍。
趙至	字景真，代郡人也。身長七尺四寸，論議精辯，有從橫才氣。幽州三辟部從事，斷九獄，見稱精審。
鄒湛	字潤甫，南陽新野人也。湛少以才學知名，元康末卒，所著詩及論事議二十五首，為時所重。
棗據	字道彥，潁川長社人也。據美容貌，善文辭。所著詩賦論四十五首，遇亂多亡失。
褚陶	字季雅，吳郡錢塘人也。弱不好弄，少而聰慧，清淡閑默，以墳典自娛。年十三，作鷗鳥、水碓二賦，見者奇之。陶嘗謂所親曰：「聖賢備在黃卷中，捨此何求！」
王沈	字彥伯，高平人也。少有俊才，出於寒素，不能隨俗沈浮，為時豪所抑。仕郡文學掾，鬱鬱不得志，乃作〈釋時論〉。
張翰	字季鷹，吳郡吳人也。翰有清才，善屬文，而縱任不拘，時人號為「江東步兵」。著〈首丘賦〉，文多不載。
庾闡	字仲初，潁川鄢陵人也。闡好學，九歲能屬文。出補零陵太守，入湘川，作〈弔賈誼文〉。吳國內史虞潭為太伯立碑，闡製其文。又作〈揚都賦〉，為世所重。所著詩賦銘頌十卷行於世。
曹毗	字輔佐，譙國人也。毗少好文籍，善屬詞賦。時桂陽張碩為神女杜蘭香所降，毗因以二篇詩嘲之，并續蘭香歌詩十篇，甚有文彩。又著〈揚都賦〉，亞於庾闡。累遷尚書郎、鎮軍大將軍從事中郎、下邳太守。以名位不至，著〈對儒〉以自釋。
李充	字弘度，江夏人。善楷書，世咸重之。幼好刑名之學，深抑虛浮之士，嘗著〈學箴〉。遭母憂。于時典籍混亂，充刪除煩重，以類相從，分作四部，甚有條貫，祕閣以為永制。充注《尚書》及〈周易旨〉六篇、〈釋莊論〉上下二篇、詩賦表頌等雜文二百四十首，行於世。
袁宏	字彥伯，侍中猷之孫也。宏有逸才，文章絕美，曾為詠史詩，是其風情所寄。少孤貧，以運租自業。為〈東征賦〉，賦末列稱過江諸名德。後為〈三國名臣頌〉。從桓溫北征，作〈北征賦〉，皆其文之高者。性強正亮直，雖被溫禮遇，至於辯論，每不阿屈，故榮任不至。撰《後漢紀》三十卷及《竹林名士傳》三卷、詩賦誄表等雜文凡三百首，傳於世。
伏滔	字玄度，平昌安丘人也。有才學，少知名。大司馬桓溫引為參軍，深加禮接，每宴集之所，必命滔同游。從溫伐袁真，至壽陽，以淮南屢叛，著論二篇，名曰〈正淮〉。
羅含	字君章，桂陽耒陽人也。太守謝尚與含為方外之好，乃稱曰：「羅君章可謂湘中之琳琅。」初，含在官舍，有一白雀棲集堂宇，及致仕還家，階庭忽蘭菊叢生，以為德行之感焉。年七十七卒，所著文章行於世。

顧愷之	字長康，晉陵無錫人也。愷之博學有才氣，嘗為〈箏賦〉成，謂人曰：「吾賦之比嵇康琴，不賞者必以後出相遺，深識者亦當以高奇見貴。」愷之好諧謔，人多愛狎之。後為殷仲堪參軍，亦深被眷接。尤善丹青，圖寫特妙，謝安深重之。所著文集及〈啟矇記〉行於世。
郭澄之	字仲靜，太原陽曲人也。少有才思，機敏兼人。封南豐侯，卒於官，所著文集行於世。

◎ 綜合以上表格所錄文士如下

《文士傳》	《三國志》	《晉書》
楊脩、劉楨、孔融、邊讓、禰衡、王粲、陳琳、阮瑀、丁廙、丁儀、李康、王弼、阮籍、嵇康、鄭冑、張溫、華融、陸績、陸景、張純、王濟、何楨、張華、成公綏、孫楚、棗據、棘嵩、夏侯湛、左思、郭象、摯虞、華譚、殷基、張載、束皙、杜育、潘尼、顧榮、陸機、陸雲、鄭豐、江統、曹攄、張翰、孫承	王粲、徐幹、陳琳、阮瑀、應瑒、劉楨、邯鄲淳、繁欽、路粹、丁儀、丁廙、楊脩、荀緯、應璩、應貞、阮籍、嵇康、桓威、吳質、衛覬、王象、潘勖、劉廙、劉劭、繆襲、仲長統、蘇林、韋誕、夏侯惠、孫該、杜摯、傅嘏	應貞、成公綏、左思、趙至、鄒湛、棗據、褚陶、王沈、張翰、庾闡、曹毗、李充、袁宏、伏滔、羅含、顧愷之、郭澄之
共 45 人	共 32 人	共 17 人

　　以上所錄文士去其重複者，共有八十人左右。以下將以《文士傳》所錄的文士為主，輔以史傳，對魏晉文士的生平事蹟與特質進行論述。

貳、魏晉各時期的文士

　　從漢末魏初開始，第一個文人集團──建安七子開始活躍於舞台，魏晉文士已不像之前僅以個人的姿態出現，也開始以群體的方式集結。其結合的因素有許多，如：建安文士乃因共同聚集於鄴城，在相同的時空背景下，有著共同的感受，表現出相同的創作理念；竹林文士的聚會是短暫的，他們因為好老莊、共酣飲於竹林之下，後來即因個人理想而各奔東西；西晉賈謐的二十四友因政治利益而結合，彼此的關係是依附與被依附，一旦利益消失，此團體亦隨之崩解；東晉王、謝的文士群體則因鍾情於會稽山水，故齊居於此，終日遨遊於山巔水湄，追尋自然機趣。由於政治環境與學術思想的變遷，使魏晉不同時期的文士特質亦不盡相同，此節將魏晉文士分時期加以敘述，以便歸納出其特質。

一、建安文士

建安時期由於社會的動盪、新舊思想的衝擊，加上三曹父子的提倡文學，形成特殊的文學創作風潮，〔註61〕其作品風格後世稱為「建安風骨」。所謂「建安風骨」乃指當時文人作品一方面深刻反映時代的動亂、人民的悲苦，一方面表現積極進取，欲建功立業的雄心壯志，其詩文悲涼沉壯、「梗概而多氣」。〔註62〕

漢末由於社會風氣趨向重情任性，建安文士之言行舉止亦多尚通脫隨意，從曹操到曹丕、曹植，甚至是建安七子，都可以看到其性格放達不羈的一面。相較於儒學興盛的兩漢時期，建安文士在行為舉止上顯得隨性而自我，已經具有魏晉士人初期的樣貌。

建安文學的誕生，曹操居功厥偉，因為曹操為文士們的創作營造了一個安定有利的環境。攻下鄴城後，讓漢獻帝封他為冀州牧，並積極網羅人才，一時天下名流才士齊集帳下，如：名公貴冑之後王粲、名儒之後應瑒、名門貴族楊脩等人，使鄴城成為曹氏集團的根據地與文化中心，曹丕、曹植兄弟於是得以在鄴城與文士們聚會飲宴，創造出文人雅集的形式，影響了後世金谷園、蘭亭文人聚會模式的產生。然曹氏父子對建安文學居於關鍵性的領導地位，卻未列入《文士傳》中，談建安文學而不論三曹，就失去其完整性了，故仍將三曹納入本文的論述範圍中。

（一）三曹父子

1. 曹操

曹操，字孟德，沛國譙人，漢相國曹參之後代。曹操個性率直「而任俠放蕩」〔註63〕，年少時機警有權術，但遊蕩無度。《世說新語・假譎》曾載：

> 魏武少時，嘗與袁紹好為游俠，觀人新婚，因潛入主人園中，夜叫呼云：「有偷兒賊！」青廬中人皆出觀，魏武乃入，抽刃劫新婦與紹

〔註61〕（南朝梁）劉勰撰，周振甫注：《文心雕龍注釋・時序》：「自獻帝播遷，文學蓬轉，建安之末，區宇方輯。魏武以相王之尊，雅愛詩章；文帝以副君之重，妙善辭賦；陳思以公子之豪，下筆琳瑯；並體貌英逸，故俊才雲蒸。」（卷九，頁815。）

〔註62〕（南朝梁）劉勰撰，周振甫注：《文心雕龍注釋・時序》：「觀其時文，雅好慷慨，良由世積亂離，風衰俗怨，并志深而筆長，故梗概而多氣也。」（卷九，頁815。）

〔註63〕（晉）陳壽：《三國志・武帝紀》，卷一，頁2。

還出，失道，墜枳棘中，紹不能得動，復大叫云：「偷兒在此！」紹

遑迫自擲出，遂以俱免。〔註64〕

曹操的機智讓袁紹得以逃脫。《三國志・武帝紀》注引《曹瞞傳》曰：「太祖為
人佻易無威重，好音樂，倡優在側，常以日達夕。被服輕綃，身自佩小鞶囊，
以盛手巾細物，時或冠帢帽以見賓客。每與人談論，戲弄言誦，盡無所隱，及
歡悅大笑，至以頭沒杯案中，肴膳皆沾汙巾幘，其輕易如此。」〔註65〕曹操性
格之放達不羈更可見一斑，他不因為自己的身分地位故裝正經，仍是一派的自
在隨性。

曹操是一位兼才，不管在政治、軍事與文學，均展現其過人之處。政治
上，他主申商刑名之術，善於任用人才與治國〔註66〕；軍事上，他精通兵法，
行軍作戰井然有條；文學上，其樸直通脫的文風影響了當時文壇。曹操雖然
常年四處爭戰，然而詩書不離手，「登高必賦，及造詩歌，被之管弦皆成樂
章。」〔註67〕文學成就表現在詩歌創作方面，其作品如同其灑脫之性格，常透
露出一股通脫之氣，總是直書胸臆。他經歷戰亂、目睹生民苦痛，反映在寫作
的題材上，多表現社會現實〔註68〕與自己欲建功立業的抱負〔註69〕，鍾嶸《詩

〔註64〕 余嘉錫：《世說新語箋疏・假譎1》，頁851。
〔註65〕 （晉）陳壽：《三國志・武帝紀》注引《曹瞞傳》，卷一，頁54～55。
〔註66〕 曹操於兵荒馬亂之中嶄露頭角，除了其過人的膽識外，也因其政策謀略。（晉）
　　　　陳壽：《三國志・武帝紀》注引《魏書》：「自遭荒亂，率乏糧穀。諸軍並起，
　　　　無終歲之計，飢則寇略，飽則棄餘，瓦解流離，無敵自破者不可勝數。袁紹之
　　　　在河北，軍人仰食桑椹。袁術在江、淮，取給蒲蠃。民人相食，州里蕭條。公
　　　　曰：『夫定國之術，在于彊兵足食，秦人以急農兼天下，孝武以屯田定西域，
　　　　此先代之良式也。』是歲乃募民屯田許下，得穀百萬斛。於是州郡例置田官，
　　　　所在積穀。征伐四方，無運糧之勞，遂兼滅群賊，克平天下。」（卷一，頁14。）
〔註67〕 （晉）陳壽：《三國志・武帝紀》注引《魏書》，卷一，頁54。
〔註68〕 例如曹操詩〈薤露行〉：「惟漢廿二世，所任誠不良。沐猴而冠帶，知小而謀強。
　　　　猶豫不敢斷，因狩執君王。白虹為貫日，己亦先受殃。賊臣持國柄，殺主滅宇
　　　　京。蕩覆帝基業，宗廟以燔喪。播越西遷移，號泣而且行。瞻彼洛城郭，微子
　　　　為哀傷。」感嘆漢末董卓之亂禍國殃民，並寄予人民無限的同情。（收入逯欽
　　　　立輯：《先秦漢魏晉南北朝詩・魏詩》，卷一，頁347。）
〔註69〕 例如曹操詩〈短歌行〉：「對酒當歌，人生幾何？譬如朝露，去日苦多。慨當以
　　　　慷，憂思難忘。何以解憂？唯有杜康。青青子衿，悠悠我心。但為君故，沈吟
　　　　至今。呦呦鹿鳴，食野之苹。我有嘉賓，鼓瑟吹笙。明明如月，何時可輟？憂
　　　　從中來，不可斷絕。越陌度阡，枉用相存。契闊談讌，心念舊恩。月明星稀，
　　　　烏鵲南飛，繞樹三匝，何枝可依？山不厭高，海不厭深。周公吐哺，天下歸
　　　　心。」表現其對賢才與統一大業的渴望心情。（收入逯欽立輯：《先秦漢魏晉南
　　　　北朝詩・魏詩》，卷一，頁348。）

品》評其詩：「曹公古直，甚有悲涼之句。」〔註70〕曹操不只具有文學才華，其他如琴棋書畫等文士具備的藝術才能，他也都擅長，《三國志》注引張華《博物志》曰：

> 漢世，安平崔瑗、瑗子寔、弘農張芝、芝弟昶並善草書，而太祖亞
> 之。桓譚、蔡邕善音樂，馮翊山子道、王九真、郭凱等善圍棋，太
> 祖皆與埒能。〔註71〕

不管是書法、音樂，還是圍棋，曹操都懂得，可見其多才多藝，加上率性而為的個性，曹操實可稱為一個文士的典型。作為一個文學與政治上的領袖人物，曹操具備了相當充足的條件。孫若風謂：「曹操本人是新文人形象，他的影響、他的政策又塑造了新一代的文人。」〔註72〕這樣的評論非常中肯而深入。

　　2. 曹丕

　　曹丕，字子桓。曹丕自幼隨著父親轉徙四方，於《典論‧自敘》曰：「余時年五歲，上以世方擾亂，教余學射，六歲而知射，又教余騎馬，八歲而能騎射矣。以時之多故，每征，余常從。」〔註73〕除了騎射的本領，曹丕也有良好的文學素養：「少誦《詩》、論，及長而備歷五經、四部，史、漢、諸子百家之言，靡不畢覽。」〔註74〕所以曹丕亦是文武雙全之才。

　　在與曹植爭取王位時，可看出曹丕的工於心計。曹植自幼才華洋溢，甚得曹操喜愛，所以一開始曹丕居於劣勢，然因曹丕「御之以術，矯情自飾」，〔註75〕漸漸改變曹操對自己的看法，《三國志》注引《世語》載：

> 魏王嘗出征，世子及臨菑侯植並送路側。植稱述功德，發言有章，
> 左右屬目，王亦悅焉。世子悵然自失，吳質耳曰：「王當行，流涕可
> 也。」及辭，世子泣而拜，王及左右咸欷歔，於是皆以植辭多華，
> 而誠心不及也。〔註76〕

〔註70〕（南朝梁）鍾嶸著，曹旭集注：《詩品集注‧魏武帝》（上海：上海古籍出版社，1994 年），頁 362。

〔註71〕（晉）陳壽：《三國志‧武帝紀》，卷一，頁 54。

〔註72〕孫若風：《高蹈人間──六朝文人心態史》（石家莊：河北教育出版社，2001 年），頁 13。

〔註73〕（晉）陳壽：《三國志‧文帝紀》注引《典論》，卷二，頁 89。

〔註74〕（晉）陳壽：《三國志‧文帝紀》注引《典論》，卷二，頁 90。

〔註75〕（晉）陳壽：《三國志‧陳思王植傳》，卷十九，頁 558。

〔註76〕（晉）陳壽：《三國志‧吳質傳》注引《世語》，卷二十一，頁 609。

　　曹丕採納其謀臣兼好友吳質的辦法，於曹操臨行時泣而拜，讓率直有情的曹操感受到他「真情流露」之孝心，再加上曹植本身不夠自制自愛，最後改變了局面，由曹丕嗣位為太子。

　　若說曹操準備了一個有利的環境給建安文學，曹丕、曹植則是真正帶動建安文學的人。因為曹氏兄弟貴為魏王公子，又深具才華，故吸引鄴城文士群集而成一文人型態的集團，成為中國最早的文人雅集。曹丕又曾於〈與吳質書〉言描述自己留守在鄴城的生活情形：

> 既妙思六經，逍遙百氏。彈棋閒設，終以六博，高談娛心，哀箏順耳。馳騁北場，旅食南館，浮甘瓜於清泉，沈朱李於寒水。白日既匿，繼以朗月，同乘并載，以遊後園，輿輪徐動，參從無聲，清風夜起，悲笳微吟，樂往哀來，愴然傷懷。〔註77〕

曹丕的生活不是純粹沉湎於物質生活的享樂，而是具有文人的風雅、文人的趣味。繼曹操之後，曹丕亦以文人的姿態出現在建安時期的歷史舞台。

　　曹丕詩歌創作風格較為抒情婉約，有些表現欲濟蒼生，一統天下的雄才偉略；有些則反映與鄴下文士飲宴田獵等貴族生活；另有一些描繪了社會中下階層人民的生活與感情。劉勰謂曹丕曰：「魏文之才，洋洋清綺。」〔註78〕，沈德潛則明白的說：「子桓詩有文士氣，一變乃父悲壯之習矣。要其便娟婉約，能移人情。」〔註79〕詩在曹丕手中變得更加工巧唯美，影響了後來西晉清綺的詩風。

3. 曹植

　　曹植，字子建。十餘歲即誦讀《詩》、論及辭賦數十萬言，並善於屬文。個性簡易，不治威儀，輿馬服飾亦不尚華麗。每次曹操進見問難，植皆能應聲而對，故特受寵愛。然而也因其過於任性而行，飲酒不節制，太子的寶位與他擦肩而過。《三國志·陳思王植傳》載其乘車出司馬門而觸怒曹操：

> 植嘗乘車行馳道中，開司馬門出。太祖大怒，公車令坐死。由是重諸侯科禁，而植寵日衰。〔註80〕

曹操確立曹丕為嗣子後，為了不讓曹植有機會與其兄爭王位，藉故殺了曹植身邊的謀略之士楊脩；文帝即位後，又殺了丁儀、丁廙并其家中男丁，使植與諸

〔註77〕（魏）曹丕：〈與吳質書〉，收入（清）嚴可均：《全三國文》，卷七，頁1089。
〔註78〕（南朝梁）劉勰撰，周振甫注：《文心雕龍注釋·才略》，頁863。
〔註79〕（清）沈德潛：《古詩源》（臺北：臺灣商務印書館，1988年），卷五，頁64。
〔註80〕（晉）陳壽：《三國志·陳思王植傳》，卷十九，頁558。

侯並就藩國。與曹植交好的文士相繼喪生，曹植又被迫遠離京城，從此過著孤單悲慘的日子。黃初二年坐「醉酒悖慢，劫脅使者」貶為安鄉侯，後又改封鄄城侯；隔年立為鄄城王；四年，徙封雍丘王；太和三年，徙封東阿；六年，以陳四縣封植為陳王。曹植的封地十一年中換了三地，且每況愈下。

　　曹植的一生與創作可大致分為前後期，以曹操病逝、曹丕稱帝為劃分點。前期自在鄴城定居後，與諸文士游宴高會、往來酬唱，多憐風月、敘酣宴之作，並表現經世濟民的政治理想；〔註81〕後期則面臨曹丕一再的打壓：友人丁氏兄弟被殺、數徙封地，過著顛沛流離的生活，加上眼見親兄弟曹彰被害暴薨，曹植的抑鬱憤慨可想而知，於是發而為篇章，成就一首首沉痛纏綿、哀苦激憤的詩篇，如〈贈白馬王彪〉其四：

> 踟躕亦何留，相思無終極！秋風發微涼，寒蟬鳴無側。原野何蕭條，
>
> 白日忽西匿。歸鳥赴喬林，翩翩屬羽翼。孤獸走索群，銜草不遑食。
>
> 感物傷我懷，撫心長太息。〔註82〕

鍾嶸《詩品》亦備極推崇曹植詩，稱：「骨氣奇高，詞彩華茂，情兼雅怨，體被文質，粲溢今古，卓爾不群。」〔註83〕即使後期受盡歧視打壓，內心悲憤萬千，曹植也從未放棄為國效命的想法，然數次上書冀求試用卻未果，因此抑鬱而終。

　　曹丕與曹植同為建安文士的領導人物，他們同樣有著放達的性格、文人易感的心，並過著與文人朋友一起談笑酣歌、留連池苑的生活，他們的所作所為都對當時文壇風氣產生極大的影響，形成一股風潮，對魏晉文士的思想性格與生活情趣都有所影響與啟發。

（二）建安七子

1. 孔融

　　建安七子中唯一沒有到鄴下的是孔融，他在建安十三年即被曹操所殺。孔融，字文舉，魯國人，孔子二十世孫。自幼有異才，性好學，博涉多該覽。孔

〔註81〕　如曹植〈與楊德祖書〉：「吾雖德薄，位為蕃侯，猶庶幾戮力上國，流惠下民，建永世之業，留金石之功，豈徒以翰墨為勳績，辭賦為君子哉！」其樂府詩〈白馬篇〉：「名編壯士籍，不得中顧私。捐軀赴國難，視死忽如歸！」都表現曹植欲建功立業、馳騁疆場的英雄氣概。

〔註82〕　（晉）陳壽：《三國志・陳思王植傳》注引《魏略》所載曹植：〈贈白馬王彪〉詩，卷十九，頁565。

〔註83〕　（南朝梁）鍾嶸著，曹旭集注：《詩品集注・魏陳思王植詩》，頁97。

融因得罪董卓而被派到黃巾賊亂紛擾的北海為相。曹操迎獻帝回許都後，任孔融為將作大匠，遷少府。孔融在朝深恥曹操篡位之野心而常與之作對，〔註84〕加上孔融名重天下，喜獎掖後進，賓客常盈其門，〔註85〕曹操慮其所論影響廣大，故深為忌恨。後郗慮又以「交友浮華」之名搆陷其罪，操遂令路粹枉狀奏孔融：「招合徒眾，欲規不軌；位為九列，不遵朝儀；背孝違禮，大逆不道。」將孔融下獄棄市，時年五十六歲。

孔融率性不拘禮法，對於流於虛偽的儒家禮法，孔融總以極高的姿態睥睨之。其言：「父之於子，當有何親？論其本意，實為情欲發耳。子之於母，亦復奚為？譬如寄物瓶中，出則離矣。」即出於對儒家禮法強烈的批判性，從孔融身上，我們看到魏晉名士的早期的形貌。孔融熱愛交友，「客恆滿、酒不空」是其人生快意之事，他享受著中國文士飲酒賞月、高談闊論的樂趣。孔融作品以散文居多，詩數首。曹丕評之曰：「孔融體氣高妙，有過人者，然不能持論，理不勝詞，以至乎雜以嘲戲，及其所善，楊班儔也。」〔註86〕

2. 陳琳、阮瑀

陳琳，字孔璋，廣陵人。曾為何進主簿，後依附袁紹，袁紹敗後，歸降曹操，負責為其撰寫章表書檄，《三國志》注引《典略》曰：「琳作諸書及檄，草成呈太祖。太祖先苦頭風，是日疾發，臥讀琳所作，翕然而起曰：『此愈我病。』數加厚賜。」〔註87〕其詩現存四首，〈飲馬長城窟行〉〔註88〕敘述統

〔註84〕（南朝宋）范曄《後漢書·孔融傳》：「時年飢兵興，操表制酒禁，融頻書爭之，多侮慢之辭。既見操雄詐漸著，數不能堪，故發辭偏宕，多致乖忤。」又載孔融譏笑曹氏父子搶袁熙妻之行為：「曹操攻屠鄴城，袁氏婦子多見侵略，而操子丕私納袁熙妻甄氏。融乃與操書，稱『武王伐紂，以妲己賜周公』。操不悟，後問出何經典。對曰：『以今度之，想當然耳。』」（卷七十，頁2272、2271。）

〔註85〕（南朝宋）范曄《後漢書·孔融傳》：「性寬容少忌，好士，喜誘益後進。及退閒職，賓客日盈其門，常歎曰：『坐上客恆滿，尊中酒不空，吾無憂矣。』與蔡邕素善，邕卒後，有虎賁士貌類於邕，融每酒酣，引與同坐，曰：『雖無老成人，且有典刑。』融聞人之善，若出諸己，言有可採，必演而成之，面告其短，而退稱所長，薦達賢士，多所獎進，知而未言，以為己過，故海內英俊皆信服之。」（卷七十，頁2277。）

〔註86〕（魏）曹丕：《典論·論文》，收入（清）嚴可均：《全三國文》，卷八，頁1097。

〔註87〕（晉）陳壽：《三國志·王粲傳》，卷二十一，頁601。

〔註88〕（魏）陳琳〈飲馬長城窟行〉：「飲馬長城窟，水寒傷馬骨。往謂長城吏，慎莫稽留太原卒。官作自有程，舉築諧汝聲。男兒寧當格鬥死，何能怫鬱築長城。長城何連連，連連三千里。邊城多健少，內舍多寡婦。作書與內舍，便嫁莫留住。善事新姑章，時時念我故夫子。報書往邊地，君今出語一何鄙。身在禍難

治者修治長城，卻帶給人民深重的苦難，頗能反映社會現實，具有建安時期的特色。

阮瑀，字元瑜，陳留人。少受學於蔡邕，曹操命為司空軍謀祭酒，管記室，與陳琳同掌章表書檄。曹操嘗使阮瑀作書與韓遂，時曹操正好外出，瑀隨從，於馬上具草，書成立呈之。曹操攬筆欲有所改定，而竟不能增損其文句，由此可見阮瑀文思之敏捷。阮瑀所作〈七哀詩〉〔註89〕、〈咏史詩〉〔註90〕等都傳達了人生無常的哀思，而其樂府詩〈駕出北郭門行〉〔註91〕記敍孤兒遭後母虐待的悲慘遭遇，側面嘲諷禮法家庭中虛偽醜陋的一面，描述細膩，也表現出詩人對社會的關懷。

3. 徐幹

徐幹，字偉長，北海人。曾為司空軍謀祭酒掾屬，五官將文學。《三國志》注引《先賢行狀曰》：「幹清玄體道，六行脩備，聰識洽聞，操翰成章，輕官忽祿，不耽世榮。建安中，太祖特加旌命，以疾休息。後除上艾長，又以疾不行。」曹丕亦謂：「偉長獨懷文抱質，恬淡寡欲，有箕山之志，可謂彬彬君子矣。著《中論》二十餘篇，辭義典雅，足傳于後。」〔註92〕其《中論》言為人處事、修心養性之道，表現出淡泊名利的處世態度。

4. 應瑒

應瑒，字德璉，汝南人。出身於汝南名門士族，然因戰亂流徙漂泊，故詩

中，何為稽留他家子。生男慎勿舉，生女哺用脯。君獨不見長城下，死人骸骨相撐拄。結髮行事君，慊慊心意關。明知邊地苦，賤妾何能久自全。」（收入逯欽立輯：《先秦漢魏晉南北朝詩‧魏詩》，卷三，頁367。）

〔註89〕 （魏）阮瑀〈七哀詩〉：「丁年難再遇，富貴不重來。良時忽一過，身體為土灰。冥冥九泉室，漫漫長夜臺。身盡氣力索，精魂靡所能。嘉肴設不御，旨酒盈觴杯。出壙望故鄉，但見蒿與萊。」（收入逯欽立輯：《先秦漢魏晉南北朝詩‧魏詩》，卷三，頁380。）

〔註90〕 （魏）阮瑀〈咏史詩〉其一：「誤哉秦穆公，身沒從三良。忠臣不違命，隨軀就死亡。低頭闚壙戶，仰視日月光。誰謂此可處，恩義不可忘。路人為流涕，黃鳥鳴高桑。」（收入逯欽立輯：《先秦漢魏晉南北朝詩‧魏詩》，卷三，頁379。）

〔註91〕 （魏）阮瑀〈駕出北郭門行〉：「駕出北郭門，馬樊不肯馳。下車步踟蹰，仰折枯楊枝。顧聞丘林中，噭噭有悲啼。借問啼者出，何為乃如斯。親母舍我歿，後母憎孤兒。飢寒無衣食，舉動鞭捶施。骨消肌肉盡，體若枯樹皮。藏我空室中，父還不能知。上冢察故處，存亡永別離。親母何可見，淚下聲正嘶。棄我於此間，窮厄豈有貲。傳告後代人，以此為明規。」（收入逯欽立輯：《先秦漢魏晉南北朝詩‧魏詩》，卷三。頁378。）

〔註92〕 （晉）陳壽：《三國志‧王粲傳》，卷二十一，頁602。

文常有漂泊之嘆。建安初年被曹操辟為丞相掾屬,轉為平原侯庶子,後為五官將文學。其詩僅存數首,〈別詩〉〔註93〕寫出羈旅行役之苦,真摯感人。曹丕評其作品「和而不壯」(見《典論‧論文》)。

5. 劉楨

劉楨,字公幹,東平人。《文士傳》載其:「少以才學知名,年八、九能誦《論語》、《詩》、論及篇賦數萬言。警悟辯捷,所問應聲而答,當其辭氣鋒烈,莫有折者。」〔註94〕劉楨亦被曹操辟為丞相掾屬,曾在筵席上直視甄夫人而入獄被罰勞役。

劉楨的詩當時享譽文壇,〈贈從弟〉〔註95〕可視為其代表作,詩中表現欲振翅雲霄的雄心壯志。曹丕評之曰:「公幹有逸氣,但未遒耳;其五言詩之善者,妙絕時人。」另有文賦數十篇。

6. 王粲

王粲,字仲宣,山陽高平人。曾祖父龔,祖父暢,皆為漢三公。父謙,為大將軍何進長史。王粲聰穎有才名,因戰亂徙至長安時,深受蔡邕器重。〔註96〕朝廷徵詔除黃門侍郎,但因長安紛亂,王粲乃南下荊州依劉表,劉表卻以粲貌寢體弱而不甚重用。建安十三年,劉表死後,王粲來到鄴城,官拜侍中。王粲博物多識,參與魏國各項典章制度的制定,而且彊記默識,精於算術,又善於屬文,文思敏捷,舉筆便成,而無所改定。雖然王粲在建安七子中年紀最小,成就卻是最大。其作品詩、賦、論、議約六十篇。其賦多為抒情小賦,情感真摯動人,代表作品如〈登樓賦〉、〈初征賦〉。曹丕評曰:「王

〔註93〕 (魏)應瑒〈別詩〉:「浩浩長河水,九折東北流。晨夜赴滄海,海流亦何抽。遠適萬里道,歸來未有由。臨河累太息,五內懷傷憂。」(收入逯欽立輯:《先秦漢魏晉南北朝詩‧魏詩》,卷三,頁383。)

〔註94〕 古田敬一:《文士傳輯本》(京都:中文出版社,1981年),頁29。

〔註95〕 (魏)劉楨〈贈從弟〉:「汎汎東流水,磷磷水中石。蘋藻生其涯,華紛何擾弱?采之薦宗廟,可以羞嘉客。豈無園中葵,懿此出深澤。亭亭山上松,瑟瑟谷中風。風聲一何盛?松枝一何勁?冰霜正慘悽,終歲常端正。豈不羅凝寒,松柏有本性。鳳凰集南嶽,徘徊孤竹根。於心有不厭,奮翅凌紫氛。豈不常勤苦?羞與黃雀群。何時當來儀?將須聖明君。」(收入逯欽立輯:《先秦漢魏晉南北朝詩‧魏詩》,卷三,頁371。)

〔註96〕 (晉)陳壽《三國志‧王粲傳》:「時邕才學顯著,貴重朝廷,常車騎填巷,賓客盈坐。聞粲在門倒屣迎之。粲至,年既幼弱,容狀短小,一坐盡驚。邕曰:『此王公孫也,有異才,吾不如也。吾家書籍文章,盡當與之。』」(卷二十一,頁597。)

粲長於詞賦，……雖張、蔡不過也。」（見《典論·論文》）其詩風格蒼涼悲慨，
〈七哀詩〉[註97]反映社會動亂與人民疾苦，並表現詩人憂國憂民之情懷，後
世評價極高。劉勰對王粲詩文亦極其讚譽，謂其為建安七子之冠：「仲宣溢才，
捷而能密，文多兼善，辭少瑕累，摘其詩賦，則七子之冠冕乎！」[註98]

　　鄴城的安定讓文士們群聚於此，加上曹氏父子熱愛文學，更帶動當時文士
聚會、創作的活絡，他們聚會飲酒、吟詩作賦、田獵垂綸，享受著貴族般生活，
也因此產生不少文學作品。建安文士將較多的心思放在文學創作上，不僅提高
文章的地位，更而有文學理論的誕生，如曹丕提出「詞賦欲麗」的主張，強調
詩賦追求美感與藝術性，重視詞藻的修飾。建安文士們掙脫經學的教化責任，
為文更加的盡情揮灑、海闊天空，可以說建安文士為魏晉燦爛的文化發展開啟
了大門。

　　在性格與心態上，建安文士大體傾向於使氣放達與激情慷慨，而這兩個特
質都是因為情感的解放所致。由於士人個體意識的覺醒，建安文士重視自我的
獨特性，便常有不同於俗的言行，如孔融論母子關係、劉楨直視甄夫人等。這
些違叛傳統禮法的言行，一方面來自對禮法不合理的反抗，一方面是因為要凸
顯自我的獨特性。建安文士已經為接下來的正始文士指出一個方向：在社會大
我與個人小我衝突激烈時，堅持自我是更可貴的。

二、三國文士

（一）吳國文士

　　據《文士傳》所載，三國文士有吳國的鄭胄、張溫、華融、陸績、陸景、
張純。因玄學在當時盛行於中原地區的魏國，對吳國文士的影響較小，在王弼、
嵇康、阮籍等過著飲酒、服食，高談玄理的生活時，吳國的文士多半仍處於傳
統儒家思想下，遵循儒家的道德規範。以下擇二位吳國文士簡述之。

1. 張溫

　　張溫，字惠恕，吳郡吳人。其父張允以輕財重士之名顯於州郡，為孫權東

[註97]　（魏）王粲〈七哀詩〉其一：「西京亂無象。豺虎方遘患。復棄中國去。遠身
　　　　適荊蠻。親戚對我悲。朋友相追攀。出門無所見。白骨蔽平原。路有饑婦人。
　　　　抱子棄草間。顧聞號泣聲。揮涕獨不還。未知身死處。何能兩相完。驅馬棄之
　　　　去。不忍聽此言。南登霸陵岸。回首望長安。悟彼下泉人。喟然傷心肝。」（收
　　　　入逯欽立輯：《先秦漢魏晉南北朝詩·魏詩》，卷二，頁365。）
[註98]　（南朝梁）劉勰撰，周振甫注：《文心雕龍注釋·才略》，頁863。

曹掾。張溫年少有節操，容貌奇異雄偉。大農劉基稱之：「可與全琮為輩。」
太常顧雍譽其：「溫當今無輩。」〔註99〕對其多所稱譽，於是孫權拜之議郎、
選曹尚書，徙太子太傅，甚為看重。後孫權遣張溫使蜀，溫極稱美蜀國，蜀國
亦貴張溫之才，孫權因此心生忌恨，又嫌其聲名大盛，影響群庶而不為己用，
便借暨豔之事〔註100〕貶抑之。

　　2. 陸景

　　陸景，字士仁。母親張氏為諸葛恪外甥女，張家因坐諸葛恪事而被夷三族，
陸景之父陸抗與張氏離婚，陸景自幼由祖母撫養長大。及祖母亡，陸景為之心
喪三年。陸景以尚公主而拜騎都尉，封毗陵侯，父陸抗亡後，與兄弟各領陸抗
之軍隊，拜偏將軍、中夏督。陸景十分好學，著書數十篇，有〈誡盈〉一文，
曰：「重臣貴戚，隆盛三族，莫不罹患搆禍，鮮以善終。大者破家，小者滅身，
唯金張子弟，世履忠篤，故能保貴持寵，祚終昆季，其餘禍敗，可為痛心。」
〔註101〕對高官厚祿者具有深刻警惕意味。

　　觀張溫、陸景之所為，仍傾向承襲兩漢士人的傳統，盡心於政事，效忠於
國家，如張溫順利出使蜀國，陸景為祖母心喪三年。大抵吳國文士仍遵循著儒
家思想而行。

　　（二）魏國文士

　　《文士傳》所載魏國文士有阮籍、嵇康、王弼，以及李康。〔註102〕正始
年間玄學被大量討論著，文士之言行思想均受到極大的影響，然此時由於政權
傾軋，士人於政爭中慘遭殺害者不計其數，在此高壓詭譎的氛圍中，文士相對
於建安時期明顯緘默許多，文壇亦略顯沉靜，《文士傳》於竹林七賢中只收錄

〔註99〕　（晉）陳壽《三國志·張溫傳》，卷五十七，頁1329。
〔註100〕（晉）陳壽《三國志·張溫傳》：「豔字子休，亦吳郡人也，溫引致之，以為
　　　　選曹郎，至尚書。豔性狷厲，好為清議，見時郎署混濁淆雜，多非其人，欲
　　　　臧否區別，賢愚異貫。彈射百僚，覈選三署，率皆貶高就下，降損數等，其
　　　　守故者十未能一，其居位貪鄙，志節汙卑者，皆以為軍吏，置營府以處之。
　　　　而怨憤之聲積，浸潤之譖行矣。競言豔及選曹郎徐彪，專用私情，愛憎不由
　　　　公理，豔、彪皆坐自殺。溫宿與豔、彪同意，數交書疏，聞問往還，即罪溫。」
　　　　（卷五十七，頁1330。）
〔註101〕古田敬一：《文士傳輯本》，卷二，頁68。
〔註102〕李康，字蕭遠，中山人。明帝時為尋陽長，後封閣陽侯。李康篤志好學，善
　　　　屬文，詞藻清美。因不能同俗而為鄉里豪右所害，官途不順，作〈山久吟〉
　　　　曰：「蓋人生天地之間，若流電之過戶牖，輕塵之捿弱草矣。」表達出對人生
　　　　短暫與渺小的感嘆。

阮籍、嵇康二人，另外有王弼、李康二人，而《三國志‧王粲傳》則收錄應璩、繆襲，以及夏侯惠、孫該、杜摯、傅嘏。以下擇其較重要的幾人分述之。

1. 阮籍

竹林文士中，以阮籍、嵇康的作品數量及思想深度較為可觀。[註103]阮籍的生平事蹟已於前章說明，故此不再贅述，僅就阮籍的文學作品中探討其思想。觀乎阮籍的思想前期常表現出欲建功立業的抱負，然自司馬氏大量迫害士人，謀奪政權後，阮籍的思想轉向蔑棄世俗，以玄學為寄託，此為後期。

阮籍後期思想大致有三個重要脈絡，其一：對人生無常生命短暫的哀傷。此從其〈咏懷詩〉中即可看出：

> 炎暑惟茲夏。三旬將欲移。芳樹垂綠葉。青雲自逶迤。四時更代謝。
> 日月遞參差。徘徊空堂上。忉怛莫我知。願覩卒歡好。不見悲別離。
> （其七）[註104]

漢末魏晉間天下多變故，加上士人個體意識覺醒，珍惜生命，感嘆生命之無常是當時士人共有的思想趨勢，阮籍之悲自不外乎時代。阮籍受到道家思想的浸潤，在人生短暫、生命易逝的感嘆裡，進一步體認「道」的無窮悠遠：「人生若塵露，天道邈悠悠」（〈咏懷詩32〉）、「登彼列仙岨，采此秋蘭芳。時路烏足爭，太極可翱翔。」（〈咏懷詩35〉）從詩境可看出，阮籍將珍惜生命的時代思潮更深化，並且融入了道家的思想。

其二：對禮法之士虛偽機詐的厭惡。司馬氏與曹魏在爭權的過程中使用了奸詐權術，藉禪讓之名，行篡位之實。像司馬氏以「敗人倫之敘，亂男女之節。恭孝彌顙，凶德浸盛」[註105]的名義污衊齊王芳而廢之，這件事對正直有志之士衝擊很大，尤其以阮籍之高潔，自是無法苟同。加上一些偽禮法之士，屢以名教的大帽子扣人，[註106]藉以鏟除異己，謀取私利，更令阮籍深惡痛絕。

[註103] 竹林七賢中，僅嵇康、阮籍的詩文數量與質量較可觀，其餘五人作品傳世皆不多。向秀之文集《向秀集》，宋以後散佚，唯見於嚴可均所輯〈思舊賦〉與〈難嵇叔夜養生論〉兩篇，另有《莊子》注，卻多已亡佚。《山濤集》亦散佚，僅有嚴可均所輯〈表乞骸骨〉、〈上疏告退〉等五篇、〈山公啟事〉五十則；王戎無著作傳世；阮咸僅存〈律議〉一篇、〈與姑書〉一句；劉伶則有〈酒德頌〉一篇、〈北芒客舍詩〉與〈咒辭〉兩首。

[註104] （晉）阮籍：〈咏懷詩〉，收入逯欽立輯：《先秦漢魏晉南北朝詩‧魏詩》，卷十，頁497、498。

[註105] （晉）陳壽：《三國志‧魏書‧三少帝紀》注引《魏書》，卷四，頁130。

[註106] 代表禮法一派的士人何曾在司馬昭面前譖毀阮籍是「縱情背禮，敗俗之人。」

在其〈大人先生傳〉裡，阮籍嚴厲的指斥虛偽自私的禮法之士為「蝨虫」，「處於褌中，逃乎深縫，匿乎壞絮，自以為吉宅也。行不敢離縫際，動不敢出褌襠，自以為得繩墨也。饑則齧人，自以為無窮食也。」[註107] 阮籍的真性情，讓他看不慣禮法之士的虛偽造作；阮籍的高潔心志，讓他看不起禮法之士的鑽營名利。

其三：對高遠虛緲境界的嚮往。由於對現實環境的失望，讓阮籍內心無限憤恨悲苦，阮籍的苦無處可洩，除了音樂的調劑、為文抒發之外，只能想像一個超世拔俗、不為物累的逍遙之境，於是在其〈大人先生傳〉中，他描述體道大人「與造化推移」、「游於物外」的境界：

乃與造物同體，天地並生，逍遙浮世，與道俱成，變化散聚，不常其形。天地制域於內，而浮明開達於外。

因為對現實的不滿，以及受《莊子》的影響，阮籍產生蔑棄世俗名教與欺詐偽飾的思想，追求一種超脫塵俗又唯美虛無的理想境界：

夫清虛寥廓，則神物來集。飄飆恍惚，則洞幽貫冥；冰心玉質，則激潔思存；恬淡無懲，則泰志適情。伊衷慮之道好分，又焉處而靡遑。[註108]

阮籍終身臨淵履薄，內心孤獨而苦悶，現實世界裡無人可訴，他只能在精神上嚮往一個逍遙的境界，以尋求痛苦的解脫，故其詩文常籠罩一股幽憤悲苦的情緒，卻沒有明言所為何事，多數學者推測乃阮籍畏於司馬政權之猜忌成性，故語多含蓄保留。鍾嶸《詩品》稱阮籍詩：「厥旨淵放，歸趣難求。」[註109]《文心雕龍‧明詩》：「阮旨遙深。」[註110] 李善《文選》注亦言：「嗣宗身仕亂朝，恐罹謗遇禍，故發此咏也。」[註111] 阮籍的作品與心思，留與後世無限的解讀空間。

（見《晉書‧何曾傳》，卷三十三，頁 995。）；伏義的〈與阮籍書〉更質疑阮籍任誕行為的純正性，以及其非仕非隱行為的矛盾。見（清）嚴可均輯：《全三國文》，卷五十三，頁 1350～1351。

[註107]（魏）阮籍：〈大人先生傳〉，收入（清）嚴可均輯《全三國文》，卷四十六，頁 1315。

[註108]（魏）阮籍：〈清思賦〉，收入（清）嚴可均輯《全三國文》，卷四十四，頁 1305。

[註109]（南朝梁）鍾嶸著，曹旭集注：《詩品集注‧晉步兵阮籍詩》，頁 123。

[註110]（南朝宋）劉勰著，周振甫注釋：《文心雕龍注釋‧明詩》，頁 84。

[註111]（南朝梁）蕭統編，（唐）李善注：《文選‧阮嗣宗〈詠懷詩〉》（臺北：藝文出版社，1991 年），卷二十三，詩丙，頁 329。

2. 嵇康

嵇康是個多才多藝的文學家，其詩歌有四言、五言、六言、騷體、樂府，散文有〈養生論〉、〈與山巨源絕交書〉、〈聲無哀樂論〉等，其作品在思想上與藝術上均有極高的評價，劉勰評曰：「嵇志清峻」、〔註112〕鍾嶸謂之「托喻清遠」，〔註113〕皆著眼於「清」字，指其作品清新自然、激昂有力。而且在魏晉文士中，嵇康是最能體現「人的自覺」的覺醒者，對於自我個性、人格與理想，他誓死捍衛，寧可刀鑊臨之，亦不甘心屈服於當權者之下。他的〈與山巨源絕交書〉，縱筆寫來酣暢淋漓，直書胸臆，言語鏗鏘，充分展現嵇康傲直不屈的性格特質。

嵇康的思想一直為後世不斷討論著，仔細閱讀嵇康的作品會發現，其實嵇康的思想是融合儒家與道家，二者無法分割。《三國志‧王粲》注引嵇喜的《嵇康傳》云：

> 家世儒學，少有儁才，曠邁不群，高亮任性，不脩名譽，寬簡有大量。學不師授，博洽多聞，長而好老、莊之業，恬靜無欲。性好服食，嘗採御上藥。善屬文論，彈琴詠詩，自足于懷抱之中。〔註114〕

說明嵇康從小所接受的教育是儒家，年長後才接觸道家而好之。「家世儒學」指出儒家的典籍與思想對嵇康產生了根本性的影響，這點從其詩文中也可看出，例如他多次提到的柳下惠這位儒家的賢人，〔註115〕自己亦如同柳下惠一樣：以直道而事人、不以爵祿為己。這代表著嵇康心中道德的標準是重義輕利的。雖然他也提到隱士孫登〔註116〕，這也正說明嵇康除了心存儒家典範，而

〔註112〕（南朝宋）劉勰著，周振甫注釋：《文心雕龍注釋‧明詩》，頁84。

〔註113〕（南朝梁）鍾嶸著，曹旭集注：《詩品集注‧魏中散嵇康詩》，頁210。

〔註114〕（晉）陳壽：《三國志‧王粲傳》，卷二十一，頁605。

〔註115〕嵇康在〈答向子期難養生論〉中曾說：「且子文三顯，色不加悅；柳惠三黜，容不加戚。何者？令尹之尊，不若德義之貴；三黜之賤，不傷沖粹之美。二子嘗得富貴於其身，終不以人爵嬰心，故視榮辱如一。」（嚴可均：《全三國文》，卷四十八，頁1325。）又在〈幽憤詩〉中提到：「欲寡其過，謗議沸騰。性不傷物，頻致怨憎。昔慚柳惠，今愧孫登。內負宿心，外恧良朋。」更有〈六言詩〉云：「楚子文善仕，三為令尹不喜；柳下降身蒙恥，不以爵祿為己。靖恭古惟二子。」（逯欽立輯：《先秦漢魏晉南北朝詩‧魏詩》，卷九，頁481、490。）

〔註116〕孫登為當時的隱士，阮籍曾奉晉文帝之命往見孫登，然孫登不與阮籍交一語。嵇康曾從之游三年。將別，孫登謂曰：「子識火乎？火生而有光，而不用其光，果在於用光。人生而有才，而不用其才，而果在於用才。故用光在乎得薪，

且嚮往道家隱逸養性全身之道，故其思想本質是融合儒道二家的。在其〈家誡〉一文中，我們可以看到為人父親者對孩子的殷殷期待與諄諄教誨，關愛之情溢乎字裡行間，他所宣示的道德行為標準，亦帶有濃厚的儒家色彩，例如：

> 不須作小小卑恭，當大謙裕；不須作小小廉恥，當全大讓。若臨朝
> 讓官，臨義讓生，若孔文舉求代兄死，此忠臣烈士之節。……不須
> 行小小束修之意氣，若見窮乏而有可以賑濟者，便見義而作。〔註117〕

「臨義讓生」，不正是孟子的捨生取義嗎？由此可知，嵇康自幼所習的儒家思想仍存在於其觀念中，並沒有因為長大習染老莊而全盤否定儒家，他所否定的是被扭曲、缺乏實質意義與情感的禮法制度，例如：以儒家政治至美的理想「禪讓」之名，行弒君叛國之實的司馬氏政權、以「言論放蕩，非毀典謨」等名義，行剷除異己的假禮法之士。

當然，除了儒家精神，嵇康也接受老莊思想。他將玄學「得意忘言」的方法應用在詩歌上，言此意彼，表現一種超越言語文字的情趣旨意，故其詩中常呈現平和的情思、玄遠的境界，如〈四言贈兄秀才入軍詩〉：

> 乘風高逝。遠登靈丘。托好松喬。攜手俱遊。朝發太華。夕宿神州。
> 彈琴詠詩。聊以忘憂。〔註118〕

即使是送別，心情仍是輕快而非悲傷的，建安文士那種悲憤、那種熱烈，在嵇康的詩中是看不到的。此外，在其作品中，亦時時流露全性養生的思想，例如〈養生論〉云：

> 是以君子知形恃神以立，神須形以存，悟生理之易失，知一過之害
> 生。故脩性以保神，安心以全身，愛憎不棲於情，憂喜不留於意，
> 泊然無感，而體氣和平。又呼吸吐納，服食養身，使形神相親，表
> 裏俱濟也。〔註119〕

所以保其耀；用才在乎識真，所以全其年。今子才多識寡，難乎免於今之世
矣！子無求乎？」嵇康沒有聽進這番話，果遭非命，於是作〈幽憤詩〉曰：
『昔慚柳下，今愧孫登。』事見（唐）房玄齡等撰：《晉書・隱逸傳》，卷九
十四，頁 2426。

〔註117〕 （魏）嵇康：〈家誡〉，收入嚴可均輯：《全三國文》，卷五十一，頁 1342。

〔註118〕 （魏）嵇康：〈四言贈兄秀才入軍詩〉，收入逯欽立輯：《先秦漢魏晉南北朝詩・
魏詩》，卷九，頁 482。

〔註119〕 （魏）嵇康：〈養生論〉，收入（清）嚴可均輯：《全三國文》，卷四十八，頁
1324。

對於養生，嵇康認為必須修性以保神，少私寡欲，不使欲望傷神，〔註120〕因為精神之於形骸，猶如國之有君，神躁則形亂。養神之餘再配合呼吸吐納與服食，則形神相親，表裏俱濟。其〈六言詩〉足以與此相互呼應：

> 名行顯患滋，位高勢重禍基。美色伐性不疑，厚味臘毒難治。如何
> 貪人不思。〔註121〕

強調名位、美色、厚味之害生，但是一般人疏於思考防範，故禍患自來，形體日殘。其處世思想大抵承襲老莊，主張「好勝者殘，強梁致災，多事招患」、「絕智棄學，遊心于玄默」。〔註122〕

　　大自然山水秀麗，沒有官場的黑暗，也沒有世俗的污濁，是許多嚮往隱逸者鍾情山林之因，嵇康也不例外。其詩文常表現出平和閑淡的情思與對超脫世俗之隱逸生活的嚮往，如〈四言詩〉：

> 淡淡流水，淪胥而逝。泛泛柏舟，載浮載滯。微嘯清風，鼓檝容裔。
> 放棹投竿，優遊卒歲。〔註123〕

在其〈與山巨源絕交書〉亦云：「吾每讀尚子平、臺孝威傳，慨然慕之，想其為人。」尚子平〔註124〕、臺孝威〔註125〕俱為東漢隱士，嵇康對於其為人、事

〔註120〕（魏）嵇康〈養生論〉：「清虛靜泰，少私寡欲。知名位之傷德，故忽而不營，非欲而彊禁也；識厚味之害性，故棄而弗顧，非貪而後抑也。」收入（清）嚴可均輯：《全三國文》，卷四十八，頁1324。

〔註121〕（魏）嵇康：〈六言詩〉，收入逯欽立輯：《先秦漢魏晉南北朝詩・魏詩》，卷九，頁490。

〔註122〕（魏）嵇康：〈代秋胡歌詩〉，收入逯欽立輯：《先秦漢魏晉南北朝詩・魏詩》，卷九，頁480。

〔註123〕（魏）嵇康：〈四言詩〉，收入逯欽立輯：《先秦漢魏晉南北朝詩・魏詩》，卷九，頁484。

〔註124〕嵇康所言「尚子平」，即《漢書》之「向子平」。（南朝宋）范曄《後漢書・逸民傳》：「向長字子平，河內朝歌人也。隱居不仕，性尚中和，好通老、易。貧無資食，好事者更饋焉，受之取足而反其餘。王莽大司空王邑辟之，連年乃至，欲薦之於莽，固辭乃止。潛隱於家。讀易至損、益卦，喟然歎曰：『吾已知富不如貧，貴不如賤，但未知死何如生耳。』建武中，男女娶嫁既畢，敕斷家事勿相關，當如我死也。於是遂肆意，與同好北海禽慶俱遊五嶽名山，竟不知所終。」（卷八十三，頁2758～2759。）

〔註125〕（南朝宋）范曄《後漢書・逸民傳》：「臺佟字孝威，魏郡鄴人也。隱於武安山，鑿穴為居，采藥自業。建初中，州辟不就。刺史行部，乃使從事致謁。佟載病往謝。刺史乃執贄見佟曰：『孝威居身如是，甚苦，如何？』佟曰：『佟幸得保終性命，存神養和。如明使君奉宣詔書，夕惕庶事，反不苦邪？』遂去，隱逸，終不見。」（卷八十三，頁2770。）

蹟均極欽慕,表現出對「遊山澤、觀鳥魚」隱逸生活的喜愛。除了詩文表達,嵇康更著《聖賢高士傳》以表明其超越世俗、嚮往隱逸的心志。

由此可知,嵇康的思想是融合儒道二家,在人生出處的選擇上,他傾向道家的隱逸山林;在為人的原則上,他流露出儒家所堅持的道德操守。

嵇、阮二人在魏晉之交的險惡政局下,加上玄學理論初建構完成,其詩文表現出超越世俗的清虛閑淡,作品融入哲學的思辨與游仙的想像,具有時代深刻的印記,足為正始時期的文士代表。正始文士不同於建安文士的情志高揚,而是趨向內斂含蓄,從建功立業、雄心壯志轉為維護自我、崇尚玄遠。建安文士有一致的理想、一致的感慨;正始文士則表現出鮮明的個性、不同的出處選擇。

3. 王弼

王弼,正始時期的名士,亦是正始玄學的倡導者,《文士傳》中亦收錄之。王弼的文章多為闡釋哲學思想,如〈難何晏聖人無喜怒哀樂論〉、〈戲答荀融書〉;又注《易》及《老子》,溝通儒道思想,開啟了正始玄學。相較於何晏,王弼的玄學理論有許多創新,對於道體的解釋亦較圓滿完整,可以說他是一位天才洋溢的玄學家,《文士傳》之所以收錄王弼,應該也是著眼於其文章的論理精闢而深入。

因為政治環境的關係,正始文士的數量不如建安時期眾多,然此時卻出現嵇康與阮籍這兩位大家,其文學作品不管在技巧上與思想上,均達到相當高的水準。新的學術命題——玄學的探討在此時已經展開,嵇、阮二人以玄學為人生指導原則,表現在言行上,越禮放誕,影響後世士人極大;表現在文學上,談論義理的論說文思辨性極高,其作品一方面表現出超脫的、平淡的情思,另一方面因為與主政者的緊張關係,想超脫又無法超脫,時時流露矛盾痛苦的孤獨感。當玄學正如火如荼的在中原地區展開時,吳國的文士的言行思想,仍以儒家傳統價值觀為主,如陸績勤於政事,龐士元評之曰:「顧子所謂駑牛可以負重致遠」〔註126〕、張溫有節操,形成南北間的差異。

〔註126〕 余嘉錫:《世說新語箋疏‧品藻2》:「龐士元至吳,吳人並友之。見陸績、顧劭、全琮而為之目曰:『陸子所謂駑馬有逸足之用,顧子所謂駑牛可以負重致遠。』或問:『如所目,陸為勝邪?』曰:『駑馬雖精速,能致一人耳。駑牛一日行百里,所致豈一人哉?』吳人無以難。」(頁500。)

三、西晉文士

　　西晉初年，武帝相繼滅蜀、吳，完成統一大業，當時因戰爭歷時短暫，亦未遭受頑強的抵抗，故對民生破壞性不大，加上武帝除了獎勸農桑，為增加人口，更提倡早婚，使西晉前期的二十年間經濟繁榮，社會安定。〔註127〕然而表面上是一副繁榮的景象，暗地裡弊病叢生。因九品中正法的壟斷仕途，讓原本的豪門世族勢力更加壯大，寒士幾無立身之地。豪門大族藉其權勢與民爭利，大量積聚財富，彼此競相誇富鬥奢，連武帝傾國家之財亦難及之。〔註128〕加上立嗣問題，朝中形成兩大集團相互權力傾軋，終爆發八王之亂，最後導致晉室南遷，而為東晉。西晉（西元265～316）五十年的歷史，除了晉初短暫的統一穩定之外，一直陷入戰亂紛爭中，內憂外患不斷。

　　西晉士人經歷高平陵，名士被戮過半的殘酷事件，更眼見名聞天下的嵇康因不與司馬氏合作而命喪黃泉，心裡的震撼是相當大的。他們多半不再有竹林名士的高直不屈，也失去建安文士建功立業的雄心，對於掌權者，只能唯唯諾諾，即使政事紛亂，數易其主，只要能保住官位與性命，他們不會太在乎。此時是家族利益大於國家利益，個人前途勝過效忠君主，士人所應有的氣節、操守已蕩然無存。西晉中期之後，名教與自然的矛盾在郭象的手中解決了，郭象認為只要適性稱情，名教即自然。在此思維下，西晉文士盡情的滿足其物質慾望，名正言順的當官而又不失高雅超俗。由於時代風氣的尚美，西晉文學亦傾向輕綺藻飾，重視形式美感。除了作品充滿艷藻麗辭、聲韻和諧、對偶工整之外，亦有相對應的文學理論出現，最具代表性的就是陸機的〈文賦〉。

　　據《文士傳》所錄，西晉的文士眾多，有晉初的張華、成公綏、何楨、王濟、孫楚、與棗據，晉朝太康〔註129〕以後則有賈謐、棘嵩、夏侯湛、左思、

〔註127〕（晉）干寶《晉紀·總論》稱西晉初期的社會狀態是：「牛馬被野，餘糧棲畝，行旅草舍，外閭不閉，民相遇者如親。其匱乏者，取資于道路，故于時有天下無窮人之諺。」收入（清）黃奭輯：《黃氏逸書考》（京都：中文出版社，1986年），頁2886。

〔註128〕余嘉錫：《世說新語箋疏·汰侈8》：「石崇與王愷爭豪，並窮綺麗，以飾輿服。武帝，愷之甥也，每助愷。嘗以一珊瑚樹，高二尺許賜愷。枝柯扶疏，世罕其比。愷以示崇。崇視訖，以鐵如意擊之，應手而碎。愷既惋惜，又以為疾己之寶，聲色甚厲。崇曰：『不足恨，今還卿。』乃命左右悉取珊瑚樹，有三尺四尺，條榦絕世，光彩溢目者六七枚，如愷許比甚眾。愷惘然自失。」（頁882～883。）

〔註129〕晉武帝滅吳統一，建年號太康（西元280年），從太康元年到惠帝永康元年（西元300年），約二十年的時間，雖有賈后亂政，三楊被誅等事件，然未動

郭象、摯虞、華譚、殷基、張載、束晳、杜育、潘尼、顧榮、陸機、陸雲、鄭
豐、江統、曹攄與張翰。因晉朝文士眾多，且其特質有所差異，故擇重要者，
依其特質加以分類敘述於下。

（一）依違躁進，犧牲生命

1. 張華

張華，西晉初年的名臣，是《世說新語》所錄之名士之一，亦是當時文壇
的領袖，提攜後進不遺餘力。其生平事蹟已於前章敘述過，以下僅就張華詩文
中表達的思想探討。張華的詩被鍾嶸評為「華艷」、「妍冶」，此類風格以〈情
詩〉為代表。另有一些作品則是詩人在紛亂政局下，內心惶恐不安的反射。張
華自入晉為武帝賞識後，一直位於權力中心，目睹晉室內亂的產生，自然心中
有感而發，其〈雜詩〉即表達了這樣的心情：

> 晷度隨天運，四時互相承。東壁正昏中，固陰寒節升。繁霜降當夕，
> 悲風中夜興。朱火青無光，蘭膏坐自凝。重衾無暖氣，挾纊如懷冰。
> 伏枕終遙昔，寤言莫予應。永思慮崇替，慨然獨撫膺。〔註130〕

賈后掌權時重用張華，以之為司空。然賈后荒淫，朝臣結黨爭權，目睹此情形，
張華雖預感禍患將至，卻無力挽救。詩前半所言寒冬將至，似乎預言著晉朝的
內亂將起；後半則寫出張華憂慮與孤獨。司馬氏內部的權力傾軋造成許多文士
的無辜喪命，張華的詩句傳達了士人面臨紛亂政治時的憂慮恐懼心情。

張華位居晉朝台輔，終日周旋於朝事間，然受到時代思潮的影響，以及
險惡政局的威脅，其詩文不免透露出對自然歸隱的嚮往，例如其〈歸田賦〉
曰：

> 用天道以取資，行藥物以為娛。時逍遙於洛濱，聊相伴以縱意。目
> 白沙與積礫，玩眾卉之同異。揚素波以濯足，泝清瀾以蕩思。低徊
> 住留，栖遲蓊藹。存神忽微，遊精域外。藉纖草以為茵，援垂陰以
> 為蓋。瞻高鳥之陵風，臨鰷魚於清瀨。眇萬物而遠觀，脩自然之通
> 會。以退足於一壑，故處否而忘泰。〔註131〕

搖國本，政治大抵安定，史稱太康時期。太康時期文壇極為繁榮，重要的作
家有二陸（陸機、陸雲）、三張（張載、張協、張亢）、兩潘（潘岳、潘尼）、
一左（左思）等人。

〔註130〕 （晉）張華：〈雜詩〉，收入逯欽立輯：《先秦漢魏晉南北朝詩‧晉詩》，卷三，
頁620。

〔註131〕 （晉）張華：〈歸田賦〉，收入（清）嚴可均輯：《全晉文》，卷五十八，頁1789。

詩人逍遙於素波、纖草與魚鳥之間，人生境遇的否泰不繫於心，一派悠閒清雅。其〈鷦鷯賦〉則寫出鷦鷯顏色醜陋而粗賤，因此不會遭受殺害，可怡然自得的生活著，反映出無用為用的道家思想。〈鷦鷯賦〉序曰：

> 鷦鷯，小鳥也，生於蒿萊之間，長於藩籬之下，翔集尋常之內，而
> 生生之。理足矣。色淺體陋，不為人用，形微處卑，物莫之害，繁
> 滋族類，乘居匹游，翩翩然有以自樂也。〔註132〕

張華雖知「形微處卑，物莫之害」的道理，然張華名重於時，處高官享厚爵，面對功名富貴捨不得放手，雖知仕途危機四伏，卻未及時引退，終不免喪於晉室內鬥，道家的思想對張華而言，只是詩文與人生情趣之點綴，並未讓張華倖免於政治鬥爭中。

2. 陸機

　　陸機，字士衡，吳郡人。陸機二十歲時吳國被滅，兩兄長為晉軍所殺，經歷亡國打擊，陸機與弟弟回到華亭故里，閉門苦讀十年。陸機身長七尺，聲音宏亮如鐘，伏膺儒家道德思想，非禮不動。太康九年與弟陸雲奉朝廷「舉清能」之詔，與顧榮等人俱入洛陽。然因當時中原世族一向輕視南人，陸家兄弟二人又口操吳音，時人多譏之。幸有張華賞識，為其延譽，並曰：「伐吳之役，利獲二俊。」〔註133〕二人因此聲名大噪。次年，太尉楊峻辟為祭酒，陸機從此捲入晉室統治階層內部鬥爭。後陸機親近賈謐，成為其攏絡的「二十四友」之一，頗為世人所譏。八王之亂中，陸機輪仕諸王，見成都王穎頗能禮賢下士，意以為必能康隆晉室，遂委身仕之。〔註134〕成都王穎與河間王顒起兵討長沙王乂，以陸機為後將軍、河北大都督。陸機督軍於外，部下孟超不受節度而為敵所害，孟超之兄孟玖乃司馬穎嬖寵之宦人，孟玖疑其弟為所陸機所害，〔註135〕譖機

〔註132〕　（晉）張華：〈鷦鷯賦〉，收入（清）嚴可均輯：《全晉文》，卷五十八，頁1790。

〔註133〕　（唐）房玄齡等撰：《晉書‧陸機傳》，卷五十四，頁1472。

〔註134〕　八王之亂起，趙王倫主政，賈謐被誅，陸機因參與誅謐之事，賜爵關中侯。後司馬倫兵敗被誅，齊王同責陸機參與篡位事宜，為撰九錫文及禪詔，遂收陸機等人，幸賴成都王穎、吳王晏救理之，得減死徙邊，遇赦而止。陸機見成都王穎頗能禮賢下士，遂仕之。

〔註135〕　孟超素輕視陸機，曾率鐵騎百餘人，直入陸機麾下，並謂曰：「貉奴能作督不！」無禮至極。陸機之司馬孫拯勸機殺之，機卻不聽。孟超更當眾謂：「陸機將反」，又書與孟玖，言機遲疑兩端，軍不速決。及戰事起，孟超不受陸機節度，獨自率兵而進，遂兵敗而亡。孟玖於是懷疑乃陸機殺之。事見（唐）房玄齡等撰：《晉書‧陸機傳》，卷五十四，頁1480。

於穎，言其有異志。將軍王闡、郝昌、公師藩等皆孟玖所用，與牽秀等共證之，成都王穎遂派牽秀密收機，機於是被害軍中。陸機無罪而死，士卒皆哀痛而莫不流涕。

陸機天才秀逸，辭藻宏博整麗。張華嘗謂之曰：「人之為文，常恨才少，而子更患其多。」葛洪亦對其倍加稱譽，曰：「機文猶玄圃之積玉，無非夜光焉，五河之吐流，泉源如一焉。其弘麗妍贍，英銳漂逸，亦一代之絕乎！」〔註136〕可見眾人對陸機文才的推重。陸機在文學上的表現是多方面的，詩、樂府、文論、書法等皆擅長。其〈文賦〉則是一篇有系統的文學理論，他將文學作品的體裁分類歸納，評斷高下並探尋其規律，對劉勰《文心雕龍》影響很大。其詩亦為當世所重，如〈赴洛道中作〉二首：

> 總轡登長路，嗚咽辭密親。借問子何之？世網嬰我身。永歎遵北渚，
> 遺思結南津。行行遂已遠，野途曠無人。山澤紛紆餘，林薄杳阡眠。
> 虎嘯深谷底，雞鳴高樹巔。哀風中夜流，孤獸更我前。悲情觸物感，
> 沈思鬱纏綿。佇立望故鄉，顧影悽自憐。（其一）〔註137〕

此詩作於赴洛途中，一路上慘淡蕭瑟的景物，正是其哀戚不安心情的寫照，表現亡國者的失落與憂慮仕途的心情。另外還有太康詩壇極為盛行的招隱詩：

> 明發心不夷，振衣聊躑躅。躑躅欲安之，幽人在浚谷。朝採南澗藻，
> 夕息西山足。輕條象雲構，密葉成翠幄。激楚佇蘭林，回芳薄秀木。
> 山溜何泠泠，飛泉漱鳴玉。哀音附靈波，頹響赴曾曲。至樂非有假，
> 安事澆醇樸？富貴苟難圖，稅駕從所欲。〔註138〕

詩中描述山中秀麗的景色，以及嚮往歸隱的心情。魏晉以來的招隱詩與《楚辭》中的招隱正好相反，《楚辭》之招隱乃招山中隱逸者出山，有「山中兮不可久留」之意；魏晉之招隱卻是招世人歸隱山野，以山林為忘懷世間煩惱、回歸自然之處。招隱詩的盛行，除了反映魏晉時代的道家學術思潮之外，也表現出太康詩人對自身處境的憂慮，而有遁隱山林之思。然而這畢竟都只是

〔註136〕　（唐）房玄齡等撰：《晉書·陸機傳》，卷五十四，頁1482。

〔註137〕　（晉）陸機：〈赴洛道中作〉，此詩尚有其二：「遠遊越山川，山川脩且廣。振策陟崇丘，案轡遵平莽。夕息抱影寐，朝徂銜思往。頓轡倚嵩巖，側聽悲風響。清露墜素輝，明月一何朗！撫几不能寐，振衣獨長想。」（收入逯欽立輯：《先秦漢魏晉南北朝詩·晉詩》，卷五，頁684。）

〔註138〕　（晉）陸機：〈招隱詩〉，收入逯欽立輯：《先秦漢魏晉南北朝詩·晉詩》，卷五，頁689～690。

詩篇文字，觀乎多數晉朝文士急於功名而攀附權貴的行為，歸隱並非其內心真正的選擇。陸機於八王之亂時曾有抽身的機會，但他以自己「負有才望」而不願急流勇退，仍想有所作為。《晉書・陸機傳》：

> 時中國多難，顧榮、戴若思等咸勸機還吳，機負其才望，而志匡世難，故不從。〔註 139〕

陸機的躁進使自己無辜喪生了。這是陸機的悲哀，也是一代士人的悲哀，在政治紛亂的時代，士人通常淪為政治鬥爭下的犧牲品，魏晉歷史血淚斑斑。

3. 陸雲

陸雲，字士龍，與兄陸機、弟耽同時入洛陽。陸雲有笑疾，常大笑不能自已。〔註 140〕個性清和正直，刺史周浚召為從事，曾謂人曰：「陸士龍當今之顏子也。」一般認為陸雲的文章雖不及陸機，然亦有才理，世稱「二陸」。陸雲出補浚儀令，此縣居於都會之要道，素來難以治理，然而陸雲到官後，訟獄清明果決，〔註 141〕市無二價，去官後百姓追思之，畫其形貌，配食縣中社廟，由此可見其政治上的才幹。為吳王晏郎中令時，對於吳王營建第室與任用寵信部將行使覆察諸官錢帛之事，多能加以勸諫。後入成都王穎表為清河內史，成都王晚節政衰，陸雲屢以正言忤旨，且結怨於宦人孟玖。〔註 142〕兄陸機被害後，陸雲也牽連入獄，僚屬數十人流涕為之請命，仍見害而身亡。

4. 潘岳

潘岳為當世所稱的文士，卻沒有列入《文士傳》中，不知是否資料亡佚，或是作者另有其意。然因其為西晉中期重要的文人，且《晉書・文苑傳》亦收錄之，故於此補述。潘岳，字安仁，滎陽中牟人。年少即以才智聰穎見稱，鄉

〔註 139〕 （唐）房玄齡等撰：《晉書・陸機傳》，卷五十四，頁 1473。

〔註 140〕 （唐）房玄齡等撰《晉書・陸雲傳》：「吳平，入洛。機初詣張華，華問雲何在。機曰：『雲有笑疾，未敢自見。』俄而雲至。華為人多姿制，又好帛繩纏鬚。雲見而大笑，不能自已。先是，嘗著縗絰上船，於水中顧見其影，因大笑落水，人救獲免。」（卷五十四，頁 1481～1482。）

〔註 141〕 （唐）房玄齡等撰《晉書・陸雲傳》：「人有見殺者，主名不立，雲錄其妻，而無所問。十許日遣出，密令人隨後，謂曰：『其去不出十里，當有男子候之與語，便縛來。』既而果然。問之具服，云：『與此妻通，共殺其夫，聞妻得出，欲與語，憚近縣，故遠相要候。』於是一縣稱其神明。」（卷五十四，頁 1482。）

〔註 142〕 （唐）房玄齡等撰《晉書・陸雲傳》：「孟玖欲用其父為邯鄲令，左長史盧志等並阿意從之，而雲固執不許，曰：『此縣皆公府掾資，豈有黃門父居之邪！』玖深忿怨。」（卷五十四，頁 1484。）

邑號為奇童。岳姿容秀美，〔註143〕少時常挾彈弓出洛陽道，婦人見之甚喜，皆連手縈繞，投之以果，遂滿車而歸。早年賈充辟為太尉掾，然因朝廷黨爭，出為河南令，鬱鬱不得志，後轉為懷縣令。潘岳勤於治理地方，頗有政績，亦能針對國策提出建議。〔註144〕趙王倫輔政時，以孫秀為中書令，而孫秀與潘岳有宿隙，〔註145〕秀遂誣岳及石崇、歐陽建與淮南王允、齊王冏共謀為亂，皆誅之，並夷三族。

潘岳雖有高才，然個性輕浮急躁，急趨功名世利，與石崇等諂事賈謐，每候其出，與崇望塵而拜，為世所譏。賈謐素重潘岳之才，構陷愍懷太子之文，出自潘岳之筆；其二十四友，以潘岳為首；賈謐所議《晉書》年代限斷，亦岳之主張。可見賈謐對潘岳之看重，也可見潘岳人格之鄙劣一面。潘岳工詩善文，辭藻絕麗，與陸機齊名，號稱「潘陸」。尤其擅長哀誄之詩文，其〈馬汧督誄〉讀來令人思古義士，並為之惻然；其妻楊氏病故，為〈悼亡詩〉三首〔註146〕悼念之，詩中真情流露，哀婉感人，故沈德潛謂潘岳「格雖不高，其情自深。」〔註147〕其〈閑居賦〉與〈秋興賦〉亦頗為知名，賦中皆表現了濃厚的道家思想，如〈秋興賦〉：

> 聞至人之休風兮，齊天地於一指。苟趣舍之殊塗兮，庸詎識其躁靜。
> 彼知安而忘危兮，故出生而入死。行投趾於容跡兮，殆不踐而獲底。
> 闕側足以及泉兮，雖猴猿而不履。龜祀骨於宗祧兮，思反身於綠水。
> 〔註148〕

〔註143〕 余嘉錫：《世說新語箋疏‧容止9》：「潘安仁、夏侯湛並有美容，喜同行，時人謂之『連璧』。」（頁611。）

〔註144〕 當時旅店敗亂法度，窩藏姦淫亡命之徒，造成治安極大的問題，朝廷意欲廢除，改以官橘代替，而潘岳奏〈上客舍議〉，認為旅店提供往來商賈行旅所需，且旅店通常連陌接館，有防止盜賊之功能，故不該廢除。朝廷乃從其議。見（唐）房玄齡：《晉書‧潘岳傳》卷五十五，頁1506。

〔註145〕 （唐）房玄齡等撰：《晉書‧潘岳傳》：「初，芘為琅邪內史，孫秀為小史給岳，而狡黠自喜。岳惡其為人，數撻辱之，秀常銜忿。」（卷五十五，頁1506。）

〔註146〕 （晉）潘岳〈悼亡詩〉三首之一：「荏苒冬春謝，寒暑忽流易。之子歸窮泉，重壤永幽隔。私懷誰克從，淹留亦何益？僶俛恭朝命，迴心反初役。望廬思其人，入室想所歷。幃屏無髣髴，翰墨有餘跡。流芳未及歇，遺挂猶在壁。悵怳如或存，周遑忡驚惕。如彼翰林鳥，雙栖一朝隻。如彼遊川魚，比目中路析。春風緣隟來，晨霤承簷滴。寢息何時忘，沈憂日盈積。庶幾有時衰，莊缶猶可擊。」（收入逯欽立輯：《先秦漢魏晉南北朝詩‧晉詩》，卷四，頁635。）

〔註147〕 （清）沈德潛：《古詩源》，頁97。

〔註148〕 （晉）潘岳：〈秋興賦〉，收入（清）嚴可均輯：《全晉文》，卷九十，頁1980。

雖引用《莊子》書中的神龜寧願曳尾塗中而生，也不願藏之廟堂而死的典故，表現淡泊名利、追求逍遙自在的人生理想，然而這畢竟是潘岳長久沉淪下僚，為仕途的不順遂發發牢騷而已。觀其所為，顯然道家思想並未影響其出處的選擇，詩中表現的淡泊名利與其拜路塵的趨貴行為有極大的矛盾。

　　以上這些文士對於仕進都有滿腔的理想，而且其文才亦備受稱譽，如張華之才高而博學多聞，陸機更被譽為「太康之英」，潘岳之哀誄文類哀戚感人。然他們卻同樣迷失於功名的追求中，陸機在八王亂起時有機會抽身而退，他仍毅然周旋其中；潘岳為求高官，不惜拜塵。躁進求官，使他們失去審辨時局的能力，然而換一個角度而言，這也是士人依附於政治下的悲哀。

　　（二）見機而作，知所進退

　　1. 張載

　　張載，字孟陽，安平灌津人。張載個性閑雅，博學能文。其父為蜀郡太守，太康初年，張載至蜀省父，道經劍閣，見蜀人恃險好亂，因著〈劍閣銘〉以誡之，益州刺史張敏見而奇之，乃表上其文，武帝遂遣使鐫之於劍閣山。張載又有〈濛汜賦〉一篇，傅玄見而嗟歎，以車迎之，言談盡日，並為之延譽，張載遂聞名於世。然張載見八王之亂起，政治黑暗、世事紛亂，無復有仕進之意，遂稱疾篤告歸，卒於家中。

　　2. 張協

　　張協，字景陽，張載之弟。少有俊才，與張載齊名。見天下已亂，寇盜四起，張協遂棄絕人事，隱居鄉間草澤，屬文詠詩自娛。懷帝永嘉初年，朝廷徵召為黃門侍郎，託病不就。張協的文學成就以詩為最高，其〈雜詩〉十首之五表現了對趨炎附勢、熱衷功名之徒的蔑視：

　　　　昔我資章甫，聊以適諸越。行行入幽荒，毆駱從祝髮。窮年非所用，

　　　　此貨將安設？瓴甋夸璵璠，魚目笑明月。不見郢中歌，能否居然別？

　　　　陽春無和者，巴人皆下節。流俗多昏迷，此理誰能察！〔註149〕

陽春白雪，曲高和寡，流俗昏亂，能清醒的畢竟是少數，張協對此發出感嘆。其〈雜詩〉十首之三則表現了出世的思想：

　　　　金風扇素節，丹霞啟陰期。騰雲似涌煙，密雨如散絲。寒花發黃采，

─────────────

〔註149〕（晉）張協：〈雜詩〉，收入逯欽立輯：《先秦漢魏晉南北朝詩‧晉詩》，卷七，
　　　　頁746。

秋草含綠滋。閑居玩萬物，離群戀所思。案無蕭氏牘，庭無貢公綦。

高尚遺王侯，道積自成基。至人不嬰物，餘風足染時。

張協對於政治狀況與自身處境是清醒的，當他意識到局勢之不可為，便辭官歸隱，保全其身，充分展現了處世的智慧。

3. 潘尼

潘尼，字正叔。少有清才，與叔父潘岳俱以文章見知。然尼性靜退不競，唯以勤學著述為事。及趙王倫篡位，潘尼藉掃墓之名離開洛京，投靠齊王冏，八王之亂事平，遷太常卿。直至永嘉中，胡人入寇中原，洛陽將沒，潘尼攜家屬東出成皋，欲還鄉里。道中遇賊而不得前，病卒於塢壁，年六十餘。八王之亂時皇室多故，潘尼雖職居顯要，卻能從容保身，展現其過人的處世智慧。著有〈安身論〉以明處世原則，認為應寡欲謹行以修身，釋自私之心，塞有欲之求，視名位為糟粕，勢利為埃塵，如此方能安其身。〔註150〕

雖然潘岳之文采勝潘尼，但潘尼的洞見觀察使其不至捲入八王爭權之亂而喪生。相較於其叔父潘岳的急功近利，潘尼所表現出對名位的不戀棧與亂世全身的智慧，更令人佩服。

4. 張翰

張翰，字季鷹，吳郡吳人。善屬文，行為放縱任誕不拘，時人號為「江東步兵」。齊王冏曾辟為大司馬東曹掾，然冏執權時，張翰觀其擅權驕恣，內亂將甚，與同郡顧榮曰：「天下紛紛，禍難未已。夫有四海之名者，求退良難。吾本山林間人，無望於時。子善以明防前，以智慮後。」〔註151〕二人商議同回故里吳郡，遂以見秋風起，思吳中菰菜、蓴羹、鱸魚膾而命駕歸鄉。不久齊王冏果敗，人皆謂張翰洞燭機先。張翰任心自適，不求聞達於當世，〔註152〕

〔註150〕（晉）潘尼〈安身論〉：「君子則不然。知自私之害公也，然後外其身；知有欲之傷德也，故遠絕榮利；知爭競之遘災也，故犯而不校；知好伐之招怨也，故有功而不德。安身而不為私，故身正而私全；慎言而不適欲，故言濟而欲從；定交而不求益，故交立而益厚；謹行而不求名，故行成而名美。止則立乎無私之域，行則由乎不爭之塗，必將通天下之理，而濟萬物之性。」見（唐）房玄齡等撰：《晉書·潘尼傳》，卷五十五，頁1508。

〔註151〕（唐）房玄齡等撰：《晉書·文苑傳》，卷九十二，頁2384。

〔註152〕（唐）房玄齡等撰《晉書·文苑傳》：「或謂之曰：『卿乃可縱適一時，獨不為身後名邪？』答曰：『使我有身後名，不如即時一杯酒。』」（卷九十二，頁2384。）

時人貴其曠達。有文章數十篇行於世，其〈雜詩〉〔註153〕較為有名，藉由時節的轉換來寫人生的貧賤衰老是伴隨著榮華青壯而來，深具哲理之思。

5. 顧榮

顧榮，字彥先，吳國吳郡人，為南方大姓人家。自幼機智朗悟，弱冠曾仕吳，為黃門侍郎。吳國滅亡後數年，與陸機兄弟同入洛陽，時人號為「三俊」。齊王冏召為大司馬主簿。冏擅權凶暴，顧榮懼禍降於身，於是終日縱酒酣暢，不治府事。及冏誅，顧榮歷仕長沙王乂、成都王穎、東海王越。後屬廣陵相陳敏反，以顧榮為右將軍、丹陽內史，榮雖預知其必敗，仍虛與委蛇，後與甘卓、紀瞻潛謀起兵攻陳敏，敏兵敗而散。永嘉之亂後，元帝鎮江東，以顧榮為軍司，朝中諸事，皆諮顧榮，榮既為南方望族，又克盡職守，能適時勸諫君上，並推薦南方人才為朝廷所用，〔註154〕故朝野皆推敬之。在局勢如翻江倒海的西晉政治圈，顧榮屢處於危亡之境，然皆因其恭敬謙遜的態度與圓融的智慧，總能化險為夷。

6. 束晳

束晳，字廣微，陽平元城人。性沈靜謙退，不慕榮利，博學多聞。少遊國學，為張華賞識，辟為掾。束晳才學博通，太康二年汲郡人盜發魏襄王墓，得竹簡數十車，武帝以其書付祕書校補殘缺，考釋指歸，而以今文寫之。束晳觀竹書，隨疑分釋，皆有義證。時人於嵩高山下得竹簡一枚，上有兩行蝌蚪文，傳以相示，莫有人知。司空張華以問晳，晳見而曰：「此漢明帝顯節陵中策文也。」後檢驗果如其言，眾人皆伏其博識。及趙王倫為相國，請為記室。束晳辭疾不就，於鄉里教授門徒，年四十卒。曾作〈勸農賦〉、〈餅賦〉，古質少文而為時所譏；又為〈玄居釋〉以擬〈客難〉，文中表現道無貴賤、出處同歸之思想。〔註155〕

〔註153〕張翰〈雜詩〉：「暮春和氣應，白日照園林。青條若總翠，黃華如散金。嘉卉亮有觀，顧此難久耽，延頸無良塗，頓足託幽深。榮與壯俱去，賤與老相尋。歡樂不照顏，慘愴發謳吟。謳吟何嗟及，古人可慰心。」（收入逯欽立輯：《先秦漢魏晉南北朝詩·晉詩》，卷七，頁737。）

〔註154〕（唐）房玄齡等撰《晉書·顧榮傳》：「時南土之士未盡才用，榮又言：『陸士光貞正清貴，金玉其質；甘季思忠款盡誠，膽幹殊快；殷慶元質略有明規，文武可施用；榮族兄公讓明亮守節，困不易操；會稽楊彥明、謝行言皆服膺儒教，足為公望；賀生沈潛，青雲之士；陶恭兄弟才幹雖少，實事極佳。凡此諸人，皆南金也。』書奏，皆納之。」（卷六十八，頁1814。）

〔註155〕（晉）束晳〈玄居釋〉：「物從性之所安，士樂志之所執，或背豐榮以巖栖，

　　西晉這群文士以其卓越的識見，得以在紛亂的政局全身而退，除了對時勢
的清醒觀察，也受到道家全身的觀念影響，而最重要的是他們對於功名的不執
著，因為捨得放棄，才得以保全。亂世中的出處抉擇，的確需要清明的智慧與
斬斷名利誘惑的魄力。

（三）行薄傲物，窮奢極侈

1. 孫楚

　　孫楚，字子荊，太原中都人。孫楚才藻卓絕，爽邁不群，然為人高傲，於
鄉里無嘉譽。曾任石苞驃騎軍事，然孫楚以才高氣傲，數侮石苞，二人嫌隙遂
生，苞上奏楚與吳人孫世山共訕毀時政，楚亦抗表自陳其辭，此事因此紛擾數
年。孫楚又與鄉人郭奕起紛爭，武帝遂以孫楚不敬府主，廢之數年。外戚楊駿
掌權時為政嚴碎，愎諫自用，孫楚曾勸其以異姓參政應公正謙順，若不與宗室
藩王共參國事，易內懷猜忌，外樹私昵，禍無日便至。然楊駿不能從之。

　　孫楚與王武子交情甚好，孫楚有〈除婦服詩〉，王武子嘆「情文相生」
〔註 156〕。《世說新語·傷逝 3》載：「孫子荊以有才，少所推服，唯雅敬王武
子。武子喪時，名士無不至者。子荊後來，臨屍慟哭，賓客莫不垂涕。哭畢，
向靈牀曰：『卿常好我作驢鳴，今我為卿作。』體似真聲，賓客皆笑。孫舉頭
曰：『使君輩存，令此人死！』」可見孫楚之真情至性與高傲率直。故《晉書》
評之曰：「孫楚體英絢之姿，超然出類，見知武子，誠無愧色。覽其貽弔之書，
諒曩代之佳筆也。而負才誕傲，蔑苞忿奕，違遜讓之道，肆陵慎之氣，丁年沈
廢，諒自取矣。」〔註 157〕孫楚之心志唯王濟能解，孫楚之脾性卻是眾人難容，
故才雖高，卻沈廢不用數年。

2. 郭象

　　郭象，亦為《名士傳》所錄名士之一。字子玄，少有才理，好老莊思想，
善於清談。王衍常云：「聽象語，如懸河瀉水，注而不竭。」〔註 158〕州郡辟召，

　　　或排蘭閨而求入，在野者龍逸，在朝者鳳集。雖其軌跡不同，而道無貴賤，
　　　必安其業，交不相羨，稷契奮庸以宣道，巢由洗耳以避禪，同垂不朽之稱，
　　　俱入賢者之流。參名比譽，誰劣誰優？」見（唐）房玄齡等撰：《晉書·束皙
　　　傳》，卷五十一，頁 1429。
〔註 156〕　（唐）房玄齡等撰《晉書·孫楚傳》：「初，楚除婦服，作詩以示濟，濟曰：
　　　　　『未知文生於情，情生於文，覽之悽然，增伉儷之重。』」（卷五十六，頁 1543。）
〔註 157〕　（唐）房玄齡等撰：《晉書·孫楚傳》，卷五十六，頁 1547。
〔註 158〕　（唐）房玄齡等撰：《晉書·郭象傳》，卷五十五，頁 1397。

不就。閑居在家，以文論自娛。後辟司徒掾，遷黃門侍郎。後東海王越引為太傅主簿，甚是信任，郭象掌重權後熏灼內外，其早前的清談言論便不復聞。昔向秀嘗於《莊子》舊注外而為注解，妙釋其義，論述奇致，當時玄風因此大暢，然因秀卒，子幼，郭象遂竊之，又補上〈秋水〉、〈至樂〉向秀未及注解之兩篇，更易〈馬蹄〉一篇，以為己注。後世遂依此譏郭象為人行薄。

　　3. 賈謐

　　賈謐，字長深。好學有才思。其父韓壽為賈充之掾屬，其母為賈充之女賈午，二人密通後，賈充遂以女妻韓壽，賈謐即二人所生子。〔註159〕賈充姨母賈南風立為惠帝皇后，賈謐因此擅朝專權，自負其驕寵，奢侈無度，器服珍貴華麗，歌僮舞女盡為一時之選。謐以其身分親貴，曾數入宮中，與愍懷太子遊處，而常與太子弈棋爭道，毫無尊敬屈降之心，成都王司馬穎見狀斥責之。賈謐畏懼，以告賈后，賈后遂出司馬穎為平北將軍。後謐遷侍中，專掌禁內，竟與賈后密謀殺害太子。趙王司馬倫以賈后亂政之名義起兵，殺賈謐，廢賈后而矯詔賜之毒酒，執張華、裴頠、解結、杜斌等於殿前殺之。

　　賈謐當朝之時，貴游豪戚及浮競之徒莫不盡禮以事之，形成以賈謐為中心的「二十四友」。《晉書‧賈謐傳》載：

> 渤海石崇歐陽建、滎陽潘岳、吳國陸機陸雲、蘭陵繆徵、京兆杜斌摯虞、琅邪諸葛詮、弘農王粹、襄城杜育、南陽鄒捷、齊國左思、清河崔基、沛國劉瑰、汝南和郁周恢、安平牽秀、潁川陳眕、太原郭彰、高陽許猛、彭城劉訥、中山劉輿劉琨皆傅會於謐，號曰二十四友，其餘不得預焉。〔註160〕

惠帝永康元年賈謐被誅，潘岳、歐陽建、石崇被趙王倫與孫秀殺害，此集團隨即瓦解。此二十四友列入《文士傳》的有陸機、陸雲、摯虞、杜育、左思五人，皆是西晉太康時期文壇的重要人物。二十四友的形成乃因政治利益，賈謐掌

〔註159〕余嘉錫《世說新語箋疏‧惑溺5》：「韓壽美姿容，賈充辟以為掾。充每聚會，賈女於青璅中看，見壽，說之。恒懷存想，發於吟詠。後婢往壽家，具述如此，并言女光麗。壽聞之心動，遂請婢潛修音問。及期往宿。壽蹻捷絕人，踰牆而入，家中莫知。自是充覺女盛自拂拭，說暢有異於常。後會諸吏，聞壽有奇香之氣，是外國所貢，一箸人，則歷月不歇。充計武帝唯賜己及陳騫，餘家無此香，疑壽與女通，而垣牆重密，門閤急峻，何由得爾？乃託言有盜，令人修牆。使反曰：『其餘無異，唯東北角如有人跡，而牆高，非人所踰。』充乃取女左右婢考問，即以狀對。充秘之，以女妻壽。」（頁921。）

〔註160〕（唐）房玄齡等撰：《晉書‧賈謐傳》，卷四十，頁1173。

權，許多急於求進的文士竟靦顏依附其門下，冀求青雲直上，就連「太康之英」
—陸機、文章甚具風力的左思亦攀附其下，可知西晉文士缺乏氣節、急於仕進
之一面。

4. 王濟

王濟，字武子，太原晉陽人，王渾之子。風姿英爽，少有逸才，好騎馬射
箭，勇力過人，善解馬性〔註161〕，杜預謂之有馬癖；又善《易》及《莊》、《老》，
文詞俊茂，名聞於當世，與晉初名士和嶠及裴楷齊名。王濟長於清談，言辭整
麗，群臣莫能及，甚得武帝之寵貴。〔註162〕然因齊王攸出藩事件而忤帝，左
遷國子祭酒。〔註163〕數年後，入為侍中。當時其父王渾為僕射，處事不當，
王濟依法繩之，無所寬待。從兄王佑素與王濟不平，因謂王濟不能顧其父，王
佑被朝廷重用後，王濟便被排斥於朝廷之外，而移居北芒山下。

王濟個性極為豪奢，當時洛京人多地貴，王濟因好馬射，買地為馬埒，編
錢堆滿牆內地面，時人謂為「金溝」。武帝曾駕臨王濟家，供饌甚為豐富，皆
用琉璃器盛裝，蒸肫尤其味美，帝問其故，答曰：「以人乳蒸之。」武帝見其
如此奢侈，甚不悅，食未畢即離去。

奢侈是西晉士人的特徵之一，如石崇、王愷亦以窮奢極侈聞名。《世說新
語》曾載：

> 王君夫以飴精澳釜，石季倫用蠟燭作炊。君夫作紫絲布步障碧綾裏
> 四十里，石崇作錦步障五十里以敵之。石以椒為泥，王以赤石脂泥
> 壁。〔註164〕

他們用盡方法累積財富，並競誇浮奢，以此表現自己的與眾不同。從這些人身
上，可以看到當時文士沉溺於物質享受，並以此標榜自我的時代風氣。

〔註161〕余嘉錫《世說新語箋疏・術解4》：「王武子善解馬性。嘗乘一馬，箸連錢障
　　　　泥。前有水，終日不肯渡。王云：『此必是惜障泥。』使人解去，便徑渡。」
　　　　（頁781。）

〔註162〕（唐）房玄齡等撰《晉書・王濟傳》：「武帝嘗會公卿藩牧於式乾殿，顧濟、
　　　　恂而謂諸公曰：「朕左右可謂恂恂濟濟矣！」每侍見，未嘗不諮論人物及萬機
　　　　得失。濟善於清言，修飾辭令，諷議將順，朝臣莫能尚焉，帝益親貴之。」
　　　　（卷四十二，頁1205。）

〔註163〕（唐）房玄齡等撰《晉書・王濟傳》：「齊王攸當之藩，濟既陳請，又累使公
　　　　主與甄德妻長廣公主俱入，稽顙泣請帝留攸。帝怒謂侍中王戎曰：『兄弟至
　　　　親，今出齊王，自是朕家事。而甄德、王濟連遣婦來生哭人！』」（卷四十二，
　　　　頁1205。）

〔註164〕余嘉錫：《世說新語箋疏・汰侈4》，頁878。

5. 夏侯湛

夏侯湛，字孝若，譙國譙人。湛幼有盛才，文章宏富，善於構思新詞；容貌俊美，與潘岳友善，每同行同止，時人謂之「連璧」。因累年不調遷，於是作〈抵疑〉以自我寬慰。夏侯湛曾作〈周詩〉以示潘岳。潘岳謂其詩不但溫雅，更見孝悌之性，因而作〈家風詩〉。夏侯湛生於豪門之家，平時錦衣玉食，頗為豪侈。然其後事卻遺命小棺薄斂，不修封樹。生前不砥礪名節，死則儉約其事，論者皆謂其深達存亡之理。

此類文士多為操性品德頗遭疵議的人物，尤其王濟、賈謐與夏侯湛最能代表西晉重視物質享樂的士風。正始文士追求精神的超脫，不重物質的享受；西晉文士則沉迷於物質的享受，滿足於現實。石崇曾說：「士當身名俱泰，何至以甕牖哉！」〔註165〕即為西晉士人心態的最佳寫照。

（四）寒門之士，才高絕倫

1. 左思

左思，字太沖，齊國臨淄人。出身儒學寒門家庭，兼善陰陽之術。其人相貌醜陋，又不善言詞，亦不好交遊，惟以閑居為事。元康年間，參與賈謐「二十四友」集團，並為賈謐講《漢書》，賈謐被誅，選入宮中的妹妹左芬亦病死，左思於是退居，專心於典籍著述。左思嘗造〈齊都賦〉，一年乃成。又為〈三都賦〉，經過十年構思乃成，然未為時人看重。左思遂訪皇甫謐，謐稱善，為其賦寫序，張載為注〈魏都賦〉，劉逵注〈吳都賦〉、〈蜀都賦〉。張華見之亦讚歎左思乃班固、張衡之流，陸機亦為歎伏。於是豪貴之家競相傳寫，洛陽為之紙貴。

由於出身寒門，對於當時門閥壟斷仕途有很深的感慨，將此反映在其詩作中，如〈詠史〉。名為詠史，實為詠懷，左思藉古人抒發其欲建功立業的懷抱：

> 弱冠弄柔翰，卓犖觀群書。著論准〈過秦〉，作賦擬〈子虛〉。邊城
> 苦鳴鏑，羽檄飛京都。雖非甲冑士，疇昔覽穰苴。長嘯激清風，志
> 若無東吳。鉛刀貴一割，夢想騁良圖。左眄澄江湘，右盼定羌胡。
> 功成不受爵，長揖歸田廬。（其一）〔註166〕

〔註165〕　（唐）房玄齡等撰：《晉書・石崇傳》，卷三十三，頁1007。
〔註166〕　（晉）左思：〈詠史〉，收入逯欽立輯：《先秦漢魏晉南北朝詩・晉詩》，卷七，頁731。

然而左思雖有才能、抱負，在當時的門閥政治下，其志向注定難以實現。理想與現實之衝突，令他內心激憤不平，在另一首〈詠史〉中就透露這樣的心情：

鬱鬱澗底松，離離山上苗。以彼徑寸莖，陰此百尺條。世胄躡高位，
英俊沉下僚。地勢使之然，由來非一朝。金張藉舊業，七葉珥漢貂。
馮公豈不偉，白首不見招。（其二）〔註167〕

詩中對門閥制度提出批判，並感慨極深。在西晉文壇上，左思的辭藻壯麗，成就超乎眾人，其作品有質又有文，作品具有真實的情感與思想，不像陸機的雕琢，也無潘岳的清綺，故鍾嶸謂之：「文典以怨，頗為清切，得諷諭之致。」。〔註168〕

2. 成公綏

成公綏，字子安，東郡白馬人。自幼聰敏好學，博涉經傳。性寡欲而不營資產，以致家貧歲飢，然亦晏然自得。年少有文才，詞賦甚麗，然性閑默不求聞達。廬舍時有孝烏聚集，綏以為烏鴉有反哺之德，為祥禽，乃作賦稱美，惜文多不載。張華非常看重成公綏，每見其文辭，則歎伏以為絕倫，薦之太常，徵為博士。成公綏與張華具有文采，故常受詔並為詩賦，又與賈充等參定晉朝法律。〔註169〕

成公綏以「賦者貴能分賦物理，敷演無方，天地之盛，可以致思矣。歷觀古人未之有賦，豈獨以至麗無文，難以辭贊；不然，何其闕哉？」遂為〈天地賦〉，〔註170〕文辭瑰麗，多採古代神話典故。成公綏雅好音律，曾當暑承風而嘯，泠然成曲，因為〈嘯賦〉。〈嘯賦〉寫出長嘯乃象徵一種超然高蹈的境界：

逸群公子，體奇好異，敫世忘榮，絕棄人事，希高慕古，長想遠思，
將登箕山以抗節，浮滄海以游志。於是延友生，集同好，精性命之

〔註167〕（晉）左思：〈詠史〉，收入逯欽立輯：《先秦漢魏晉南北朝詩·晉詩》，卷七，頁732。

〔註168〕（南朝梁）鍾嶸著，曹旭集注：《詩品集注·晉記室左思詩》，頁154。

〔註169〕（唐）房玄齡等撰《晉書·刑法志》：「文帝為晉王，患前代律令本注煩雜，陳群、劉邵雖經改革，而科網本密，又叔孫、郭、馬、杜諸儒章句，但取鄭氏，又為偏黨，未可承用。於是令賈充定法律，令與太傅鄭沖、司徒荀顗、中書監荀勖、中軍將軍羊祜、中護軍王業、廷尉杜友、守河南尹杜預、散騎侍郎裴楷、潁川太守周雄、齊相郭頎、騎都尉成公綏、尚書郎柳軌及吏部令史榮邵等十四人典其事，就漢九章增十一篇，仍其族類，正其體號。」（卷三十，頁927。）

〔註170〕（唐）房玄齡等撰：《晉書·文苑傳》，卷九十二，頁2371。

至機，研道德之玄奧，愍流俗之未悟，獨超然而先覺，狹世路之阨

僻，仰天衢而高蹈，邈跨俗而遺身，乃慷慨而長嘯。〔註171〕

因為希慕高古，嚮往隱逸，「愍流俗之未悟」、「狹世路之阨僻」，故仰天長嘯，
藉以抒發胸中慷慨之氣。嘯是魏晉士人以聲抒情的方式之一，如嵇康詩：「心
之憂矣，永嘯長吟。」〔註172〕阮籍與隱士孫登亦以嘯相和。嘯由人口中發出，
是最自然的音樂，最能體現道，故魏晉文士喜愛嘯，慷慨一聲嘯，除了體道自
然，也抒發了心中的煩悶。

在門閥壟斷仕途的晉朝，出身寒門的仕人多半沉寂下僚，能像張華一樣位
居三公者實在是少數，所以即使有高才，仍要靠一些管道才有嶄露頭角的機
會，如左思最初乃因其妹妹入宮有機會靠近政治中心，後來所作〈三都賦〉也
是因為張華、張載為其延譽，作品才被名門貴族認同而爭相抄寫；成公綏則是
受到張華的提拔，才有機會進入西晉朝中。九品中正法的取士制度，保障了高
門貴族子弟的仕途，卻讓出身寒門的才士有「世冑躡高位，英俊沉下僚」之嘆。

（五）博學通禮，匡上輔政

1. 摯虞

摯虞，字仲洽，京兆長安人。少時師事皇甫謐，才學通博，著述不倦。時
荀顗撰制《新禮》，與摯虞討論得失而後施行。八王之亂時，惠帝被司馬顒挾入
長安，摯虞隨行，逢東軍來迎，百官四處奔散，摯虞遂流離鄠杜之間，轉入南
山中，糧絕飢甚，拾橡樹果實而食之。後還洛，歷光祿勳、太常卿。石勒掠奪
洛京，盜竊縱橫，民饑而相食，摯虞因素清貧，以餒而卒。摯虞博物多聞，有
鑑於元康以來禮儀弛廢，考正舊典，匡正新禮，建樹頗多，文章亦以論禮為勝，
〔註173〕其餘傳世較少。其〈思游賦〉表達出雖然「死生有命，富貴在天」，然
「履信思順，所以延福；違此而行，所以速禍。」故人應修養己身，樂天知命：

修中和兮崇彝倫，大道縣兮味琴書。樂自然兮識窮達，澹無思兮心

恒娛。〔註174〕

〔註171〕（唐）房玄齡等撰：《晉書·文苑傳》，卷九十二，頁2373。

〔註172〕（魏）嵇康：〈四言贈兄秀才入軍詩〉，收入逯欽立輯：《先秦漢魏晉南北朝詩·
　　　　魏詩》，卷九，頁483。

〔註173〕（清）張溥著，殷孟倫注：《漢魏六朝三百家集題辭注·摯太常集》：「議禮諸
　　　　文，最稱宏辯，與杜元凱、束廣微並生一時，勢猶鼎足。」（臺北：河洛出版
　　　　社，1975年，頁114。）

〔註174〕（唐）房玄齡等撰：《晉書·摯虞傳》，卷五十一，頁1422。

可知摯虞所追求的個人境界是：致中和、修人倫，識窮達之理，恬靜而寡欲，若遵此，則人生自在無憂。另外，摯虞的《文章志》、《文章流別集》，是文學批評的作品，然多亡佚，僅存一些佚文。今存〈文章流別論〉一文中有關於詩、箴、銘、七、哀辭、碑等文體的議論，影響後世文學評論甚大；《文章志》則紀錄文學家的生平事蹟，對了解魏晉以前的文學家頗有幫助。

摯虞博學而多聞，深究古代典籍與儀節制度。故《晉書》評之曰：「詳覽載籍，多識舊章，奏議可觀，文詞雅贍，可謂博聞之士也。」〔註175〕

2. 江統

江統，字應元，陳留圉人。為人靜默有遠志，時人謂之：「嶷然稀言江應元。」〔註176〕江統患諸夷亂華，將為大患，乃作〈徙戎論〉上奏，然帝不能用其議，未及十年，夷狄果然亂華，時人皆服其深識。後任太子洗馬，甚得太子親禮，太子因朝覲儀節頗有缺失，又奢費過度，統皆能上書規諫。及太子被廢，徙許昌，賈后嚴令宮臣不得追送，統卻與冒禁至伊水拜辭，悲泣流淚，因而收付河南、洛陽獄。幸得孫琰說賈謐而得釋。〔註177〕及太子薨，江統作誄敘其哀戚，遂為世所重。江統歷仕齊王冏、成都王穎、東海王越，多克盡職守，多所箴諫。為東海王越兗州牧時，能舉薦人才，以郗鑒為賢良，阮脩為直言，程收為方正，時以為江統知人善任。永嘉四年，避難至成皋而病卒。

3. 曹攄

曹攄，字顏遠，譙國譙人。少有孝行，好學善屬文，太尉王衍見之十分器重，入為尚書郎，轉洛陽令。為官仁惠，訟獄明斷，深得百姓敬愛，〔註178〕

〔註175〕（唐）房玄齡等撰：《晉書·束皙傳》，卷五十一，頁1436。

〔註176〕（唐）房玄齡等撰：《晉書·江統傳》，卷五十六，頁1529。

〔註177〕（唐）房玄齡等撰《晉書·江統傳》：「付郡者，河南尹樂廣悉散遣之，繫洛陽者猶未釋。都官從事孫琰說賈謐曰：『所以廢徙太子，以為惡故耳。東宮故臣冒罪拜辭，涕泣路次，不顧重辟，乃更彰太子之德，不如釋之。』謐語洛陽令曹攄，由是皆免。」（卷五十六，頁1537～1538。）

〔註178〕（唐）房玄齡等撰《晉書·曹攄傳》：「縣有寡婦，養姑甚謹。姑以其年少，勸令改適，婦守節不移。姑愍之，密自殺。親黨告婦級姑，官為考鞫，寡婦不勝苦楚，乃自誣。獄當決，適值攄到。攄知其有冤，更加辨究，具得情實，時稱其明。獄有死囚，歲夕，攄行獄，愍之，曰：『卿等不幸致此非所，如何？新歲人情所重，豈不欲暫見家邪？』因皆涕泣曰：『若得暫歸，死無恨也。』攄悉開獄出之，剋日令還。掾吏固爭，咸謂不可。攄曰：『此雖小人，義不見負，自為諸君任之。』至日，相率而還，並無違者，一縣歎服，號曰聖君。」（卷九十，頁2334。）

故《晉書》載曹攄入〈良吏傳〉中。永嘉二年，流人王逌屯兵為亂，曹攄與崔曠共討之，為崔曠所害，軍敗而死於酈縣。時故吏及百姓並奔喪會葬，號哭於路。曹攄的詩以〈感舊詩〉〔註179〕、〈思友人詩〉〔註180〕最有名。《世說新語‧黜免》注引《續晉陽秋》載東晉殷浩被免職，誦〈感舊詩〉而涕下，可知此詩流傳甚廣。〈思友人詩〉乃思念歐陽建而作，情景交融，真摯動人。

　　上述文士，江統忠君憂國、曹攄勤政愛民，摯虞匡正新禮，皆是認真於職事者，雖在戰亂中不幸喪生，後世百姓一直感戴其德。這些文士不同於尚玄遠、能清談的名士，展現的是忠君憂國的士人擔當。

　　晉初文士以張華為領袖人物，張華身處高位，對於後進多能獎掖提攜，為文壇營造一個良好環境，他對於晉朝王室亦能盡心輔佐，在王室與外戚的激烈鬥爭中，尚能秉持正義而行。太康時期的安定繁榮，文士數量激增，此時的文士已失去正始文士那股與政權的反抗精神，他們比正始文士更多一份現世感，雖然詩文中常表現淡泊名利的高尚情操，實際上卻是汲汲於功名的。八王之亂起，此時的文士明顯區分為兩種傾向：一是仍沉迷功名，鎮日周旋於諸王間，最後受到波及而喪生，如潘岳、陸機；一種是清醒的意識到局勢之不可為，故虛與委蛇以保其身，或托辭歸鄉隱遁，如潘尼、張載。西晉文士雖然受到玄學影響，其作品常有出世的思想，但在人生出處的選擇上，仍是傾向入世的，相較於正始文士，西晉文士明顯的世俗化、現實化了，以改朝換代的陰影已漸漸抹去，於是爭入仕途以謀求功名、沉湛富貴者絡繹於途矣。

四、東晉文士

　　晉愍帝建興四年（西元316年）前趙將劉曜攻陷長安，俘虜愍帝，西晉滅亡。次年司馬睿於建康稱帝，為東晉。由於東晉的社會政治環境迥異於西晉，文士的生活、思想都產生極大的變化。政治上，因世家大族的扶持，東晉政權

〔註179〕（晉）曹攄〈感舊詩〉：「富貴他人合，貧賤親戚離。廉藺門易軌，田竇相奪移。晨風集茂林，棲鳥去枯枝。今我唯困蒙，郡士所背馳。鄉人敦懿義，濟濟蔭光儀。對賓頌有客，舉觴詠露斯。臨樂何所歎，素絲與路歧。」收入逯欽立輯：《先秦漢魏晉南北朝詩‧晉詩》，卷八，頁756。

〔註180〕（晉）曹攄〈思友人詩〉：「密雲翳陽景，霖潦淹庭除。嚴霜彫翠草，寒風振纖枯。感時歌蟋蟀，思賢詠白駒。情隨玄陰滯，心與迴飆俱。思心何所懷，懷我歐陽子。精義測神奧，清機發妙理。自我別旬朔，微言絕于耳。褰裳不足難，清陽未可俟。延首出階櫩，佇立增想似。」（收入逯欽立輯：《先秦漢魏晉南北朝詩‧晉詩》，卷八，頁755～756。）

得以立足江東，[註181] 皇權自此衰落，不再是高高在上，可恣意打壓迫害士人。社會上，由於政策寬鬆，使南渡世族大肆發展莊園經濟，累積財富，物質需求無虞。思想上，深好老莊思想的北方士人，接觸南方秀麗山水，一拍即合，發展出嚮往自然，縱情山水的玄遠襟懷，以及審美的、詩意的人生境界。

《文士傳》輯本所錄東晉文士付之闕如，故以《晉書·文苑傳》補充。《晉書》所載東晉文士有庾闡、曹毗、李充[註182]、袁宏、伏滔、羅含[註183]、顧愷之、郭澄之[註184] 等人。

1. 庾闡

庾闡，字仲初，潁川鄢陵人。闡自幼好學，九歲能屬文。永嘉末年石勒軍攻陷項城，庾闡母親亡，庾闡不婚不宦，絕酒肉，達二十年之久，鄉親咸稱孝。元帝為晉王，辟之不行。後為太宰，累遷尚書郎。庾闡入湘川時，曾作〈弔賈誼文〉，表現對賈誼生不逢時的憐憫，又曰：「是以道隱則蠖屈，數感則鳳睹，若棲不擇木，翔非九五，雖曰玉折，雋才何補！夫心非死灰，智必存形，形託神王，故能全生。」[註185] 言士應擇良主而輔，保全性命，才能一展長才。

2. 曹毗

曹毗，字輔佐，譙國人。少好文籍，善屬詞賦。蔡謨舉為佐著作郎，累遷至光祿勳。因名位未達理想，著〈對儒〉以自釋，文中表現出出處同歸的思想：

[註181] （唐）房玄齡等撰《晉書·王敦傳》：「帝初鎮江東，威名未著，敦與從弟導等同心翼戴，以隆中興，時人為之語曰：『王與馬，共天下。』」（卷九十八，頁2554。）

[註182] 李充，字弘度，江夏人。少孤，性格峻急，其父親墓旁柏樹嘗為盜賊所斫，李充遂親手刃之，由是知名。李充少時好刑名之學，深抑虛浮之士，嘗著〈學箴〉以明其志。善楷書，為世所重。辟丞相王導掾，轉記室參軍，征北將軍褚裒又引為參軍，後為大著作郎。當時典籍混亂，李充刪除煩重，以類相從，分作四部，甚有條理。另注《尚書》及〈周易旨〉六篇、〈釋莊論〉上下二篇。

[註183] 羅含，字君章，桂陽耒陽人。祖父為臨海太守，父親為滎陽太守。弱冠時，州三辟而不就。羅含父親嘗任新淦邑宰，其父舊識新淦楊羨為州將，因而引羅含為主簿，然羅含曾數次傲然推辭，最後才就職。羅含寡欲淡泊，為州別駕時以官舍諠擾，於城西池小洲上立茅屋，伐木為材，織葦為席而居，布衣蔬食，怡然自得。曾為庾亮江夏從事，後桓溫臨州，又補征西參軍。以年老致仕，卒於家。

[註184] 郭澄之，字仲靜，太原陽曲人。少有才思，機智敏捷。調補尚書郎，出為南康相。後因盧循作亂，流離至都城。劉裕引為相國參軍，跟從劉裕北伐，位至劉裕相國從事中郎，封南豐侯，卒於官。

[註185] （唐）房玄齡等撰：《晉書·文苑傳》，卷九十二，頁2385。

故大人達觀，任化昏曉，出不極勞，處不巢皓，在儒亦儒，在道亦
道，運屈則紆其清暉，時申則散其龍藻，此蓋員動之用舍，非尋常
之所賨也。〔註186〕

又著〈揚都賦〉，因庾亮為其聲價，此賦遂傳誦一時。〔註187〕《世說新語》載
孫興公言其有文采，然缺乏剪裁：「曹輔佐才如白地明光錦，裁為負版絝，非
無文采，酷無裁製。」〔註188〕

3. 袁宏

袁宏，字彥伯。少時孤貧，以運租為業。謝尚曾鎮牛渚，於秋之月夜，與
左右微服泛江，適逢袁宏於舫中吟詠其〈詠史詩〉，聲韻清會，辭藻超拔，謝
尚因而駐舟聆聽，並遣人探問對方身分，遂知乃袁宏誦其詩作。謝尚極為傾慕，
即迎袁宏至舟中，與之談論甚歡，直到天明，自此袁宏名譽日盛。謝尚為安西
將軍時引宏參其軍事，後遷大司馬桓溫府記室，專綜書記。

袁宏個性剛正亮直，雖被桓溫禮遇，卻每於辯論時不阿屈於桓溫，故無法
榮遷高位。袁宏曾為謝安司馬，謝安對袁宏敏捷的文思與機智的應對非常賞
識，曾於相別之時取一扇而授袁宏，曰：「聊以贈行。」宏應聲答曰：「輒當奉
揚仁風，慰彼黎庶。」〔註189〕時人皆讚歎不已。袁宏的〈東征賦〉、〈三國名
臣頌〉、〈北征賦〉在當時都享有極高的評價。又撰《後漢紀》三十卷及《竹林
名士傳》三卷。

4. 顧愷之

顧愷之，字長康，晉陵無錫人。博學有才氣，個性詼諧喜戲謔，人多愛親
近，桓溫引為大司馬參軍，甚見親昵；後為殷仲堪參軍，亦深被眷接。顧愷之
擅長繪畫，其藝術的審美觀與敏捷的文思結合，常發而為雋語。《世說新語》載：
「桓征西治江陵城甚麗，會賓僚出江津望之，云：『若能目此城者有賞。』顧長
康時為客，在坐，目曰：『遙望層城，丹樓如霞。』桓即賞以二婢。」〔註190〕愷

〔註186〕（唐）房玄齡等撰：《晉書·文苑傳》，卷九十六，頁2387。

〔註187〕余嘉錫：《世說新語箋疏·文學79》：「庾仲初作〈揚都賦〉成，以呈庾亮。
　　　　亮以親族之懷，大為其名價云：『可三二京，四三都。』於此人人競寫，都下
　　　　紙為之貴。謝太傅云：『不得爾。此是屋下架屋耳，事事擬學，而不免儉狹。』」
　　　　（頁258。）

〔註188〕余嘉錫：《世說新語箋疏·文學93》，頁271。

〔註189〕（唐）房玄齡等撰：《晉書·文苑傳》，卷九十二，頁2398。

〔註190〕余嘉錫：《世說新語箋疏·言語85》，頁141。

之曾作〈箏賦〉，自認為不輸嵇康〈琴賦〉。又非常喜愛嵇康四言詩，因為之圖，常云：「手揮五絃易，目送歸鴻難。」〔註191〕愷之個性極為天真，《晉書‧文苑傳》載：

> 義熙初，為散騎常侍，與謝瞻連省，夜於月下長詠，瞻每遙贊之，愷之彌自力忘倦。瞻將眠，令人代己，愷之不覺有異，遂申旦而止。尤信小術，以為求之必得。桓玄嘗以一柳葉給之曰：「此蟬所翳葉也，取以自蔽，人不見己。」愷之喜，引葉自蔽，玄就溺焉，愷之信其不見己也，甚以珍之。〔註192〕

愷之於月下長詠，申旦而止，卻不知謝瞻早已倦極眠去；桓玄取一柳葉，隨口胡謅，愷之這位藝術與文學天才竟深信不疑，難怪桓溫常云：「愷之體中癡黠各半，合而論之，正得平耳。」也因此時人皆傳顧愷之有三絕：才絕，畫絕，癡絕。

　　中國知識分子的命運自古即與政治脫離不了關係，在政治紛亂的魏晉之間，有的文士付出生命代價，有的文士退而自守。儒家賦予經世濟民的使命，道家倡導無為逍遙的境界，在魏晉文士的身上，這是兩股不斷拉扯糾纏的力量。魏晉文士在特殊的時空背景下，發展其性情，發揮其文才，寫下屬於那個時代的篇章，相較於徒以名而高的某些假名士，這群文士將情思發而為詩文，更顯示其生命的深度。

第三節　魏晉文士的特質

　　魏晉在中國文學發展史上，上承先秦兩漢，下啟隋唐，文學藝術極具特色，文學成就極為豐富。漢末魏初政治社會混亂紛爭不斷，儒家加諸文學上的桎梏漸漸褪去，文章的價值回歸於作品本身；老莊充滿想像、玄理的思想進入士人的生命，影響文學藝術的審美觀點。魏晉文士在異於兩漢的政治環境與學術思潮中，孕育出唯美的、充滿玄思的文學作品，不管是在文學形式上，或題材內容上，都進入一個飛躍的階段。詩歌方面，在《詩經》、《楚辭》與漢朝民間樂府與古詩十九首的基礎上發展，五言詩體制完全成熟；內容題材擴充，詠史與詠懷、游仙與招隱、山水與田園等題材相繼出現。在散文方面，駢文大量的創

〔註191〕　（唐）房玄齡等撰：《晉書‧文苑傳》，卷九十二，頁 2405。
〔註192〕　（唐）房玄齡等撰：《晉書‧文苑傳》，卷九十二，頁 2405。

作，且藝術成就高，形式上詞藻華美、音韻和諧、用典考據、對偶工整；在內容思想上，說理問難或抒情敘志，皆意深調遠。志人志怪小說創作興盛，影響唐朝傳奇小說的發展。文學批評亦發端於此，顯示魏晉文士的思辨能力與審美意識大幅提升。

　　文學作品是文士才能的表現的重要窗口，藉由文學作品，文士一方面得以逞其文才，傲視群倫，甚至流芳百世；另一方面藉由文學作品，得以抒發個人真實情感，吐露個人心聲，所以文學作品是作者感情思想的表達，並與個人才性經歷息息相關。曹丕嘗於《典論·論文》中提出「文氣說」：

> 文以氣為主；氣之清濁有體，不可力強而致。譬諸音樂，曲度雖均，
> 節奏同檢；至於引氣不齊，巧拙有素，雖在父兄，不能以移子弟。
> 〔註193〕

指出作家的內在氣質表現於作品中，自然呈現不同面貌，所以「徐幹時有齊氣」、「孔融體氣高妙，有過人者」、「應瑒和而不壯」，這些都是作家因氣質性格的差異而產生的作品特質。《文心雕龍·體性》亦云：

> 然才有庸儁，氣有剛柔，學有淺深，習有雅鄭，並情性所鑠，陶染
> 所凝，是以筆區雲譎，文苑波詭者矣。故辭理庸儁，莫能翻其才；
> 風趣剛柔，寧或改其氣；事義淺深，未聞乖其學；體式雅鄭，鮮有
> 反其習；各師成心，其異如面。〔註194〕

劉勰認為作品的風格是由文士的情性與外界陶染所決定，即作品是由文士的才、氣、學、習所造成。從文學作品中，可以了解作者的思想，看到其觀察事物的角度，感受其情感的喜怒，所以文學作品是用以研究、了解作者的重要依據之一。

　　各個朝代的文學作品，都受到時代的影響，像戰國瑰異的文采，在縱橫多變的風氣中產生；建安慷慨多氣的文風，則與當時長期戰亂、民生愁苦有關；魏晉的文學特色大體表現在形式的雕琢唯美與文學思想的玄理化，此與當時審美風氣、玄學思想滲透有關。文學的流變與當時政治社會局勢與時代思想脫離不了關係，因為在相同的時空背景下，容易產生相近的創作理念與行為觀念。劉勰亦謂：「故知文變染乎世情，興廢繫乎時序。」〔註195〕指出任何文學

〔註193〕　（魏）曹丕：《典論·論文》，收入（清）嚴可均：《全三國文》，卷八，頁1098。
〔註194〕　（南朝宋）劉勰著，周振甫注釋：《文心雕龍注釋·體性》，頁535。
〔註195〕　（南朝宋）劉勰著，周振甫注釋：《文心雕龍注釋·時序》，頁816。

藝術的形成與改變都與「世情」、「時序」有關，魏晉文學的濃彩與淡墨與魏晉
文士人生態度、行為特質都是當時政局、文化、社會交織下的產物。甯稼雨即
言：「魏晉時期文學藝術思想與審美觀念的轉變，在各種文學藝術形式中均有
反映，而文人的生活行為，又是這種反映的最好注釋與說明。」〔註196〕換句
話說，即是從魏晉文學藝術思想與審美觀念的轉變過程中，可以探知魏晉文士
的思想，並進而側面了解文士的生活行為。

　　基於以上的原因，本節擬先探討魏晉文士的文學思想特質，再追蹤魏晉文
士的言行生活特質，期能對魏晉文士有深入的了解。

壹、魏晉文士的思想特質

　　魏晉文學藝術形成之因複雜，單就思想方面而言，主要是因為時代審美風
氣與玄學思想。在此二者的交互的影響下，漸發展出華麗綺靡與清新雋永的兩
種文學藝術風格，此兩種風格即是宗白華針對中國美學所提出的兩種不同的
美感—「錯彩鏤金」與「初發芙蓉」：

> 這兩種美感或美的理想，表現在詩歌、繪畫、工藝美術等各方面。楚
> 國的圖案、楚辭、漢賦、六朝駢文、顏延之的詩、明清瓷器，一直存
> 在到今天的刺繡與京劇的舞台服裝，這是一種「錯彩鏤金，雕績滿眼」
> 的美。漢代的瓷器、陶器、王羲之的書法、顧愷之的畫、陶潛的詩、
> 宋代的白瓷，這又是一種美，「初發芙蓉，自然可愛」的美。〔註197〕

宗白華認為魏晉正是從「錯彩鏤金」走到「初發芙蓉」的轉變關鍵，因為魏晉
時期玄學思想的浸染，個人意識覺醒，藝術中著重表現個人的思想情感與人生
理想，從注重「表面形式」進入重「內在神韻」的美學境界，在魏晉的文學藝
術中，可觀察到其轉變的軌跡。從曹丕主張「辭賦欲麗」開始，文章漸漸朝形
式美感發展。到西晉時，散文駢偶的傾向愈趨激烈，形成了「錯彩鏤金」的作
品風格，陸機論文主張妍麗，賦詩則要「緣情綺靡」，正是此風氣下的文學觀
念。「初發芙蓉」的作品風格則以正始與東晉時期居多，正始文士由於為文多
用以論難玄理，著重義理的闡述，文字往往質樸清新；東晉以降，因玄理與佛
學的合流，詩文趨於質樸自然，辭意雋永。魏晉時期的文學從建安文士重視文

〔註196〕甯稼雨：《魏晉名士風流》，頁89。
〔註197〕宗白華：《美從何處尋‧中國美學史中重要問題的初步探索》（臺北：駱駝出
　　　　　版社，1987年），頁5。

采開始，歷經正始的質樸，至西晉轉變成重視形式美感，人工雕琢，此風延續至東晉初年稍歇，之後轉而為寧靜閑淡的質樸雋永。可以說魏晉文學的思想是以「美感」與「玄味」貫穿的，因為對「文勝於質」的文學觀與玄學形超神越意境的追求，將魏晉文化引導至另一個文學藝術的高峰。以下則針對美感與玄味兩方面以探究魏晉文士的文學藝術與思想。

一、「文勝於質」的文學觀

　　魏晉是一個尚美的時代，人物品評如此，文學作品亦如此，其中最具代表性的就是太康文學的繁辭麗藻。太康文士雖然也重視文學作品的情感，但他們花了更多的心力去追求文學作品的形式美。先秦兩漢，文學素為儒學之附庸，重視內容而忽略形式，然至魏晉，由於文士們對文章形式美感的追求，文學面貌一新，佳詞美文隨手可汲取。

　　漢末建安時期的曹丕《典論·論文》不僅在當時是文學批評的開山祖師，更對後世文學的發展產生重要的影響。他對「文的自覺」走在眾人之前，他提高了文章的價值，認為文章的生命無窮，透過文章，人的聲名能永久流傳。〔註198〕在論及各類文體時，曹丕更提到：

　　　　蓋奏議宜雅，書論宜理，銘誄尚實，詩賦欲麗。〔註199〕

指出不同文體，其寫作時所應遵循的標準也不同，其中詩賦欲「麗」的要求，申明了曹丕追求詩賦文藻優美的立場，此論點亦體現在曹丕語言清麗的詩文中。其〈論文〉、〈與吳質書〉即為優美的文學評論文章，足為魏晉唯美文章的典型；其詩歌亦婉約清綺，重視詞藻的修飾。其實不只曹丕，曹植為文亦辭采典雅工麗，在二人的影響帶領下，建安文士們紛紛起而仿效，形成了一股風潮。《宋書·謝靈運傳》論之曰：「至于建安，曹氏基命，二祖陳王，咸蓄盛藻，甫乃以情緯文，以文被質。四百餘年，辭人才子，文體三變。相如巧為形似之言，班固長於情理之說，子建、仲宣以氣質為體，並標能擅美，獨映當時。是以一世之士，各相慕習。」〔註200〕除了曹丕、曹植，建安七子中的應瑒亦有

〔註198〕（魏）曹丕：《典論·論文》：「蓋文章經國之大業，不朽之盛事。年壽有時而盡，榮樂止乎其身。二者必至之常期，未若文章之無窮。」（收入嚴可均輯：《全三國文》，卷八，頁1089。）

〔註199〕（魏）曹丕：《典論·論文》，收入（清）嚴可均輯：《全三國文》，卷八，頁1089。

〔註200〕（南朝梁）沈約：《宋書·謝靈運傳》（北京：中華書局《二十四史》，1997年），卷六十七，頁1778。

〈文質論〉以強調文采的重要性：

> 夫質者端一玄靜，儉嗇潛化利用，承清泰，御平業，循軌量，守成
> 法。至乎應天順民，撥亂夷世，摛藻奮權，赫弈丕烈，紀禪協律，
> 禮儀煥別，覽墳丘於皇代，建不刊之洪制，顯宣尼之典教，探微言
> 之所弊。若夫和氏之明璧，輕穀之掛裳，必將遊玩於左右，振飾於
> 宮房，豈爭牢僞之勢，金布之剛乎？且少言辭者，孟僖所以不能答
> 郊勞也；寡智見者，慶氏所以困相鼠也。今子棄五典之文，闇禮智
> 之大，信管望之小，尋老氏之蔽，所謂循軌常趨，未能釋連環之結
> 也。〔註201〕

言徒有「質」不足以符合朝章國典、禮儀教化，此有賴「文」以成之。重文之
意，甚是明顯。從建安時期領導人物的文學理論與作品可知，對於文采的追求
已是當時文壇的一種趨勢。

重視詞藻華美的文學觀在西晉表現極盛，尤其在太康時期。太康文學以辭
藻華美、句式整齊、聲律諧美、典故繁密為特色，陸機被稱為「太康之英」，
與潘岳為此時期的典型，二人之作品莫不藻飾整飭，鍾嶸《詩品》評陸機曰：
「晉平原相陸機，其原出於陳思，才高詞贍，舉體華美。」〔註202〕孫興公
亦曾讚譽潘岳、陸機之文，曰：「潘文爛若披錦，無處不善；陸文若排沙簡金，
往往見寶。」〔註203〕從「爛若披錦」、「排沙簡金」就可看出二人文藻之綺艷
麗飾。除了作品縟采的呈現，陸機尚有文學理論以支撐作品，其〈文賦〉是一
篇以賦體寫成的文學理論專作，其中表現了陸機對於文學美感的要求，他認為
文章除內容充實外，尚須注重辭采華美、音調和諧：

> 其為物也多姿，其為體也屢遷，其會意也尚巧，其遣言也貴妍，暨
> 音聲之迭代，若五色之相宣。〔註204〕

文章意尚靈巧，辭貴妍麗，再配以抑揚頓挫的聲調，方為錦繡佳文。對於辭藻，
陸機反覆強調著，如：「遊文章之林府，嘉麗藻之彬彬」、「播芳蕤之馥馥，發
青條之森森」、「普辭條與文律，良余膺之所服」。言「辭條」與「文律」是其
行文法則，並認為一篇美文須文意、詞藻與音調三者兼備。當然，除了形式的

〔註201〕（漢）應瑒：〈文質論〉，收入（清）嚴可均輯：《全後漢文》，卷四十二，頁
701。

〔註202〕（南朝梁）鍾嶸著，曹旭集注：《詩品集注・晉平原相陸機詩》，頁132。

〔註203〕余嘉錫：《世說新語箋疏・文學84》，頁261。

〔註204〕（晉）陸機：〈文賦〉，收入（清）嚴可均輯：《全晉文》，卷九十七，頁2013。

美，文章的道理、情感亦不容忽視，陸機認為：「理扶質以立幹，文垂條而結繁。」文章要以道理為枝幹，以文采為綠葉。「或藻思綺合，清麗千眠。炳若縟繡，悽若繁絃。」文情與辭采互為表裡，文章英華有如五彩之錦繡；文章的音節有如繁絃之淒切，所以辭藻與韻律是文章形式美的兩大要求。

　　晉朝文士眾多，觀其所作詩文，大多辭采縟麗。《晉書‧文苑傳》序云：

> 及金行纂極，文雅斯盛，張載擅銘山之美，陸機挺焚研之奇，潘夏連輝，顒頠名軰，並綜採繁縟，杼軸清英，窮廣內之青編，緝平臺之麗曲，嘉聲茂迹，陳諸別傳。至於吉甫、太沖，江右之才傑；曹毗、庾闡，中興之時秀。信乃金相玉潤，林薈川沖，垟美前修，垂裕來葉。

皆體現陸機「嘉麗藻之彬彬」的文學理論，可見美感的文學觀是多數晉朝文士的共同趨向。陸機對於文章辭采的重視，可視為當代文章風潮的反映，相對的，其理論亦影響了當代與後世文章的創作，故南朝注重聲律對仗的唯美文學藝術繼之產生。

二、「貴玄暢情」的藝術思想

　　魏晉玄學思想盛行，魏晉知識分子的言行舉止、人生態度與思想莫不受到極深的影響，而玄學思想亦對魏晉文學思想產生根本性的改造，《文心雕龍‧時序》謂：

> 自中朝貴玄，江左稱盛，因談餘氣，流成文體。是以世極迍邅，而辭意夷泰，詩必柱下之旨歸，賦乃漆園之義疏。〔註205〕

《宋書‧謝靈運傳》又載：

> 有晉中興，玄風獨振，為學窮於柱下，博物止乎七篇，馳騁文辭，義單乎此。〔註206〕

文學思想的產生與作品風貌的差異當然不僅與玄學有關，它還涉及文學本身的發展與當時的政治社會風氣，成因相當複雜，然而這方面並非本文所欲處理，本文旨在說明玄學影響魏晉文學思想之處，進而探討魏晉文士的特質，故僅擇要說明幾點。玄學影響文學思想在許多層面，而且正始時期、西晉時期，乃至東晉時期，因士人對玄學理論的取捨、改造，玄學思想亦不盡相同，文學思想也因之有所差異。

〔註205〕（南朝梁）劉勰撰，周振甫注：《文心雕龍注釋‧時序》，頁816。
〔註206〕（南朝梁）沈約：《宋書‧謝靈運傳》，卷六十七，頁1778。

（一）得意忘言的技巧

在正始玄學理論產生之初，王弼以老莊解《易》即提出「言意之辨」：

夫象者，出意者也。言者，明象者也。盡意莫若象，盡象莫若言。
言生於象，故可尋言以觀象；象生於意，故可尋象以觀意。意以象
盡，象以言著。故言者所以明象，得象而忘言；象者所以存意，得
意而忘象。〔註207〕

王弼認為「象」與「言」皆是用以表達「意」，故當得其「意」時，「象」與「言」
皆可忘。王弼之意乃是說明「象」與「言」之不可拘執，進而闡釋其道的本體
—「無」。要「得意忘言」才能明白事物的真正本質。嵇康亦謂：「吾謂能反三
隅者，得意而忘言。」〔註208〕湯用彤先生認為：「此『得意忘言』便成了魏晉
時代之新方法，時人用之解經典，用之證玄理，用之調和孔老，用之為生活準
則，亦用之於文學藝術也。」〔註209〕其見解中肯而深入，將此觀念證之魏晉
文學與藝術：文學上，得其意（情）而忘其辭；書法上，得其意而忘其形；繪
畫上，得其意而忘其貌；音樂上，得其意而忘其音。語言、文字、形貌與樂音
是到達道的本體之媒介或工具，它們並非就是道，所以不能停滯於此，而是要
透過這些媒介或工具而入於道。魏晉士人追求的超脫境界，是跨越語言、文字、
形貌與樂音等媒介的玄遠之境，在其影響下，魏晉文學藝術重視神韻，詩歌意
旨常蘊含於物象中，難以實指。盧盛江先生在《魏晉玄學與文學思想》一書中
提到玄學裡「言、象、意」的問題時說：

文學同樣有一個言、象、意的關係問題。不過這「言」不指卦辭、
爻辭，而指文學的語言，「象」亦不指卦象、爻象，而指文學作品所
描寫、表現的物象，「意」亦不指抽象的義理，而是指蘊含於文學語
言、形象之中的某種旨意、情趣、心理感受。因了這種相通之處，
因此能給詩歌創作以方法上的啟示。它啟示人們突破語言文字、具
體物象的限制，言在此而意在彼，把詩寫得意蘊邃深，空靈厥放，
無法界定，無法實指。〔註210〕

相較於傳統的寫實，此種詩歌表現的手法則是虛幻而充滿想像的，在阮籍的作
品最常見到此方法的運用。如〈詠懷詩〉其二：

〔註207〕（魏）王弼著，樓宇烈校釋：《王弼集校釋·周易略例·明象》，頁609。
〔註208〕嵇康：〈聲無哀樂論〉，收入（清）嚴可均輯《全三國文》，卷四十九，頁1330。
〔註209〕湯用彤：〈魏晉玄學與文學理論〉，《儒學·玄學·佛學》，頁283～284。
〔註210〕盧盛江：《魏晉玄學與文學思想》（天津：南開大學出版社，1994年），頁88。

> 二妃遊江濱，逍遙順風翔。交甫懷佩環，婉孌有芬芳。猗靡情歡愛，
>
> 千載不相忘。傾城迷下蔡，容好結中腸。感激生憂思，萱草樹蘭房。
>
> 膏沐為誰施，其雨怨朝陽。如何金石交，一旦更離傷。〔註211〕

詩中描述鄭交甫遇二妃的故事，然而只能從詩中一個個的意象感受到感傷的離思，卻無法具體的得知真正的意旨，詩中留與讀者極大的想像空間。其他的〈詠懷詩〉亦多有此種特徵，如其十六：

> 徘徊蓬池上，還顧望大梁。綠水揚洪波，曠野莽茫茫。走獸交橫馳，
>
> 飛鳥相隨翔。是時鶉火中，日月正相望。朔風厲嚴寒，陰氣下微霜。
>
> 羈旅無儔匹，俛仰懷哀傷。小人計其功，君子道其常。豈惜終憔悴，
>
> 詠言著斯章。〔註212〕

從詩中自然景物的意象所感知的是一種紛亂恐怖的氛圍，然而具體的事實、情況如何，詩中並無言明，只能從阮籍的生平經歷去猜測了。

　　而在「得意忘言」的玄學思想影響下，魏晉詩歌的主旨常超越言與象，難以用感官覺察，無形中給人更多自由想像，而這一種新的藝術技巧是在玄學的啟示下產生。

（二）質樸思澹的玄遠風格

　　道家崇尚自然，反對人工雕琢。《老子》：「信言不美，美言不信，」王弼注曰：「實在質也，本在樸也。」〔註213〕他承老子之說進一步提出質樸才是美，《易·賁卦》上九爻王弼注云：「任其質樸，不勞文飾。」〔註214〕《老子注》亦云：「大巧因其自然以成器，不造為異端，故若拙也。」〔註215〕此觀點與文學創作觀繫連，即著重於樸素平淡的形式，反對雕砌繁複，以追求文學內容的情趣與意旨為優先。宗白華先生提出中國藝術的兩種美感之一：「初出芙蓉」，乃指文章猶如芙蓉初綻般清新素雅，自然可愛。而「初出芙蓉」的美感即受玄學崇尚自然美的影響而產生，此類美感風格多體現在正始文士與東晉文士的作品中。正始文士為尋求國家政治、個人行為的理論依據，開始對世界本體進

〔註211〕（魏）阮籍：〈詠懷詩〉其二，收入逯欽立輯：《先秦漢魏晉南北朝詩·魏詩》，卷十，頁496～497。

〔註212〕（魏）阮籍：〈詠懷詩〉其十六，收入逯欽立輯：《先秦漢魏晉南北朝詩·魏詩》，卷十，頁499～500。

〔註213〕（魏）王弼著，樓宇烈校釋：《王弼集校釋·老子道德經注·八十一章》，頁191～192。

〔註214〕（魏）王弼著，樓宇烈校釋：《王弼集校釋·周易注·賁卦上九爻》，頁328。

〔註215〕（魏）王弼著，樓宇烈校釋：《王弼集校釋·老子注·四十五章》，頁123。

行探索，為首的是何晏與王弼。何、王之文字多用以闡釋義理，或注解儒道兩家的經典，故文風趨於理性，文字質樸；嵇、阮二人著重文章意旨、境界的追求，亦不在文字上雕琢。東晉文風則是由西晉的繁采歸於平實、注重意境的體會，不再只停留於文字技巧的層面上。

由於對老莊思想的吸收，文學藝術的風格也轉向道家的審美觀。像阮籍援引道家的思維來審視美的本體，其〈清思賦〉：

> 余以為形之可見，非色之美；音之可聞，非聲之善。昔黃帝登仙于荊山之上，振咸池于南口之岡，鬼神其幽，而夔牙不聞其章；女娃耀榮于東海之濱，而翩翩于洪西之旁；林石之隕從，而瑤臺不照其光。是以微妙無形，寂寞無聽。然後乃可以觀窈窕而淑清。〔註216〕

於是無形無聲、幽冥玄遠中以顯其美，推之於精神的層次，是一種清虛恬淡的境界。正始時期的作品，常表現出這種清虛恬淡，建安時期那種波瀾起伏、慷慨激昂的情感已不見，取而代之的是色彩素雅、情感平淡中和、境界幽邈超俗的作品風格。如阮籍的〈詠懷詩〉：

> 仰瞻景曜，俯視波流。日月東遷，景曜西幽。寒往暑來，四節代周。繁華茂春，密葉殞秋。盛年衰邁，忽焉若浮。逍遙逸豫，與世無尤。
> 〔註217〕

對於時光流逝、萬物變遷沒有極大的感傷慨嘆，而是「逍遙逸豫，與世無尤」。這樣的思想不僅表現於阮籍的文學作品，也是阮籍生命中所欲追求的精神境界。而嵇康的〈琴賦〉言音聲有「導養神氣，宣和情志」的功能，故使其「處窮獨而不悶」，表示中和沖澹的情志也是其所追求的。嵇康又從聲無哀樂的論點指出，只有人心的和諧，才有樂音的和諧：「和心則足於內，和氣見於外，故歌以敘志，舞以宣情。」〔註218〕玄學主張反樸歸真的生活態度與中和的情思，影響正始文學的創作態度與審美觀念。

東晉的文學觀跨過西晉文學穠麗的色彩而不取，直接承襲了正始境玄思澹的文學風格。東晉文士認為文學作品本身的含意、情感遠比形式上的修飾整

〔註216〕（魏）阮籍：〈清思賦〉，收入（清）嚴可均輯《全三國文》，卷四十四，頁1305。

〔註217〕（魏）阮籍：〈詠懷詩〉十三首之十，收入逯欽立輯：《先秦漢魏晉南北朝詩·魏詩》，卷十，頁495。

〔註218〕（魏）嵇康：〈聲無哀樂論〉，收入（清）嚴可均輯：《全三國文》，卷四十九，頁1329。

飭重要多了，西晉繁辭麗藻的文學風格，至東晉轉為平淡樸實，並著重詩文意境之美。這樣的轉變當然與當時士人的心態有關，東晉文士追求玄心虛靜，表現於外的是閑適曠朗的氣質。受到此玄學觀念的影響，在文學思想與審美上呈現出自然閑淡的美。如庾闡的〈狹室賦〉：

> 清室可以遊暑，不冽泳而興夏寒，于時融火炎炎，鶉精共耀，南義熾暑，夕陽傍照，爾乃登通扉，辟欞幌，絺幕褰，閑堂敞，微飆凌閒而直激，清氣乘虛以曲蕩，溫房悄淒以興涼，軒檻寥豁以外朗。
> 〔註219〕

雖是狹窄居室，庾闡寫來卻是一派的清朗舒適。這是生命情調的呈現，也是東晉玄學內化於思想所流露出來的悠閒氣質。再看王羲之的〈蘭亭詩〉：

> 代謝鱗次，忽焉以周。欣此暮春，和氣載柔。詠彼舞雩，異世同流。
> 迺攜齊契，散懷一丘。〔註220〕

在融融春色中，心冥萬物，詩中充滿沖和閑適的心情。郭象說：「聖人常游外以弘內，無心以順有。故雖終日揮形而神氣無變，俯仰萬機而淡然自若」、「聖人雖在廟堂之上，其心無異於山林之中。」故只要保持超越、不滯於物的心胸，皆能無入而不自得。東晉文士又擷取正始文士的「寡欲知足」，與郭象的「無心以順有」，產生了不縱於物慾、閑適優游的人生態度，反映在文學上，文章風格趨向閑曠自然。

（三）崇有盡意的太康變調

西晉繁文縟彩的文學風格明顯與正始、東晉時期不同，除了與當時的政治情形與豪奢社會風氣有關之外，玄學的因素亦不可排除在外。西晉時期的玄學有了新的變化，裴頠倡「崇有論」，向秀與郭象提出「獨化」、「自生」的理論，歐陽建反對「言不盡意」，主張「言盡意論」。對於正始名士所提出的以無為本、言不盡意，西晉士人提出質疑批評，並提出新的說法試圖矯正之，而此玄學新理論無形當中影響了西晉文士的心態，並體現在其文學作品中。

向秀早在正始時期即提出與何、王與嵇、阮不同的論點，當其他玄學家主張超越名利富貴才能反歸自然時，他卻認為嗜欲享樂是人性的趨向，順之才是自然，其〈難嵇叔夜養生論〉謂：

〔註219〕　（晉）庾闡：〈狹室賦〉，收入（清）嚴可均輯：《全晉文》，卷三十八，頁1679。
〔註220〕　（晉）王羲之：〈蘭亭詩〉二首之一，收入逯欽立輯：《先秦漢魏晉南北朝詩‧晉詩》，卷十三，頁895。

> 且生之為樂，以恩愛相接。天理人倫，燕婉娛心，榮華悅志，服饗
> 滋味，以宣五情；納御聲色，以達氣性，此天理自然，三王所不易。
> 〔註221〕

文中肯定了對追求聲色享樂的追求，亦即宣告對人生現實層面的認同。除了肯定對物質欲望的追求，他還對擁有「富貴」這件事重新給予定義：

> 夫天地之大德曰生，聖人之大寶曰位，崇高莫大於富貴。富貴，天
> 地之情也。貴則人順己以行義於下，富則所欲得以有財聚人，此皆
> 先王所重，闕之自然，不得相外。又曰富與貴，是人之所欲也。但
> 求之以道義，在上謂不驕無患，持滿以損撝不溢，若此何為其傷德
> 邪？或睹富貴之過，因懼而背之，是猶見食之有噎，因終身不飧耳！
> 〔註222〕

只要取得富貴的方式合乎道義，擁有富貴本身並非過錯。向秀的思想在正始時期未受重視，直到西晉，由於與政權的妥協依附，莊園經濟的穩定，士人心態隨之轉變，向秀的論點正好符合當時士人既富且貴，又欲屏棄污俗、追尋風雅的需求，因而被廣泛接受。〔註223〕

　　裴頠進一步提出「崇有論」，論證名教的合理性。「崇有論」的提出是針對何、王以來盛行的「貴無論」，「貴無論」主張以無為萬事萬物之本源，「崇有論」則認為「夫總混群本，宗極之道也。」〔註224〕他肯定現實事物的存在，也肯定名教存在的價值，當然世間一切榮華富貴功名、禮法制度也都是真實的存在，所以是值得追求的。

　　名教與自然的融合的理論根源到了郭象時才真正解決，郭象承襲向秀注《莊子》的論點，提出「獨化」、「自生」之說，認為萬事萬物都是其自身生存的依據，並非以「無」為本，而且萬事萬物間亦不相關連的，任何事物的存在

〔註221〕（晉）向秀：〈難嵇叔夜養生論〉，收入（清）嚴可均輯《全晉文》，卷七十二，頁1877。

〔註222〕（晉）向秀：〈難嵇叔夜養生論〉，收入（清）嚴可均輯《全晉文》，卷七十二，頁1876。

〔註223〕余嘉錫：《世說新語箋疏・文學18》載：「阮宣子有令聞，太尉王夷甫見而問曰：『老、莊與聖教同異？』對曰：『將無同？』太尉善其言，辟之為掾。世謂『三語掾』。・玠嘲之曰：『一言可辟，何假於三？』宣子曰：『苟是天下人望，亦可無言而辟，復何假一？』遂相與為友。」〈德行23〉又載：「王平子、胡毋彥國諸人，皆以任放為達，或有裸體者。樂廣笑曰：『名教中自有樂地，何為乃爾也！』」（頁207、24。）可見當時名教與自然融合已是普遍的現象了。

〔註224〕（唐）房玄齡等撰：《晉書・裴頠傳》，卷三十五，頁1044。

都有其自身的依據，只要適性稱情，一切都合於自然。手足外內是自然，君臣
皂隸是自然，人心欲求、社會秩序都是自然。

　　裴頠崇有論，向秀、郭象的適性稱情說，為現實享樂的生活找到了依據。
西晉士人依附政權，追逐物質慾望，要脫俗高雅、不顯庸俗與銅臭，又要兼顧
手中所擁有的名利富貴，魚與熊掌都想兼得。於是西晉文士不以生活逸樂為
羞，滿足於華麗奢侈的物質，熱衷於功名富貴的追求，為文多歌功頌德、歌詠
昇平，頗有漢朝大賦刻意舖飾增艷之勢，妍巧雕麗之文風遂盛。

　　另外，玄學思維方式到西晉也起了變化，歐陽建提出「言盡意論」，認為：

> 誠以理得於心，非言不暢；物定彼，非名不辨。言不暢意，則無以
> 相接；名不辨物，則鑒識不顯。鑒識顯而名品殊，言稱接而情志暢。
> 原其所以，本其所由，非物有自然之名，理有必定之稱也。欲辨其
> 實，則殊其名；欲宣其志，則立其稱。名遂物而遷，言因理而變。
> 此猶聲發響應，形存影附，不得相與為二，苟其不二，則無不盡。
> 吾故以為盡矣。〔註225〕

理非言不暢，物非名不辨，事理不同，則名異言殊，名與物、言與理本來就是
互為依存。歐陽建的立場是「名能盡物，言能盡理」，所以「言可盡意」。此論
點的提出反映出西晉寫實盡意、巧構形似的文風，此時出現大量的詠物小賦即
為典型的例子，其狀物摹形多求逼真，如潘岳有〈秋菊賦〉、〈蓮花賦〉，傅玄
有〈瓜賦〉、〈棗賦〉；左思著〈三都賦〉，衛權為其賦作注解，序曰：「余觀三
都之賦，言不苟華，必經典要，品物殊類，稟之圖籍；辭義瓌瑋，良可貴也。」
〔註226〕〈三都賦〉也表現出寫實盡意的觀點。

　　玄學理論的產生，源於士人的心態，西晉文士肯定現實世界的一切，享受
功名富貴帶來的美好生活，因而對現實事物予以讚美歌誦，在他們眼中，一瓜
一果，皆是美好而真實的存在。西晉士人熱愛生命中的逸樂享受，捨不得拋棄
富貴名利，但又受老莊思想影響，嚮往脫俗超塵的境界，於是他們改造老莊思
想，打造一個適合其生存的玄學理論，讓享樂的生活得以理直氣壯的延續，感
官生活得以點綴上高雅。此心態反映在文學思想上，成了崇尚華麗，注重寫實
的文學風格。

〔註225〕（晉）歐陽建：〈言盡意論〉，收入（清）嚴可均輯《全晉文》，卷一百九，頁
　　　　　2084。
〔註226〕（唐）房玄齡等撰：《晉書・文苑傳》，卷九十二，頁2376。

在玄學思想影響下，產生了正始文士清虛玄遠文學風格，又產生了西晉華麗寫實的文學風格，可見魏晉文士對於老莊思想的有所取，有所捨。他們甚至將老莊思想加以改造成不同的玄學理論，而不同的文學思想與創作技巧，都可找出與其相對應的玄學理論。由此可知玄學對魏晉文士影響之深，故談魏晉文士的特質時，玄學是絕不可忽略的一環。

美感的追求與玄學的思想，是影響魏晉文士在創作上的兩大因素。而文學作品是士人思想與心態的反映，藉由文學觀點的探討，魏晉文士的面貌得以更清晰的呈現。

貳、魏晉文士的行為特質

魏晉士人由於個體意識的覺醒，開始有許多強調個性的言行出現，故除了內在的思維，外在言語行為的特質亦不容忽略，故以下將對魏晉文士的行為特質加以整理論述。

一、妙藏機鋒，才高藻麗

文士之所以被稱為文士，首要條件即是有生花妙筆之文才，在知識階層裡，文士是傾向文章寫作的一個流別。以文才見譽是所有時代文士共通的特點，魏晉文士當然也都是學識涵養豐富，以文才受到肯定的。受到時代的影響，魏晉文士的作品傾向辭采華美，例如：夏侯湛「有盛才，文章巧思，善補雅詞。」〔註227〕左思「辭藻壯麗。」〔註228〕歐陽建「雅有理思，才藻美贍。」〔註229〕故辭采整麗是魏晉文章的重要特徵。

中國古代文人通常具有士的身分，因為這樣的身分，勢必與政權形成緊密的結合，所擁有的文才，多半以服務統治者為優先，魏晉文士也不例外。然而魏晉文士不同於前朝的是，他們有更大的空間揮灑，有更多的自由為自己而創作。由於文章在魏晉受到重視，文士的地位也隨之提高。

魏晉清談盛行，有些善於清談的名士雖善談玄理，但要其援筆為文，就有困難了，有時還要借助文士之筆以述己之意，《世說新語》曾載：

> 樂令善於清言，而不長於手筆。將讓河南尹，請潘岳為表。潘云：
> 「可作耳。要當得君意。」樂為述己所以為讓，標位二百許語。潘

〔註227〕古田敬一：《文士傳輯本》，頁81。
〔註228〕（唐）房玄齡等撰：《晉書·文苑傳》，卷九十二，頁2376。
〔註229〕（唐）房玄齡等撰：《晉書·歐陽建傳》，卷三十三，頁1009。

直取錯綜，便成名筆。時人咸云：「若樂不假潘之文，潘不取樂之旨，
則無以成斯矣。」〔註230〕

樂令是中朝的大名士，以善清談為王衍所稱，〔註231〕雖然能言善道，卻拙於
用筆。這時文士潘岳的筆就負載了傳遞樂令旨意的責任。這種文章與語言截然
劃分的現象並非特例，其他如：

太叔廣甚辯給，而摯仲治長於翰墨，俱為列卿。每至公坐，廣談，
仲治不能對。退著筆難廣，廣又不能答。〔註232〕

太叔廣有口才，摯虞有筆才，兩人各憑藉其才能相互攻難。殷浩與其叔父殷融
亦有此一情況：

浩識度清遠，弱冠有美名，尤善玄言，與叔父融俱好老易。融與浩
口談則辭屈，著篇則融勝，浩由是為風流談論者所宗。〔註233〕

殷浩善清談，殷融有文采。另外，史傳上還可見許多魏晉文士只善文章，而無
便給之口才，例如左思辭藻壯麗，然口訥不善言。郭璞「博學有高才，而訥於
言論，詞賦為中興之冠。」在魏晉，清談是成為名士所必備的條件，文士雖在
口才上有所不足，然其粲然文采可補此缺憾，亦受當世所重。名士尚口談，文
士重筆才，口談與筆才各有所重，魏晉士人用不同的方式，討論共同的玄學命
題。

　　由於敏捷之文思，文士們在一起常有妙語如珠的情況，如孫楚與王濟之間
的對話，充分展現孫楚敏捷的文思：

孫子荊年少時欲隱，語王武子「當枕石漱流」，誤曰「漱石枕流」。
王曰：「流可枕，石可漱乎？」孫曰：「所以枕流，欲洗其耳；所以
漱石，欲礪其齒。」〔註234〕

經過孫楚一番妙語詮釋，「漱石枕流」的意境比「枕石漱流」更加高深了。《世
說新語‧排調》又載：

荀鳴鶴、陸士龍二人未相識，俱會張茂先坐。張令共語。以其並有
大才，可勿作常語。陸舉手曰：「雲間陸士龍。」荀答曰：「日下荀

〔註230〕余嘉錫：《世說新語箋疏‧文學70》，頁253。
〔註231〕余嘉錫《世說新語箋疏‧品藻10》：「王夷甫以王東海比樂令，故王中郎作碑
　　　　云：『當時標榜，為樂廣之儷。』」（頁510。）
〔註232〕余嘉錫：《世說新語箋疏‧文學73》，頁255。
〔註233〕（唐）房玄齡等撰：《晉書‧文苑傳》，卷七十七，頁2043。
〔註234〕余嘉錫：《世說新語箋疏‧排調6》，頁781～782。

鳴鶴。」陸曰:「既開青雲覩白雉,何不張爾弓,布爾矢?」荀答曰:
「本謂雲龍騤騤,定是山鹿野麋。獸弱弩彊,是以發遲。」張乃撫
掌大笑。〔註235〕

兩個人以自己的名字開始,展開一場「語言爭鬥」,高手過招自是精采萬分。
荀鳴鶴的辭鋒銳利,使陸機此次落居下風,一旁的張華撫掌大笑,這笑蘊含著
對荀、陸二人機智文思的無限讚賞。若非有高才捷思,否則在這樣的場合肯定
要貽笑大方的。顧愷之也曾與殷仲堪進行一場「聯句」的文字遊戲,二人共作
危語,看誰所描述的景況最可怕,《世說新語·排調》載:

桓南郡與殷荊州語次,因共作了語。顧愷之曰:「火燒平原無遺燎。」
桓曰:「白布纏棺豎旒旐。」殷曰:「投魚深淵放飛鳥。」次復作危
語。桓曰:「矛頭淅米劍頭炊。」殷曰:「百歲老翁攀枯枝。」顧曰:
「井上轆轤臥嬰兒。」殷有一參軍在坐,云:「盲人騎瞎馬,夜半臨
深池。」殷曰:「咄咄逼人!」仲堪眇目故也。〔註236〕

此次的過招因「盲人」二句所述之景象實在危險,殷仲堪一隻眼睛盲,故深能
感受句中情景,而有:「咄咄逼人」之讚嘆。魏晉文士的文才是表現自我最佳
的工具,在重名的魏晉社會風氣裡,可藉此提高自己的聲名,獲得美譽,生活
中也因此增加了不少樂趣。

二、忤俗傲世,深情感物

個性放達傲物,不同於俗,是魏晉文士的一個重要特質,而其主要原因
來自於個體意識的張揚。魏晉士人張揚個性,標榜自我的風氣盛行,文士多
有負才傲物,肆無忌憚的特質,如建安七子劉楨曾於筵席上直視甄夫人,絲
毫無臣下之禮儀。又如孫楚「多所陵傲,缺鄉曲之譽」,亦是一例。他曾與府
主石苞、鄉人郭奕爭忿;好友王濟去世,孫楚前往弔唁,於靈前學王濟生前
最愛聽的驢鳴,引來其他客人竊笑時,竟不留任何情面的說:「為什麼死的不
是你們?」然後轉身離去。其他甚至有因性格高傲忤俗而被殺害者,如孔融、
禰衡,還有嵇康。孔融因看不慣曹操之專擅,而常以言語嘲諷,終於引起曹
操的憤怒,以毀壞名教的名義殺之。據《後漢書·文苑傳》所載,禰衡「少
有才辯,而尚氣剛傲,好矯時慢物。」曹操本因禰衡悖虐無禮而欲殺之,然
畏其聲名太盛,有負眾望,故將禰衡送與劉表,劉表原亦深愛其才,禰衡卻

〔註235〕余嘉錫:《世說新語箋疏·排調9》,頁789。
〔註236〕余嘉錫:《世說新語箋疏·排調61》,頁820~821。

數次侮慢劉表，劉表不能容，送衡與黃祖，黃祖初愛其才，然禰衡依舊態度倨傲，黃祖忍無可忍，遂殺之。嵇康則是不與司馬氏合作，鍾會來訪時，仍是一派冷漠，完全不給這位貴公子一點面子，終被鍾會所譖而遭殺害。這些文士們都有著鮮明的性格，為保持自身人格的完整性，他們犧牲與社會大我的和諧，選擇彰顯自我。

　　除了忤俗傲世的一面，魏晉文士亦有深情感物的一面。宗白華說：「深於情者，不僅對宇宙人生體會到至深的無名的哀感，擴而充之，可以耶穌、釋迦的悲天憫人；就是快樂的體驗也是深入肺腑，驚心動魄；淺俗薄情的人，不僅不能深哀，且不知所謂真樂。」〔註237〕魏晉文士就是如此的深於情感於物。他們對人對物總是充滿了感情，如潘岳為妻子所作的〈悼亡詩〉，真情流露，若非真有所感，不能為也。王羲之辭官之後，與東土人士盡日遊山玩水，弋釣泛海，因嘆曰：「我卒當以樂死。」〔註238〕就是因為一顆深情易感的心，讓他們對人生的悲喜都能深切感受。他們的深情還表現在愛物成痴上，如王羲之愛鵝、〔註239〕王子猷愛竹、〔註240〕支遁愛鶴，〔註241〕對於自己鍾愛之物，總是如此的執著。凡足以表現個體特質的言行，皆是魏晉士人想要追求的，例如「嘯」有表現自己超俗絕塵之意，圍棋、樗蒲都是凸顯個人魅力的活動，魏晉文士莫不熱衷其中。

　　魏晉時期個人的意識已經覺醒，表現自己與眾不同的一面成為多數士人的傾向，他們不掩飾自己的高傲，亦不吝於付出自己的真情，真實的表達自己的性情與感受。

〔註237〕宗白華：《美學的散步‧論《世說新語》與晉人的美》（臺北：洪範書局，1987年），頁67。

〔註238〕（唐）房玄齡等撰：《晉書‧王羲之傳》，卷八十，頁2101。

〔註239〕（唐）房玄齡等撰：《晉書‧王羲之傳》：「性愛鵝，會稽有孤居姥養一鵝，善鳴，求市未能得，遂攜親友命駕就觀。姥聞羲之將至，烹以待之，羲之歎惜彌日。又山陰有一道士，養好鵝，羲之往觀焉，意甚悅，固求市之。道士云：『為寫道德經，當舉群相贈耳。』羲之欣然寫畢，籠鵝而歸，甚以為樂。其任率如此。」（卷八十，頁2100。）

〔註240〕余嘉錫：《世說新語箋疏‧任誕46》：王子猷嘗暫寄人空宅住，便令種竹。或問：『暫住何煩爾？』王嘯詠良久，直指竹曰：『何可一日無此君？』（頁760。）

〔註241〕余嘉錫：《世說新語箋疏‧言語76》：「支公好鶴，住剡東峁山。有人遺其雙鶴，少時翅長欲飛。支意惜之，乃鎩其翮。鶴軒翥不復能飛，乃反顧翅，垂頭視之，如有懊喪意。林曰：『既有凌霄之姿，何肯為人作耳目近玩？』養令翮成置，使飛去。」（頁136。）

三、呼朋引伴，流觴賦詩

中外文學藝術史上，可以看到許多文學、藝術家的聚會而促進文藝活動的例子，像法國的文藝沙龍、中國的江西詩派、鵝湖之會。中國古代文士的集會活動從漢末魏初開始，此後並成為中國文士生活上的一個重要內容。

曹丕的〈又與吳質書〉曾描述與鄴城文士宴游吟詩的情景：「昔日游處，行則連輿，止則接席，何曾須臾相失！每至觴酌流行，絲竹並奏，酒酣耳熱，仰而賦詩。」〔註242〕顯示建安時期的文士已有文人雅集的形式。雅集的地點推測是在鄴宮的西園，曹植曾有〈公讌詩〉曰：

> 公子敬愛客，終宴不知疲。清夜游西園，飛蓋相追隨。明月澄清景，
>
> 列宿正參差。秋蘭被長坂，朱華冒綠池。潛魚躍清波，好鳥鳴高枝。
>
> 神飆接丹轂，輕輦隨風移。飄飄放志意，千秋長若斯。〔註243〕

一群文士於清夜裡飛蓋相隨，共游西園，週遭自然美景圍繞，眾人飲宴而不知疲累。此時文士齊聚一堂，飲酒酣歌，揮筆墨以藉談笑，這種大型的文人聚會模式，後面還有西晉的金谷園與東晉的蘭亭聚會。

西晉金谷園之會是繼建安西園之會後的一次大型文人聚會，金谷園是石崇在洛陽城外的別墅，稱為金谷別廬，《世說新語》劉孝標注引石崇的〈金谷詩〉敘：

> 余以元康六年，從太僕卿出為使，持節監青、徐諸軍事征虜將軍。
> 有別廬在河南縣界金穀澗中，去城十裏，或高或下。有清泉、茂林、
> 眾果、竹柏、藥草之屬。金田十頃，羊二百口，雞豬鵝鴨之類，莫
> 不畢備。又有水碓、魚池、土窟，其為娛目歡心之物備矣。時征西
> 大將軍祭酒王詡當還長安，餘與眾賢共送往澗中。晝夜遊宴，屢遷
> 其坐。或登高臨下，或列坐水濱，時琴瑟笙築，合載車中，道路並
> 作。及住，令與鼓吹遞奏，遂各賦詩，以敘中懷。或不能者罰酒三
> 鬥，感性命之不永，懼凋落之無期。故具列時人官號、姓名、年紀，
> 又寫詩著後。後之好事者，其覽之哉！〔註244〕

〔註242〕（魏）曹丕：〈又與吳質書〉，收入（清）嚴可均：《全三國文》，卷七，頁
1089。

〔註243〕（魏）曹植：〈公讌詩〉，收入逯欽立輯：《先秦漢魏晉南北朝詩·魏詩》，卷
七，頁449～450。

〔註244〕余嘉錫：《世說新語箋疏·品藻57》，頁530。

園中有良田、眾果、魚池、竹柏等，所有「娛目歡心之物」皆齊備，是石崇頗引以為傲的。在優渥的物質基礎上，一群文人徜徉於清泉茂林邊吟詩作賦，富貴中又見風雅，這是屬於魏晉文士的生活情趣。因為莊園經濟的形成，讓他們有極豐厚的財貨可以享受生活、親近自然山水。

　　東晉時也有一個大型的文人盛會。穆帝永和九年春天，王羲之時任右將軍、會稽內史，與孫統、孫綽、謝安等人於會稽山陰之蘭亭宴集，據何延之：〈蘭亭始末記〉：「以晉穆帝永和九年三月三日，宦游山陰，與太原孫統承公、孫綽興公、廣漢王彬之道生、陳郡謝安安石、高平郗曇重熙、太原王蘊叔仁、釋支遁道林，及其子凝之、徽之、操之等四十有二人，修祓禊之禮。揮毫制序，興樂而書。」〔註245〕時作詩賦三十七篇，後輯為《蘭亭詩》，王羲之自為序以申己志。此次的聚會是繼石崇金谷園會之後的一個大型文人聚會，《世說新語》載：

> 　王右軍得人以〈蘭亭集序〉方〈金谷詩序〉，又以己敵石崇，甚有欣
> 　色。〔註246〕

王羲之對於時人將自己與石崇相比頗為得意，成為這樣大規模文士聚會的領導者，自是不簡單的，而且文士齊聚於明山麗水中，吟詩作賦，風雅莫過於此，王羲之當然是「甚有欣色」。建安西園之游，曹丕、曹植貴為魏國公子，與其他文士在身分有主從之分，金谷園以及蘭亭宴集，主客的身分已無主從關係，彼此是平等對待的，為典型的文人聚會，對隋唐文人聚會影響甚大。

　　園林提供魏晉文士一個雅聚唱和、優游山水的場所，優美的自然景色激發了創作的靈感，也安撫了魏晉文士的心靈，園林是士人安頓身心的歸宿，出世與入世的統一。園林因文士對山水自然的喜愛而建，亦因文士的詩文得以流傳，像蘭亭若不遭王羲之、謝安等風流雅士的吟詠，也無法盛名遠播，歷千年而不衰；杭州因為有了白居易、蘇軾等騷人墨客的吟唱，故美景流傳於詩文，而被傳誦不絕，所以魏晉文士雅集其實間接的促進後世園林的發展。

　　魏晉文士享受著豐裕的物質生活之餘，又呼朋引伴，以文會友，於曲水流觴中吟詩作賦，生活中多了一分風雅，此文士聚會的模式流傳久遠，深深影響著中國文人。

〔註245〕（唐）何延之：〈蘭亭始末記〉，收入（清）董誥編：《欽定全唐文》（臺北：文友書局，1972年），冊七，卷三百一，頁3866。
〔註246〕余嘉錫：《世說新語箋疏・企羨3》，頁631。

四、優遊山水，慕仙求道

魏晉士人或因避禍求生，或因崇尚自然，或欲修行證道，或為採藥求仙，紛紛投入山林水野，遠離塵世喧囂。門閥士族亦將「名教即自然」之玄學理論，進一步發展成「朝隱」思想，使園林肥遯、山水樂處成為時代風尚。〔註247〕面對清泉峻嶺，心有所感，發而為詩文，故魏晉間關於山水的詩文數量與質量均到達相當的水準。

受到玄學思想的影響，魏晉文士以玄學的審美態度面對自然萬物。儒家以人為萬物主宰，道家卻持較謙卑的態度，強調人與萬物同處天地之中，透過觀物才能體道。《莊子》云：「天地有大美而不言，四時有明法而不議，萬物有成理而不說。聖人者，原天地之美而達萬物之理。」〔註248〕故縱覽萬物，會通自然，則至理具現。

魏晉文士以審美觀照的心面對自然美景，發而為文，常流露出一種意在言外的玄理，使人玩味咀嚼再三。《世說新語·企羨》載：

> 郭景純詩云：「林無靜樹，川無停流。」阮孚云：「泓崢蕭瑟，實不
> 可言。每讀此文，輒覺神超形越。」〔註249〕

郭璞以簡單的文字，描繪出超然的境界，令人感受到萬物的生生不息，因而俗慮全消，而與自然合而為一了。孫綽亦於「席芳草，覽卉木，觀魚鳥」中，體會萬物俱同，各隨其性，各安其樂的尊重與包容。對於山水審美的觀照，陶鑄了魏晉文士寵辱皆忘，豁達自在的心胸，表現於外而成從容自若、優游容與的氣質。

中國古代神仙觀念的形成早在先秦之時，《史記》中有燕人宋毋忌、正伯僑、羨門子等人修練入道的記載。甯稼雨先生認為戰國後期，神仙思想已經固定下來，神仙觀念主要受兩種截然不同的精神意念左右：

> 一是從精神超越的角度理解和建構神仙的價值內涵，二是以肉體修
> 煉的成功確認神仙的存在與可行。前者在老莊等人的「聖人」、「神
> 人」、「真人」等概念中得到體認與說明，後者由漢代《太平經》、《老
> 子想爾注》等早期的道教經典作出了較為系統的總結。〔註250〕

〔註247〕蕭淑貞：《魏晉山水紀游詩文之研究》（臺北：臺灣學生書局，2009年），頁419。

〔註248〕（周）莊周著，（晉）郭象注：《莊子·知北遊》，頁405。

〔註249〕余嘉錫：《世說新語箋疏·文學76》，頁257。

〔註250〕甯稼雨：《魏晉名士風流》，頁257。

而正始文士擷取精神內涵的成仙精神,兩晉文士卻是接納了肉體修煉的成仙觀念,並依其需求加以改造,塑造出「地仙」的觀念。正始文士中參與神仙活動,具有神仙思想當推嵇康、阮籍二人。據《晉書》所載,嵇康曾與被收入《神仙傳》的孫登、王烈有交往;〔註251〕阮籍於蘇門山中遇見孫登,與之以嘯相和。嵇、阮的神仙觀念傾向精神內蘊的追求,嵇康認為神仙雖存在,然非每個人都可成仙,故只要達到「無為自得、體妙心玄」的精神境界,就「可與羨門比壽,王喬爭年」。〔註252〕阮籍則認為與「道」合一,隨「道」變化,就可不為有限事物的生滅變化所限制,而達到超越時間空間的永恆境界。〔註253〕正始文士的神仙觀念已進入更開闊恢弘的哲學高度,帶有明顯的文人色彩與精神追求的屬性。

兩晉的神仙觀念隨著玄學的崇有、獨化理論,以及士人重於物質享樂的人生觀而有所改變了。最具代表性的是葛洪的《抱朴子》,書中提到「三仙說」:「上士舉形生虛,謂之天仙;中士游於名山,謂之地仙;下士先死後蛻,謂之尸解仙。」〔註254〕所謂「地仙」是指在人間亦可成仙,《抱朴子·對俗》指出的地仙觀念是:

> 人道當食甘旨,服輕暖,通陰陽,處官秩,耳目聰明,骨節堅強,顏色悅懌,老而不衰,延年久視,出處任意,寒溫風濕不能傷,鬼神眾精不能犯,五兵百毒不能中,憂喜毀譽不為累,乃為貴耳。若委棄妻子,獨處山澤,邈然斷絕人理,塊然與木石為鄰,不足多也。
> 〔註255〕

「食甘旨,服輕暖」,使身體老而不衰,方能長生延年;而且必須處於人間,

〔註251〕（唐）房玄齡等撰《晉書·嵇康傳》:「康嘗採藥游山澤,會其得意,忽焉忘反。時有樵蘇者遇之,咸謂為神。至汲郡山中見,康遂從之遊。登沈默自守,無所言說。康臨去,登曰:『君性烈而才儁,其能免乎!』康又遇王烈,共入山,烈嘗得石髓如飴,即自服半,餘半與康,皆凝而為石。又於石室中見一卷素書,遽呼康往取,輒不復見。烈乃歎曰:『叔夜志趣非常而輒不遇,命也!』其神心所感,每遇幽逸如此。」（卷四十九,頁1370。）

〔註252〕嵇康:〈養生論〉,收入嚴可均:《全三國文》,卷四十八,頁1325。

〔註253〕阮籍:〈大人先生傳〉:「夫大人者,乃與造物同體,天地並生,逍遙浮世,與道俱成,變化散聚,不常其形……今吾乃飄颻於天地之外,與造化為友,朝飡湯谷,夕飲西海,將變化遷易,與道周始。此之於萬物,豈不厚哉!」（收入嚴可均輯《全三國文》,卷四十六,頁1315～1316。）

〔註254〕（晉）葛洪的《抱朴子·論仙》,卷二,頁9。

〔註255〕（晉）葛洪的《抱朴子·對俗》,卷三,頁14。

不避居山林。此正表現了晉朝「仕隱兼修」、「身名俱泰」的論點。晉朝士人追求生活享樂，又熱衷求仙，地仙的觀點將神仙由虛幻拉回現實，世間的人物亦可稱為神仙，而那些養尊處優、從容出入的貴族就是神仙。

當然，追求長生成仙也要修煉服食，服藥原本就是道教養生、追求長壽之方法。自何、王、嵇、阮等正始文士開始服食五石散，此服藥的風氣就在士人間蔓延開來，東晉的王羲之更服膺神仙道教，與道士許邁共修服食，更不遠千里去採藥。從正始時期的注重精神超越的神仙觀，到兩晉肉體修煉的神仙觀，魏晉文士從不放棄對長壽成仙的追求，只是換一個角度去審視神仙，而這都是因為對生命短暫的惋惜與人世間的留戀。

從文士義涵演變的過程來看，文士階層乃從士人階層中再細分出來的一個分流，他們運用所擁有的知識執筆創作，相較於名士的清談，文士以文章來表現自我。

魏晉時期文學受到相當的重視，文士地位提升，隊伍日漸龐大。他們齊聚一堂，傲雅觴豆之前，灑筆以成酣歌，形成文人聚會的模式，於山水園林中歌詠山水之美；他們任性重情，入世卻不甘流於塵俗。受到政治環境與時代思潮的影響，魏晉文士的作品風格有所不同，有的辭藻華美，有的清新可愛，他們為文學創作找到理論基礎，並影響了後世山水文學的興盛。

第五章　閒淡曠遠的高士

　　世界各地皆有隱逸的高士，甚至有形成文化者，但是像中國古代一樣，將隱逸列入史書，成為重要的主題，實屬少見。歷代史傳都不敢忽略這個群體，司馬遷撰《史記》，以伯夷為列傳之首，范曄於《後漢書》中獨立列一〈逸民列傳〉，確立了隱者的地位，亦為後世留下許多探討隱士的史料。此後的歷代正史，多為隱逸者列傳，〔註1〕只是名稱稍異，如：《南齊書》稱〈高逸傳〉，《梁書》稱〈處士傳〉。除了正史中立傳，君王亦重視當朝是否有隱者，如《晉書·桓溫傳》載桓溫以歷代皆有肥遯之士，而己朝獨無，特徵皇甫謐六世孫皇甫希為著作，並給予資用，而號為「高士」。《晉書·隱逸列傳》載尚書郎胡濟奏薦隱士伍朝曰：

> 臣以為當今資喪亂之餘運，承百王之遺弊，進趨者乘國故以僥倖，守道者懷蘊櫝以終身，故令敦褒之化虧，退讓之風薄。案朝游心物外，不屑時務，守靜衡門，志道日新，年過耳順而所尚無虧，誠江南之奇才，丘園之逸老也。不加飾進，何以勸善！且白衣為郡，前漢有舊，宜聽光顯，以獎風尚。〔註2〕

可知朝廷飾進隱者有獎尚風俗，激貪厲濁之用意，故隱者雖然不直接參與政治，卻以另一種方式影響政治與社會。

　　隱逸的高士在中國各個朝代皆有，然而像魏晉時期那樣人數眾多，風氣盛行，且社會價值觀以隱逸為高尚的，實屬少見。所以魏晉的高士其實是非常特

〔註1〕除了《陳書》、《周書》、《遼史》沒有立隱逸列傳之外，其餘的正史中皆有。
〔註2〕（唐）房玄齡等撰：《晉書·隱逸列傳》，卷九十四，頁 2436。

殊的一個群體，他們屬於知識分子的一個流別，卻背離了中國古代知識分子原有的職業與志向，選擇不仕。在其隱逸行為的背後必有其思想依據，而隱者的人格、行為亦有其特質，這些是本章節所欲探討的。

第一節　高士義涵的演變

　　魏晉因玄學思想的建構，玄風大起，知識階層無不受此風影響，名士清談服食、崇尚隱逸、喜愛山水；文士的文學作品亦受玄學影響，得意忘言，著重精神意境的表達；另外還有一群士人，乾脆直接以行為實踐道家的隱逸精神，以全性自適為人生取捨的首要前提，選擇隱居的生活，此即為高士。所謂高士乃指高尚其志，隱而不仕之士。在隱逸風氣盛行的魏晉時代，高士是當時知識分子中重要的一種典型，隱居山林水濱是一件極其優雅又令人企羨的事。

　　隱逸思想的產生，自上古堯舜之時許由巢父讓國隱逃開始，此後隱逸之士代有其人。由於隱逸行為具有激濁揚清，敦風化俗的價值，歷代君王均十分重視。《梁書·處士傳》曰：

> 夫可以揚清激濁，抑貪止競，其惟隱者乎！自古帝王，莫不崇尚其
> 道。雖唐堯不屈巢、許，周武不降夷、齊，以漢高肆慢而長揖黃、
> 綺，光武按法而折意嚴、周，自茲以來，世有人矣！〔註3〕

「揚清激濁，抑貪止競」是隱士在政治風氣所發揮的效果。若能夠聘請隱士出來為其效命，更可藉此提升自己的身價，例如漢高祖欲廢太子，立戚夫人子趙王如意，呂后恐而求助於張良張良獻計，請太子命人卑辭厚禮以迎因高祖輕視士人而匿逃山中的商山四皓，高祖見此四隱為太子輔，太子事遂定，不再議改。〔註4〕可知隱士雖然不實際參與政治，對於政治局勢與風氣卻有相當大的影響力。

〔註3〕（唐）姚思廉：《梁書·處士傳》（北京：中華書局《二十四史》，1997年），卷五十一，頁732。

〔註4〕（漢）班固《漢書·張良傳》：「及宴，置酒，太子侍。四人者從太子，年皆八十有餘，須眉皓白，衣冠甚偉。上怪，問曰：「何為者？」四人前對，各言其姓名。上乃驚曰：『吾求公，避逃我，今公何自從吾兒游乎？』四人曰：『陛下輕士善罵，臣等義不辱，故恐而亡匿。今聞太子仁孝，恭敬愛士，天下莫不延頸願為太子死者，故臣等來。』上曰：『煩公幸卒調護太子。』四人為壽已畢，趨去。上目送之，召戚夫人指視曰：『我欲易之，彼四人為之輔，羽翼已成，難動矣。』」（卷四十，頁2035～2036。）

隱者高士成為魏晉士人理想典型，隱逸思想之成為魏晉人所偏愛，自有其時代演變與背景，故本章擬從高士的義涵開始溯源，並循著其演變的軌跡，探討由先秦到魏晉之間高士義涵的流變；另一方面從隱逸思想的源頭——先秦儒道二家的隱逸觀著手，將高士與隱逸之間的關係繫連起來，以更清楚了解魏晉當時的隱逸觀與高士之義涵。

壹、「高士」的義涵

一、「高士」一詞的出現

「高士」雖為魏晉士人嚮往的士人典型，然在先秦典籍中卻很少出現。「高士」一詞最早見於《墨子・兼愛下》：

> 吾聞為高士於天下者，必為其友之身，若為其身，為其友之親，若
> 為其親，然後可以為高士於天下。〔註5〕

文中乃墨子為提倡兼愛的觀念，而區分比較「別士」與「兼士」行為上的差別。「別士」不以朋友之身為己身，不以朋友之親為己親，對朋友的飢寒病死視若無睹；「兼士」則以朋友之身為己身，以朋友之親為己親，能隨時救濟朋友的飢寒病死，而所謂的「高士」就是能做到兼愛的高行之士，所以這裡的高士並無隱逸的涵義。另外，《管子・法法》：

> 凡論人有要：矜物之人，無大士焉，彼矜者，滿也；滿者，虛也。滿
> 虛在物，在物為制也，矜者，細之屬也。凡論人而遠古者，無高士
> 焉。既不知古而易其功者，無智士焉。德行成於身而遠古，卑人也。
> 事無資，遇時而簡其業者，愚士也。〔註6〕

此乃從評論人物的角度說明「高士」乃合乎古代功業德行標準的士人，亦無隱逸之義。《戰國策・趙策》：

> 辛垣衍曰：「吾聞魯連先生，齊國之高士也。衍，人臣也，使事有職。
> 吾不願見魯連先生也。」〔註7〕

魯仲連者，據《史記》所載，其人：「好奇偉俶儻之畫策，而不肯仕宦任職，好持高節。」〔註8〕魯仲連游趙，會秦圍趙，仲連說服秦將辛（《史記》作新）

〔註5〕《墨子・兼愛下》（臺北：中華書局《諸子集成》，1954年），卷四，頁107。
〔註6〕（周）管仲：《管子・法法》，頁93。
〔註7〕（漢）劉向輯，（宋）鮑彪注：《戰國策・趙策》，「秦圍趙之邯鄲」，卷二十，頁162。
〔註8〕（漢）司馬遷：《史記・魯仲連傳》，卷八十三，頁2459。

垣衍，使之退兵五十里。後魏公子無忌奪晉鄙軍以救趙，因而擊退秦軍。此危難解除，平原君欲封仲連，仲連辭讓者三，終不肯受。其後二十餘年，燕將攻下齊國之聊城，仲連乃為書遺燕將，說之以理，動之以情，燕將觀其書，痛泣三日，乃自殺。田單掌握聊城後，欲爵仲連，仲連卻逃隱於海上，曰：「吾與富貴而詘於人，寧貧賤而輕世肆志焉。」〔註9〕觀魯仲連行為特質，實為一救國難、輕爵祿之士。此處辛垣衍以「高士」和「人臣」相對應，顯示出所言之「高士」已有不仕之意，加上魯仲連為國排憂解難卻功成不居的高尚行為，「高士」一詞於義乃指輕視爵祿、高尚不仕之士。

二、漢朝的高士

漢朝之後，高士一詞出現得較頻繁了。《漢書‧孫寶傳》中可見「高士」一詞：

> （張）忠陰察，怪之，使所親問寶：「前大夫為君設除大舍，子自劾去者，欲為高節也。今兩府高士俗不為主簿，子既為之，徙舍甚說，何前後不相副也？」寶曰：「高士不為主簿，而大夫君以寶為可，一府莫言非，士安得獨自高？前日君男欲學文，而移寶自近。禮有來學，義無往教；道不可詘，身詘何傷？且不遭者可無不為，況主簿乎！」〔註10〕

此處的高士前面加上了「兩府」的限定詞，兩府指御史大夫與丞相府，俗不以曾任職兩府的士人任主簿一職。張忠辟孫寶為屬，欲令授子經，然孫寶自劾而去。後張忠又署孫寶為主簿，寶卻欣然徙入官舍，張忠對於孫寶前後矛盾的行為頗為不解，使所親問孫寶，孫寶言之前所以自劾而去，乃因張忠讓孫寶來教張忠子學書，違反「禮有來學，義無往教」的古禮。孫寶秉持著「道不可詘，身詘何傷」的原則來決定其出處，其為人剛正有節。觀其文意，乃指有節操之士。《後漢書‧徐穉傳》：

> 及林宗有母憂，穉往弔之，置生芻一束於廬前而去。眾怪，不知其故。林宗曰：「此必南州高士徐孺子也。詩不云乎，『生芻一束，其人如玉。』吾無德以堪之。」〔註11〕

〔註 9〕（漢）司馬遷：《史記‧魯仲連傳》，卷八十三，頁2469。
〔註10〕（漢）班固：《漢書‧孫寶傳》，卷七十七，頁3257。
〔註11〕（南朝宋）范曄：《後漢書‧徐穉傳》，卷五十三，頁1748。

徐孺子，家貧常自耕稼。為人恭儉義讓，鄰里皆服其德。屢辟公府，不起。
《後漢書》注謝承書曰：「稺少為諸生，學嚴氏《春秋》、京氏《易》、歐陽《尚
書》，兼綜風角、星官、筭歷、河圖、七緯、推步、變易，異行矯時俗，閭里
服其德化。有失物者，縣以相還，道無拾遺。四察孝廉，五辟宰府，三舉茂
才」也〔註12〕。徐稺數度被徵辟皆不至，極受陳蕃之推重，蕃曾上疏薦之，桓
帝乃以安車玄纁，備禮徵之，然徐稺不至。徐稺終其一生皆未仕，他預見漢末
政權之將傾，曾令人轉告郭林宗曰：「大樹將顛，非一繩所維，何為栖栖不遑
寧處？」（見《後漢書》本傳）觀徐稺之學問言行，實為一飽學詩書、有遠識、
講情義之士。郭林宗稱徐稺為「南州高士」，即指其有隱居不仕、品德高潔之
意。《後漢書・逸民列傳・梁鴻》亦載：

> 居有頃，妻曰：「常聞夫子欲隱居避患，今何為默默？無乃欲低頭就
> 之乎？」鴻曰：「諾。」乃共入霸陵山中，以耕織為業，詠詩書，彈
> 琴以自娛。仰慕前世高士，而為四皓以來二十四人作頌。〔註13〕

據《後漢書》所載，梁鴻：「受業太學，家貧而尚節介，博覽無不通，而不為
章句。」梁鴻為東漢隱士，終身不仕，與妻孟光共入霸陵山中隱居。文中所謂
的高士乃指像秦末隱士「商山四皓」一類的隱士。「商山四皓」為東園公、夏
黃公、綺里季、用里先生四人，年皆八十餘歲，鬚眉皓白，因避亂世而隱居商
山，采芝充飢，漢高祖劉邦因輕士傲慢，屢次徵之亦不至。故此處的高士亦指
隱居不仕之士。《後漢書・烈女傳》又載：

> 若夫賢妃助國君之政，哲婦隆家人之道，高士弘清淳之風，貞女亮
> 明白之節，則其徽美未殊也，而世典咸漏焉。〔註14〕

賢妃與哲婦可輔助家國，高士與貞女則淨化世風。其中高士的部分，乃強調
其弘揚廉潔淳樸風氣之功，故此處的高士有品德高潔、隱而不仕之內涵。另
外，漢末的王暢以及李膺亦被稱為高士，據《三國志・王粲傳》注引張璠《漢
紀》：

> 靈帝時為司空，以水災免，而李膺亦免歸故郡，二人以直道不容當
> 時。天下以暢、膺為高士，諸危言危行之徒皆推宗之，願涉其流，
> 惟恐不及。會連有災異，而言事者皆言三公非其人，宜因其變，以

〔註12〕　（南朝宋）范曄：《後漢書・徐稺傳》，卷五十三，頁1746。
〔註13〕　（南朝宋）范曄：《後漢書・逸民列傳・梁鴻》，卷八十三，頁2766。
〔註14〕　（南朝宋）范曄：《後漢書・烈女傳》，卷八十四，頁2781。

暢、膺代之，則禎祥必至。由是宦豎深怨之，及膺誅死而暢遂廢，
終于家。〔註15〕

王暢與李膺二人皆為東漢末年的黨錮名士，因免官而閒居故里。二人直道而言，受到士大夫的推崇，並稱二人為高士。此處的高士除了指有高尚節操、不同流合污之士，因二人當時皆無官職在身，亦符合不仕之意。

除了《漢書》、《後漢書》有關於高士的記載，王充的《論衡·自紀》多次出現「高士」一詞：

《論衡》者，論之平也。口則務在明言，筆則務在露文。高士之文雅，言無不可曉，指無不可睹。

蓋獨是之語，高士不捨，俗夫不好；惑眾之書，賢者欣頌，愚者逃頓。

若夫德高而名白，官卑而祿泊，非才能之過，未足以為累也。士願與共廬，不慕與賜同衡；樂與夷俱旅，不貪與蹠比跡。高士所貴，不與俗均，故其名稱不與世同。〔註16〕

王充所謂的「高士」是相對於「俗士」，高士是不同於流俗，有所堅持的。高士原憲居陋巷而不改其樂〔註17〕，伯夷義不食周粟，隱居首陽山。相對於欣慕功名的端木賜、貪圖享受的盜跖，原憲、伯夷的重操守、隱而不仕才是王充所企羨的。

由以上史傳典籍可知，漢朝的高士已經有「隱居不仕」之意，然而同時亦具有「德行高潔」的涵義。「高士」一詞在東漢末年的定義大致已固定，指「具有重德輕利之高尚節操的隱居士人」。

王莽篡漢，士人爭相勸進諂媚，鑒於前朝士風之無節，光武帝中興之後極力表彰氣節，對隱士禮遇推崇備至，《後漢書·逸民傳》載：

〔註15〕（晉）陳壽：《三國志·王粲傳》注引張璠《漢紀》，卷二十一，頁579。

〔註16〕（漢）王充：《論衡·自紀》，卷三十，頁280～282。

〔註17〕（周）莊周著，周耿光譯《莊子·讓王》：「原憲居魯，環堵之室，茨以生草，蓬戶不完，桑以為樞而甕牖，二室，褐以為塞，上漏下溼，匡坐而弦。子貢乘大馬，中紺而表素，軒車不容巷，往見原憲。原憲華冠縰履，杖藜而應門。子貢曰：『嘻！先生何病？』原憲應之曰：『憲聞之：無財謂之貧，學而不能行謂之病。』今憲，貧也，非病也。」子貢逡巡而有愧色。原憲笑曰：『夫希世而行，比周而友，學以為人，教以為己，仁義之慝，輿馬之飾，憲不忍為也。』」（台北：地球出版社，1994年，頁730～731。）

光武側席幽人，求之若不及，旌帛蒲車之所徵賁，相望於巖中矣。

若薛方、逢萌聘而不肯至，嚴光、周黨、王霸至而不能屈。群方咸遂，志士懷仁，斯固所謂「舉逸民天下歸心」者乎！〔註18〕

光武帝舉逸民而使天下歸心，並藉此提振士人尚名節輕利祿的風氣，影響所及，不僅東漢士人重視名節，隱逸的風氣亦隨之盛行。迄至漢末，由於士人的個體意識覺醒，追求個己性分的觀念普遍，此觀念與隱逸行為結合，隱逸的政治因素遂漸變淡，個人情性成為出處的重要依據。

三、魏晉的高士

魏晉之後，高士雖主要用以稱隱居不仕之士，但亦同時具有其他的義涵，以下分而敘述之。「高士」一詞用以稱隱居不仕者，如《晉書・楊駿傳》載：

初，駿徵高士孫登，遺以布被。登截被於門，大呼曰：「斫斫刺刺。」

旬日託疾詐死，及是，其言果驗。〔註19〕

文中提及高士孫登，應該就是嵇康在汲郡山中所見，並與之游的隱士。《晉書・隱逸傳》載孫登安於貧苦的生活，平時讀《易》撫琴，無意於仕。對於嵇康性格之剛烈、識見之短淺曾予以勸告，〔註20〕然康終不能從，而死於非命。故此處的高士應指隱逸不仕之士，並帶有道家安貧樂道、知足知止的人格特質。又如《晉書・隱逸傳》言：

簡文帝輔政，命為參軍，稱疾不起。桓溫躬往造焉。或謂溫曰：「孟陋高行，學為儒宗，宜引在府，以和鼎味。」溫歎曰：「會稽王尚不能屈，非敢擬議也。」陋聞之曰：「桓公正當以我不往故耳。億兆之人，無官者十居其九，豈皆高士哉！我疾病不堪恭相王之命，非敢為高也。」由是名稱益重。〔註21〕

孟陋之言：「億兆之人，無官者十居其九，豈皆高士哉！」雖為自謙之詞，然其話中有兩個層面的意思。其一，高士在當時已有隱逸不仕之意；其二，孟陋

〔註18〕 （南朝宋）范曄：《後漢書・逸民傳》，卷八十三，頁2756～2757。

〔註19〕 （唐）房玄齡等撰：《晉書・楊駿傳》，卷四十，頁1180。

〔註20〕 （唐）房玄齡等撰《晉書・隱逸傳》：「嵇康又從之游三年，問其所圖，終不答，康每歎息。將別，謂曰：『先生竟無言乎？』登乃曰：『子識火乎？火生而有光，而不用其光，果在於用光。人生而有才，而不用其才，而果在於用才。故用光在乎得薪，所以保其耀；用才在乎識真，所以全其年。今子才多識寡，難乎免於今之世矣！子無求乎？』康不能用，果遭非命，乃作幽憤詩曰：『昔慚柳下，今愧孫登。』」（卷九十四，頁2426。）

〔註21〕 （唐）房玄齡等撰：《晉書・隱逸傳》，卷九十四，頁2443。

認為高士不僅是隱逸不仕，應還有其他條件的配合，如學問、德行等，此處已經很明確的將隱士視為高士。除此之外，嵇康輯上古以來的隱逸者事蹟，名為《聖賢高士傳》，皇甫謐亦作《高士傳》，二書所收錄皆是隱而不仕者。此亦可說明晉朝的「高士」概念與「隱逸者」概念是相同的。

　　隱居不仕有許多不同的理由，或因追求個人自適的生活，或因對於紛亂政治的失望，亦有因政權轉換，堅持效忠前朝而不仕者，如辛勉即是忠於國家，不因功名而改節的高士，《晉書・忠義傳・辛勉》載：

　　　　勉曰：「大丈夫豈以數年之命而虧高節，事二姓，下見武皇帝哉！」

　　　　引藥將飲，度遽止之曰：「主上相試耳，君真高士也！」歎息而去。
　　　　〔註22〕

辛勉於晉懷帝時，累遷為侍中。及洛陽陷，隨帝至平陽，匈奴君王劉聰將署之為光祿大夫，勉固辭不受。劉聰遂遣其黃門侍郎喬度齎藥酒逼其就範，然辛勉不為所迫，寧願一死亦不屈節，喬度及時制止並嘆曰：「君真高士也！」其所謂的高士乃讚嘆辛勉為忠義高節之士。與此義相近的還有《晉書・王沈傳》：

　　　　沈又教曰：「夫德薄而位厚，功輕而祿重，貪夫之所徇，高士之所不

　　　　處也。」〔註23〕

此處的「高士」乃相對於「貪夫」而言，高士鄙視德薄而居高位、功輕而俸祿重，故其品德高潔，此與「縱貪夫於藏戶，戮高士於燕垂，阻越石之內難，邀世龍之外府」之「高士」意思相近。〔註24〕

　　東晉葛洪的《抱朴子・至理》中提及陳紀、韓元長為潁川之高士：

　　　　又云：「河南密縣，有卜成者，學道經久，乃與家人辭去，其始步稍

　　　　高，遂入雲中不復見。此所謂舉形輕飛，白日昇天，仙之上者也。」

　　　　陳元方韓元長，皆潁川之高士也，與密相近，二君所以信天下之有

　　　　仙者，蓋各以其父祖及見卜成者成仙昇天故耳，此則又有仙之一證

　　　　也。〔註25〕

陳紀歷位魏國平原相、侍中、大鴻臚，著書數十篇，世謂之陳子。其父陳寔名重於世，曾遭黨錮之禍，隱居荊山，數徵不至。《晉書》注引《魏書》曰：「寔

〔註22〕（唐）房玄齡等撰：《晉書・忠義傳・辛勉》，卷八十九，頁2311。
〔註23〕（唐）房玄齡等撰：《晉書・王沈傳》，卷三十九，頁1144。
〔註24〕（唐）房玄齡等撰：《晉書・王沈傳》，卷三十九，頁1163。
〔註25〕（晉）葛洪：《抱朴子・至理》，卷五，頁32。

德冠當時，紀、諶並名重於世。」〔註26〕父子三人因而被稱為「三君」。韓元長則與荀慈明、賈偉節、李元禮皆就陳寔問學，俱享有高名。所以葛洪所謂的高士應著重其高才有德的特質，而非指隱居不仕者。

《晉書・郗愔傳》載郗愔與王羲之、高士許詢「俱棲心絕穀，修黃老之術」：

> 會弟曇卒，益無處世意，在郡優游，頗稱簡默，與姊夫王羲之、高士許詢並有邁世之風，俱棲心絕穀，修黃老之術。後以疾去職，乃築宅章安，有終焉之志。十許年間，人事頓絕。〔註27〕

東晉士人信奉天師道的很多，名士王羲之與隱居不仕的高士許詢皆熱衷於此道，並絕穀修煉，追求長生。許詢的隱逸並非過著入深山、絕人事的刻苦生活，他仍與社會保持緊密的聯繫，雖隱居於永興南邊的幽穴中，然因其盛名，常得到四方諸侯之饋贈，因而引起他人疵議。〔註28〕《世說新語》中有多則紀錄許詢與王羲之、孫綽、謝安、劉真長等名士交遊的情形，其高情遠致令許多名士傾心，這都顯示許詢的隱居只是不出仕，而非棄絕人事的。這種情形與東晉出處同歸，跡冥圓融的仕隱論點有關。東晉士人普遍認為：雖居廟堂之上，只要心存冥意，則無異於山林之中，故身在朝中亦可不拘於世情，蕭然遠寄，此稱之為「朝隱」；相對的，隱於野者只要心冥於內，亦不必巖穴土窟，棄絕人事，一樣可得隱逸的真義，此稱之為「通隱」。在玄風影響下，魏晉的高士隱而不仕，強調的是心的超越，而不拘執於形體。

綜合以上史料可知，「高士」一詞自劉向編《戰國策》，用以稱魯仲連開始，就有「高尚其志、隱逸不仕」之意。除此之外，「高士」亦可稱德行高尚、高才高學者，亦常有不仕與德行高潔兩者並用之情形。在崇尚自然，以隱為高的魏晉，高士是受人景仰的一種人物典型，其社會評價甚至高於入仕者，隱逸象徵著高遠超俗的人生情調，代表著自我情性與理想的保全。

張仁青先生於〈六朝隱士導論〉一文匯集歷來隱士、高士相關之用詞，整理出二十五種意思相類的詞語，〔註29〕如：處士、逸民、隱君子、高逸等，其

〔註26〕（晉）陳壽：《三國志・陳群傳》，卷二十二，頁633。

〔註27〕（唐）房玄齡等撰：《晉書・郗愔傳》，卷六十七，頁1802。

〔註28〕余嘉錫《世說新語箋疏・棲逸13》：「許玄度隱在永興南幽穴中，每致四方諸侯之遺。或謂許曰：『嘗聞箕山人，似不爾耳！』許曰：『筐篚苞苴，故當輕於天下之寶耳！』」（頁661。）

〔註29〕張仁青：〈六朝隱士導論〉，《魏晉南北朝文學與思想學術研討會論文集（第二輯）》（臺北：文津出版社，1993年），頁532～534。

中他將高士釋義為「品行高尚之人」，此條目下面則舉「魯仲連、徐穉、皇甫謐亦作《高士傳》載晉以前隱士九十六人」為例，說明「高士」一詞與「隱士」意義相通。

隱逸之士自先秦時期就常有所見，儒家典籍《論語》與道家典籍《莊子》均記載了許多隱士事蹟，對於隱逸的概念亦多有討論。由於先秦儒道二家對隱逸概念有所建構，並成為後世探討隱逸觀的原型，故以下將就先秦儒道二家的隱逸觀稍加論述，以繫連魏晉之高士與其隱逸觀。

貳、儒道之隱逸原型

「隱」一直是中國士人的重要命題，它是相對於「仕」而言的，士之職業為仕，當無法「仕」，或因「仕」而屈己志時，「隱」就成了士人的選擇。許尤娜於《魏晉隱逸思想及其美學意涵》中為隱逸所作的界定是：

> 個體自覺到人的某種因素（內在價值、或超越價值），為了追求之，
> 實現之，貫徹之，因而對世俗價值，尤其是名利價值，自動地疏離，
> 甚至揚棄的態度或行為表現。〔註30〕

故隱逸是自覺的，因追求個體認定的價值，而揚棄世俗價值，取決於自由意志。

隱逸的行為自先秦時已屢屢可見，早期的隱士如伯夷、叔齊為抗議周武王伐商而代之，隱於首陽山；介之推拒晉文公之召而入山。支撐這些隱逸行為的思想最主要來自於儒家與道家，儒家與道家各從不同觀點來看隱逸，各有其理論，各有其理想。因隱逸的概念在先秦儒家、道家的思想中已大致定型，之後在各朝代的演變仍以最初的理論為依據而變化，故以下將試著從先秦儒道兩家對隱逸的看法來探討隱逸觀，以了解中國古代士人的隱逸思想。

一、儒家的隱逸觀

先秦儒家學說中，孔子與孟子對於士的出處有較多的論述，故以下將由孔子與孟子的言論來探討其隱逸觀。儒家關心的焦點是社會大我，所關注的是個體在社會中的角色扮演與貢獻。對於士人的言行與出處，儒家總秉持著高道德標準來看待，隱居乃為堅守其志所作的選擇。入仕與隱逸，同樣都是以道德作為第一優先。天下無道而貴，士恥之；國家紛亂而仕，易招屈辱，故隱逸是天下無道時，士為保全其高潔心志時的選擇，孔子曰：

〔註30〕許尤娜：《魏晉隱逸思想及其美學意涵》（臺北：文津出版社，2001年），頁21。

篤信好學，守死善道。危邦不入，亂邦不居。天下有道則見，無道
則隱。邦有道，貧且賤焉，恥也；邦無道，富且貴焉，恥也。〔註31〕

儒家基本上是鼓勵積極入世的，尤其身為士人，應努力學習並堅守善道，以為
國家所用。然而士人參與政治有一部分的因素是取決於執政者，若時局不適於
出仕，則隱其身以全其志：

隱居以求其志，行義以達其道。〔註32〕

故孔子的隱逸是相對於時勢的，天下有道，則應在朝美政，輔佐君王，如此方
可收風行草偃之效；當天地閉晦，亂臣賊子當道，自己所學無法發揮，則應在
下位美俗，行人倫教化。不管仕或隱，孔子總不忘其社會責任。

　　從孔子對於時人先賢出處的評價，更可進一步了解孔子之出處態度，如：

直哉史魚！邦有道如矢，邦無道如矢。君子哉蘧伯玉！邦有道則仕，
邦無道則可卷而懷之。〔註33〕

史魚為衛國大夫，自以為身為臣子，卻不能進賢退不肖，既死仍以尸諫，遂令
衛靈公省悟，故孔子稱史魚的忠直如箭矢一樣。蘧伯玉得知孫文子圖謀起兵圍
攻衛獻公，在勸諫無效之後，馬上離開。面對國政惡象，既不苟同其亂，也不
以己身挑釁小人，猶如《象傳》所揭示的處世原則：「括囊无咎，慎不害也。」
〔註34〕蘧伯玉隱藏其智而無過失，謹言慎行而能避開禍害，故孔子稱讚其為君
子。又如：

甯武子，邦有道則知，邦無道則愚。其知可及也，其愚不可及也。
〔註35〕

甯武子仕衛國，當文公、成公之時。文公有道，甯武子則表現其輔政智慧，此
為一般智巧之士亦可做到，故言其「知可及者」；成公無道，甯武子周旋其間，
不避艱險，此卻為智巧之士所深避而不為者，故言其「愚不可及」。甯武子在
邦無道時仍盡心竭力，並沉晦而免患，孔子之言其實在讚揚甯武子之執著與智
慧，此乃一般人所不能且不願為者。

　　由以上的例子可推知，孔子堅持入世以行道，雖邦無道，若能在此時救急
扶傾而保其身，當然是最好的；若不能兼顧，則選擇「保其身、全其志」，這

〔註31〕　（清）阮元注疏：《論語・泰伯》，卷八，頁72。
〔註32〕　（清）阮元注疏：《論語・季氏》，卷十六，頁149。
〔註33〕　（清）阮元注疏：《論語・衛靈公》，卷十五，頁130。
〔註34〕　《易經・坤卦・象傳》（臺北：老古出版社，1992年），頁76。
〔註35〕　（清）阮元注疏：《論語・公冶長》，卷五，頁45。

點從孔子周遊列國，遊說諸侯實施仁政卻效果不彰後，退而講學的行為可得到印證。所以，孔子對於隱士的態度是讚賞的，《論語》載：

> 逸民：伯夷、叔齊、虞仲、夷逸、朱張、柳下惠、少連。子曰：「不降其志，不辱其身，伯夷、叔齊與！」謂：「柳下惠、少連，降志辱身矣。言中倫，行中慮，其斯而已矣。」謂：「虞仲、夷逸，隱居放言。身中清，廢中權。我則異於是，無可無不可。」〔註36〕

對於這些逸民，孔子皆以其行為操守符合倫理道德而給予肯定，雖然他說：「我則異於是，無可無不可。」於邦無道時，依然積極入世，期匡救天下，然而對於隱士，孔子則給予相當的尊重與讚賞。

孟子則認為「仕」是士人的職業，對於自己的職業當然不可輕易放棄，故孟子亦承襲孔子的觀點，認為士不管得志與否，都要修養己身，並視時機以決定出處：

> 士窮不失義，達不離道。窮不失義，故士得己焉；達不離道，故民不失望焉。古之人，得志，澤加於民；不得志，脩身見於世。窮則獨善其身，達則兼善天下。〔註37〕

匡扶社稷國家、行義守道本是士人職責，故士不可因窮或達而失義離道。不得志時，要修養己身，表現於當世，故即使形勢上使士不達，仍必須修養道德學問，伺時再展長才。

先秦儒家對於隱逸的概念是相對於出仕的，其隱逸仍以出仕為目的，因為政治形勢上暫時的不允許（邦無道）而隱，待時機改變後，還是要出仕以行其道，進而兼善天下。故孔孟皆認為士是可進可退的，而不管進或退都要以守道為原則，故隱逸亦為不肯屈道之表現，乃沉潛以待時，其最終目的在自我人格的實現，而自我人格的實現在於修身齊家治國平天下，隱逸只是權變之計，猶如《易經·乾卦初九》所載：

> 初九曰：「潛龍勿用」。何謂也？子曰：「龍德而隱者也，不易乎世，不成乎名。遯世無悶，不見是而無悶。樂則行之，憂則違之，確乎其不可拔，乾龍也。」〔註38〕

〔註36〕（清）阮元注疏：《論語·微子》，卷十八，頁166。
〔註37〕（清）阮元注疏：《孟子·盡心上》，卷十三，頁230。
〔註38〕《易經·乾卦·文言》，頁64。

這是沉潛的智慧。當局勢不允許時，仍堅守理想原則，不因世俗而改變，遁世隱居不悶，不被世俗認同亦不憂，其意志堅定，不可動搖，就是潛龍之德，亦是儒家隱逸的真義。所以儒家的隱逸，除了靜待時機，當其處於隱居生活中，亦有自足快樂的一面，猶如在顏回身上所體現的：「一簞食，一瓢飲，在陋巷。人不堪其憂，回也不改其樂。」〔註39〕又如孔子所說的：「飯疏食、飲水，曲肱而枕之，樂亦在其中矣。」〔註40〕隱逸之志在粗樸的生活中，更顯其高潔深遠。

二、道家的隱逸觀

道家的基本思想就是謙讓、不與人爭，並追求個人逍遙自適的境界。相對於儒家，道家關心的對象是個人，除了保全其身，更要達到精神的絕對自由，再加上道家的創始人物本就是隱逸之士，老子雖原為周之史官，然見周之衰敗，遂去而隱；莊子曾為漆園吏，卻拒絕楚威王之聘，因此，在道家的思想中，其實已經蘊含隱逸的因素了。

老子的處世哲學是謙退柔弱，其政治主張是無為而治，雖然其學說並未直接論及隱逸，然卻間接的暗示隱逸的選擇。老子說：

> 故聖人云：「我無為而人自化；我好靜而人自正；我無事而人自富；
> 我無欲而人自樸。」〔註41〕

老子關心的是如何化解人類社會的紛爭，期待人的行為取法道的自然，回到真誠樸實的生活狀態與心境。為此，他主張無為而治，主政者無為好靜、無事無欲，人民則自化自正、自富自樸。以此觀點出發，則一切人為的制度都是違反自然，都是不需要的，士之仕乃建立在人為的制度上，當此制度毀棄，更不必談出仕了。

對於隱逸思想較多著墨的是莊子，莊子重視個體的生命與自由的精神，他觀察到人類常為物所役，認為應擺脫名利仁義等加諸個體的危害：

> 自虞氏招仁義以撓天下也，天下莫不奔命於仁義，是非以仁義易其
> 性與？故嘗試論之，自三代以下者，天下莫不以物易其性矣。小人
> 則以身殉利，士則以身殉名，大夫則以身殉家，聖人則以身殉天

〔註39〕（清）阮元注疏：《論語·雍也》，卷六，頁52。
〔註40〕（清）阮元注疏：《論語·述而》，卷七，頁62。
〔註41〕（周）李耳：《老子·五十七章》（北京：中華書局《諸子集成》，1954年），頁67。

下。故此數子者，事業不同，名聲異號，其於傷性以身為殉，一也。
〔註42〕

不管追名逐利，或求仁義、天下、國家，其最後的結果都是戕害身心，在此基礎下，莊子當然不贊成出仕。莊子重視個體的利益超過群體的利益，加諸人身上的束縛會耗弱人的精神體力，故皆應除去。《莊子‧達生》曰：

夫欲免為形者，莫如棄世。棄世則无累，无累則正平，正平則與彼更生，更生則幾矣。事奚足棄而生奚足遺？棄事則形不勞，遺生則。

夫形全精復，與天為一。〔註43〕

莊子希望達到的是「形不勞、精不虧」與天地合一的生命境界，為達此境界，「棄世」是最好的方法。在此，莊子正式宣告隱逸生活是保形、全身、養命的理想生活方式，隱逸是讓人享受自由逍遙精神的一個途徑。莊子這套學說產生的背景為戰國紛亂的時代，統治者或昏庸殘暴，刑戮不斷；或為擴張自己的勢力與領土，發動戰爭，致使生民塗炭。莊子從個人的角度出發去思考存身之道，他認為在亂世中最佳的存身之道就是隱逸，《莊子‧繕性》：

隱，故不自隱。古之所謂隱士者，非伏其身而弗見也，非閉其言而不出也，非藏其知而不發也，時命大謬也。當時命而大行乎天下，則反一無跡；不當時命而大窮乎天下，則深根寧極而待；此存身之道也。〔註44〕

古時的隱者並非故意伏其身、閉其言、藏其知，而是因為「時命大謬」，所以因應時勢而舉動，方能無咎保身。

由此可知，隱逸對儒家與道家而言，都是一種亂世中的存身之道，只是其隱逸的內涵是不相同的。儒家強調隱逸乃待時而起，是沉潛修養自己、美化里俗的好機會；道家從世道衰敗與名利傷身的角度思考隱逸，其所考慮的是個體的保全與精神的逍遙，並進一步追求絕對自由的境界。

儒道不同的隱逸觀亦體現在看待伯夷叔齊事蹟的立場上，《論語》載：

曰：「伯夷、叔齊何人也？」曰：「古之賢人也。」曰：「怨乎？」曰：「求仁而得仁，又何怨。」〔註45〕

〔註42〕（周）莊周著，（晉）郭象注：《莊子‧駢拇》，頁184～185。
〔註43〕（周）莊周著，（晉）郭象注：《莊子‧達生》，頁356。
〔註44〕（周）莊周著，（晉）郭象注：《莊子‧繕性》，頁313。
〔註45〕（清）阮元注疏：《論語‧述而》，卷七，頁61。

又載：

> 齊景公有馬千駟，死之日，民無德而稱焉。伯夷叔齊餓於首陽之下，
> 民到于今稱之。其斯之謂與？〔註46〕

伯夷、叔齊因讓國而逃去，《史記》載曰：「伯夷、叔齊，孤竹君之二子也。父欲立叔齊，及父卒，叔齊讓伯夷。伯夷曰：『父命也。』遂逃去。叔齊亦不肯立而逃之。國人立其中子。於是伯夷、叔齊聞西伯昌善養老，盍往歸焉。及至，西伯卒，武王載木主，號為文王，東伐紂。伯夷、叔齊叩馬而諫曰：『父死不葬，爰及干戈，可謂孝乎？以臣弒君，可謂仁乎？』左右欲兵之。太公曰：『此義人也。』扶而去之。武王已平殷亂，天下宗周，而伯夷、叔齊恥之，義不食周粟，隱於首陽山，采薇而食之。」〔註47〕伯夷以父命為尊，叔齊以天倫為重，又諫武王之伐，終餓死於首陽山。孔子謂二人求仁得仁，故無怨，並以齊景公之富與伯夷、叔齊之高行相比較，強調出「德」之重要性。可見儒家重視的是透過隱逸行為所彰顯之德性與社會教化功能，孔子認為，因為達到了這些目的，所以伯夷、叔齊心中是無怨無悔的。

同樣一件事，道家的看法卻不同。莊子從兩個角度來論伯夷、叔齊：其一，讚譽其高行與樂志的隱逸行為，〈讓王篇〉云：

> 若伯夷叔齊者，其於富貴也，苟可得已，則必不賴。高節戾行，獨
> 樂其志，不事於世，此二士之節也。〔註48〕

對於富貴，二人即使可得亦不取，是高節戾行的賢人，他們堅守自己不仕的心志，並樂在其中。其二，責備其戕害生命的殉義行為：

> 伯夷死名於首陽之下，盜跖死利於東陵之上，二人者，所死不同，
> 其於殘生傷性均也，奚必伯夷之是而盜跖之非乎！天下盡殉也。彼
> 其所殉仁義也。則俗謂之君子；其所殉貨財也，則俗謂之小人。其
> 殉一也，則有君子焉，有小人焉；若其殘生損性，則盜跖亦伯夷已，
> 又惡取君子小人於其間哉！〔註49〕

以「殘生損性」的結果而言，伯夷、叔齊與盜跖是一樣的，伯夷、叔齊為仁義殉其身；盜跖為貨財殉其身，兩者都不能全身養性。且又謂二人「皆離名輕死，

〔註46〕（清）阮元注疏：《論語・季氏》，卷十六，頁149。
〔註47〕（漢）司馬遷：《史記・伯夷列傳》，卷六十一，頁2123。
〔註48〕（周）莊周著，（晉）郭象注：《莊子・讓王》，頁519。
〔註49〕（周）莊周著，（晉）郭象注：《莊子・駢拇》，頁186～187。

不念本養壽命者也。」〔註50〕故伯夷、叔齊的隱逸並非道家所贊同的隱逸精神
——求身心之自適。莊子認為伯夷、叔齊二人為仁義而犧牲性命，乃不知「自適」
〔註51〕，隱逸的生活原在追求個體的自由，尋求解脫世俗羈絆之道，進入逍遙
的境界，猶如《莊子‧逍遙遊》所載：

> 若夫乘天地之正，而御六氣之辯，以遊无窮者，彼且惡乎待哉！故
>
> 曰，至人无己，神人无功，聖人无名。〔註52〕

泯滅物我之分，盡棄世俗的功業、名利，遊於無窮的境界。莊子重視的精神層
次的自由，至於物質生活的窮困，則與儒家相同，都是不在意的。對於道德與
心志的堅持，儒道都是「不為軒冕肆志，不為窮約趨俗」的。

先秦儒道二家均尊重隱逸的行為，理想上的追求與物質上的窮困是當時
隱士的共同特徵。儒家基於時勢的不得已而隱，道家為了保身全性而隱，其出
發點不盡相同，然最終的目的皆為「存其身」。儒家存身乃等待時機到臨，再
度展翅高翔；道家存身乃因貴生的思想，看重生命，追求自適。《後漢書‧逸
民傳》以許由與伯夷為隱逸之始，分別代表了道家與儒家的隱逸精神：

> 易稱「遯之時義大矣哉」。又曰：「不事王侯，高尚其事。」是以堯
>
> 稱則天，不屈潁陽之高；武盡美矣，終全孤竹之絜。自茲以降，風
>
> 流彌繁，長往之軌未殊，而感致之數匪一。〔註53〕

潁陽謂許由，孤竹謂伯夷、叔齊。許由聞堯欲讓天下於他，洗耳於潁水濱，
這是道家不以事害己、尊重個人自由的典型代表；伯夷、叔齊因不食周粟而
餓死，則是儒家守仁義的表率。許由與伯夷的例子，是最能清楚的表現儒道
二家隱逸思想的原型。范曄這段話除了指出隱逸的真義，亦涵蓋了儒道二家
的隱逸觀。

〔註50〕 （周）莊周著，（晉）郭象注：《莊子‧盜跖》：「世之所謂賢士，伯夷叔齊。伯
夷叔齊辭孤竹之君而餓死於首陽之山，骨肉不葬。鮑焦飾行非世，抱木而死。
申徒狄諫而不聽，負石自投於河。為魚鱉所食。介子推至忠也，自割其股以食
文公，文公後背之，子推怒而去，抱木而燔死。尾生與女子期於梁下，女子不
來，水至不去，抱梁柱而死。此六子者，無異於磔犬流豕操瓢而乞者，皆離名
輕死，不念本養壽命者也。」（頁528。）

〔註51〕 （周）莊周著，（晉）郭象注：《莊子‧大宗師》：「若狐不偕、務光、伯夷、叔
齊、箕子、胥餘、紀他、申徒狄，是役人之役，適人之適，而不自適其適者也。」
（頁134。）

〔註52〕 （周）莊周著，（晉）郭象注：《莊子‧逍遙遊》，頁18～19。

〔註53〕 （南朝宋）范曄《後漢書‧逸民傳》，卷八十三，頁2755。

在儒道二家對隱逸理論的建構之下，隱逸的行為有了更深的內涵，並成為中國知識分子另一種人生的理想與選擇，對中國文學的內涵亦產生極大影響。李辰冬先生即認為：「隱」與「仕」是中國文學史兩大思潮，決定了屈原以降文學的內容與形式。〔註54〕。

由以上論述可知：「高士」一詞最早與隱逸的意思沒有直接的關聯，在先秦時代，所謂高士，可指能行兼愛的士人，如《墨子》文中的高士；亦可指合乎古代功業道德標準的士人，如《管子》書中的高士。直至漢初劉向所編的《戰國策》，文中稱魯仲連為高士，此處的高士才有道德高尚、隱而不仕之涵義，與現今所用之意相同。漢魏之後，對「高士」一詞的使用更加頻繁，其涵義也固定指「具有重德輕利之高尚節操的隱居士人」。

隱逸是中國古代文化的一個重要現象，對中國古代知識分子的人格建構、生命價值、生活方式、心理思維都產生很大的影響。儒道兩家對於隱逸觀念的理論建構使隱逸的行為更有憑據，儒家主張積極入世，其隱逸是沉潛待時，為以後的出仕作準備；道家重視生命、強調個體，其隱逸是基於對自我的追求。在儒道的雙重影響下，中國士人的隱逸常具有多重內涵，而且因時代思潮的匯入，隱逸出現了許多不同的面貌，如朝隱、吏隱、通隱、充隱與心隱等。魏晉的高士因為受到玄學的影響，其隱的觀念與方式與先秦儒道二家的隱逸原型亦不盡相同，產生「出處同歸」的玄學隱逸形式與思想，高士的言行事蹟與先秦儒道二家的隱士迥然不同，甚至發展出審美的隱逸文化，此則待下文再論。

第二節　高士的著錄

本章節主要將針對魏晉時期的高士加以歸納整理，以為下一節分析魏晉高士思想與行為特質而準備。然而在此之前，要先釐清所選取的「樣本」為何──亦即所謂的「魏晉高士」是指哪一些人。本節的困難在於文本的選擇，因為前面兩章名士、文士，在魏晉都有其相對應的《名士傳》、《文士傳》以為探討的主要文本，而此章所欲探討的對象：魏晉高士，卻因為許多關於高士傳記的書籍都已亡佚而產生對象篩選的困難，如：晉朝張顯《逸民傳》、虞槃佐《高士傳》、習鑿齒《逸人高士傳》、孫綽《至人高士傳》，南朝宋周續之《上古以來聖賢高士傳》、袁淑《真隱傳》，南朝梁周弘讓《續高士傳》、阮孝緒《高隱

〔註54〕李辰冬：《文學新論》（臺北：東大圖書公司，1979年），頁39～40。

傳》等,現所存者為嵇康的《聖賢高士傳》與皇甫謐《高士傳》。嵇康的《聖
賢高士傳》自黃帝寫至東漢孔嵩,全未論及魏晉時期的高士;皇甫謐《高士傳》
自堯舜寫至三國焦先,對於魏晉高士僅稍述及,不能以之涵蓋所有的魏晉高
士,以此二傳為主要文本,似乎未妥。然因此兩本高士傳記為魏晉雜傳編纂風
氣盛行的產物,以之為文本,適可與前兩章的《名士傳》、《文士傳》產生呼應
的效果,並佐證魏晉士人嚮往隱逸的風氣;而且嵇康與皇甫謐本身即是魏晉極
具代表性的高士,他們不僅是隱逸行為的實踐者,也有相關的著作以為隱逸的
理論,不像其他大部份的隱者只能透過「非隱者」的角度觀察紀錄,故藉著探
索此二傳編纂的原則,可以窺知其隱逸思想,亦可透過二人的行為事蹟了解魏
晉高士的一些特質;而且皇甫謐《高士傳》記載的人物包含了三國時代的高士。
基於上列的原因,在文本的取用上,仍決定將皇甫謐《高士傳》列入文本,以
為探討三國時代高士言行事蹟的依據;嵇康的《聖賢高士傳》,則當作了解嵇
康與當時隱逸者心態的佐證資料,晉朝的高士則以《晉書·隱逸傳》與《世說
新語·棲逸篇》為主要參考依據,並以其他高士相關的史料為輔助,進行魏晉
高士的建檔整理,並從這些人物中探尋魏晉高士的思想與特質。

壹、高士之載錄

以下分別就皇甫謐《高士傳》涉及後漢三國時代的部分、《晉書·隱逸列
傳》與《世說新語·棲逸篇》所錄的魏晉高士整理成表格。

一、皇甫謐《高士傳》〔註55〕所錄之高士

朝代	姓名	重要言行事蹟	特質簡述
東漢	王霸	字儒仲,太原廣武人。少立清節。及王莽篡位,棄冠帶,絕交宦。建武中,徵到尚書,拜稱名不稱臣。有司問其故,霸曰:「天子有所不臣,諸侯有所不友。」	1. 少立清節 2. 因王莽篡位而隱
東漢	嚴光	字子陵,會稽餘姚人。少有高名,同光武遊學。及帝即位,光乃變易姓名,隱逝不見。耕於富春山。後人名其釣處為嚴陵瀨焉。建武十七年,復特徵,不至。年八十,終於家。	光武帝友,帝即位,隱耕富春山

[註55] (晉)皇甫謐撰,(明)吳琯校:《高士傳》(北京:中華書局《叢書集成初編》,
　　　　1985年)。由於《高士傳》所錄人物眾多,因漢末與魏初的社會與思想演變是
　　　　接續性的,故於此只錄下卷,為東漢至三國的高士。

東漢	牛牢	牛牢，字君直。世祖為布衣時，與牢交遊，嘗夜共講說讖言，云：劉秀當為天子。世祖曰：「安知非我。萬一果然，各言爾志。」牢獨默然。世祖問之，牢曰：「丈夫立義，不與帝友。」眾大笑。及世祖即位，徵牢，稱疾不至。	光武帝友，帝即位，徵而不至
東漢	東海隱者	不知何許人也，漢故司直王良之友。建武中，良以清節徵用，歷位至一年。復還，通友，不肯見，而讓之曰：「不有忠信奇謀，而取大位，自知無德，曷為致此？而復遽去，何往來屑屑不憚煩也！」遂距良，終身不納。論者高之。	友入仕復還，拒不肯見
東漢	梁鴻	字伯鸞，扶風平陵人。遭亂世，受業太學，博覽不為章句。與妻孟光共入霸陵山中，以耕織為業，詠詩書彈琴以自娛。仰慕前世高士，而為四皓以來二十四人作頌。因東出關，過京師，作《五噫之歌》。	1. 躬耕自讀 2. 彈琴自娛
東漢	高恢	字伯達，京兆人。少治《老子經》，恬虛不營世務，與梁鴻善，隱於華陰山中。及鴻東遊，思恢，作詩曰：「鳥嚶嚶兮友之期，念高子兮僕懷思，想念恢兮爰集茲。」二人遂不復相見。恢亦高抗匿耀，終身不仕焉。	1. 治《老子》 2. 恬虛不營世務
東漢	臺佟	字孝威，魏郡鄴人。不仕，隱武安山中峰，鑿穴而居，採藥自業。建初中，州辟不就。魏郡刺史執棗栗為贄見佟，語良久，刺史曰：「孝威居身如此，甚苦。如何？」佟曰：「佟幸得保終正性，存神養和，不屏營於世事，以勞其精，除可欲之志，恬淡自得，不苦也。如明使君綏撫牧養，夕惕匪忒，反不苦耶？」遂去隱逸，終身不見。	1. 鑿穴而居 2. 採藥為業
東漢	韓康	字伯休，京兆霸陵人。常游名山採藥，賣於長安市中。口不二價者三十餘年。時有女子買藥於康，怒康守價，乃曰：「公是韓伯休邪？乃不二價乎？」康歎曰：「我欲避名，今區區女子皆知有我，何用藥為？」遂遁入霸陵山中，博士公車連徵不至。	1. 採藥為業 2. 因避名而入山
東漢	丘欣	字季春，扶風人。少有大材，自謂無伍，傲世不與俗人為群。郡守始召見，曰：「明府欲臣欣耶？友欣邪？師欣邪？明府所以尊寵人者，極於功曹，所以榮祿人者，已於孝廉。一極一已，皆欣所不用也。」郡守異之，不敢屈。	1. 傲世，不與俗人為群 2. 蔑視功名
東漢	矯慎	字仲彥，扶風茂陵人。少慕松、喬導引之術，隱遁山谷，與南郡太守馬融、並州刺史蘇章鄉里並時，然二人純遠不及慎也。慎同郡馬瑤隱於汧山，以兔罝為事，所居俗化，百姓美之，號馬牧先生焉。	1. 慕松、喬導引之術 2. 兔罝為業 3. 化俗鄉里

東漢	任棠	字季卿，少有奇節，以《春秋》教授，隱身不仕。	1. 少有奇節 2. 教授《春秋》
東漢	贄恂	字季直，伯陵之十二世孫。明《禮》、《易》，遂治五經，博通百家之言。又善屬文，詞論清美。渭濱弟子，扶風馬融、沛國桓驎等，自遠方至者十餘人。既通古今，而性復溫敏，不恥下問，故學者宗之。嘗慕其先人之高，遂隱於南山之陰。	1. 精通五經 2. 善屬文 3. 門徒眾多
東漢	法真	字高卿，扶風郿人。學無常家，博通內外圖典，關西號為大儒，弟子自遠而負笈嘗數百人。真性恬靜，寡慾不涉人間事。帝虛心欲致，前後四徵，真曰：「吾既不能遁形遠世，豈飲洗耳之水哉！」遂深自隱絕，終不降屈。友人郭正稱之曰：「法真名可得聞，身難得而見。逃名而名我隨，避名而名我追，可謂百世之師者矣。」乃共刊石頌之，號曰玄德先生。年八十九，中平五年以壽終。	1. 真性恬靜 2. 博通內外圖典，號為大儒 3. 門徒眾多
東漢	漢濱老父	不知何許人。桓帝延熹中，幸竟陵，過雲夢，臨沔水，百姓莫不觀者，有老父獨耕不輟。尚書郎南陽張溫異之，問其姓名，不告而去。	1. 不慕功名富貴 2. 耕種為生
東漢	徐稚	字孺子，豫章南昌人。少以經行，高於南州。桓帝時，汝南陳蕃為豫章太守，因推薦稚於朝廷。由是五舉孝廉、賢良，皆不就。連辟公府，不詣，未嘗答命。公薨，輒身自赴弔。太守黃瓊亦嘗辟稚，至，瓊薨，歸葬江夏。稚既聞，即負笈徒步，豫章三千餘里至江夏瓊墓前，致酹而哭之。後公車三徵，不就，以壽終。	1. 少以經行 2. 與官宦遊
東漢	夏馥	字子治，陳留圉人。少為諸生，質直不苟，動必依道。同縣高儉及蔡氏，凡二家豪富，郡人畏事之，唯馥閉門不與高、蔡通。馥雖不交時官，然聲名為節等所憚，遂與汝南范滂、山陽張儉等數百人並為節所誣，悉在黨中。詔下郡縣，各捕以為黨魁。馥乃頓足而歎曰：「孽自已作，空污良善。一人逃死，禍及萬家，何以生為？」乃自翦鬚，變服易形入林慮山中，為冶工客作，形貌毀悴，積傭三年，而無知者。	1. 因名高被誣，逃入山中 2. 依道行事
東漢	郭太	字林宗，太原。少事父母以孝聞，身長八尺餘，家貧，郡縣欲以為吏，歎曰：「丈夫何能執鞭斗筲哉！」乃辭母，與同縣宗仲至京師，從屈伯彥學《春秋》，博洽無不通。又審於人物。由是名著於陳梁之間。步行遇雨，巾一角墊，眾人慕之，皆故折巾角。凡司徒辟大常，趙典舉有道，皆不就，以建寧二年卒於家。	1. 以孝聞名 2. 審於人物 3. 精通儒家典籍 4. 名聞於世

東漢	申屠蟠	字子龍，陳留外黃人，少有名節。蟠父母卒，哀毀思慕，不飲酒食肉十餘年，遂隱居學治京氏《易》，嚴氏《春秋》，小戴《禮》，三業先通，因博貫五經，兼明圖緯，學無常師。前後凡蒲車特徵，皆不就。年七十四，以壽終。	1. 通五經，兼明圖緯 2. 天性至孝
東漢	袁閎	字夏甫，汝南人。築室於庭中，閉門不見客。旦暮於室中向母禮拜，雖子往亦不得見也，子亦向戶拜而去。首不著巾，身無單衣，足著木履。母死，不列服位。公車兩徵，不詣。范滂美而稱之曰：「隱不違親，貞不絕俗，可謂至賢矣。」	1. 閉不見客 2. 生活儉樸
東漢	姜肱	字伯淮，彭城廣戚人。家世名族，兄弟三人皆孝行著聞。肱年最長，與二弟仲海、季江同被臥，甚相親友。肱習學五經，兼明星緯，弟子自遠方至者三千餘人，聲重於時。凡一舉孝廉，十辟公府，九舉有道，至孝、賢良、公車三徵，皆不就。	1. 習五經，兼星緯 2. 門徒眾多 3. 孝行著聞
東漢	管寧	字幼安，北海朱虛人。靈帝末，以中國方亂，乃與其友邴原涉海，依遼東太守公孫度，虛館禮之。其後中國少安，人多南歸，唯寧不還。黃初中，華歆薦寧，寧知公孫淵必亂，乃因徵辭還，以為太中大夫，固辭不就。	1. 因亂而隱 2. 教授講學 3. 民從而居
東漢	鄭玄	字康成，北海高密人。八世祖崇，漢尚書。玄少好學，長八尺餘，鬚眉美秀，姿容甚偉。習《孝經》、《論語》，兼通京氏、公羊《春秋》、三正歷、《九章算術》、《周官》、《禮記》、《左氏春秋》。大將軍何進辟玄，州郡迫協，不得已而詣。進設機杖之禮以待玄，玄以幅巾見進，一宿而逃去。	1. 精通儒家典籍 2. 姿容甚偉
東漢	任安	字定祖，少好學，隱山不營名利，時人稱安曰：「任孔子」。連辟不就。建安中，讀《史記·魯連傳》，歎曰：「性以潔白為治，情以得志為樂，性治情得，體道而不憂，彼棄我取，與時而無爭。」遂終身不仕，時人號為「任徵君」云。	1. 少好學 2. 以隱為得志
東漢	龐公	南都襄陽人。居峴山之南，未嘗入城府，夫妻相敬如賓。荊州刺史劉表延請，不能屈。表問曰：「先生苦居畎畝，而不肯官祿，後世何以遺子孫乎？」龐公曰：「世人皆遺之以危，今獨遺之以安。雖所遺不同，未為無所遺也。」表歎息而去。後遂攜其妻子登鹿門山，因採藥不反。	1. 以不仕為安 2. 入山採藥不返
東漢	姜岐	字子平，漢陽上邽人。少失父，獨以母兄居，治《書》、《易》、《春秋》，恬居守道，名重西州。其母死，喪禮畢，盡讓平水田與兄岑，遂隱居，以畜蜂、豕為事，教授者滿於天下，營業者三百餘人。辟州從事，不詣。民從而居之者數千家。	1. 精通儒家典籍 2. 教授畜蜂、豕事業 3. 民從而居

東漢	荀靖	字叔慈，穎川人。少有俊才，以孝著名。兄弟八人，號曰八龍。闔門悌睦，隱身修學，動止合禮。太尉辟，不就。及卒，學士惜之，誄靖者二十六人。穎陰令丘禎追號靖曰：「玄行先生」，穎川太守王懷亦諡曰：「昭定先生」。	1. 以孝著名 2. 動止合禮
三國	胡昭	字孔明，穎川人。始避地冀州，不應袁紹之命。武帝亦辟昭，昭自陳本志。帝曰：「人各有志，出處不同。勉卒高尚，義不相屈。」昭乃隱陸渾山中，躬耕樂道，以經籍自娛。至嘉平初，年八十九，卒於家。	1. 躬耕自樂 2. 研讀經籍
三國	焦先	字孝然，世莫知其所出，或言生漢末。及魏受禪，常結草為廬於河之濱，獨止其中。冬夏祖不著衣，臥不設席，又無蓐，以身親土，其體垢汙皆如泥滓，不行人間。或數日一食，行不由邪徑，目不與女子迕視，口未嘗言，雖有警急不與人語。後野火燒其廬，先因露寢，遭冬雪大至，先祖臥不移。人以為死，就視如故。後百餘歲卒。	1. 生活簡陋 2. 孤獨，不與人近

依《高士傳》所載，將東漢至三國高士的個性、事蹟歸納，所得到的結果如下：

一、清節寡欲，不慕榮利

二、熟習儒典，教授講學

三、生活貧困，自得其樂

四、以孝聞名，化民成俗

這些高士的重要特質大約有此四項，其人格特質較偏向儒家道德思想的。

二、《晉書·隱逸列傳》所錄之高士

姓　名	重要事蹟或思想	特質簡述
孫登	字公和，汲郡共人。無家屬，於郡北山為土窟居之，夏則編草為裳，冬則被髮自覆。好讀易，撫一絃琴，見者皆親樂之。性無恚怒，人或投諸水中，欲觀其怒，登既出，便大笑。後竟不知所終。	1. 好《易》 2. 孤獨貧困 3. 彈琴為樂 4. 性無恚怒
董京	字威輦，不知何郡人。初與隴西計吏俱至洛陽，被髮而行，逍遙吟詠，常宿白社中。時乞於市，得殘碎繒絮，結以自覆，全帛佳綿則不肯受。或見推排罵辱，曾無怒色。後數遁去，莫知所之。於其所寢處惟有一石竹子及詩二篇。其一曰：「乾道剛簡，坤體敦密，茫茫太素，是則是述。末世流奔，以文代質，悠悠世目，孰知其實！逝將去此至虛，歸我	1. 孤獨貧困 2. 逍遙吟詠 3. 曾無怒色 4. 因亂而隱

	自然之室。」又曰：「孔子不遇，時彼感麟。麟乎麟！胡不遁世以存真？」	
夏統	字仲御，會稽永興人。幼孤貧，養親以孝聞，睦於兄弟，每採梠求食，星行夜歸。雅善談論。宗族勸之仕，謂之曰：「卿清亮質直，可作郡綱紀，與府朝接，自當顯至，如何甘辛苦於山林，畢性命於海濱也！」統悖然作色曰：「諸君待我乃至此乎！使統屬太平之時，當與元凱評議出處；遇濁代，念與屈生同汙共泥；若汙隆之間，自當耦耕沮溺，豈有辱身曲意於郡府之間乎？」	1. 生活貧困 2. 孝親睦弟 3. 與宗族居 4. 善於談論 5. 因亂而隱
朱沖	字巨容，南安人。少有至行，閑靜寡欲，好學而貧，常以耕藝為事。沖居近夷俗，羌戎奉之若君，沖亦以禮讓為訓，邑里化之，路不拾遺，村無凶人，毒蟲猛獸皆不為害。卒以壽終。	1. 閑靜寡欲 2. 好學不倦 3. 貧而耕藝 4. 化俗鄉里 5. 猛獸不害
范粲	字承明，陳留外黃人。高亮貞正，有丹風，而博涉強記，學皆可師，遠近請益者甚，性不矜莊，而見之皆肅如。魏時應命為治中，轉別駕，辟太尉掾、尚書郎，出為征西司馬，所歷職皆有聲稱。齊王芳被廢，遷于金墉城，粲素服拜送，哀慟左右。入晉即不仕。與子俱隱。	1. 高亮貞正 2. 學問淵博 3. 請益者眾 4. 因改朝而隱 5. 家族隱逸
范喬	字伯孫，范粲之子。好學不倦。父粲陽狂不言，喬與二弟並棄學業，絕人事，侍疾家庭，至粲沒，足不出邑里。元康中，詔求廉讓沖退履道寒素者，不計資，以參選叙。時張華領司徒，天下所舉凡十七人，於喬特發優論。又吏部郎郗隆亦思求海內幽遁之士，喬供養衡門，至於白首，於是除樂安令，辭疾不拜。著〈劉楊優劣論〉以論劉向楊雄之優劣。	1. 天性至孝 2. 好學不倦 3. 與父俱隱 4. 化俗鄉里 5. 有著作
魯勝	字叔時，代郡人。少有才操，為佐著作郎。元康初，遷建康令。嘗歲日望氣，知將來多故，便稱疾去官。中書令張華遣子勸其更仕，再徵博士，舉中書郎，皆不就。注《墨辯》，存其叙。	1. 少有才操 2. 曾出仕 3. 見機而隱 4. 有著作
董養	字仲道，陳留浚儀人。泰始初，到洛下，不干祿求榮。及楊后廢，養因游太學，升堂歎曰：「建斯堂也，將何為乎？每覽國家赦書，謀反大逆皆赦，至於殺祖父母、父母不赦者，以為王法所不容也。奈何公卿處議，文飾禮典，以至此乎！天人之理既滅，大亂作矣。」因著〈無化論〉以非之。後見異兆，與妻子荷擔入蜀，莫知所終。	1. 淡泊名利 2. 對政治失望 3. 見機而隱 4. 有著作

霍原	字休明，燕國廣陽人。年十八，觀太學行禮，因留習之。貴游子弟聞而重之，欲與相見，以其名微，不欲晝往，乃夜共造焉。後山居積年，門徒百數，燕王月致羊酒。王浚稱制謀僭，欲原助之，原不應，藉故斬之。諸生悲哭，夜竊尸共埋殯之。	1. 門徒眾多 2. 未得壽終
郭琦	字公偉，太原晉陽人。少方直，有雅量，博學，善五行，作《天文志》、《五行傳》，注《穀梁》、京氏《易》百卷。鄉人王游等皆就琦學。武帝以為佐著作郎，及趙王倫篡位，又欲用琦，琦曰：「我已為武帝吏，不容復為今世吏。」終身處於家。	1. 精通天文五行 2. 從學者眾 3. 因亂而隱 4. 有著作
伍朝	字世明，武陵漢壽人。少有雅操，閑居樂道，不修世事。性好學，以博士徵，不就。	1. 好學樂道 2. 不修世事
魯褒	字元道，南陽人。好學多聞，以貧素自立。元康之後，綱紀大壞，褒傷時之貪鄙，乃隱姓名，而著〈錢神論〉以刺之。不仕，莫知其所終。	1. 好學多聞 2. 生活貧困 3. 有著作
氾騰	字無忌，敦煌人。舉孝廉，除郎中。屬天下兵亂，去官還家。太守張閎造之，閉門不見，禮遺一無所受。歎曰：「生於亂世，貴而能貧，乃可以免。」散家財五十萬，以施宗族，柴門灌園，琴書自適。	1. 曾出仕 2. 因亂而隱 3. 散盡家財 4. 躬耕彈琴
任旭	字次龍，臨海章安人。旭幼孤弱，兒童時勤於學。及長，立操清修，不染流俗，鄉曲推而愛之。郡將蔣秀嘉其名，請為功曹。秀居官貪穢，每不奉法，旭正色苦諫。秀既不納，旭謝去，閉門講習，養志而已。王導啟立學校，選天下明經之士，旭與會稽虞喜俱以隱學被召，不行。	1. 立操清修 2. 曾出仕 3. 因主貪不聽諫而隱 4. 閉門講習
郭文	字文舉，河內軹人也。少愛山水，尚嘉遁。年十三，每游山林，彌旬忘反。父母終，服畢，不娶，辭家游名山，歷華陰之崖，以觀石室之石函。洛陽陷，乃步擔入吳興餘杭大辟山中窮谷無人之地。時猛獸為暴，入屋害人，而文獨宿十餘年，卒無患害。恒著鹿裘葛巾，不飲酒食肉，區種菽麥，採竹葉木實，貿鹽以自供。王導聞其名，遣人迎入西園，居七年。	1. 生活貧困 2. 耕種為生 3. 喜愛山水 4. 居王導處七年
龔壯	字子瑋，巴西人。潔己自守，與鄉人譙秀齊名。壯每歎中夏多經學，而巴蜀鄙陋，兼遭李氏之難，無復學徒，乃著〈邁德論〉。	1. 潔己自守 2. 因主不聽諫而隱
孟陋	字少孤，武昌人。吳司空宗之曾孫也。兄嘉，桓溫征西長史。陋少而貞立，清操絕倫，布衣蔬食，以文籍自娛。口不及世事，未曾交游，時或弋釣，孤	1. 貞立清操 2. 通三《禮》 3. 有著作

	興獨往，雖家人亦不知其所之也。喪母，毀瘠殆於滅性，不飲酒食肉十有餘年。	4. 布衣蔬食
韓績	韓績字興齊，廣陵人。少好文學，以潛退為操，布衣蔬食，不交當世，由是東土並宗敬焉。司徒王導聞其名，辟以為掾，不就。咸康末，會稽內史孔愉上疏薦之，詔以安車束帛徵之。尚書令諸葛恢奏績名望猶輕，未宜備禮，於是召拜博士。稱老病不起，卒於家。	1. 少好文學 2. 布衣蔬食 3. 以潛退為操
劉魸	字長魚，高密人。幼不慕俗，長而希古，篤學屬行，化流邦邑。咸康中，成帝博求異行之士，魸隨使者到京師，自陳年老，不拜。壽終。	1. 化俗鄉里 2. 篤學屬行
邴郁	字弘文，城陽人。魏徵士原之曾孫，少有原風，斂身謹潔，口不妄說，耳不妄聽，端拱恂恂，舉動有禮。咸康中，成帝博求異行之士，郁辭以疾，以壽終。	動靜皆禮
譙秀	字元彥，巴西人。祖周，以儒學著稱，顯明蜀朝。秀少而靜默，不交於世，知天下將亂，預絕人事，雖內外宗親，不與相見。郡察孝廉，州舉秀才，皆不就。因亂避難，鄉里宗族依憑之者以百數。	1. 家世儒學 2. 見機而隱 3. 依附者眾
翟湯	字道深，尋陽人。篤行純素，仁讓廉潔，不屑世事，耕而後食，人有饋贈，雖釜庾一無所受。永嘉末，寇害相繼，聞湯名德，皆不敢犯，鄉人賴之。司徒王導辟，不就，隱於縣界南山。與子莊、矯與矯子法賜俱隱。	1. 仁讓廉潔 2. 賊不敢犯 3. 鄉人依附 4. 家族隱逸
翟莊	字祖休，翟湯之子。少以孝友著名，遵湯之操，不交人物，耕而後食，語不及俗，惟以弋釣為事。及長，以漁獵害生，不復之。	1. 孝親睦弟 2. 耕種、弋釣為生 3. 與父俱隱
郭翻	字長翔，武昌人。少有志操，辭州郡辟及賢良之舉。家於臨川，不交世事，惟以漁釣射獵為娛。居貧無業，欲墾荒田，先立表題，經年無主，然後乃作。稻將熟，有認之者，悉推與之。縣令聞而詰之，以稻還翻，翻遂不受。嘗以車獵，去家百餘里，道中逢病人，以車送之，徒步而歸。其漁獵所得，或從買者，便與之而不取直，亦不告姓名。由是士庶咸敬貴焉。	1. 少有志操 2. 居貧無業 3. 廉不受惠 4. 不交世事
辛謐	字叔重，隴西狄道人。謐少有志尚，博學善屬文，工草隸書，為時楷法。性恬靜，不妄交游。累徵不起。永嘉末，以謐兼散騎常侍，慰撫關中。謐以洛陽將敗，故應之。及長安陷沒於劉聰，聰拜太中大夫，固辭不受。又歷石勒、季龍之世，並不應辟命。雖處喪亂之中，頹然高邁，視榮利蔑如也。	1. 少有志尚 2. 博學善文 3. 工草隸書 4. 淡泊名利 5. 不妄交游

劉驎之	字子驥,南陽人,光祿大夫耽之族。驎之少尚質素,虛退寡欲,不修儀操,人莫之知。好游山澤,志存遁逸。驎之雖冠冕之族,信義著於群小,凡廝伍之家婚娶葬送,無不躬自造。去驎之家百餘里,有一孤姥亡,驎之身為營棺殯送之。其仁愛隱惻若此。卒以壽終。	1. 質素寡欲 2. 好游山澤 3. 志存遁逸 4. 重義仁愛
索襲	字偉祖,敦煌人。虛靖好學,不應州郡之命,舉孝廉、賢良方正,皆以疾辭。游思於陰陽之術,著天文地理十餘篇,多所啟發。不與當世交通,或獨語獨笑,或長歎涕泣,或請問不言。	1. 好學不倦 2. 通陰陽五行天文地理 3. 有著作
楊軻	天水人也。少好《易》,長而不娶,學業精微,養徒數百,常食粗飲水,衣褐縕袍,人不堪其憂,而軻悠然自得,疏賓異客,音旨未曾交也。雖受業門徒,非入室弟子,莫得親言。欲所論授,須旁無雜人,授入室弟子,令遞相宣授。劉曜僭號,徵拜太常,軻固辭不起,曜亦敬而不逼,遂隱於隴山。石季龍迫之,命舍之於其宅第。後上疏陳鄉思,求還,歸秦州,仍教授不絕。其後秦人西奔涼州,軻弟子以牛負之,為戍軍追擒,并為所害。	1. 好《易》 2. 講學授徒 3. 被迫應王命 4. 戰亂中被害
公孫鳳	字子鸞,上谷人。隱於昌黎之九城山谷,冬衣單布,寢處土床,夏則并食於器,停令臭敗,然後食之。彈琴吟咏,陶然自得,人咸異之,莫能測也。慕容暐以安車徵至鄴,及見暐,不言不拜,衣食舉動如在九城。賓客造請,愁得與言。數年病卒。	1. 孤獨貧困 2. 彈琴吟咏 3. 被迫應命
公孫永	字子陽,襄平人。少而好學恬虛,隱於平郭南山,不娶妻妾,非身所墾植,則不衣食之,吟詠巖間,欣然自得,年餘九十,操尚不虧。	1. 好學恬虛 2. 耕植而生 3. 孤獨一人
張忠	字巨和,中山人也。永嘉之亂,隱於泰山。恬靜寡欲,清虛服氣,餐芝餌石,修導養之法。冬則縕袍,夏則帶索,端拱若尸。無琴書之適,不修經典,勸教但以至道虛無為宗。其居依崇巖幽谷,鑿地為窟室。弟子亦以窟居,去忠六十餘步,五日一朝。其教以形不以言,弟子受業,觀形而退。立神壇於窟上,每旦朝拜之。食用瓦器,鑿石為釜。左右居人饋之衣食,一無所受。	1. 恬靜寡欲 2. 服藥修煉 3. 居於巖穴 4. 不修經典 5 以至道為宗
石垣	字洪孫,自云北海劇人。居無定所,不娶妻妾,不營產業,食不求美,衣必粗弊。或有遺其衣服,受而施人。人有喪葬,輒杖策弔之。路無遠近,時有寒暑,必在其中;或同日共時,咸皆見焉。又能闇中取物,如晝無差。姚萇之亂,莫知所終。	1. 不營產業 2. 生活貧困 3. 弔問喪葬

宋纖	字令艾，敦煌效穀人。少有遠操，沈靖不與世交，隱居於酒泉南山。明究經緯，弟子受業三千餘人，不應州郡辟命，惟與陰顥、齊好友善。纖注《論語》，及為詩頌數萬言。年八十，篤學不倦。張祚後遣使者張興備禮徵為太子友，興逼喻甚切，遂隨興至姑臧。不久，遂不食而卒。	1. 少有遠操 2. 好學不倦 3. 門徒眾多 4. 有著作 5. 拒食而亡
郭荷	字承休，略陽人。六世祖整，漢安順之世，公府八辟，公車五徵，皆不就。自整及荷，世以經學致位。荷明究群籍，特善史書。不應州郡之命。張祚遣使者以安車束帛徵為博士祭酒，使者迫而致之。及至，署太子友。荷上疏乞還，祚許之，遣以安車蒲輪送還張掖東山。	1. 家世隱逸 2. 通經明史
郭瑀	字元瑜，敦煌人。少有超俗之操，東游張掖，師事郭荷，盡傳其業。精通經義，雅辯談論，多才藝，善屬文。荷卒，瑀以為父生之，師成之，君爵之，而五服之制，師不服重，蓋聖人謙也，遂服斬衰，廬墓三年。禮畢，隱於臨松薤谷，鑿石窟而居，服柏實以輕身，作《春秋墨說》、《孝經錯緯》，弟子著錄千餘人。	1. 精通經義 2. 雅辯談論 3. 善屬文 4. 居於石窟 5. 有著作
祈嘉	字孔賓，酒泉人。少清貧，好學。年二十餘，夜忽窗中有聲呼曰：「祈孔賓，祈孔賓！隱去來，隱去來！修飾人世，甚苦不可諧。所得未毛銖，所喪如山崖。」旦而逃去，西至敦煌，依學官誦書，貧無衣食，為書生都養以自給，遂博通經傳，精究大義。西游海渚，教授門生百餘人。張重華徵為儒林祭酒。性和裕，教授不倦，依《孝經》作《二九神經》。在朝卿士、郡縣守令彭和正等受業獨拜床下者二千餘人，天錫謂為先生而不名之。竟以壽終。	1. 少清貧 2. 好學不倦 3. 門徒眾多 4. 有著作
瞿硎先生	不得姓名，亦不知何許人也。太和末，常居宣城山中，山有瞿硎，因以為名焉。大司馬桓溫嘗往造之，見先生被鹿裘，坐於石室，神無忤色，溫及僚佐數十人皆莫測之，乃命伏滔為之銘贊。竟卒於山中。	1. 居於石室 2. 神無忤色
謝敷	字慶緒，會稽人也。性澄靖寡欲，入太平山十餘年。鎮軍郗愔召為主簿，臺徵博士。皆不就。	澄靖寡欲
戴逵	字安道，譙國人。少博學，好談論，善屬文，能鼓琴，工書畫，其餘巧藝靡不畢綜。總角時，以雞卵汁溲白瓦屑作鄭玄碑，又為文而自鐫之，詞麗器妙，時人莫不驚歎。性不樂當世，常以琴書自娛。性高潔，常以禮度自處，深以放達為非道，乃著〈放達為非道論〉。	1. 博學善文 2. 善於談論 3. 能琴書畫 4. 有著作

龔玄之	字道玄,武陵漢壽人。父登,歷長沙相、散騎常侍。玄之好學潛默,安於陋巷。州舉秀才,公府辟,不就。郡縣敦逼,苦辭疾篤,不行。尋卒,時年五十八。	1. 好學潛默 2. 安於陋巷
元壽	龔玄之弟子,亦有德操,高尚不仕,舉秀才及州辟召,並稱疾不就。孝武帝以太學博士、散騎侍郎、給事中累徵,遂不起。卒於家。	1. 與師同隱 2. 有德操
陶淡	淡字處靜,太尉侃之孫。父夏,以無行被廢。淡幼孤,好導養之術,謂仙道可祈。年十五六,便服食絕穀,不婚娶。家累千金,僮客百數,淡終日端拱,曾不營問。頗好讀易,善卜筮。於長沙臨湘山中結廬居之,養一白鹿以自偶。親故有候之者,輒移渡澗水,莫得近之。州舉秀才,淡聞,遂轉逃羅縣埤山中,終身不返,莫知所。	1. 服食絕穀 2. 好導養術 3. 好讀《易》
陶潛	字元亮,大司馬侃之曾孫。潛少懷高尚,博學善屬文,穎脫不羈,任真自得,為鄉鄰之所貴。以親老家貧,起為州祭酒,不堪吏職,少日自解歸。州召主簿,不就,躬耕自資,遂抱羸疾。復為鎮軍、建威參軍。素簡貴,不私事上官。郡遣督郵至縣,吏白應束帶見之,潛歎曰:「吾不能為五斗米折腰,拳拳事鄉里小人邪!」義熙二年,解印去縣。	1. 少懷高尚 2. 博學善文 3. 任真不羈 4. 有著作

將以上的隱逸者重要特質歸納後,如下:

一、閑靜寡欲,性無恚怒

二、博學善文,雅辯談論

三、化俗鄉里,講學授徒

四、服藥修煉,好導養術

除了少數具有純粹道家適性逍遙思想,與道教服食修煉的宗教的特質外,大部分高士的言行事蹟都較偏向儒家倫理道德的規範。雖然如此,我們仍可發現從西晉到東晉,高士的言行漸趨於儒玄合一,並具有名士善談論、多才藝的特質,換言之,即高士「名士化」了。

三、《世說新語·棲逸篇》所錄之高士

人　物	大略事蹟	特質簡述
孔愉	永嘉之亂,避地入山中,以耕稼讀書為業,信著鄉里。年四十餘,始應安東命。未仕宦時,常獨寢,歌吹自箴誨,自稱孔郎,遊散名山。	1. 耕稼讀書 2. 遊散名山
嵇康	山公將去選曹,欲舉嵇康;康與書告絕。	堅持不仕

李廞	清貞有遠操，而少羸病，不肯婚宦。王導欲招禮之，辟為府，不就。	1. 清貞有遠操 2. 不肯婚宦
劉驎之	善史傳。少尚質素，虛退寡欲。好遊山澤，隱於陽岐。桓沖徵為長史，遣人船往迎，贈貺甚厚。驎之聞命，便升舟，悉不受所餉，緣道以乞窮乏，比至上明亦盡。一見沖，因陳無用，翛然而退。居陽岐積年，衣食有無常與村人。值己匱乏，村人亦如之。甚厚，為鄉閭所安。	1. 虛退寡欲 2. 好遊山澤
翟道淵	篤行任素，義讓廉潔，餽贈一無所受。與汝南周子南少相友，共隱于尋陽。庾太尉說周以當世之務，周遂仕，翟秉志彌固。其後周詣翟，翟不與語。	1. 義讓廉潔 2. 不受餽贈
孟陋	兄萬年，遊宦有盛名；陋布衣蔬食，口不言世事，未嘗仕。	1. 布衣蔬食 2. 不言世事
阮裕	蕭然無事，常內足於懷。右軍曰：「此君近不驚寵辱，雖古之沈冥，何以過此？」	內足於懷
范宣	未嘗入公門。少尚隱遁，家於豫章，以清潔自立。	以清潔自立
何準	高情避世，徵聘一無所就。兄充位居宰相，而準散帶衡門，不及世事。	不及世事
孫登	1. 蘇門山中，不與阮籍語，獨長嘯之。 2. 嵇康遊於汲郡山中，遇道士孫登，遂與之遊。	1. 喜長嘯 2. 與嵇康遊
戴逵	1. 屬操東山，不改其樂。 2. 郗超為其斥資百萬，造立居宇。 3. 美才藝，交遊貴勝。	1. 與貴游交 2. 多才多藝
許詢	1. 每致四方。或謂許曰：「嘗聞箕山人，似不爾耳！」 2. 許掾好遊山水，而體便登陟。	1. 受諸侯餽贈 2. 好遊山水

《世說新語·棲逸篇》，採取一種品鑑的角度來寫高士事蹟，與《晉書·隱逸列傳》大異其趣。歸納其高士的特質有：

一、好遊山水，不及世事。

二、虛退寡欲，內足於懷。

◎上列表格所錄魏晉高士，將之整理如下

《高士傳》	《晉書·隱逸列傳》	《世說新語·棲逸篇》
管寧、鄭玄、任安、龐公、姜岐、荀靖、胡昭、焦先	孫登、董京、夏統、朱沖、范粲、范喬、魯勝、董養、霍原、郭琦、伍朝、魯褒、氾騰、任旭、郭文、龔壯、孟陋、韓績、劉鱗、郭郁、	孔愉、嵇康、李廞、劉驎之、翟道淵、孟陋、阮裕、范宣、何準、孫登、戴逵、許詢

	譙秀、翟湯、翟莊、郭翻、辛謐、劉驎之、索襲、楊軻、公孫鳳、公孫永、張忠、石垣、宋纖、郭荷、郭瑀、祈嘉、瞿硎先生、謝敷、戴逵、龔玄之、元壽、陶淡陶潛	
8 位	43 位	12 位

　　將上列表格所錄人物加以統計，魏晉隱逸的高士約有六十餘人，且在《高士傳》與《晉書·隱逸列傳》中所見高士的人物事蹟特質大多相似，惟《世說新語·棲逸篇》中高士的隱逸型態與特質與前二者有較大的差異。其原因在於：《高士傳》的編纂是作者皇甫謐本身隱逸觀的呈現，人物的取捨自然與其隱逸思想有很大的關係；《晉書》由於是正史，背負教化作用，寫作的觀點自然較為嚴肅，且《晉書》為唐人所編寫，其隱逸觀與魏晉時代已稍有差異，而《世說新語》著重魏晉士人言行軼事的紀錄，反而能從側面真實呈現當時士人的實際情形。以下將針對魏晉時期的高士加以論述，以了解魏晉隱逸的情形與其隱逸思想。

貳、魏晉各型態的高士

　　對於魏晉高士的論述，此處擬採「言行思想」以為分類的標準，而不像上面兩章均以時期為區分的要素。因為隱者本與政治較疏離，以政治上的分期來劃分其特質，似乎不是那麼明顯。若以言行思想來劃分，除了可了解隱者的生活言行，又可探析其隱逸的動機，如此魏晉高士的面貌應該能更清楚的浮現。當然，若說魏晉的高士完全不受各時期玄學思想的影響亦不盡然，在魏朝、西晉的高士與東晉的高士其實已經有極大的差異，在歷史的縱向演變上，亦有其脈絡可循。所以在分類論述之時，亦會兼顧其時代性，用以反映當時隱逸思想的演化。

　　對於將古代高士隱者分類歸納，一直以來有不少學者嘗試過，如蔣星煜在其《中國隱士與中國文化》一書中，大範圍的針對中國隱士，依照政治生活、經濟生活、社會生活與精神生活來分類。〔註56〕謝大寧：〈儒隱與道隱〉一文將隱士分為四類：「降志辱身」的儒隱型、「志不降身不辱」的儒隱型、「孤傲

〔註56〕蔣星煜將隱士依政治生活分為真實的與虛偽的隱士，依經濟生活分為在業的與無業的隱士，依社會生活分為孤僻的與交游的隱士，依精神生活分為養性的與求知的隱士。見蔣星煜：《中國隱士與中國文化·中國隱士類型的區分》（上海：上海人民出版社，2009 年），頁 28。

避世」的道隱型與「與世俗處」的道隱型。〔註57〕紀志昌於《魏晉隱逸思想研究——以高士類傳記為主所作的考察》論文中，針對皇甫謐《高士傳》中的人物加以考察，歸納出三種高士典型：修道養性型、儒隱與遺民。〔註58〕前賢們的分類都有其根據，亦十分具說服力，然而蔣星煜先生的分類是針對中國古代所有的隱士來分的，雖簡單扼要，然不符合魏晉儒道爭塗，終致合流的特殊時代。謝大寧分為儒隱與道隱二種，實清晰簡單，然再細分為降志與否、避世與否，則易產生認定上的模糊，因為關於隱士的敘述多半簡短，許多部份是略而不論，故在分類上會產生困擾。紀志昌先生的分類雖然下極了功夫，但他只是針對皇甫謐《高士傳》的人物，並不適用於整個魏晉時代。

綜合前人的研究，筆者將魏晉高士分為「儒德之隱」、「道性之隱」、「玄心之隱」與「高情之隱」四種。儒德之隱與道性之隱乃依隱逸思想傾向儒家或道家來劃分，玄心之隱與高情之隱是魏晉特殊時空背景下的隱逸型態，二者皆以玄學思想為主幹，而各有偏重於某種特質，玄心之隱是指既存在著儒家的道德理想，安貧樂道，又能安然自適，追求本心的滿足的隱逸精神；高情之隱則是指打破傳統隱逸模式，隱而非隱的一種新的隱逸型態，所重視的是高情遠致的瀟灑，是東晉出處同歸思想的反映。此四種隱逸類別應較能反映出魏晉高士的時代特色，亦較容易分類。然而區分為此四者，並非就是絕對的切割儒家與道家，只是就隱士所表現出來的言行特質去判斷其思想傾向。在魏晉時期，士人很少有純粹的儒家或道家思想，多半是各有摻雜。偏重於儒家，具道德理想的，將之歸為儒德之隱；偏重於道家，強調全性貴生的，將之歸為道性之隱；既認同儒家道德觀，又追求個人自適自在境界的，則將之歸為玄心與高情之隱。在此先以表格簡單的呈現魏晉隱逸的類型梗概。

◎ 魏晉隱逸的類型與代表人物

隱逸類型	隱逸特質	代表人物
儒德之隱	好學不倦、安貧樂道、廉潔有德、躬耕自讀與家族鄉里保持良好的互動關係，講授學問，門徒眾多者。乃「道不行、仕不遇」的「待時」之隱。	管寧、姜岐皇甫謐、夏統

〔註57〕謝大寧：〈儒隱與道隱〉，《中正大學學報》，第三卷第一期（1992年10月），頁140。

〔註58〕紀志昌：《魏晉隱逸思想研究——以高士類傳記為主所作的考察》（臺北：輔仁大學中文研究所碩士論文，1998年），頁42。

道性之隱		靜默恬淡、孤傲不群，蔑視世俗價值，拋棄人為制度規範。隱居乃為養其性、全其真，故重視形體上的養生，也追求精神上逍遙自在之境界。	孫登、董京郭文、張忠
玄學之隱	玄心之隱	具有儒家的道德理想，安貧樂道，德行高潔，又能安然自適，追求本心的滿足的隱逸精神。	嵇康、陶淵明
	高情之隱	打破傳統隱逸模式，隱而非隱的一種新的隱逸型態，所重視的是高情遠致的瀟灑。	戴逵、許詢

一、儒德之隱

　　所謂儒德之隱，又簡稱為儒隱，乃指隱士以儒家的道德操守為人生的指導原則，其表現於外的言行符合儒家為人處世的規範，其特質如：好學不倦、安貧樂道、廉潔有德、躬耕自讀等。儒隱者雖隱居，然多數與家族鄉里保持良好的互動關係，甚有講授學問，門徒眾多者。儒隱者隱逸的動機多為「全其志」，當其志因仕而屈時，他們願意為全其志而隱逸。所謂的「志」乃指行義達道之志，是儒家堅持「士」之所以為「士」的精神主體、人生理想，落實在群體間是遵行仁義禮智，兼善天下；實現在個體上是自我人格的完成，獨善其身。選擇隱逸的生活是為了「不降其志，不辱其身。」當政治空間被壓縮，士人之「道」被統治者的「勢」打壓，為了捍衛其「道」，寧可懷道求去，到另一個場域實現其「道」，故不仕並非只是消極的避世，更富有其積極意義的一面—全其志，所以儒隱者從未放棄其知識分子的文化傳承責任，通常以文學創作與講學教育來完成其文化事業。

　　東漢末年的隱者多為儒隱類型，據《高士傳》所錄，漢末至三國的高士有
　　管寧、鄭玄、任安、龐公、荀靖、胡昭、焦先、姜岐，其中儒隱的典型人物為管寧、姜岐。

（一）漢魏之際：管寧、姜岐

　　管寧，字幼安，北海朱虛人。生於漢魏之間。《三國志》載其：「年十六喪父，中表愍其孤貧，咸共贈賵，悉辭不受，稱財以送終。長八尺，美須眉。與平原華歆、同縣邴原相友，俱游學於異國，並敬善陳仲弓。」〔註59〕因天下大亂，與邴原、王烈至遼東依附公孫度，迨魏文帝即位，管寧才從遼東返回。

〔註59〕　（晉）陳壽：《三國志・管寧傳》，卷十一，頁354。

　　管寧初至遼東，因山為廬，鑿坏為室。越海避難者，皆依附管寧周圍而居，數月而成一鄉邑。管寧遂講《詩》、《書》，陳俎豆，推行禮樂教化，民皆為其德所感化。在亂世中，秩序的建立有助於社會的安定，然而在一個移民的新聚落，要建立禮儀秩序並非容易的事，所以管寧積極平息鄉人的紛爭，並以身作則，展現寬恕的美德。《三國志》引皇甫謐《高士傳》曰：

> 寧所居屯落，會井汲者，或男女雜錯，或爭井鬬鬩。寧患之，乃多買器，分置井傍，汲以待之，又不使知。來者得而怪之，問知寧所為，乃各相責，不復鬬訟。鄰有牛暴寧田者，寧為牽牛著涼處，自為飲食，過於牛主。牛主得牛，大慚，若犯嚴刑。是以左右無鬬訟之聲，禮讓移于海表。〔註60〕

管寧以奉獻無私、寬容大度的實際行為感化遼東居民，表現出典型的儒者不競不貪的人格魅力，而這樣的人格特質，自其年少求學時就已顯現，《世說新語‧德行》曾載：

> 管寧、華歆共園中鋤菜，見地有片金，管揮鋤與瓦石不異，華捉而擲去之。又嘗同席讀書，有乘軒冕過門者，寧讀如故，歆廢書出看。寧割席分坐曰：「子非吾友也。」〔註61〕

從「見片金，揮鋤不異」與「軒冕者過門，讀書如故」可以看出管寧個性上之清高不貪，而他對「禮」的執著亦數十年如一日，皇甫謐《高士傳》載：

> 常坐一木榻上，積五十五年未嘗箕踞榻上。當膝皆穿。〔註62〕

長年端坐，不作箕踞姿態，這是對禮的堅持。除了守禮自持，管寧亦誨人以孝悌，《三國志》本傳引《傅子》曰：

> 寧以衰亂之時，世多妄變氏族者，違聖人之制，非禮命姓之意，故著〈氏姓論〉以原本世系，文多不載。每所居姻親、知舊、鄰里有困窮者，家儲雖不盈擔石，必分以贍救之。與人子言，教以孝；與人弟言，訓以悌；言及人臣，誨以忠。貌甚恭，言甚順，觀其行，邈然若不可及，即之熙熙然，甚柔而溫，因其事而導之於善，是以漸之者無不化焉。寧之亡，天下知與不知，聞之無不嗟歎。醇德之所感若此，不亦至乎！〔註63〕

〔註60〕（晉）陳壽：《三國志‧管寧傳》引《高士傳》，卷十一，頁355。
〔註61〕余嘉錫《世說新語箋疏‧德行13》，頁11。
〔註62〕（晉）皇甫謐撰，（明）吳琯校：《高士傳》，頁115。
〔註63〕（晉）陳壽：《三國志‧管寧傳》引《傅子》，卷十一，頁360～361。

管寧對於儒家的忠、孝觀不僅澈底的奉行並維護，更積極的推廣，諄諄教誨百姓，而百姓莫不受其醇德感召。雖隱居於野，管寧還是達到「在本朝，則美政；在下位，則美俗」的儒者理想。

管寧清高之德行，使其不僅在地方上受到百姓愛戴，也受到時人的推重，陳群、桓範與陶丘都有〈薦管寧〉之文，曹魏政權亦對之十分寵禮，對管寧徵命十至，輿服四賜，然寧皆不就。管寧因此聲名益高，因而成就一清廉禮讓的隱士形象。

漢魏間儒隱的代表人物還有姜岐。姜岐，字子平，漢陽上邽人。習《書》、《易》、《春秋》等經典，少失父，獨與母兄居。漢陽太守橋玄召岐欲以為功曹，岐稱病不就，玄因此大怒，敕督郵尹益必收捕姜岐，若姜岐不來，將命其母改嫁而後殺岐。尹益為姜岐申辯，反而觸怒橋玄杖之，尹益雖被杖，仍據理諫之，曰：「岐少修孝義，棲遲衡廬，鄉里歸仁，名宣州里，實無罪狀，益敢以死守之。」橋玄的怒氣方息。姜岐在母親死後，將水田盡讓與其兄，以畜蜂、豕為業，並且將此技術教授給許多人，以此營業維生者有三百餘人。姜岐的言行亦符合儒家強調的孝悌人倫規範，因此獲得高名，督郵尹益甘心為姜岐受杖亦不願害之，亦是來自對其高尚人格的尊敬。此外，姜岐在經濟生活上有一項與傳統隱者較不同的謀生方式—以畜蜂、豕為事。此點透露一個訊息，就是「仕」不再是士人必然的職業，他們可以不必依賴官俸而能自給自足。在仕與隱之外，士人有更多的選擇了。

（二）西晉：皇甫謐、夏統

西晉時期，足以為儒隱的代表人物即是皇甫謐，《晉書》未將皇甫謐列入隱逸傳中，應是著眼於皇甫謐的文學成就，而將之與摯虞、束皙放入同一傳中。然而皇甫謐的隱逸觀其實正好可反映出西晉士人的隱逸觀—兼存出處。

皇甫謐字士安，幼名靜，安定朝那人，漢太尉嵩之曾孫。從小過繼給叔父，二十歲仍是不好學，游蕩無度，叔母任氏因對之流淚勸告，謐心甚感激，乃就鄉人受書，勤力不怠，遂博綜典籍百家之言。皇甫謐居貧卻安然自在，躬自稼穡，以讀書著述為務，後得風痺疾，猶手不輟卷。雖然朝廷數次且長期徵召他，他仍然堅持隱不出仕。而他隱居不仕的原因除了與個性有關，也有思想的因素。

根據《晉書》所載，皇甫謐為人沈靜寡欲，不好修名廣交，加上中年患有風痺疾病，服散失度，導致身體狀況不堪為官。在其上疏辭辟的文章謂：

臣惟頑蒙，備食晉粟，猶識唐人擊壤之樂，宜赴京城，稱壽關外。
而小人無良，致災速禍，久嬰篤疾，軀半不仁，右腳偏小，十有九
載。又服寒食藥，違錯節度，辛苦荼毒，于今七年。隆冬裸袒食冰，
當暑煩悶，加以咳逆，或若溫瘧，或類傷寒，浮氣流腫，四肢酸重。
〔註64〕

先天的痼疾，加上服食失當，皇甫謐的身體狀況確實不適合勞心傷神的官宦生
活。當然，除了個性與身體的因素使其傾向隱逸，人生的價值觀才是皇甫謐選
擇隱逸的主要原因。曾有人勸皇甫謐為自己的仕途打算，皇甫謐說：

非聖人孰能兼存出處，居田里之中亦可以樂堯舜之道，何必崇接世
利，事官鞅掌，然後為名乎？〔註65〕

皇甫謐所樂之道是「堯舜之道」，他認為體堯舜之道不必在廟堂之上，隱於田
野間亦可。這裡皇甫謐表現了其出處同歸的思想，而且它是在傳統的政治體制
內肯定隱逸。

西晉時期，與皇甫謐同樣抱持儒家價值理想而隱逸的高士還有夏統、范
喬、郭琦等，他們雖隱於鄉野，仍堅持著儒家人倫道德，發揮著教化的儒者使
命，像夏統「養親以孝聞，睦於兄弟」、范喬「好學不倦」且「侍疾家庭」、郭
琦「方直，有雅量，博學」，這些都是儒隱之士，在其身上都可見到儒者的影
子。其中比較特別的是夏統，根據《晉書·隱逸傳》對他的描述，夏統對於音
樂的雅俗極為重視，所突顯的是儒家正樂以化俗的觀點。

夏統，字仲御，會稽永興人。自幼孤貧，然與兄弟相處和睦。宗族或有勸
其入仕，統悖然變色曰：「諸君待我乃至此乎！使統屬太平之時，當與元凱評
議出處；遇濁代，念與屈生同汙共泥；若汙隆之間，自當耦耕沮溺，豈有辱身
曲意於郡府之間乎？」〔註66〕表示其不仕乃因國家處於衰微興盛之間，不願屈
辱身屈意於地方郡府官員，於是選擇隱逸，其抉擇正是孔子「天下有道則見，
無道則隱」的體現。有一次宗族鄉人祭祀祖先，請來二位容貌美麗的女巫，拔
刀破舌，吞刀吐火，並靈談鬼笑，飛觸挑枒。夏統見狀，指責諸人：「奈何諸
君迎此妖物，夜與游戲，放傲逸之情，縱奢淫之行，亂男女之禮，破貞高之節。」
宗族親人愧而遣二人還。從這些話語可知，夏統所秉持的是儒家的言行規範與

〔註64〕（唐）房玄齡等撰：《晉書·皇甫謐傳》，卷五十一，頁1415。
〔註65〕（唐）房玄齡等撰：《晉書·皇甫謐傳》，卷五十一，頁1409～1410。
〔註66〕（唐）房玄齡等撰：《晉書·隱逸傳》，卷九十四，頁2428。

道德禮節，認為兩位女巫名為祭祀而歌舞，卻不依禮制而行，實為敗壞人倫、淫亂世俗。夏統的批判，源於儒家雅樂化俗之觀點，此點可在夏統所唱的歌曲再次證明。賈充曾於河中偶遇夏統，請求夏統為其唱當地歌曲，夏統對賈充說：

> 先公惟寓稽山，朝會萬國，授化鄙邦，崩殂而葬。恩澤雲布，聖化猶存，百姓感詠，遂作〈慕歌〉。又孝女曹娥，年甫十四，貞順之德過越梁宋，其父墮江不得尸，娥仰天哀號，中流悲歎，便投水而死，父子喪尸，後乃俱出，國人哀其孝義，為歌〈河女之章〉。伍子胥諫吳王，言不納用，見戮投海，國人痛其忠烈，為作〈小海唱〉。今欲歌之。〔註67〕

夏統說完遂扣舷而歌。夏統所歌，皆是崇尚天子盛化、忠孝節義思想的歌曲。以此對照前面斥責宗親迎二女巫的事件，可知夏統所秉持的是儒家的政治觀點，希望藉著禮樂的規範感化而改善社會風俗。夏統雖隱於鄉野，仍修己立身、化俗鄉里，故其隱為儒隱。

西晉的隱者高士大多認同政治體制，並將隱逸視為政治體制內的行為，雖然隱逸，但仍以儒家的德性學問為自我要求的標準，並關心社會國家。隱逸的原因多半是因為亂世難全其「行義達道」之志，故隱遁於鄉里，與宗族鄉人保持緊密的聯繫。他們的隱逸除了標舉自己的不流於俗，也以其德性風化鄉里。

二、道性之隱

所謂道性之隱，可簡稱為道隱，是指偏向道家思想的隱者高士，道隱者的特質是靜默恬淡、孤傲不群，蔑視世俗的富貴功名，拋棄人為的制度規範，他們之所以隱居，是為了養其性、全其真，所以他們重視形體上的養生，也追求精神上逍遙自在之境界。與儒隱的差別在於道隱者與世俗是較疏離的，而且隱居是基於道家貴生、自適的思想。儒隱者乃隱居以待時，與宗族親人保持密切聯繫，並化俗鄉里；道隱者則是以個人的立場來思考仕與隱。

在皇甫謐的《高士傳》裡，除了《莊子》書中的被衣、巢父、許由等人，還有秦漢時的河上丈人、向長、臺佟等人，三國時代則無符合道隱之高士。《晉書・隱逸傳》所錄的高士，則有孫登、董京、郭文、公孫鳳與公孫永等人，其言行事蹟較符合道隱。

〔註67〕（唐）房玄齡等撰：《晉書・隱逸傳》，卷九十四，頁2429。

（一）西晉：孫登、董京

孫登，字公和，汲郡共人。《晉書·隱逸傳》載孫登沒有家人，獨自於郡北山為土窟居之，夏則編草為裳，冬則被髮自覆。「性無恚怒，人或投諸水中，欲觀其怒，登既出，便大笑。時時游人間，所經家或設衣食者，一無所辭，去皆捨棄。」〔註68〕孫登對於物質的要求非常低，是道家寡欲恬淡的體現；性情溫和無恚怒，雖隱卻不高自標置而完全脫離世俗，可謂脫俗而不離俗。楊駿曾慕孫登高名而徵之，並賜予衣服，孫登出楊府大門，即割裂衣服，人皆怪之，後楊駿失敗被殺，眾人才知道孫登割衣的舉動乃暗示著楊駿的失敗被戮。武帝曾派阮籍探視孫登，與之商略終古及栖神導氣之術，登皆不應，直到阮籍長嘯，孫登才與之相和。嵇康曾隨孫登遊，長達三年的時間。相對於楊駿、嵇康與阮籍的世俗，孫登顯得更高深莫測而絕俗，猶如得道高人，然若抹除其神話的色彩，以現實的眼光審視，孫登最大的特點在於其「識」，他與嵇康的一席話：「君性烈而才雋，其能免乎！」指出嵇康因「性烈而才雋」，終究為世所不容。楊駿專權而肆逆，兇殘而無道，自搆災禍是早晚的事，以孫登識見之清明，預見其大難臨頭，似不為過。阮籍奉武帝之命而訪孫登，非以個人身分前來，孫登怎能與之多談？好讀《易》的孫登，深明進退處世之理，無競無求，韜晦養志，充分表現道家精神。

另一位道隱高士董京，字威輦，不知何郡人。《晉書·隱逸傳》描述其形象是「被髮而行，逍遙吟詠，常宿白社中。時乞於市，得殘碎繒絮，結以自覆，全帛佳綿則不肯受。」〔註69〕與孫登同樣不在乎物質生活，性情溫和，即使被推排罵辱，亦不見其有怒色。孫楚時為著作郎時，曾貽之書，並勸以今堯舜之世，為何仍隱匿才德，不願作官。董京答之以詩曰：

> 夫古之至人，藏器於靈，縕袍不能令暖，軒冕不能令榮；動如川之流，靜如川之渟。鸚鵡能言，泗濱浮磬，眾人所翫，豈合物情！玄鳥紆幕，而不被害？鳴隼遠巢，咸以欲死。晞彼梁魚，逡巡倒尾，沈吟不決，忽焉失水。嗟乎！魚鳥相與，萬世而不悟；以我觀之，乃明其故。焉知不有達人，深穆其度，亦將闚我，覼顧而去。萬物皆賤，惟人為貴，動以九州為狹，靜以環堵為大。

董京之詩大致表現道家淡泊、崇尚自然與貴生思想，當彝倫衰敗之世，人命不

〔註68〕（唐）房玄齡等撰：《晉書·隱逸傳》，卷九十四，頁 2426。
〔註69〕（唐）房玄齡等撰：《晉書·隱逸傳》，卷九十四，頁 2427。

能安保之時，遁世以存命全真是最佳選擇，故董京之隱除了因亂世欲全其性命，更有蔑視物質享受，追求精神自由與超脫之意。

（二）東晉：郭文、張忠

東晉的道隱者郭文，《晉書・隱逸傳》對其事蹟紀錄較仔細。郭文，字文舉，河內軹人。十三歲開始喜愛遊山玩水，常因此而忘返。父母服畢，即不娶而辭家游歷名山。永嘉亂起，洛陽淪陷，郭文步擔入吳興餘杭大辟山中，倚木於樹，苫覆其上而居。郭文長年居住山野之中，與猛獸動物皆能和諧共處，即使當時有猛獸為暴，入屋害人，郭文亦不曾遭遇猛獸之害。更有一次，猛獸忽然向郭文張開大口，郭文視其口中有橫骨，乃以手探去之，隔日猛獸竟放置一鹿於郭文屋室之前。溫嶠嘗問郭文曰：「猛獸害人，人之所畏，而先生獨不畏邪？」文回答曰：「人無害獸之心，則獸亦不害人。」可見郭文與自然萬物已建立一種默契，一種互尊互重的情感，這是道家謙卑、物我合一思想的體現。

郭文雖隱居於山野，其聲名顯著，極受官宦名士的推崇敬愛。餘杭令顧颺與葛洪曾一起拜訪郭文，以郭文常在山中行走，需要皮衣，便贈與郭文一件，然郭文任由皮衣爛掉也不穿著。王導聞其高名，遣人迎接之，郭文不肯就船車，自行荷擔徒行。既至，王導置之西園，園中果木成林，又有鳥獸麋鹿，皆居郭文身邊，於是朝士盡皆觀之，而郭文頹然跐踞，傍若無人。郭文於西園裡住了七年，後逃歸臨安，結廬舍於山中。觀郭文的隱逸，乃為求個人逍遙適性的自然生活，因為喜愛山水，進而親近山水，並與自然萬物和諧共處。

另一位東晉隱士張忠，於永嘉亂後隱居泰山。張忠，字巨和，中山人。《晉書・隱逸傳》載其：「恬靜寡欲，清虛服氣，餐芝餌石，修導養之法。冬則縕袍，夏則帶索，端拱若尸。無琴書之適，不修經典，勸教但以至道虛無為宗。」〔註70〕可見張忠個性恬淡，精於服食導養的養生術，而且張忠「不修經典」，只以「至道虛無」教授弟子，表示他奉行道家思想，拋棄人為機巧，返回淳樸本真的狀態。苻堅遣使徵召，使者至，忠沐浴而起，並告訴弟子們說：「吾餘年無幾，不可以逆時主之意。」遂就車至長安，苻堅賜以冠衣，張忠辭之；欲授官職，張忠曰：「昔因喪亂，避地泰山，與鳥獸為侶，以全朝夕之命。屬堯舜之世，思一奉聖顏。年衰志謝，不堪展效，尚父之況，非敢竊擬。山棲之性，

〔註70〕　（唐）房玄齡等撰：《晉書・隱逸傳》，卷九十四，頁2451。

情存巖岫，乞還餘齒，歸死岱宗。」〔註71〕表現了志在山林的堅決，苻堅見狀，便以安車送之，行經華山，張忠歎曰：「我東嶽道士，沒於西嶽，命也，奈何！」又行五十里，及關而死。

張忠表現出順時而處、識見深遠的老莊智慧，其隱逸是追求性分的自足，從外在的養形到內在的養神，張忠皆深得其道。

三、玄心之隱

所謂玄心之隱，指受魏晉玄學影響，融合儒道隱逸思想的隱者。其思想本質是傾向儒學道德觀的，然而受到時代玄風影響，以其玄心觀照萬物，並將莊子至人的理想境界落實於人間，以嵇康、陶淵明為代表。

紀志昌曾於《魏晉隱逸思想研究——以高士類傳記為主所作的考察》一文中所提出「玄隱」一詞，他從戴逵的〈竹林七賢論〉中推演戴逵對隱逸高士的欣賞屏落了仕隱的外貌，而特重其玄心，呈顯出當時跡冥圓融的朝隱、通隱風氣。並將此類的隱逸稱為「玄風式隱逸」，簡稱為「玄隱」。〔註72〕然而筆者對於此定義與紀志昌不同，戴逵、許詢二人之隱乃泯滅仕隱界線，融入當時官宦名士圈，與之交游宴樂，並具有「瀟灑飄逸」、「高情遠致」的名士風度，已經和傳統的隱逸截然不同，筆者將之另外歸類為「高情之隱」。

嵇康高而不俗，陶淵明是俗中見高，二人的個性、時代背景雖然不同，然本性的高潔是相同的，故將此二人歸為同一類型，而且嵇康與陶淵明在思想上有其傳承接續的脈絡。其一：嵇康雖越名教而任自然，然其思想本質是儒學的，長大雖接受道家思想，卻未根本的革除其儒學思想，這點與陶淵明儒學思想本質是一樣的。其二：嵇康嚮往莊子至人逍遙無執的圓滿境界，然未如阮籍一樣將至人境界置於高遠虛緲的空靈高度，而是將其拉回到人世間，使之成為可實現的境界，並強調「意足」而後樂。然因嵇康性烈剛直，其理想境界與性格相互衝突，未能真正實現。此精神後為陶淵明真正落實，體現在其躬耕田畝，安享田園之樂的田家生活裡。由此觀之，此二人的隱逸精神是相類似的，故將二人歸為同一類。

（一）魏朝：嵇康

嵇康是享譽士林的名士，然而他以他的行為來看，他亦是樂於隱居生活的

〔註71〕（唐）房玄齡等撰：《晉書・隱逸傳》，卷九十四，頁 2452。
〔註72〕紀志昌：《魏晉隱逸思想研究——以高士類傳記為主所作的考察》，頁 223。

高士。他雖然拜中散大夫，然這只是個閒缺，後來隱於山陽，過著灌園、吟詩撫琴，以及優游山林的日子。若以分析隱者的角度來看嵇康，則應從其個性思想與影響來看，方能了解其選擇隱居的動機與意義。就嵇喜的描述，嵇康的個性是恬靜無欲、性好服食、常彈琴詠詩，自足於懷抱之中。這樣的性格是適宜過隱居生活的，連嵇康對自己無心於仕宦亦歸因於天生懶散，以及不喜與俗人共處，不耐喧囂噪耳之性情，〈與山巨源絕交書〉云：

> 不喜俗人，而當與之共事，或賓客盈坐，鳴聲聒耳，囂塵臭處，千
> 變百伎，在人目前，六不堪也。〔註73〕

先決條件上，嵇康已具有隱者所共有的閒靜恬淡性格，加上後天受到老莊思想影響：「又讀《莊》、《老》，重增其放。故使榮進之心日頹，任實之情轉篤。」（〈與山巨源絕交書〉）以此看來，嵇康的隱逸可以說是順理成章。然而一個隱逸之士，竟然受牽連而被戮，實是一大諷刺。其實嵇康的恬淡是表現在物質功名方面的，他的性格還有孤高不屈的一面。他的孤傲個性使他不知隱藏才能而鋒芒太露，使他堅持著道德理想，不肯妥協，如同孫登所言：「君性烈而才雋，其能免乎！」

　　評判嵇康的隱逸的類型，最重要的是釐清他思想的傾向。嵇康思想可分為兩條脈絡探索，一是儒家道德理想，一是莊子避世思想。嵇康的家庭雖不是世家大族，卻也是「家世儒學」的，其思想其實是承認周孔的倫理秩序與道德規範，此點於上一章節已經談過。嵇康以純正的儒家名教標準來看被司馬氏扭曲了的名教觀，當然要高唱「越名教而任自然」了。司馬氏弒君而自代，卻滿口忠君孝悌，更以此為藉口誅殺異己，這讓受到傳統儒家思想教育，深明倫理規範的嵇康無法苟同，故司馬政權的虛偽是嵇康反對名教的主要因素，因為對名教與自然的反思與探討，仕與隱的問題隨之被提出來，換言之，仕隱問題是承接名教與自然問題而來的。故嵇康對朝廷所採取疏離的姿態，是儒家「天下有道則見，無道則隱」的思想體現，其孤高不羈的性格使他無法像柳下惠般「降志辱身」，遂選擇全志隱居。而儒隱者的隱逸是有道德堅持，有淑世理想的，就此點而言，嵇康是屬於儒家的。

　　另一方面，嵇康受到莊子的影響很大，莊子言「體道」乃是一種「天地與我並生，萬物與我為一」的境界，要達到這種境界必得去除各種內外的阻礙與

〔註73〕　（魏）嵇康：〈與山巨源絕交書〉，收入（清）嚴可均輯：《全三國文》，卷四十
　　　　七，頁1321。

障蔽，包括外在的誘惑與影響，以及內在的機巧與成見，並體認死生如一，了
解宇宙生成變化之理，即所謂的「外天下」、「外死生」、「離形去智」而達到「坐
忘」、「心齋」的境界。因此，外在環境的誘惑與對個人形神的耗損若能降至最
低，生活悠閒簡單則有助於體道，故「就藪澤，處閑曠，釣魚閑處」〔註74〕的
閑暇生活情狀是嵇康所嚮往的，這樣隱居的生活除了可呼應其沉靜之本性，又
能實現此自適逍遙的理想生活。嵇康在其詩文中，常流露出對於榮華名利的鄙
薄與閒適自由生活的嚮往，例如：

> 澤雉窮野草，靈龜樂泥蟠。榮名穢人身，高位多災患。未若捐外累，
> 肆志養浩然。〔註75〕

> 琴詩自樂，遠遊可珍。含道獨往，棄智遺身。寂乎無累，何求於人？
> 長寄靈岳，怡志養神。〔註76〕

嵇康認為榮名高位穢身致災患，不如捐棄之；琴詩遠遊的悠閒生活，與棄智遺
身的心性修養功夫方可養神而肆志、怡神，於此可見其志。嵇康對於精神境界
的追求超越了對物質的渴望，而案牘勞形的官宦生活會妨礙精神的修養與樂
趣，所以他在〈與山巨源絕交書〉說：「遊山澤，觀魚鳥，心甚樂之，一行作
吏，此事便廢。」在鄙棄榮華名利的思想下，外在物質世界漸被拋棄，選擇隱
而不仕的生活便是自然演變的結果，是其自由心志下的適性決定。就此點而
言，嵇康的隱逸是屬於道隱的。

　　嵇康的隱逸對司馬政權的意義是反抗與不合作，與名教的對抗；對個人的
意義是莊子超脫環境的追求。嵇康的隱，既非單純的儒隱，亦非純粹的道隱，
他是融合儒道所產生的一種隱逸內涵，帶有儒家道德理想的關懷與莊子適性
體道的個人追求，所體現的是魏晉名士受玄學影響而顯現的價值觀與仕隱觀，
故謂之玄隱。紀志昌先生說得極為透徹：

> 嵇康與七賢的隱逸，實是遠紹漢末清議之特質，發而為一種理想主
> 義與自由精神，這種精神復以生命的終極關懷，拿當時的名教與現
> 實政治作為它主要的實踐場域，所以出世與入世，貞不絕俗與輕俗

〔註74〕（周）莊周著，（晉）郭象注：《莊子·刻意》，頁303。
〔註75〕（魏）嵇康：〈與阮德如〉，收入逯欽立輯：《先秦漢魏晉南北朝詩·魏詩》，卷
　　　　九，頁487。
〔註76〕（魏）嵇康：〈兄秀才公穆入軍贈詩〉，收入逯欽立輯：《先秦漢魏晉南北朝詩·
　　　　魏詩》，卷九，頁483。

傲世的雙重性格不斷地在這些士人心中激盪著,這便是他們作為
「玄隱」代表最大的意義所在。〔註77〕

嵇康追求莊子的精神境界,將莊子高遠的人生境界改造,加入起碼的親情慰藉
而落實於真實生活,物質的貧乏不足為意,「雖耦耕畎畝,被褐啜菽,莫不自
得。」〔註78〕換句話說,嵇康的理想境界是具有人間情味的。其〈與山巨源絕
交書〉言:

今但欲守陋巷,教養子孫,時時與親舊敘離闊,陳說平生,濁酒一
杯,彈琴一曲,志意畢矣。〔註79〕

與親人相處,情感得到慰藉;喝喝酒、彈彈琴,過純樸簡單的生活,就是嵇
康所追求的理想境界。嵇康揉合道家理想境界與現實環境,將莊子超然、不
太可能實現的「坐忘」境界改造而落實於人間,使之成為充滿生命情趣、樸
實閒適與寧靜審美的生命境界,有如其詩:「目送歸鴻,手揮五弦」〔註80〕呈
現出一種純然寧靜的美感—身在人間,心悟於道,人間與天道合而為一。嵇
康將山水的審美也帶進隱逸文化中,他用玄心的眼光欣賞大自然的一草一
木,在他筆下的大自然充滿了感情,充滿著審美情趣,使中國的隱逸文化更
加豐富了。

嵇康的生命情調與人生境界對後世的啟發很大,他提供了一種生活態
度,一種心靈境界供後人追求,在生命轉彎處,此無欲閒靜、寧靜滿足的心
境可以使人泰然面對;無奈嵇康秉性剛直峻急,其思想與性格未得調和之前
便慘遭殺害。此完滿的人生境界留待後來的陶淵明、蘇軾等人將其發揮得淋
漓盡致。

(二)東晉:陶淵明

陶淵明,字元亮,大司馬侃之曾孫。潯陽柴桑人。個性任真自得,不慕榮
利。喜好讀書,善屬文章,素為鄉里親友所重。因家貧,起為州祭酒,然不堪
吏職,不多日即自解官而歸,後又歷任鎮軍、建威參軍,最後所任之官職為彭

〔註77〕 紀志昌:《魏晉隱逸思想研究——以高士類傳記為主所作的考察》,頁182。
〔註78〕 (魏)嵇康:〈答難養生論〉,收入(清)嚴可均輯:《全三國文》,卷四十八,
頁1325。
〔註79〕 (魏)嵇康:〈與山巨源絕交書〉,收入(清)嚴可均輯:《全三國文》,卷四十
七,頁1321。
〔註80〕 (魏)嵇康:〈兄秀才公穆入軍贈詩〉,收入逯欽立輯《先秦漢魏南北朝詩·魏
詩》,卷九,頁483。

澤令，因「不能為五斗米折腰，拳拳事鄉里小人」〔註81〕而解印綬去職，躬耕
自讀，以終餘年。而歸隱的這二十多年，是他創作最豐富的時期，此時除了與
隱居文人交往，還曾和廬山東林寺的佛教名僧慧遠一度結為方外之交，思想中
有佛學的痕跡存在，應與此有關。陶淵明晚年時，家鄉成了盧循與東晉軍激戰
的戰場，動蕩的政局和連年的饑荒，使陶淵明的生計遭到了嚴重的威脅。元嘉
四年，陶淵明患了重病。病中，他為自己寫下《挽歌詩》三首和《自祭文》一
篇，總結了自己的一生，用灑脫達觀的態度面對死亡。是年十一月，陶淵明在
貧病交迫中去世，享年六十三歲。

　　陶淵明非常喜愛喝酒，《晉書・隱逸傳》載：「其鄉親張野及周旋人羊松齡、
寵遵等或有酒要之，或要之共至酒坐，雖不識主人，亦欣然無忤，酣醉便反。」
刺史王弘因對陶淵明極傾慕，常拜訪之，然陶淵明不喜結交官吏權貴，常稱疾
不見，於是「弘每令人候之，密知當往廬山，乃遣其故人龐通之等齎酒，先於
半道要之。潛既遇酒，便引酌野亭，欣然忘進。弘乃出與相見，遂歡宴窮日。」
〔註82〕酒在陶淵明的生命中是如此的重要。

　　陶淵明雖被視為「玄學人生觀的一個句號」，實現了自曹魏稽康、阮籍等
正始名士以來，西晉元康眾人，以及王羲之、許詢等東晉會稽名士皆無法實
現的玄學人生觀。〔註83〕然而其思想本質卻與稽康一樣，來自於儒家思想。
〔註84〕因為儒家的道德堅持，使其無法拳拳事鄉里小人；因為儒家思想的力
量，支撐其度過極為貧困的生活，所以他說：「先師有遺訓，憂道不憂貧」、「衣
沾不足惜，但使願無違。」陶淵明甘於貧窮的隱居生活，只希望固守己志，這
是他傾向儒隱的一面。

　　從北宋蘇東坡之後，陶淵明的「文學家」形象漸漸清晰，然而在魏晉南北
朝，他則被視為一位隱士，陶淵明的好友顏延之曾作〈陶徵士誄〉，文中極力
呈顯的是陶淵明的隱士形象，對於陶淵明的隱逸之因，他說是：「道不偶物，

〔註81〕（唐）房玄齡等撰《晉書・隱逸傳》：「素簡貴，不私事上官。郡遣督郵至縣，
　　　　吏白應束帶見之，潛歎曰：『吾不能為五斗米折腰，拳拳事鄉里小人邪！』義
　　　　熙二年，解印去縣。」（卷九十四，頁2460。）
〔註82〕（唐）房玄齡等撰：《晉書・隱逸傳》，卷九十四，頁2462。
〔註83〕羅宗強：《玄學與魏晉士人心態》，頁367～368。
〔註84〕其詩中屢屢提到自幼對儒家典籍的吸收，如〈飲酒詩〉第十六首：「少年罕人
　　　　事，游好在六經。」〈感士不遇賦〉：「奉上天之成命，師聖人之遺書。」有些
　　　　詩句也表現出儒家積極用世的一面，如〈雜詩〉第五首：「猛志逸四海，騫翮
　　　　思遠翥。」〈擬古詩〉第八首：「少時壯且厲，撫劍獨行遊。」

棄官從好；遂乃解體世紛，結志區外，定迹深棲，於是乎遠。」〔註85〕乃經過深思熟慮而從心所好的選擇，而非不得已。顏延之所言不差，陶淵明在〈歸去來兮辭〉中也表露自己的心情：

> 既自以心為形役，奚惆悵而獨悲？悟已往之不諫，知來者之可追。
> 實迷途其未遠，覺今是而昨非。〔註86〕

字裡行間對於自己之前出仕的選擇盡是悔意，「今是而昨非」，以今日自由的生活對比以前役於政務的羈絆，陶淵明清楚的表明志向，可見陶淵明的隱逸也是為了追求個人的自適與逍遙，這是其道隱的一面。其〈歸園田居〉五首之一：

> 少無適俗韻，性本愛丘山。誤落塵網中，一去十三年。羈鳥戀舊林，
> 池魚思故淵。開荒南野際，抱拙歸園田。方宅十餘畝，草屋八九間。
> 榆柳蔭後簷，桃李羅堂前。曖曖遠人村，依依墟里煙。狗吠深巷中，
> 雞鳴桑樹顛。戶庭無塵雜，虛室有餘閒。久在樊籠裡，復得返自然。
> 〔註87〕

陶淵明思想中的「自然」，指的是當時玄學家所說的精神實體。他說：「久在樊籠裡，復得返自然。」這「自然」意即自然界的本來面貌。〔註88〕莊子所謂的「體道」是物我合一，從他的詩中所感受到的就是這種「體道」的境界：

> 平疇交遠風，良苗亦懷新。雖未量歲功，即事多所欣。耕種有時息，
> 行者無問津。日入相與歸，壺漿勞近鄰。長吟掩柴門，聊為隴畝民。
> 〔註89〕

只有親自參與了田家農耕生活，真正領會到大自然生生不息的生機，才能有此境界的呈顯。陶淵明自足於大自然，並與之融合在一起，道家物我融合的精義，陶淵明透過田園生活與個人玄心的修養達到了。羅宗強先生認為：「從玄學的基本品格而言，則它在人生態度、人生目的上還是有一個基本的要求，那便是

〔註85〕（南朝宋）顏延之：〈陶徵士誄并序〉，收入（清）嚴可均輯：《全宋文》，卷三十八，頁2646。
〔註86〕（晉）陶淵明：〈歸去來辭并序〉，收入（清）嚴可均輯：《全晉文》，卷一百十一，頁2097。
〔註87〕（晉）陶淵明：〈歸園田居〉五首，收入逯欽立輯：《先秦漢魏晉南北朝詩·晉詩》，卷十七，頁991。
〔註88〕林敬文：〈陶淵明為人及其詩文裏蘊藏的哲理之探索〉，《運籌研究集刊》，第1期（2002年6月），頁95。（67～100）
〔註89〕（晉）陶淵明：〈癸卯歲始春懷古田舍詩〉二首，收入逯欽立輯：《先秦漢魏晉南北朝詩·晉詩》，卷十七，頁994。

委運任化的人生態度，達到物我合一、心與道冥的人生境界。」〔註90〕而這樣
的玄學境界只有陶淵明能達到。陶淵明總結魏晉玄學思想，並將之實踐於生活
中。盧盛江說：

> 陶淵明並不是一個玄學名士式的人物。他沒有謝安、王衍一類人物
> 的瀟灑風流、優雅氣度，也沒有謝鯤、胡毋輔之一類人物的放誕不
> 羈。他尚節操，又不像嵇康一樣抗志高潔，處處以己之高潔顯名教
> 之偽飾，也沒有嵇康那種清舉特秀的名士風姿。……但是他的氣質
> 裡，身性修養裡，總有似曾相似的感覺，總晃動著前輩玄學人物個
> 性情趣的風度的影子。〔註91〕

所言極為肯綮，在陶淵明講「質性自然，非矯厲所得」（〈歸去來兮辭〉），我們
看到嵇康「性不可化」（與山巨源絕交書），追求任其自然本心的影子；陶淵明
好讀書，撫無弦琴，又令人想起阮籍「讀書不甚研求」、「善彈琴，當其得意，
忽忘形骸。」（《晉書》本傳）儘管秉持著儒家思想，在陶淵明身上，我們仍看
到深刻玄學的印記。

四、高情之隱

　　東晉受到玄學思想改變的影響，隱逸的心態與型式都產生很大的變化。此
時的士人皆以追求瀟灑高逸為最高的精神境界，不管是出仕或隱逸者，都具有
此瀟灑優游的精神氣度。

　　自西晉郭象注《莊》提出迹冥圓融說，使自然與名教的對立漸消除，儒道
趨於融合，仕與隱的界線也隨之模糊，開始出現了所謂的朝隱與通隱。朝隱是
以在朝任官為隱，心不為俗務所羈，居官無官官之事的心隱，故並非隱逸，反
而是出仕。此風延續至東晉，風氣仍盛，典型的代表就是孫綽，而他那「居官
而無官官之事」的名言，適足以說明朝隱的精神，除了孫綽，鄧粲亦是朝隱代
表人物之一，《晉書・鄧粲傳》：

> 少以高潔著名，與南陽劉驎之、南郡劉尚公同志友善，並不應州郡
> 辟命。荊州刺史桓沖卑辭厚禮請粲為別駕，粲嘉其好賢，乃起應召。
> 驎之、尚公謂之曰：「卿道廣學深，　所推懷，忽然改節，誠失所望。」
> 粲笑答曰：「足下可謂有志於隱而未知隱。夫隱之為道，朝亦可隱，

〔註90〕羅宗強：《玄學與魏晉士人心態》，頁368。
〔註91〕盧盛江：《魏晉玄學與文學思想・玄學與東晉文學思想》，頁192。

市亦可隱。隱初在我，不在於物。」尚公等無以難之，然粲亦於此

名譽減半矣。〔註92〕

原來抱持著隱逸山林的志願，如今改節，鄧粲以「朝亦可隱，市亦可隱。隱初
在我，不在於物」的說法來自我解套，除了可看出鄧粲世情未了，亦可窺知當
時以「得意」為理論基礎而泯滅仕隱界限的思想趨勢。

通隱則是隱逸的一種，然雖隱而不應朝廷徵命，卻非斷絕世情，與在朝之
士交遊，相互往來，代表人物是戴逵與許詢。

（一）東晉：戴逵

戴逵，字安道，譙國人。《晉書》載其：「少博學，好談論，善屬文，能鼓
琴，工書畫，其餘巧藝靡不畢綜。」〔註93〕可見戴逵之多才多藝，名士所擅長
的談論、鼓琴、書畫等，戴逵都通曉。尤其在繪畫上，戴逵展現驚人的天份，
總角時自書鎸鄭玄碑，時人莫不驚歎，而評為詞麗器妙；年十餘歲即畫瓦官寺
壁；〔註94〕中年畫行像，尤工；晚歲專鑄銅佛像，特善於觀音男相，精妙絕倫；
又擅於山水畫，與顧愷之、宗炳等人，同為開創我國山水畫之發端者。

戴逵曾師事范宣，范宣對戴逵極為欣賞，故以兄女妻之。范宣於《晉書》
載入〈儒林傳〉中，云：「少尚隱遁，加以好學，手不釋卷，以夜繼日，遂博
綜群書，尤善三《禮》。家至貧儉，躬耕供養。親沒，負土成墳，廬于墓側。
太尉郗鑒命為主簿，詔徵太學博士、散騎郎，並不就。」觀范宣之言行思想，
乃為受儒家思想薰陶的儒士，並以「太儒」自稱，嘗言：

漢興，貴經術，至於石渠之論，實以儒為弊。正始以來，世尚《老》、
《莊》。逮晉之初，競以裸裎為高。僕誠太儒，然「丘不與易」。

〔註95〕

范宣對於正始以來放達任誕的士風頗有微詞，其堅守儒學，有欲矯正頹敗士風
的用意。然而范宣也並非完全未沾習老莊，《晉書·儒林傳》亦載：

宣言談未嘗及《老》、《莊》。客有問人生與憂俱生，不知此語何出。
宣云：「出《莊子·至樂篇》。」客曰：「君言不讀《老》、《莊》，何由

〔註92〕（唐）房玄齡等撰：《晉書·鄧粲傳》，卷八十二，頁2151。
〔註93〕（唐）房玄齡等撰：《晉書·隱逸傳》，卷九十四，頁2457。
〔註94〕余嘉錫：《世說新語箋疏·識鑒17》：「戴安道年十餘歲，在瓦官寺畫·王長史
見之曰：『此童非徒能畫，亦終當致名·恨吾老，不見其盛時耳！』（頁400。）
〔註95〕（唐）房玄齡等撰：《晉書·儒林傳》，卷九十一，頁2360。

識此？」宣笑曰：「小時嘗一覽。」時人莫之測也。〔註96〕
在魏晉玄學思想盛行的時代，士人對於儒家道家的經典都是相當熟悉的，只是比較偏重於何者，則視個人的狀況有所不同。戴逵承范宣之學，亦以禮度自處，深以放達為非道，故撰〈放達非道論〉，批評元康士人放達任誕卻未得大道之本，是「求遯跡而不求其本」、「自詆以偽」。〔註97〕在仕隱的選擇上，戴逵亦步上其師的隱逸之途，寧窮困守志。孝武帝時，以散騎常侍國子博士累徵，戴逵以父疾辭不就，逃於吳，與吳內史王珣游處甚洽；謝玄奏請絕其召命，遂還剡。後王珣為尚書僕射，上疏復請徵為國子祭酒加散騎常侍，然戴逵終不至。太元二十年，太子太傅王道子、少傅王雅、詹事王珣又上疏薦戴逵，戴逵卻於此時病卒。故戴逵終其一生皆未仕。

　　戴逵雖然隱而不仕，卻與朝中諸名士往來頻繁，之所以能如此，戴逵自身一定具有某些吸引人的條件以為與朝臣名士相交的憑藉。戴逵多才多藝，幾乎當時名士所擅長的，他皆通曉，加上又隱居不仕，在當時以隱逸為高尚的時代風氣下，自然成為名士一樣受人傾慕，戴逵之隱猶如名士之隱。《世說新語·雅量》載：

　　　　戴公從東出，謝太傅往看之。謝本輕戴，見但與論琴書。戴既無吝
　　　　色，而談琴書愈妙。謝悠然知其量。〔註98〕

原本輕視戴逵的謝安，一見到戴逵，即為其對琴書的學識與精妙的談論折服。「謝悠然知其量」，此「量」乃內在學識涵養與氣質識見所外顯的度量。戴逵與王子猷之交為人津津樂道，《世說新語·任誕》：

　　　　王子猷居山陰，夜大雪，眠覺，開室，命酌酒。四望皎然，因起仿
　　　　徨，詠左思招隱詩。忽憶戴安道，時戴在剡，即便夜乘小船就之。
　　　　經宿方至，造門不前而返。人問其故，王曰：「吾本乘興而行，興盡
　　　　而返，何必見戴？」〔註99〕

王子猷的「興盡而返，何必見戴？」簡單而貼切的傳達了玄學中「得意忘言」的境界，這樣的玄心高情，身為子猷好友的戴逵一定懂得。《世說新語·棲逸》更載郗超對隱士極為禮遇，甚至為戴逵蓋了新屋：

　　　　郗超每聞欲高尚隱退者，輒為辦百萬資，并為造立居宇。在剡為戴

〔註96〕（唐）房玄齡等撰：《晉書·儒林傳》，卷九十一，頁2360。
〔註97〕（唐）房玄齡等撰：《晉書·隱逸傳》，卷九十四，頁2458。
〔註98〕余嘉錫：《世說新語箋疏·雅量34》，頁373。
〔註99〕余嘉錫：《世說新語箋疏·任誕47》，頁760。

公起宅，甚精整。戴始往舊居，與所親書曰：「近至剡，如官舍。」
〔註100〕

戴逵之隱可謂泯滅仕與隱的界線，其隱逸從外在層面看，似乎只剩下「不仕」一項與傳統的隱逸相同。然而這並非戴逵一人如此，東晉玄儒有漸漸合流的趨勢，仕隱的對立亦隨之逐漸消解。然而戴逵何以寧處窮而不仕？除了「不樂世事」的高潔性情之外，與其追求一種情性快暢的生命情調有很大的關係，而隱居生活得以悠遊山林，方能實現此情性快暢的追求。

（二）東晉：許詢

許詢，「字玄度，高陽人。司徒椽辟，不就，早卒。」〔註101〕許詢有才藻，善屬文；〔註102〕又能清言，因此極受當時士人的仰愛。〔註103〕《晉書·隱逸傳》並無收錄，其相關事蹟分散於《晉中興書》、《文選抄》、《建康實錄》、《隱錄》等書籍，有賴余嘉錫《世說新語箋疏》將之收錄合併於箋疏中。〔註104〕以此拼湊許詢的生平事蹟大致如下：許詢是魏中領軍許允的玄孫，父親以瑯琊太守隨中宗過江，遷會稽內史，因此家於山陰。許詢從小秀惠聰穎，眾稱神童，長而風情簡素，好泉石、清風明月。司徒蔡謨辟不起，中宗徵為議郎，辭不就，孝宗連徵司徒椽，亦不就。先隱於會稽幽究山，後隱於永興西山，與謝安、王羲之、支頓遊處，以弋釣嘯咏為事。

許詢雖然隱而不仕，但並非棄絕人世，反而與會稽名士名僧密切往來，單看《世說新語》收錄許詢的多則資料，就可知道許詢以其隱逸高士的身分出現在名士圈裡，是極受眾人歡迎的，如〈品藻篇〉即記載了孫綽才能與許詢高情之比較：

支道林問孫興公：「君何如許掾？」孫曰：「高情遠致，弟子蚤已服膺；一吟一詠，許將北面。」〔註105〕

〔註100〕余嘉錫：《世說新語箋疏·棲逸15》，頁662。
〔註101〕余嘉錫：《世說新語箋疏·言語69》注引《續晉陽秋》，頁126～127。
〔註102〕余嘉錫：《世說新語箋疏·文學85》注引《續晉陽秋》：「詢有才藻，善屬文。」（頁262。）
〔註103〕余嘉錫：《世說新語箋疏·言語73》注引《晉中興士人書》：「許詢能清言，于時士人皆欽慕仰愛之。」（頁134。）
〔註104〕余嘉錫將許詢分散於《晉中興書》、《文選抄》、《建康實錄》、《隱錄》等書籍的事蹟，皆收錄於〈言語69〉之箋疏中，頁128。
〔註105〕余嘉錫：《世說新語箋疏·品藻61》：「孫興公、許玄度皆一時名流。或重許高情，則鄙孫穢行；或愛孫才藻而無取於許。」（頁533。）

孫興公認為，論玄妙超脫的情致，自己不如許詢；但在吟詩作賦方面，許詢恐要臣服於自己。藉著二人的才情比較，許詢之高情因此凸顯出來了，所謂的「高情」是高潔閒雅的情懷，發自內在真摯情感，所產生的一種優游氣度與高雅情致，這就是東晉名士的風流氣度，也是東晉隱士的特質。《世說新語・賞譽篇》亦載許詢有「清風朗月」之懷，並擅於「襟情之詠」：

> 許掾嘗詣簡文，爾夜風恬月朗，乃共作區室中語。襟情之詠，偏是
> 許之所長；辭寄清婉，有逾平日。簡文雖契素，此遇尤相咨嗟；不
> 覺造膝，共叉手語，達于將旦。既而曰：「玄度才情，故未易多有
> 許。」〔註106〕

許詢才情皆備，尤有高雅清明之情致，並長於抒發情懷，連簡文帝亦為之傾服。不只皇帝，丹陽尹劉惔與許詢亦往來密切，《世說新語・言語》載：

> 劉真長為丹陽尹，許玄度出都就劉宿。惟新麗，飲食豐甘。許曰：
> 「若保全此處，殊勝東山。」劉曰：「卿若知吉凶由人，吾安得不保
> 此！」王逸少在坐曰：「令巢、許遇稷、契，當無此言。」二人並有
> 愧色。〔註107〕

許詢隱於幽穴之中，貧乏的物質生活讓他不禁對舒適安逸的官舍羨慕起來，顯示許詢雖隱，其心不忘世俗享樂的生活，以此為逸少所譏。事實上，許詢不僅羨慕劉惔豐厚的物質生活，也接受了諸侯王公的餽贈：

> 許玄度隱在永興南幽穴中，每致四方諸侯之遺。或謂許曰：「嘗聞
> 箕山人，似不爾耳！」許曰：「筐篚苞苴，故當輕於天下之寶耳！」
> 〔註108〕

雖然許詢以所贈之物「當輕於天下之寶」的話與以迴避，然其世俗未盡的本質仍顯露無遺。許詢雖隱，卻未滌除對物質享樂的慾望，遊走於隱與世俗之間，這樣怪異的隱逸形式在東晉士人的眼中卻一點也不怪，因為玄學發展到東晉，已經歷郭象融合自然與名教的理論，仕與隱的對立消除，在朝或者在野並非重點，最重要的是超脫拔俗的玄心與高遠閒淡的雅情。

　　東晉玄佛逐漸合流，佛學般若「空」的理論進入玄學中，與玄學「無」的論點相通，並迅速發展起來，最具代表性的是張湛注《列子》，其〈湯問篇〉謂：

〔註106〕余嘉錫《世說新語箋疏・賞譽144》，頁492。
〔註107〕余嘉錫《世說新語箋疏・言語69》，頁126。
〔註108〕余嘉錫《世說新語箋疏・棲逸13》，頁661。

> 心夷體閑，即進止而有常數，遲疾有常度。苟盡其妙，非但施之於
> 身，乃可行之於物。〔註109〕

將人生的境界提至虛靜逍遙，無往而不適，東晉士人追求的是寧靜的精神境界
正是此虛靜思想的體現。此精神表現於外的是瀟灑從容與高情遠韻，戴逵、許
詢之受時人所重，蓋源於此。羅宗強說：

> 戴逵是另一類型的瀟灑風流人物。他是隱士，數徵辟不就，但是名
> 聲非常之大。細細想來，他之所以獲得名聲，也是因為他的高情遠
> 韻。他能書、能清言、善屬文。東晉名士所崇尚的，他幾乎樣樣都
> 精通，而又不求仕祿，這當然就得到名士群體的認可。……支遁、
> 許詢，和後來的慧遠，也都是如此。〔註110〕

高情之隱所強調的是灑脫高逸的本心，而非隱逸的形式，它是東晉儒玄佛思想
合流下的產物。因為重視的精神境界，形式、場所就顯得不那麼重要了，仕與
隱的對立消除了。

　　以時間縱向發展來看，漢末的高士多屬儒隱之士，如：管寧；到魏晉之交，
由於玄學思想的發展，隱逸思想已滲入「越名教任自然」的玄學精神，此以嵇
康為主；另一方面，雖亦染玄學思想，但仍肯定名教，此以皇甫謐為代表；至
東晉，儒玄漸合流，仕隱界限模糊，加上佛教思想的對玄學的改造，士人重視
的是寧靜自適、瀟灑高逸的精神內蘊，於是隱逸所著重的是高情遠致，此時的
高士多才多藝，並與名士名僧往來密切，此以戴逵、許詢為代表；另外在主流
政治圈之外，陶淵明在其田園生活中體現了玄學高遠的境界，並為魏晉的玄學
畫上句號。魏晉高士受到時代與思想多方面的影響，發展出多樣化的隱逸，高
士雖各具典型，然其思想仍逃脫不了玄學的範疇。

第三節　魏晉高士的特質

　　在魏晉，社會風氣不僅以隱為高，隱逸的樣貌亦有許多不同的變化，以隱
逸為主題的詩歌文章大量被創造。不僅是隱逸者本身，更包含非隱逸者，他們
都極為關切隱逸這個行為，以及這個行為所隱含的意義。此時期的隱逸思想隨
著玄學理論的發展而有變化，隱逸者本身的行為特質亦不同於以往，顯得更多
元化。

〔註109〕（周）列禦寇著，楊伯峻集釋：《列子集釋·湯問》，頁 186。
〔註110〕羅宗強：《玄學與魏晉士人心態·東晉士人心態的變化與玄釋合流》，頁 323。

壹、魏晉高士的思想特質

因為史傳上對隱者的記載均極有限，多半是外在言行的敘述，鮮少探及其隱逸思想，而且多數隱士亦少留下詩文，所以單從《高士傳》或《晉書‧隱逸傳》對隱者的描述實在無法深入了解隱者的思想。然而根據前人的研究發現：魏晉有某些隱者高士在其著作中寄寓自身的隱逸思想，今多以此為解析高士思想的文本。例如紀志昌《魏晉隱逸思想研究——以高士類傳記為主所作的考察》一文，即以嵇康《聖賢高士傳》、皇甫謐《高士傳》與戴逵《竹林七賢傳》為探討隱逸思想的文本，從傳中人物類型的分析切入，去發現高士人物風貌，以及作者隱藏其中的隱逸精神。許尤娜《魏晉隱逸的內涵——道德與審美側面之探究》則從嵇康〈與山巨源絕交書〉、葛洪《抱朴子》的〈逸民〉與〈嘉遯〉兩篇、陶潛〈歸去來辭〉來探討隱逸思想。因為這些作者本身即為隱逸的高士，而且這些人的時代自魏朝到東晉，遍佈整個魏晉，個別的看，似在回應其各自的時代處境；總體的看，卻又成為一個「有機體」的發展，因為它們分別從不同的側面，證成了隱逸的「合理性」問題。〔註111〕此處將依此方法探析魏晉高士思想，擬以嵇康《聖賢高士傳》、皇甫謐《高士傳》、葛洪《抱朴子》的〈逸民〉與〈嘉遯〉兩篇，以及戴逵〈閒居贊〉、〈顏回贊〉，陶淵明的〈歸去來辭〉、〈桃花源記〉為探討範圍，藉著對作者思想的了解，用以探究魏晉高士的思想特質。

一、嵇康《聖賢高士傳》

《三國志》本傳注引嵇喜的《嵇康傳》，言嵇康著《聖賢高士傳》：

> 撰錄上古以來聖賢、隱逸、遁心、遺名者，集為傳贊，自混沌至于管寧，凡百一十有九人，蓋求之於宇宙之內，而發之乎千載之外者矣。

所錄高士皆為不求名利、不慕榮貴或守道不仕的隱者，如巢父、許由、龔勝、井丹之儔；而其選錄高士的標準，據嵇喜之言，當為「聖賢、隱逸、遁心、遺名」。嵇康撰寫高士傳記的用意無非欲以寄託自己嚮往隱逸之志向，他曾說過：「吾每讀尚子平、臺孝威傳，慨然慕之，想其為人。」有此心願，除了付諸實際行動隱居，更透過高士傳記的編寫以明志。故循著嵇康選錄高士的標準來探究其隱逸思想，實有其根據。

〔註111〕許尤娜：《魏晉隱逸的內涵——道德與審美側面之探究》（臺北：淡江大學中國文學所碩士論文，1999 年），頁 60。

　　紀志昌將《聖賢高士傳》之高士分成五種類型，此五種類型為：一、道隱型，如廣成子、襄城小童等，人物的特點是傳說色彩濃厚，接近虛構。二、仙隱型，如涓子、狂接輿，人物的特點是行蹤飄忽，具遊仙色彩。三、聖人型，如康市子、司馬季主，人物的特點是拋棄世俗價值觀，並藉此類型的高士強調，只要具賢德，不管居何地位，均有成聖的可能。四、遺民型，如壤父、善卷，此類人物恬淡自得，遺棄世外而逍遙自足。五、懷道賢者型，如小臣稷、段干木，人物的特點是懷道自負，不以道屈就勢利。〔註112〕紀志昌並依此提煉出「遁心」的核心精神，認為遁心是傳中人物追求的精神自由境界，而這是作者主觀情志所賦予，因為遁心是嵇康所欲追求的境界。

　　筆者以為紀志昌所謂「遁心」的隱逸核心精神，其實與嵇康在面對名教與自然的問題時，所提出「越名教而任自然」的「任自然」本質相同。「任自然」所強調的是任其自然的本心，簡而言之，即為「任心」。除了「任心」此核心精神之外，嵇康在《聖賢高士傳》中更強調出一種自足純樸的理想生活境界，並以為隱逸乃「循性而動，各附所安」，希望透過隱逸以達到養生遊仙的目的，此即為嵇康藉《聖賢高士傳》所表達的隱逸思想，以下分而論之。

（一）任心縱意

　　對於司馬氏醜惡的政治本質與隨之起舞的虛偽士人，嵇康尖銳的提出「越名教而任自然」之論，並在〈與山巨源絕交書〉中說自己「非湯武而薄周孔」，這些論點皆是出於對虛偽名教的唾棄。而嵇康所鄙薄的名教，並非傳統儒家所奉行的倫常秩序，而是被扭曲了的名教，而且直指以名教為操控工具的司馬政權，故言「越名教」，當然是不要被這樣的名教所操控，也就是不入朝為官，背離名教的價值系統。隱逸成了抗爭偽名教、追求理想人生境界的手段之一了。所以嵇康的隱逸思想，其實與其「越名教而任自然」的思想有很大的關係。

　　至於要如何越名教而達到「大道」呢？嵇康在其〈釋私論〉提到修養內心的方法，透過這些修養的步驟，則可行乎大道而無違，他說：

> 夫稱君子者，心無措乎是非，而行不違乎道者也。何以言之？夫氣
> 靜神虛者，心不存於矜尚；體亮心達者，情不繫於所欲。矜尚不存
> 乎心，故能越名教而任自然；情不繫於所欲，故能審貴賤而通物情。
> 物情順通，故大道無違；越名任心，故是非無措也。〔註113〕

〔註112〕紀志昌：《魏晉隱逸思想研究——以高士類傳記為主所作的考察》，頁24～34。
〔註113〕（魏）嵇康：〈釋私論〉，收入（清）嚴可均輯：《全三國文》，卷五十，頁1334。

由這段話可知，其修養功夫的脈絡應是：

　　氣靜神虛→心不存於矜尚→越名教而任自然→是非無措（超越的境
　　界）

　　體亮心達→情不繫於所欲→審貴賤而通物情→大道無違（至善的境
　　界）

從「氣靜神虛」與「體亮心達」的修養功夫開始，使心、情不為個人的矜尚好
惡所曚蔽，如此方可超越名教的侷限，審辨真正的貴與賤，而通達事物的情理，
最終到達「超越世界分別」〔註114〕的境界。以此看隱逸，嵇康強調的是本乎
自然、無措是非的本心，只有超越名教的限制，才能找回真實的本心，故隱逸
之動機在於自然本心的追求。嵇康認為真正的君子（嵇康的理想人格典型），
心不會受到世俗價值標準的限制，因為他修養內心，使達到氣靜神虛，因此對
事物不會有個人好惡的成見；所以當他順任著自己的本心而為，行為也可以
「是非無措」、「大道無違」。然而在達到「是非無措」之前，嵇康認為有一個
障礙存在，那就是名教，必須超越名教，才可達到「是非無措」的境界。為何
名教是障礙呢？因為名教規定了人類社會的倫常禮儀，給予了既定的貴賤尊
卑觀，更制定了標準的是非對錯，使人們僵滯於其中而不自知，因此造成世人
評斷事物價值與對錯只看表面，所依據的往往是世俗的名教觀，而不直探其本
心，不論其行為的動機。嵇康非常重視行為的「動機」，甚至超過行為的「結
果」，他說：

　　故論公私者，雖云志道行善，心無凶邪，無所懷而不匿，不可謂無
　　私；雖欲之伐善，情之違道，無所抱而不顯者，不可謂不公。（〈釋
　　私論〉）

嵇康所謂的「公」是指行為不刻意隱藏、不刻意為之；「私」則是隱而不宣，
並且是有目的，換言之，嵇康為凸顯「動機」的重要性，刻意忽視「結果」，
即使所為是善的，但其動機乃出自為己，就是「私」；而即使做了違反正道的
事，但因其動機並非為己，且宣而不匿，就是「公」。嵇康強調君子的行為是
不刻意的，不是為了自己的私心私欲，也就是無執於名教價值的，這樣的行為
才會是善的：

〔註114〕湯用彤〈貴無之學（中）——嵇康與阮籍〉，《儒學‧佛學‧玄學》：「所謂
　　　　『超越世界分別』者，乃謂不受世間人情的限制，不為禮法所束縛。」（頁
　　　　241。）

> 君子之行賢也，不察于有度而後行也。任心無邪，不議于善而後正
> 也。顯情無措，不論于是而後為也。是故傲然忘賢，而賢與度會；
> 忽然任心，而心與善遇；儻然無措，而事與是俱也。(〈釋私論〉)

君子做任何事都不會先設立一個標準。任心無邪，自然會與善相遇；表露真性
情，不囿於既定是非，自然合乎正道。嵇康此點乃針對司馬氏假借名教之名，
而行迫害之實而言。基於此，嵇康強烈的要求超越名教，要超越名教之前，先
透過否定名教來強調名教（包括世俗價值）之不合理；而否定名教，就是否定
既有的禮儀規範、政治制度，於是隱逸就是「越名教」的最好選擇。

自古以來，隱者多自立於制度之外，抱持著與世俗價值觀點迥異的處世
觀，世人以為苦處，隱者甘之如飴；世人避之唯恐不及者，隱者卻趨而近之樂
之；世人以為尊貴，隱者卻以為卑賤；世人汲汲營營的富貴，隱者卻不屑一顧。
嵇康透過「製作高士」的手段，傳達其否定名教的精神。以此檢視《聖賢高士
傳》中人物的精神追求，會發覺是相當符合的，例如：

> 堯之讓許由也，由以告巢父，巢父曰：「汝何不隱汝形，藏汝光？非
> 吾友也！」乃擊其膺而下之。許由悵然不自得，乃遇清泠之水，洗
> 其耳，拭其目，曰：「嚮者聞言負吾友。」遂去，終身不相見。(〈巢
> 父〉)〔註115〕

> 康市子者，聖人之無欲者也。見人爭財而訟，推千金之璧於其旁，
> 而訟者息。(〈康市子〉)

帝位之寶，世所企望，更有人不惜殺親弒君，用盡一切手段，只為爭奪這個世
俗所認為的至高無上寶位，然許由、巢父卻避逃之，甚至恥聞讓位之言而洗其
耳。康市子將價值連城的千金之璧推讓於人，一反世俗以財貨為寶的價值觀，
認為人與人間的和諧更勝千金之璧。除此之外，還有「越禮自放」的司馬相如、
「不慕榮貴」的井丹等，此皆表現了否定世俗價值的逆向思考，藉此，嵇康所
要傳達的正是對世俗價值的拋棄。

然而拋棄世俗價值、否定名教只是嵇康用以超越名教的手段，其真正的用
意在於追求任心而無措是非、達於大道的精神境界，故必須再往前進展，而不
是只停留於此，因為否定名教只是超越名教的一個過程，並非目的，「任自然」

〔註115〕 （魏）嵇康著，戴明揚校注：《嵇康集校注・聖賢高士傳贊》（臺北：河洛出
版社，1978 年），頁 399。以下引用〈聖賢高士傳贊〉之文，皆出自此書，故
只於引文後標出人物名稱，不再另外附註。

才是目的。「越名教而任自然」的順序應該是：否定名教→超越名教→任心而無措是非→達於大道。故達於大道才是最終目標。所以嵇康《聖賢高士傳》所表現的另一隱逸精神是達於大道，任心而無私、無執而自由，而且自足自樂的理想生活境界。任心而無私、無執而自由是內在精神境界，自足自樂則是表現於外的逍遙自適。

（二）自足自適的逍遙

嵇康《聖賢高士傳》人物的另一個特徵就是自足自樂，如：

> 善卷者，（古之賢人也。）舜以天下讓之，卷曰：「予立於宇宙之中，冬衣皮毛，夏衣絺蒿，日出而作，日入而息，逍遙於天地之間，何以天下為哉？」遂入深山，莫知其所終。（〈善卷〉）

善卷日出而作，日入而息，心意自得的逍遙於天地之間；原憲「安賤固窮，弦歌自樂，體沖心逸」；顏闔「願蔬食以當肉，安步以當輿，無事以當貴」，此皆表現出沖和佚逸、自足自樂的精神。在此牽涉到物質欲望的問題，嵇康提出「意足」之說：

> 君子之用心若此。蓋將以名位為贅瘤，資財為塵垢也。安用富貴乎？故世之難得者，非財也，非榮也，患意之不足耳！意足者，雖耦耕𤱶畝，被褐啜菽，豈不自得。不足者雖養以天下，委以萬物，猶未愜然。則足者不須外，不足者無外之不須也。無不須，故無往而不乏；無所須，故無適而不足。〈答難養生論〉

故意足者恆自得，不足者，雖資以萬物，仍未能得樂。《聖賢高士傳》中的高士莫不怡然自得，雖守陋巷、棲衡門，仍能自足而樂，表示其精神之滿足無憾，相較於世俗之人終日縱於物慾卻心靈空虛，嵇康明確的表達了他的選擇。

（三）養生與遊仙

除了上述兩項主要的隱逸思想，嵇康也藉《聖賢高士傳》傳達其隱逸以養生求仙的心願。隱逸的生活單純，少去許多世俗的紛擾，也沒有積案的文書，站在養生的立場上，當然是有利的。《聖賢高士傳》中的人物如善內學、星辰、服食的關令尹喜：

> 關令尹喜，周大夫也。善內學、星辰、服食。老子西遊，喜先見氣，物色遮之，果得老子。老子為著書。因與老子俱之流沙西，服巨勝實，莫知所終。〈關令尹喜〉

另外還有「餌朮」的涓子、「世世見之」的范蠡，都是具神仙形象的高士，表達了嵇康嚮往養生延年的隱逸思想。

（四）循性而動，各附所安

嵇康對於仕隱的選擇，是從「性分」的角度看待的：

> 所謂達能兼善而不渝，窮則自得而無悶。以此觀之，故堯、舜之君世，許由之巖棲，子房之佐漢，接輿之行歌，其揆一也。仰瞻數君，可謂能遂其志者也。故君子百行，殊途而同致，循性而動，各附所安。故有處朝廷而不出，入山林而不反之論。（〈與山巨源絕交書〉）

對於自己選擇了隱逸的生活，嵇康將之稱為「循性而動」，因為是順任著自己的本性，故能心安理得，這已經進一步將隱逸外在的因素屏除，而歸因於個人性分，而這樣的論點其實是魏晉士人普遍的觀點，並與自東漢開始發展的士人個體與群體意識有關。余英時先生認為東漢知識分子已發展出群體與個體之自覺，表現在避世思想方面，就是「性分」、「樂志」的論點出現。由樂志論點「可知士大夫之避世雖云有激而然，但其內心實別有一以個人為中心之人生天地，足資寄託」、「由是觀之，漢末之避世思想確反映個人之內心覺醒，而魏晉以下士大夫之希企隱逸，大體亦當作如是之了解，可以無疑矣。」〔註116〕

綜合以上，由《聖賢高士傳》的人物特質可以推論出，嵇康的隱逸思想主要為超越名教的任心縱意、無私無執而自足自樂的生活理想境界，與養生求仙的追求，並將隱逸的選擇歸於個人性分說，隱逸是循著本性而為之。

二、皇甫謐《高士傳》

和嵇康年代相差不久的皇甫謐，其隱逸思想與嵇康有較大的差別。前文已經說明皇甫謐的隱居是傾向儒家道德思想的，於此再將皇甫謐的隱逸思想補充敘述。

（一）厲濁激貪

皇甫謐《高士傳》中的高士形象多半具儒者特質，表現了皇甫謐本身的思想傾向。紀志昌針對《高士傳》高士形象加以分析研究，他發覺「儒隱為謐《傳》中最受矚目也最有分量的高士人物，巧合的是，許多今本原作人物，即

〔註116〕余英時：《中國知識階層史論（古代篇）·漢晉之際士之新自覺與新思潮》，頁255。

可信為皇甫謐自作者亦多在此型人物之中。」〔註117〕因此皇甫謐的隱逸是偏向儒家道德之隱逸思想，具有道德理想的，他認為隱逸的社會價值是激貪蕩濁，觀其《高士傳》的序言：

> 孔子稱舉逸民，天下之民歸心焉。洪崖先生創高道於上皇之代，許由、善卷不降節於唐虞之朝，是以易有束帛之義，禮有玄纁之制，詩人發白駒之歌，春秋顯子臧之節。明堂月令以季春聘名士，禮賢者。然則，高讓之士，王政所先，屬濁激貪之務也。〔註118〕

可知皇甫謐認為高士的功能在於激貪屬濁，淨化汲汲鑽營名利的士風，樹立清高廉潔的形象以為士人楷模。皇甫謐所秉持的是儒家「修身現於世」的精神。

（二）兼存出處

　　皇甫謐認為隱逸是在既有政治社會體制內，而非拋棄世俗，且隱逸具有在野美俗的社會功能。自己的隱逸有個人的原因，並非否定入仕，仕與隱各有其政治社會功能，其〈釋勸論〉云：

> 夫進者，身之榮也；退者，命之實也。設余不疾，執高箕山，尚當容之，況余實篤！故堯舜之世，士或收跡林澤，或過門不敢入。咎繇之徒兩遂其願者，遇時也。故朝貴致功之臣，野美全志之士。〔註119〕

皇甫謐對天子表示順從，重申隱逸乃個人性格與身體狀況下的選擇，並謙卑的婉拒徵召，讓當權的晉朝皇帝司馬炎較能接受他的隱逸，不認為其隱逸是與朝廷的抗爭，而將他與嵇康劃分開來。他以堯舜比晉帝，而自己則是在堯舜治世下的容跡之臣，全志隱於野，有激貪屬濁的作用；與當朝貴臣效命於朝，建功立業，適為一隱一仕，從不同的層面來貢獻朝廷。換句話說，皇甫謐的隱逸觀是肯定名教、兼存出與處的，他的隱逸並沒有拋棄世俗的一切制度，只是選擇以另一種方式應世。

三、葛洪《抱朴子》之〈嘉遯〉、〈逸民〉

　　葛洪處於兩晉之交，他的隱逸思想主要在《抱朴子》的〈嘉遯〉、〈逸民〉兩篇中。其隱逸思想可謂以儒家道德思想為主體，濟以老莊知足無爭的精神，表現出當時儒道融合後士人的思想狀態。觀乎葛洪的隱逸思想，大致如下：

〔註117〕紀志昌：《魏晉隱逸思想研究——以高士類傳記為主所作的考察》，頁43。
〔註118〕（晉）皇甫謐撰，（明）吳琯校：《高士傳》，頁1。
〔註119〕（唐）房玄齡等撰：《晉書・皇甫謐傳》，卷五十一，頁1411。

（一）仕途險惡

葛洪認為仕途險惡難測，古代許多士人命喪於此，即使懷忠秉義也不確保其生命，他說：

> 嗟乎！伍員所以懷忠而漂屍；悲夫！白起所以秉義而刎頸也。蓋微
> 鑒所為寒心，匠（近）人之所眩惑矣。〔註120〕

糾纏於紛擾政局中往往死於非命，這是入仕士人的悲哀，像要離、子路、陳賈等人那樣，熱衷仕途而犧牲自己生命，絕非上智之人的行為。〔註121〕真正有智慧的人是見微知著的，避免在亂世中捲入紛擾的政局。葛洪從歷史的教訓中得到「身名並全者甚稀」的結論，以為自己不仕的原因之一。

（二）貴生養神

承襲道家的貴生思想，葛洪重視形神之養，並認為仕途凶多於吉，且官高者責任重，這樣的生活不利於生命之保全、神氣之調養，故選擇隱逸：

> 蓋祿厚者責重，爵尊者神勞。故漆園垂綸，而不顧卿相之貴；柏成
> 操耕，而不屑諸侯之高。〈嘉遯篇〉

以歷史的教訓與生命至上〔註122〕的觀點來看待入仕，仕途反而不是實現個人理想的途徑，而是妨礙生命、斨傷神明的選擇，因為官高者責任重，功大者人恆猜忌，且案牘勞形亦不利於養生長壽。葛洪以此為自己不仕的原因之二。

（三）性分所定

雖言仕途險惡，不利全生養神，並導出自己不欲入仕的結論，然葛洪並非因此就抹殺否定了入仕，他認為仕隱乃牽涉到個人才性、專長與志向。他之所以選擇隱逸，乃因自己「才非政事，器乏治民」，且自己的志向在「擁經著述」。葛洪最後將仕隱的問題又拉回魏晉盛行的「性分」論調，他說：

> 出處之事，人各有懷。故堯舜在上，而箕穎有巢棲之客；夏后御世，
> 而窮藪有握耒之賢。豈有慮於此險哉？蓋各附於所安也。〈嘉遯篇〉

〔註120〕（晉）葛洪：《抱朴子‧嘉遯》（臺北：新文豐出版社，1998年），頁128。以下引用《抱朴子》的文章皆出自此書，將不另標出書籍資料，只於引文後標出篇名。

〔註121〕（晉）葛洪：《抱朴子‧嘉遯》：「若夫要離滅家以效功，紀信赴燔以誑楚，陳賈刎頸以證弟，仲由投命而菹醢，嬴門伏劍以表心，聶政感惠而屠葅，荊卿絕臏以報燕，樊公含悲而授首，皆下愚之狂惑，豈上智之攸取哉！」（頁127。）

〔註122〕（晉）葛洪：《抱朴子‧嘉遯》：「夫七尺之骸，稟之以所生，不可受全而歸殘也；方寸之心，制之在我，不可放之於流遁也。」（頁128。）

不管是出仕或隱居，個人有其選擇，是「各附於所安」的，即使堯舜之治世，仍有許由、巢父之隱於野，可見出處與政局安定與否非必然關係，乃個人心志所向。然而此論點是否又與前面因「仕途險惡」，重「貴生養神」而隱的理由互相衝突？其實這些都是選擇隱逸的因素之一，此三種正是葛洪認為的隱逸因素，亦是多數道家隱逸者所持之論點。

（四）兼容出處

由於對個人選擇的尊重，再導出「兼容出處」，並肯定二者的價值。葛洪言：「嘉遁高蹈，先聖所許；或出或處，各從攸好。」（〈逸民篇〉）不只承認出處同具價值，並將隱逸視為政治體制內的合理行為：

> 在朝者陳力以秉庶事，山林者修德以屬貪濁，殊途同歸，俱人臣也。
>
> 王者無外，天下為家，日月所照，雨露所及，皆其境也。安得懸虛空，餐咀流霞，而使之不居乎地，不食乎谷哉？〈逸民篇〉

在朝者戮力王政，山林者激貪厲濁，各有其價值與功用，而且二者都是「人臣」，出處都是屬於政治體制內的。此適可以葛洪的仕隱事蹟為證，葛洪曾數次出入仕與隱之間：二十一歲時，任宋道衡的將兵都尉，因功遷伏波將軍，第二年即辭官往洛陽求異書；三十三歲時，司馬睿為丞相，徵洪為府掾，司馬睿即位後封洪為關中侯，此時又隱於句容；咸和初年王導薦為主簿，但不久又歸隱蘭風山，年老聞交趾產丹砂，上書求為交趾勾漏令，南下廣州時為廣州刺使鄧岳強留，轉入羅浮山煉丹而終老。

可知葛洪同樣肯定仕隱，隱逸只是因個人的選擇，牽涉到個人性格、志向與才能，故不管仕或隱，都應予以尊重。

（五）立德立言

葛洪認為隱逸是具有社會功能，其表現在「立德」與「立言」兩方面：

> 若夫孝友仁義，操業清高，可謂立德矣。窮覽《墳》《索》，著述粲然，可謂立言矣。〈逸民篇〉

隱士秉持著孝友仁義之道德，可以於鄉里「陶冶童蒙，闡弘禮敬」，達到儒家在野美俗的教化功能，此為立德；隱逸還可以窮研典籍，著書立說，揚名身後，〔註123〕既無入仕蹈險之虞，又可使聲名傳世，此為立言。

〔註123〕（晉）葛洪：《抱朴子·逸民》：「夫仕也者，欲以為名邪？則修亳可以淺憤懣，篇章可以寄姓字，何假乎良史，何煩乎鑣鼎哉！」（頁133。）

觀葛洪之隱逸思想，實集合玄儒，並與皇甫謐視「隱逸為政治體制內行為」的看法相似，他反覆的論述隱士對社會的貢獻，除了提高隱士的社會地位，也希望朝廷能多加禮遇隱士，仕與隱的對立漸漸消除，反而轉為相輔相成的關係。

（六）恬淡絕俗的生活理想

隱者心中通常有一個自己嚮往的「桃花源」，並冀望於隱居生活中實現，葛洪自不例外。葛洪所嚮往的理想境界是：

> 躬耕以食之，穿井以飲之，短褐以蔽之，蓬廬以覆之，彈詠以娛之，
> 呼吸以延之，逍遙竹素，寄情玄毫，守常待終，斯亦足矣。〈嘉遯篇〉

又言：

> 遊九皋以含歡，遺智慧以絕俗。同屈尺蠖，藏光守樸；表拙示訥，
> 知止常足。然後咀嚼芝芳，風飛雲浮；晞景九陽，附翼高遊；仰棲
> 梧桐，俯集玄洲。〈嘉遯〉

在葛洪所描述的理想生活裡，可以看到儒家的躬耕自讀、安貧樂道；也看到道家守樸藏光、知止常足，更有道教乘風駕雲、晞景九陽的超現實境界。葛洪之思想不僅融合儒道，還有道教神仙觀。

許尤娜總結葛洪〈嘉遯〉、〈逸民〉兩篇中的隱逸思想時所言：「這兩篇在整個隱逸思想史上，有一種『里程碑』的意義，亦即在理論上既承先又啟後；在思想底據上，兼含儒家與道家；在價值體系上，兼顧社會道德與個人自由。這些都反映魏晉調和儒玄（儒玄雙修）的時代特色。」[註124]此語說明了位於兩晉之交的葛洪受到時代的影響，出處觀已融合道家與儒學。

四、戴逵〈顏回贊〉、〈閑遊贊〉

西晉以來，由於向秀郭象跡冥圓融、遊內冥外理論的提出，提供為官者容跡於朝的理論依據，於是朝隱大為盛行。此風延續至東晉，仍延續不衰，代表的人物有謝安、郗超與孫綽，其中孫綽對仕隱的態度就是出處同歸，《晉書‧謝萬傳》載：

> （萬）敘漁父、屈原、季主、賈誼、楚老、龔勝、孫登、嵇康四隱四
> 顯為〈八賢論〉，其旨以處者為優，出者為劣，以示孫綽。綽與往反，
> 以體公識遠者則出處同歸。[註125]

[註124] 許尤娜：《魏晉隱逸的內涵——道德與審美側面之探究》，頁93。
[註125] （唐）房玄齡等撰：《晉書‧謝萬傳》，卷七十九，頁2086。

可見在以隱為高的思想外，出處同歸的聲音也開始產生，因為不欲放棄功名，又想顯得脫俗而高逸，遂藉郭象的理論，以「冥內」者能「遊外」的「得意」理論來泯除仕隱的對立。郭象注〈大宗師〉：「畸人者，畸於人而侔於天」，謂：「夫與內冥者，遊於外也。獨能遊外以冥內，任萬物之自然，使天性各足而帝王道成，斯乃畸於人而侔於天也。」莊耀郎論曰：

> 內冥者，曠然無懷，無心者也。冥既是修養也是境界，即工夫即境界，能遊外必先冥內，而所謂之冥內，亦可以由能否極遊外之致體證之，然而人生天地間，必然要待人接物，則順物自然，使萬物足其性分，如此則帝王道可成，這是異於人為而任其自然。〔註126〕

透過內冥之修養與境界的完成，使心曠然無為，順任自然，如此面對外在紛擾的世界，仍可以優游其中而無累於心，無擾於神。

在跡冥圓融的玄學理論下，東晉的仕隱觀已傾向出處同歸、玄儒融合，在這樣的思想潮流下，朝中大臣嚮往山林隱逸，時時遊於山林間，例如謝安、王羲之；而隱逸高士也與朝中官吏、名士名僧交往熱絡，例如戴逵、許詢，他們以隱者的身分和高官顯達們往來唱和，亦絲毫不損其隱逸的清高，反而因其隱逸的身分與高遠的情致而受到名士欽慕。

戴逵的隱逸思想主要從〈顏回贊〉、〈閑遊贊〉可以看到，戴逵的隱逸思想大致反映出東晉玄儒融合的主流思潮，並於山水中追求自適調暢的生命情境。

（一）融合玄儒

《晉書》載戴逵師事不仕的儒者范宣，又言戴逵「以禮度自處」，並以放達為非道，故撰〈放達非道論〉，對於元康名士放縱的生活態度頗多批評，再加上他曾寫過〈顏回贊〉盛讚顏回，由此可推斷戴逵的隱逸思想具有儒家道德的成分。顏回是儒家思想中的聖賢人物，在《論語》中的形象是謙遜好學、安貧樂道、守陋巷亦不改其樂，是符合儒家倫常與道德觀的一號人物，所象徵的是傳統名教觀，所以顏回不被高唱「越名教而任自然」的嵇康納入《聖賢高士傳》，卻受秉持儒家道德思想的皇甫謐青睞，而收入《高士傳》中。據《史通·品藻》的說法是：「嵇康《高士傳》，其所載者廣矣！而顏回、蓬瑗獨不見書，蓋以二子雖樂道遺榮，安貧守志，而拘忌名教，未免流俗也。」〔註127〕指出

〔註126〕莊耀郎：《郭象玄學·獨化論與玄冥論》（臺北：里仁書局，1999年），頁308。
〔註127〕（唐）劉知幾：《史通·品藻》，收入文懷沙主編：《四部文明·隋唐文明卷》（西安：陝西人民出版社，2007年），冊27，頁46。

顏回所象徵的「名教」意義是嵇康《高士傳》捨去之因。二人的《高士傳》皆傾注作者本身思想情志，由二人對顏回的取捨態度可見其對名教與隱逸的看法。

戴逵之〈顏回贊〉所選擇的對象是象徵儒家的，然而所賦予顏回的形象卻是玄意幽遠的，其〈贊〉曰：

> 神道天絕，理非語象。不有伊人，誰憐誰仰。際盡一時，照無二朗。
> 契彼玄跡，冥若影響。〔註128〕

贊文中言顏回的玄跡幽深難尋，非語象可形容。在此，顏回的儒家聖人特質完全被擺落，而呈顯出懷道深遠、本乎玄心的聖人形象，如此一來，顏回就成為本乎自然而入於名教之中的玄儒融合隱者。戴逵透過對儒家聖賢精神的再詮釋，將之注入自己的玄學精神，使顏回的形象玄化，可見戴逵亦玄亦儒的隱逸思想。

（二）山水閑遊，滌除機心

東晉士人追求一種自適暢快的人生，藉遊山玩水的活動以獲得心靈的寧靜與自適，故山水在東晉士人的生活裡扮演極重要的角色，他們將山林視為滌除機心的最佳處所。孫綽、李充、許詢、支遁等並築室會稽，乃因會稽秀麗的山水；謝安隱居時，出則漁弋山水，入則言詠屬文，生活實為快意。山水不再是避禍之處，而是陶冶心性，滌除機心的地方，此思想亦反映在戴逵的〈閑遊贊〉中：

> 昔神人在上，輔其天理，知溟海之禽，不以籠樊服養；櫟散之質，不以斧斤致用，故能樹之於廣漠，栖之於江湖，載之以大猷，覆之以玄風。使夫淳朴之心，靜一之性，咸得就山澤，樂閑曠，自此而箕嶺之下，始有閑遊之人焉。降及黃綺，逮于臺尚，莫不有以保其太和，肆其天真者也。且夫巖嶺高則雲霞之氣鮮，林藪深則蕭瑟之音清，其可以藻玄瑩素，疵其皓然者。舍是焉（取）。〔註129〕

從莊子所謂的神人到箕嶺的許由、巢父，商山四皓到臺佟、尚長，莫不閑遊山林而養其全真之性，高嶺雲霞、林藪清音處自有大道。戴逵又言：

> 然如山林之客，非徒逃人患，避爭門，諒所以翼順資和，滌除機心，

〔註128〕（晉）戴逵：〈顏回贊〉，收入（清）嚴可均輯：《全晉文》，卷一百三十七，頁2250。

〔註129〕（晉）戴逵：〈閑遊贊〉，收入（清）嚴可均輯：《全晉文》，卷一百三十七，頁2250。

　　容養淳淑而自適者爾。凡物莫不以適為得，以足為至，彼閑遊者，

　　奚往而不適？奚待而不足？故陰映巖流之際，偃息琴書之側，寄心

　　松竹，取樂魚鳥，則澹泊之願於是畢矣。

山林不再是避世遠禍之所，而可翼順資和、滌淨機心，使達於自適自在的精神
境界。閑遊山澤、寄心松竹魚鳥，以養澹泊之性，他從山林中找到縱心調暢的
精神歸所。

五、陶淵明〈歸去來辭〉、〈桃花源記〉

　　陶淵明在魏晉的歷史中是一個具有豐富生命意涵者。在當時，他並未被當
作名士，文學作品亦不被稱道，他是以隱士的身分存在於朋友的眼中與史傳
裡。〔註130〕陶淵明的隱逸思想大致表現在全性遂志的隱逸選擇、田園生活中
的悟道與理想世界的追求。

（一）「全性遂志」的人生歸屬

　　關於辭官隱居的原因，陶淵明在〈歸去來兮辭并序〉一開頭就說：

　　歸去來兮，田園將蕪胡不歸？〔註131〕

這句話真正的意義在於「歸」字，此「歸」不只是回到自己的家鄉，也是回歸
自己，是自然而然的。在序文中，陶淵明說自己：「質性自然」，所以回歸自己，
便是回歸自然的本心，想回家就回家的「因事順心」。相較於葛洪以「性分」
的角度來說明自己適合隱居鄉里，並以「擁經著述」、「教誨童蒙」為隱居的目
的，陶淵明的隱居顯得無目的且自然。選擇隱居只是順心而為，並沒有其他偉
大或不可避免的目的，至此，隱居是「全性遂志」，這點可謂與嵇康的「循性
而動」隱隱呼應。

（二）「結廬在人間」的隱逸

　　戴逵、許詢等人在山水中洗滌機心，實現自己超拔的願望。陶淵明與之不
同，他是在人間體悟「道」。〈歸去來辭〉云：

　　乃瞻衡宇，載欣載奔。僮僕歡迎，稚子候門。三徑就荒，松菊猶存。

　　攜幼入室，有酒盈樽。引壺觴以自酌，眄庭柯以怡顏。倚南窗以寄

　　傲，審容膝之易安，園日涉以成趣。

〔註130〕陶淵明的好友顏延之曾作〈陶徵士誄〉，文中極力呈顯的是陶淵明的隱士形
　　　　象。《晉書》亦將陶淵明置入〈隱逸傳〉。
〔註131〕（晉）陶淵明：〈歸去來兮辭并序〉，收入（清）嚴可均輯：《全晉文》，卷一
　　　　百十一，頁 2096。

僮僕稚子的候門迎接，充滿人間親情。陶淵明的隱居乃追求適意，過著有親情
撫慰的田園生活。他在家人的陪伴下過著躬耕自讀的不仕生活，求得身心的安
頓，進而與大自然合而為一。陶淵明的〈飲酒詩二十首〉云：

> 結廬在人境，而無車馬喧。問君何能爾，心遠地自偏。採菊東籬下，
> 悠然見南山。山氣日夕佳，飛鳥相與還。此中有真意，欲辯已忘言。

〔註132〕

在田園裡透過親身參與農事，與大自然的冥合，體悟「真意」，亦即體悟道。
因為對至樸真性的追求與厭惡官場奉承阿諛的虛偽，陶淵明隱居而耕種，儘管
農家生活辛苦，「但使願無違」的堅持，讓陶淵明毅然辭官隱居，此願就是對
人類至真本心與道德的守護，亦是對真實自我的追求。

（三）「桃花源」的理想世界

在陶淵明的詩文中到處可見其嚮往隱逸生活與甘於田家勞動的句子，只
因對於個人理想境界追求。而陶淵明所追求的生活是一個與世隔絕的理想國
度——桃花源。其〈桃花源記〉云：

> 土地平曠，屋舍儼然，有良田美池桑竹之屬。阡陌交通，雞犬相聞。
> 其中往來種作，男女衣著，悉如外人。黃髮垂髫，並怡然自樂。

〔註133〕

此頗有自然淳樸、小國寡民的樣貌，人民純真沒有機心，富足快樂，猶如老子
所型塑的上古社會。陶淵明將個人田園生活與心中理想世界結合，隱逸生活讓
他能更靠近自己的夢想。由此可知陶淵明的理想追求是社會的、群體的，具有
平民百姓的淳樸，而不是像多數魏晉高士，他們的追求通常是個人的、自我的，
並帶有貴族氣息。〈桃花源記〉表現出陶淵明將理想境界由虛幻拉回人世間，
與人群共同享有這片人間樂土的心願。

透過對魏晉隱逸高士思想的探討，我們可以更深入的了解其隱逸的動機
與個人理想為何，因此在看他們的行為時，也比較可以理解。以下則針對魏晉
高士言行生活方面的特質加以歸納論述。

〔註132〕（晉）陶淵明：〈飲酒詩二十首〉，收入逯欽立輯：《先秦漢魏晉南北朝詩‧晉
詩》，卷十七，頁998。
〔註133〕（晉）陶淵明：〈桃花源記〉，收入（清）嚴可均輯：《全晉文》，卷一百十一，
頁2098。

貳、魏晉高士的行為特質

　　魏晉時代儒玄佛交流，思想多元而複雜。高士們除了有某些特質相同之外，如個性恬淡、不慕榮利、個體自覺等，因所秉持的隱逸思想不同，其行為特質亦有所不同。隱逸思想是內隱的，言行事蹟則是外顯的，在探討其思想之餘，也應注意其言行上的特質，故一並討論於下。

一、恬淡寡欲，超越世俗

　　魏晉高士的性格多傾向恬淡寡欲，無爭無執，因其無爭的性格，故可遺落世事，過著簡樸的生活；而其所秉持的價值通常是超越世俗的。因為性格的恬淡寡欲，所以對於物質生活的要求通常僅止於溫飽而已，據《晉書·隱逸傳》所載，孫登「夏則編草為裳，冬則被髮自覆」；董京「時乞於市」；翟湯「耕而後食，人有饋贈，雖釜庾一無所受」；楊軻「常食粗飲水，衣褐縕袍，人不堪其憂，而軻悠然自得」；公孫鳳「冬衣單布，寢處土床，夏則并食於器，停令臭敗，然後食之。」包括皇甫謐、陶淵明，因為個性寡欲無爭，不對物質享受做過多的要求，故能忍受隱居生活的清苦。

　　這些高士們多數受過朝廷的徵召，有機會過著更好的物質生活，然而他們卻堅決的婉拒朝廷美意，原因在於其所秉持之超越世俗的價值觀。不管是傾向儒家，或是偏重於玄學，高士們心中都有一個屬於自己的「桃花源」，而這個「桃花源」通常是與世俗迥異而超越之。世俗人所喜，正是高士所惡；世俗所重，適為高士所輕。《高士傳》載劉表質疑龐統不出仕而苦居畎畝，將無財物遺留子孫，龐統卻說：「世人皆遺之以危，今獨遺之以安。雖所遺不同，未為無所遺也。」〔註134〕傳統世俗觀念下，總希望身後留下金銀財寶、土地田產給子孫，讓子孫過著富足無慮的生活，然龐統卻認為財貨反而會帶給子孫禍患，清簡躬耕的生活與世無爭，方能保障子孫的平安。陶淵明忍受農耕的辛苦也是為追求「全其自然本性」的個人理想，而這個理想的追求必須辭官歸田方能實現，於是他放棄「功名」這個世俗價值，選擇超越它而追求自己的理想境界。

　　隱居生活多半清苦，若沒有恬淡寡欲的性格，則難以忍受；清貧生活的忍受，若沒有一超越世俗的理想追求，則難以持續。此二者是普遍存在於魏晉高士與歷代隱士的共同特質。

〔註134〕（晉）皇甫謐撰，（明）吳琯校：《高士傳》，頁118。

二、感通萬物，養神修道

　　從將山林視為避害遠禍之所，到入山林以洗滌機心、淨化心靈，魏晉高士一直將山林視為得以全生逍遙、養神修道之所，之所以如此，與老莊思想廣泛的被接受有關。老子講自然無為，莊子談山林間逍遙，棲處山林成為擺脫世俗紛擾的絕佳處所，山林泉石清幽秀麗，徜徉其中可亦獲得至高的審美享受，加上魏晉時值亂世，避居山林可遠離災禍，於是山林讓魏晉高士入而不知返了，例如：郭文「少愛山水，尚嘉遁」，每游山林，彌旬忘反；劉驎之「好游山澤，志存遁逸」；公孫永「隱於平郭南山」，吟詠巖間，欣然自得；謝敷「入太平山十餘年」。

　　然隱於山林之中若不能與大自然和諧相處，則危機四伏，淮南小山的〈招隱士〉：

> 罔兮沕，憭兮慄，虎豹穴。叢薄深林兮人上慄。嶔岑碕礒兮碅磳磈
> 硊，樹輪相糾兮林木茷骫。青莎雜樹兮薠草靃靡，白鹿麕麚兮或騰
> 或倚。〔註135〕

極言山中的危險，虎豹隨時會出現噬人。然而魏晉高士卻能入於山林安然無恙，與自然生物和諧共處，如：郭文以手探去猛獸口中之橫骨即是一例。長時間處於大自然，隱者通常會發展出與週遭環境和諧共處的能力，以及一顆與物相感相通的心靈。郭文於猛獸口取骨之事或許並非真實，然此事背後所傳達的正是莊學的最高境界：物我合一與無機心。郭文獨宿於猛獸危害的山林間而卒無患害，表示郭文已融入大自然間，物我界線泯除；猛獸張口向郭文，郭文不懼反而視其口中，並以手探去橫骨，這是郭文於與野獸之間的無機心，郭文不認為野獸將害己，野獸亦信任郭文而無加害之心，二者天機純然，達於至善至美的境界。其他像董景道「隱於商洛山，衣木葉，食樹果，彈琴歌笑以自娛，毒蟲猛獸皆繞其傍」；朱沖「沖居近夷俗，羌戎奉之若君，沖亦以禮讓為訓，邑里化之，路不拾遺，村無凶人，毒蟲猛獸皆不為害。卒以壽終。」皆體現莊子感通萬物，與物合一的境界。

　　魏晉高士除了長期接觸大自然，懂得與自然和諧共處之外，更有入山修道，採藥服食，求得神仙長生不老身之人，如張忠，《晉書‧隱逸傳》載：

> 恬靜寡欲，清虛服氣，餐芝餌石，修導養之法。冬則縕袍，夏則帶

〔註135〕（漢）淮南小山：〈招隱士〉，收入（清）嚴可均：《全漢文》，卷二十，頁239。

　　索，端拱若尸。無琴書之適，不修經典，勸教但以至道虛無為宗。
〔註136〕

陶淡亦好導養之術，認為仙道可祈，於是年十五、六歲，便服食絕穀，不婚娶。
這一類的高士其行為有如道士一般，除了養神之外，更以實際的行動養生，如
「餐芝餌石」、導養練氣，希望修煉成長生不死之身。《晉書·隱逸傳》還記載
了石垣的神仙事跡：「人有喪葬，輒杖策弔之。路無遠近，時有寒暑，必在其
中；或同日共時，咸皆見焉。又能闇中取物，如晝無差。」〔註137〕可見隱逸
已從莊子順性逍遙的思想層面發展到與仙道結合，具有神秘感的宗教層面。南
朝之後，道觀佛寺林立，為宗教而隱者越來越多，隱者高士的言行特質又產生
一些變化了。

三、樂游高門，隱似非隱

　　東晉於江南建立政權後，過江名士發現江南山水的秀美，群邀共遊山水，
以其玄心觀照山水美景。在他們的心目中，山林是充滿美感而高逸的，而隱逸
是極高尚的行為。此時因仕隱界線泯除，隱居重在「得其意」，高士不再拘於
隱逸的形式，開始與朝宦、名士往來密切。最典型的是戴逵、許詢，他們一方
面過著隱居山中的生活，享有高譽；一方面接受名士諸侯的餽贈，〔註138〕世
情未盡。

　　此時的高士行為特質與名士漸趨相同，如戴逵博學多聞，好談論，善屬文，
能鼓琴，工書畫，當時名士所擅長的，他一樣也沒少，更難得的是，他是一位
隱逸的高士，因此極受名士們的喜愛。許詢亦是如此，不僅有才藻，善屬文，
又能清言，猶如名士一般。許詢堅守不出仕的高遠情志受人尊敬，劉真長云：
「清風朗月，輒思玄度。」意指許詢之隱者清高的風度與清風朗月之高逸境界
相契合，所重者在其「高情」。在魏晉以隱為高、泯滅仕隱之分的思想下，此
種隱而非隱的型態在當時社會並不覺得怪異，名士們反而樂與高士遊，期沾染
一些高尚的隱逸氣息；相對的，高士亦不會拒絕與名士們往來，以有名士氣息
為榮，可謂之「高士名士化，名士高士化」了，這是東晉高士最與眾不同的地
方。

〔註136〕　（唐）房玄齡等撰：《晉書·隱逸傳》，卷九十四，頁2451。
〔註137〕　（唐）房玄齡等撰：《晉書·隱逸傳》，卷九十四，頁2450。
〔註138〕　例如：郗超為戴逵造百萬居宇，甚精整。許玄度隱在永興南幽穴中，每致四
　　　　　方諸侯之餽贈。

　　朝隱與通隱象徵著仕隱界線從理論上與實際行動上都消弭了，山水也不再是隱居山林者的專屬，而成為士人之間共同的愛好，朝中名士們藉著優游山林紓解的身心壓力，滌淨廟堂的污濁，得到心靈的超越脫俗，進而將山水視為審美的對象，以其玄心，進行妙賞。曾經隱而後仕者，如謝安、孫綽與王羲之等，即使入仕後，仍縱情於山水，不管名士或高士，他們都愛山林之美，欣賞著清巖幽壑，泉水激石，並以山水滌除機心、淨化心靈。

四、好讀《易經》，識見清明

　　《易》、《老》、《莊》三玄是魏晉士人清談所資，此三部書更影響魏晉士人的出處應對、言行思想，甚至可以說已經深入魏晉士人的生命中。《晉書‧隱逸傳》載：孫登「好讀《易》，撫一絃琴，見者皆親樂之」，他對嵇康「才多識寡」的勸告，正顯現其清明之識見。楊軻少好《易》；索襲精通陰陽五行；陶淡好讀《易》，善卜筮；董京遁去之後，於其所寢處留有詩曰：「乾道剛簡，坤體敦密，茫茫太素，是則是述。」這些都是魏晉高士熟習《易》的證明。

　　自古《易經》這部「絜靜精微」的經典即與隱者有密切的關係，嵇康的《聖賢高士傳》載高士與《易》有關的，如司馬季主「以卜為業，所謂上德也」；尚長讀《易》至〈損〉、〈益〉卦，而有「富貴不如貧賤」之體悟。《後漢書‧逸民傳》載：

> 初，萌與同郡徐房、平原李子雲、王君公相友善，並曉陰陽，懷德穢行。房與子雲養徒各千人，君公遭亂獨不去，儈牛自隱。時人謂之論曰：「避世牆東王君公。」[註139]

其注引嵇康的《聖賢高士傳》：「君公明《易》，為郎。數言事不用，乃自汙與官婢通，免歸。詐狂儈牛，口無二價。」這些隱士都通《易》，並能洞燭機先，具防前慮後的識見。

　　易經的「易」，一是「變易」、二是「簡易」、三是「不易」。萬事萬物雖然都在不斷的變動中，然其背後的規律與法則是簡易而不變的。若能掌握其原理與法則，面對世間的紛紛擾擾亦能從容鎮定，謀定後動。政治動盪之際，士人出處言行必須更加謹慎，歷史上士人命喪於政治鬥爭中不可勝數，血淚斑斑的教訓令人怵目驚心。曹魏與司馬氏間的權力爭鬥，名士被戮過半；八王之亂，多少士人無辜捲入而成為刀下魂。昨是而今非的政治局勢變化太快，因戀棧功

〔註139〕（南朝宋）范曄：《後漢書‧逸民傳》，卷八十三，頁2760。

名而不知及時引退者往往死於非命，此時洞見事情的先機而能及早反應，才能免於是非、保全性命，故亂世中欲求得倖免，有賴清明的「識見」。

在孔子的詮釋下，《易》成了啟示為人處世，使人趨吉避凶的一門學問。所謂「懸象著明」，是藉著「象」的啟示，達到內心之「明」，如此方能洞見識察，知所進退。兩漢以來盛行象數之學，《易》成了人們占卜吉凶，探索幽微的工具。自王弼主張得意而忘象，直探經文的微言大意，義理之學取代了象數之學，使象數之學沉晦了好幾世紀。然而不管象數或義理，它對士人出處決定均極具啟發性，隱者高士所表現出來的「識見」與《易》不可說沒有關聯。魏晉高士之所以常能保全其身，進退得宜，可歸於其清明洞察的識見，而此清明洞察的識見有一部分是來自《易》的研讀與啟發。

五、道德淨俗，個性顯美

誠如上一章節所言，魏晉之隱士有傾向儒德之隱與道性、玄心之隱者，然不管是哪一類型的高士，在他們的言行中都散發出一種美，前者是道德之美，後二者則是個性之美。儒德之隱者通常遵循儒家道德儀節，為人好學不倦、謙讓有禮，具有高尚情操，即使不遇不仕，仍能堅守道德理想，他們多半隱於鄉里，或躬耕自讀，或講學著述、教化美俗於野，如管寧化俗於遼東；氾騰柴門灌園，琴書自適；夏統孝順父母，友愛弟兄。在這些高士的身上，我們可以看到道德之善，以及由此產生的社會影響力，足以激貪厲濁，教化世俗。

具個性之美的高士們通常恬靜寡欲，並能自得其樂，其隱逸是順性而為之，並非有何崇高的道德理想，所表現的是莊學的超脫世俗，以及彰顯個性的美感，如：嵇康順其性格與自由意志，超越世俗名教觀念，所顯現的是個性張力的美；陶淵明因為想隱居而隱居，絲毫不造作，強調「但使願無違」的真性情。因為脫離了「功用」與「目的」的觀點，純粹就其本性本心而行，個體意識因此被彰顯出來而呈現一種美感，而這種美感就是魏晉士人所追求而看重的。

魏晉高士亦是時代知識分子的一支分流，與其他士人一樣，同受玄學思想的影響，而表現出與前朝隱者相異的行為特質。因為受《易經》的啟發，他們洞燭機先，知所進退；因為個性恬淡，所以不貪戀世俗功名；因為長期與大自然相處，他們心懷謙卑，尊重自然萬物，進而感通萬物，並在山林中養性修道；因為隱逸的動機不同，有的高士隱居後仍著述不輟，教化鄉里；有的隱逸是順性而為之，其隱逸正表現了個性的美感。

　　以上是針對魏晉高士所做的考察，除了援用嵇康與皇甫謐的兩本《高士傳》，還對《晉書‧隱逸傳》和《世說新語‧棲逸篇》中的隱者高士進行歸納分析，釐清其隱逸思想，找出其行為特質。魏晉的高士雖不參與政治，卻發揮了極大的影響力，在政治風氣上，高士們清廉不邀名利的形象，有以清蕩濁之效；在文化傳承上，高士們著述寫作，講學授徒，有助於亂世典籍之流傳與保存；在個體意識上，他們充分爭取自我實現的機會，將個人價值提升。由於隱逸風氣的盛行與人間美的注重，隱逸甚至成為一種審美的客體，南北朝之後的文化，莫不受到魏晉隱逸文化的啟發，這些就是魏晉高士所留給後世的寶貴遺產。

結　論

一、魏晉「名流」甄品

　　本文從知識分子的角度來看魏晉士人的分流，所以將知識分子的定義先行釐清。從「知識分子」此名稱的歷史淵源而言，知識分子具有高道德感，關懷公眾事務，並勇於對權威體制提出批判的特質。所以我們可對「知識分子」下一定義：所謂知識分子是指具有相當的知識學問，並對政治、社會關切並具有影響力的人物。

　　中國古代的士原是貴族的最低等級，平時學習詩書、射御等知識技能，為上層貴族階級服務。在春秋戰國之際，由於社會急遽變動，演變成一獨立階層。孔子與其弟子是士階層形成之初的首批士人，在新興的士人形成之時，儒家就賦予承擔「道」的任務與價值觀，使士人對國家社會有強烈的使命感與道德觀，他們關心政治，批判不合理的現象，可以說，中國古代的士，就是當時的知識分子。

　　對於魏晉的知識分子的探討，本文從名士、文士、高士三個角度進行。名士們的思想大致圍繞著儒道、名教與自然的議題。從漢末經學漸漸衰微，個人意識覺醒，到曹魏正始年間，何晏、王弼等正始名士援引老莊思想以解釋儒家典籍，試圖調和儒道，玄學漸漸走入魏晉名士的生命，影響名士的生活情趣、思想感情與處世態度。不同於正始集團，另外有一批名士相聚於竹林下酣暢快飲，玄言清談，此為竹林名士，其中以阮籍、嵇康為代表。政治的紛擾，讓竹林名士徘徊在仕與隱之間，欲隱不得隱，不欲仕卻又被迫出仕，加上虛偽的禮教之士舉著名教的旗幟，暗地行迫害異己、謀取私利的勾當，讓竹林名士們苦

悶難解。他們以任誕的行為來反抗污濁的社會，並對儒家名教制度加以撻伐，從思想與行為做徹底的反擊。

西晉名士承續正始以來的清談，善於清談者多被捧為名士，享譽士林，其中以王衍、樂廣為代表。險惡的政局和苟且的心態讓西晉名士當官以不嬰世務為高尚，以恪勤匪懈者為鄙俗。向秀、郭象的自生、獨化理論順應時勢出現，相對的也為名士縱情任性的行為提供理論的依據，故西晉名士多半重視生活的享樂。東晉名士對於西晉縱欲享樂過度的生活態度加以反省，加上亡國的沉痛，人生態度轉而務實，並在江南秀麗的山水與佛學思想的影響下，發展出一種風流灑脫與優雅從容的氣度。

至於魏晉文士，因漢魏之間，社會歷經戰亂，傳統儒學價值漸漸崩解，在大環境的影響下，建安時期文士的特質多傾向通脫率直、慷慨多氣。在曹氏父子的帶領下，建安時期文學繁榮，文士輩出。此時文學作品多反映現實，描寫戰亂所造成的家園殘破、人民生離死別，且由於此時期的文士仍受儒家思想影響，故對於社會國家均表現出相當的責任感，詩文中常表達自己欲效命沙場、建立功業的企圖心。魏晉之交，正始年間，由於司馬氏與曹爽權力鬥爭激烈，何晏、鄧颺、夏侯玄等眾多名士被戮；司馬氏又弒高貴鄉公，以殘忍的手段取得政權。此時的文士多不滿司馬氏之作為，其中以嵇康的不合作與阮籍的雖仕若隱為典型。因對現實的不滿與受玄學思想影響，二人均嚮往超脫塵俗的境界，表現在散文中，出現具高度思辨性的論理文章，有時更結合了空靈飄忽的境界；在詩歌中，則出現游仙思想的內容。

西晉建立之初，政治維持了二十年的穩定，此時的文士追求物質生活與富貴榮華，生活中是珍服麗食，彼此競鬥豪奢與熱衷功名。文學中則是錯彩鏤金，著重麗辭與寫實。崇尚華美之風自文士的日常生活開始，到其文學作品，甚至是文學理論。東晉之後，受到政局偏安、地理環境、玄學思想的交互影響下，文士的心態又不同了。東晉文士不再沉迷於物質享樂中，他們追求的是一種高雅閒適的生命情態，滿足於適性自得的人生境界，並將山水視為一種審美的客體，移情於山水之中。

魏晉是隱逸風氣極為盛行的時代，隱士眾多，故將魏晉高士的隱逸區分為儒德之隱、道性之隱、玄心之隱與高情之隱，並從高士內在的隱逸思想與外在行為予以觀察歸納，以爬梳出魏晉高士的特質。就隱逸思想方面而言：嵇康提出「越名教而任自然」的玄學主張來討論自然與名教間的問題，以之審視嵇康

的隱逸思想，發覺嵇康欲超越名教，先透過拋棄世俗價值的手段以強調名教之虛偽與腐敗，進而超越之，而隱逸的生活與任誕的行為適足以表現對世俗價值的超越。然而嵇康的隱逸思想並非停留於此，而是進一步想達到「任自然」的境界，隱逸的生活少去外在環境的許多紛擾，利於養神全性，而達到「是非無措」的任心境界，嵇康的隱逸觀代表了當時名士對司馬政權的不滿與個人心志的追求。

　　皇甫謐則站在儒家道德的立場看待隱逸，並確立高士敦美風俗的功能，所代表的是西晉士人注重現實，與政權合作的傾向。葛洪的隱逸思想極為複雜，除了認為高士可著述、美俗，亦欲藉隱逸淡泊清靜之生活以追求養生，進而成仙。他的隱逸思想反映了兩晉之交儒學與玄學漸趨融合，以及神仙道教的盛行。

　　戴逵則以山水為滌淨機心、保存全真本性的處所，所以時時留連山水之間，方能養澹泊之性，而此點是東晉士人看待山水的新觀點，其隱逸思想反映出東晉士人樂於親近山水的原因。陶淵明則是東晉後期玄學精神的守護者。他堅守玄學中最根本的內核「自然」，以詩文弘揚之，以行為實現之。〔註1〕其所表現的隱逸精神是落實在人間，透過親身參與農事而體道，並進而塑造一個無爭無為、淳樸自然的理想世界。觀乎魏晉高士的言行特質發現，其個性多半恬淡寡欲，價值觀超越世俗，對於政治局勢與自身處境常有明智的識見，故於亂世中能全身而退。

　　名士、文士與高士此三種不同面向的士人，正代表在魏晉特殊的時空背景下士階層的分流，此點從《名士傳》、《文士傳》與《高士傳》的編纂可為佐證。魏晉的名士、文士與高士在當時都有明確的定義：名士乃指具有玄學思想，儀態風流瀟脫，任情順性，又善於清談之士；文士則指長於寫作文章的士人；高士則是高尚其志，隱而不仕之士。雖然有些士人同時擁有其中的兩種或三種身分，然而此三類卻不可混為一談，也不可以其中一類去涵蓋魏晉所有的士人，這是本篇論文所欲表達的觀點。李清筠曾就「名士」的定位問題表示她的看法，她說：

　　　　一般人對「魏晉名士」的認識，往往存在兩個盲點：一是將「名士」
　　　　定位於「任誕不羈、傲世輕俗」的呆板形象中，從而有較為負面的
　　　　批評。二是在某種程度上，將「魏晉名士」等同於「魏晉士人」，因

〔註1〕孫若風：《高蹈人間——六朝文人心態史・江左遠韻》，頁197。

　　　而使「名士」成為一種很普遍的人物形象。這兩個盲點對「名士」

　　　本身獨具的特色，不能說不是極大的斲傷。〔註2〕

其所抱持的看法亦是如此，她認為魏晉名士不等同於魏晉士人，若等同之，則
名士獨具之特質將無法凸顯。相同的情形亦出現在「文士」一詞的使用上，以
往常出現將文士等同於所有士人，或以文士等同於名士的情形。如果我們在詞
彙與涵義上能更謹慎的使用，將可避免這樣的混淆，並還原魏晉士人的真實面
貌，呈現其個人與群體之特質，如此方可見到魏晉士人之多面向。

二、魏晉知識分子的典型代表

　　　本文以《名士傳》、《文士傳》與《高士傳》所載之魏晉知識分子為主要考
核對象，就其思想與行為特質加以耙梳，整理出被列為名士、文士與高士者。
其中也有身分重疊的，有的是名士兼文士，有的是名士兼高士，也有同時被歸
為名士、文士與高士者，表示這些士人同時具備魏晉知識分子的許多特質，堪
稱魏晉知識分子最典型之代表。以下擬就前面三章所界定的名士、文士與高
士，以表格的方式將這些重疊者整理出。

名士兼文士	名士兼高士	文士兼高士	名士、文士兼高士
王弼、嵇康、阮籍、張華、郭象、顧榮	嵇康、阮裕、許詢	嵇康	嵇康

　　　由表格可發現：王弼、嵇康、阮籍、張華、郭象、顧榮兼具名士與文士的
身分，也就是說，他們既有名士的玄心風流，又長於屬文。其中王、嵇、阮、
郭四人對於當時玄學理論的建構，均有極大的貢獻，嵇、阮二人又在行為上開
啟放達任誕之風，影響後世名士之言行甚大；張華才高博學，容貌俊美又善於
清談；顧榮由吳入晉，亦有高才，與陸機兄弟被稱為「三俊」，平生好琴，恒
縱酒酣暢，甚至醉酒以避禍，頗有阮籍之風。這些人不僅有名士的風流，亦同
時擁有文士的高才。

　　　嵇康、阮裕、許詢兼具名士與高士的身分。嵇康為名聞天下之名士，曾隱
於山陽；阮裕被時人譽為兼有諸名士之美，〔註3〕亦數度出仕，後隱居於會稽
剡縣；許詢雖未出仕，然與名士交遊密切，且能清談，多才藝，亦具名士特質。

〔註2〕李清筠：《魏晉名士人格研究》（臺北：文津出版社，2000年），頁32。

〔註3〕余嘉錫《世說新語箋疏・品藻30》：「時人道阮思曠：『骨氣不及右軍，簡秀不
　　　如真長，韶潤不如仲祖，思致不如淵源，而兼有諸人之美。』」（頁519～520。）

　　其中特別的是兼具名士、文士與高士身分的嵇康。嵇康以其高大巍峨的身形、灑脫放達的姿態為眾人所稱羨，又有「越名教任自然」的玄學理論，自然符合時人對於名士的認定標準；嵇康的詩文數量多而思想豐富，在沉寂的正始年間，其文學作品綻放出異樣的光采，當然是文士；因不滿司馬氏政權與對本性的順應，嵇康隱居不仕，又著有《聖賢高士傳》表達自己對隱逸的嚮往，亦足以代表高士。嵇康將莊子至高的境界落實在人境，其生命情調與人生境界對後世的啟發很大，他提供了一種生活態度，一種心靈境界供後人追求。有別於在儒家思想的影響下總是規步矩行、重視倫常的前朝士人，魏晉知識分子有更多與自我、與山水的對話的機會。

　　魏晉士人處於一個政治黑暗的時代，不管是名士、文士或高士，都深受玄學思想影響，進而孕育出更富生機的山水文化，與更具彈性的應世態度。中國知識分子的特質中，屬於山水的、藝術的、優雅的氣質，有一大部分是來自於魏晉知識分子，玄學除了給予他們內心的撫慰與思想的寄託，更為其打開另一扇與自然溝通的大門，使以往以人為主的思考模式，轉變為與萬物齊同的尊重，促成了人與自然間的交流，山水與人文從此密而不分。透過當時士人的分析，正足以展現魏晉特殊的文化現象與文化業績。

參考書目

一、古籍（依作者年代先後排列）

1. （周）呂不韋編：《呂氏春秋》（北京：中華書局《諸子集成》，1954 年）
2. （周）管仲撰：《管子》（北京：中華書局《諸子集成》，1954 年）
3. （周）荀況撰：《荀子》（北京：中華書局《諸子集成》，1954 年）
4. （周）墨翟：《墨子》（北京：中華書局《諸子集成》，1954 年）
5. （周）李耳：《老子》（北京：中華書局《諸子集成》，1954 年）
6. （周）莊周著，（晉）郭象注：《莊子》（臺北：藝文印書館，1983 年）
7. （周）列禦寇著，楊伯峻集釋：《列子集釋》（臺北：華正書局，1987 年）
8. （漢）劉安編，劉文典集解：《淮南鴻烈集解》（上海：上海書店，1931 年）
9. （漢）劉向輯，（宋）鮑彪校注：《戰國策》（臺北：臺灣商務印書館，1976 年）
10. （漢）桓譚撰，（清）孫馮翼輯注：《新論》（臺北：中華書局，1981 年）
11. （漢）韓嬰著，周延寀校注：《韓詩外傳》（北京：中華書局，1985 年）
12. （漢）王充：《論衡》（上海：上海古籍出版社，1990 年）
13. （漢）司馬遷：《史記》（北京：中華書局《二十四史》，1997 年）
14. （漢）班固：《漢書》（北京：中華書局《二十四史》，1997 年）
15. （魏）嵇康著，戴明揚校注：《嵇康集校注》（臺北：河洛出版社，1978 年）
16. （魏）劉邵著，吳家駒注：《人物志》（臺北：三民書局，2006 年）
17. （魏）王弼著，樓宇烈校釋：《王弼集校釋》（臺北：華正書局，2006 年）
18. （晉）袁宏著，古田敬一輯：《文士傳輯本》（京都：中文出版社，1981 年）

19. （晉）陳壽：《三國志》（北京：中華書局《二十四史》，1997 年）

20. （晉）皇甫謐：《高士傳》（臺北：台灣中華書局，1980 年）

21. （晉）皇甫謐撰，（明）吳琯校：《高士傳》（北京：中華書局，1985 年）

22. （晉）葛洪《抱朴子》（臺北：新文豐出版社，1998 年）

23. （南朝宋）范曄：《後漢書》（北京：中華書局《二十四史》，1997 年）

24. （南朝宋）劉勰撰，周振甫注：《文心雕龍注釋》（台北：里仁書局，1984 年）

25. （南朝梁）蕭子顯：《南齊書》（台北：成文出版社，1971 年）

26. （南朝梁）慧皎：《高僧傳》（臺北：廣文書局，1976 年）

27. （南朝梁）劉勰著；詹鍈義證：《文心雕龍義證》（上海：上海古籍出版：1989 年）

28. （南朝梁）沈約：《宋書》（北京：中華書局《二十四史》，1997 年）

29. （北齊）顏之推：《顏氏家訓》（臺北：臺灣商務印書館，1986 年）

30. （唐）房玄齡：《晉書》（北京：中華書局《二十四史》，1997 年）

31. （唐）李善《文選》（臺北：藝文出版社，1991 年）

32. （唐）姚思廉：《梁書》（北京：中華書局《二十四史》，1997 年）

33. （唐）張彥遠輯：《法書要錄》（西安：陝西人民出版社，2007 年）

34. （宋）贊寧等撰：《宋高僧傳三十卷》（臺北：臺灣商務印書館，1977 年）

35. （宋）朱熹：《詩集傳》（臺北：臺灣商務印書館，1966 年）

36. （宋）司馬光：《資治通鑑》，（臺北：臺灣商務印書館，1967 年）

37. （清）顧炎武著，黃汝成集釋：《日知錄集釋》（上海：上海古籍出版社，2006 年）

38. （清）阮元注疏：《詩經》（臺北：藝文印書館《十三經注疏》，1955 年）

39. （清）阮元注疏：《易經》（臺北：藝文印書館《十三經注疏》，1955 年）

40. （清）阮元注疏：《禮記正義》（臺北：藝文印書館《十三經注疏》，1955 年）

41. （清）阮元注疏：《春秋左傳正義》（臺北：藝文印書館《十三經注疏》，1955 年）

42. （清）阮元注疏：《儀禮》（臺北：藝文印書館《十三經注疏》，1955 年）

43. （清）阮元注疏：《穀梁傳》（臺北：藝文印書館《十三經注疏》，1955 年）

44. （清）阮元注疏：《孟子》（臺北：藝文印書館《十三經注疏》，1955 年）

45. （清）阮元注疏：《尚書》（臺北：藝文印書館《十三經注疏》，1955 年）

46. （清）阮元注疏：《論語》（臺北：藝文印書館《十三經注疏》，1955 年）

47. （清）趙翼：《二十二史箚記》（臺北：樂天出版社，1973 年）

48. （清）張溥輯，殷孟倫注：《漢魏六朝百三家集題辭注》（臺北：河洛出版社，1975 年）

49. （清）王夫之：《讀通鑑論》（臺北：中華書局景印《四部備要》，1981 年）

50. （清）嚴可均輯：《全上古秦漢三國六朝文》（京都：中文出版社，1981 年）

51. （清）黃奭輯：《黃氏逸書考》（京都：中文出版社，1986 年）

52. （清）黃宗羲著，全祖望補修：《宋元學案》（臺北：華世出版社，1987 年）

53. 丁福保編，逯欽立輯校：《先秦漢魏晉南北朝詩》（北京：中華書局，1998 年）

二、近人專著（依出版年代先後排列）

1. 楊寬：《古史新探》（北京：中華書局，1965 年）

2. 敖士英：《中國文學年表》（臺北：文海出版社，民 1971 年）

3. 余英時：《歷史與思想》（臺北：聯經出版社，1976 年）

4. 胡秋原：《古代中國文化與中國知識分子》上下冊（臺北：學術出版社，1978 年）

5. 廖蔚卿：《六朝文論》（臺北：聯經出版公司，1978 年）

6. 何啟民：《中古門第論集》（臺北：台灣學生書局，1978 年）

7. 張仁青《魏晉南北朝文學思想史》：（臺北：文史哲出版社，1978 年）

8. 李辰冬：《文學新論》（臺北：東大圖書公司，1979 年）

9. 劉師培：《中古文學史》（臺北：世界書局，1979 年）

10. 江建俊：《建安七子學述》（臺北：文史哲出版社，1982 年）。

11. 王瑤：《中古文學史論集》（上海：上海古籍出版社，1982 年）

12. 江建俊：《漢末人倫鑒識之總理則：劉邵人物志研究》（臺北：文史哲出版社，1983 年）

13. 韓國磐：《魏晉南北朝史綱》（人民出版社，1983 年）

14. 許倬雲《求古編》（台北：聯經出版社，1984 年）

15. 陸侃如：《中古文學繫年》（北京：人民文學出版社，1985 年）

16. 王瑤：《中古文學史論》（臺北：長安出版社，1986 年）

17. 王鍾陵：《中國中古詩歌史》（江蘇教育出版社，1988 年）

18. 成功大學中文系編：《尉素秋教授八秩榮慶論文集》（臺北：文史哲出版社，1988 年）

19. 錢穆：《中國思想史》（臺北：學生書局，1988 年）

20. 許杭生：《魏晉玄學史》（陝西師範大學，1989 年）

21. 呂正惠：《抒情傳統與政治現實》（臺北：大安出版社，1989 年）

22. 林文月：《中古文學論叢》（臺北：大安出版社，1989 年）

23. 朴美齡：《世說新語中所反映的思想》（臺北：文津出版社，1990 年）

24. 馮友蘭：《中國哲學史新編》（臺北：藍燈文化事業，1991 年）

25. 成功大學中文系編：《魏晉南北朝文學與思想研討會論文集》（臺北：文史哲出版社，1991 年）

26. 馮友蘭：《中國哲學史新編》（臺北：藍燈文化事業，1991 年）

27. 張習孔主編：《中國歷史大事編年》（北京：北京出版社，1991 年）

28. 張蓓蓓：《中古學術論略》（臺北：大安出版社，1991 年）

29. 毛漢光：《中國中古社會史論》（臺北：聯經，1992 年）

30. 唐翼明：《魏晉清談》，（臺北：東大出版社，1992 年）

31. 延濤、林馨：《中國古代的士》（鄭州：河南人民出版社，1992 年）

32. 羅宗強：《玄學與魏晉士人心態》（臺北：文史哲出版社，1992 年）

33. 張可禮：《東晉文藝繫年》（濟南：山東教育出版，1992 年）

34. 馮必揚等著：《士思維》（上海：上海人民出版發行，1993 年）

35. 成功大學中文系主編：《魏晉南北朝文學與思想學術研討會論文集（第二輯）》（臺北：文津出版社，1993 年）

36. 牟宗三：《才性與玄理》（臺北：臺灣學生書局，1993 年）

37. 牟宗三：《中國哲學十九講》（臺北：台灣學生書局，1993 年）

38. 孔繁：《魏晉玄談》（臺北：紅葉文化，1994 年）

39. 張岱年：《中國知識分子的人文精神》（鄭州：河南人民出版社，1994 年）

40. 戴燕：《玄意幽遠：魏晉玄學風度》（臺北：學欣文化，1994 年）

41. 盧盛江：《魏晉玄學與文學思想》（天津：南開大學出版社，1994 年）

42. 余英時：《中國歷史轉型時期的知識分子》（臺北：聯經出版社，1994 年）

43. 余英時：《中國知識階層史論〈古代篇〉》（臺北：聯經出版社，1994 年）

44. 曹道衡：《中古文學史論文集續編》（臺北：文津書局，1994 年）

45. 景蜀慧：《中國魏晉南北朝文學史》（北京：人民出版社，1994 年）

46. 王仲犖：《魏晉南北朝史》（上海：上海人民出版社，1994 年）

47. 袁濟喜：《人海孤舟——漢魏六朝士的孤獨意識》（鄭州：河南人民出版社，1995 年）

48. 王長華：《春秋戰國士人與政治》（上海：上海人民出版社，1995 年）

49. 王仁祥：《先秦兩漢的隱逸》（臺北：臺灣大學出版委員會，1995 年）

50. 王繼平：《嬗變與回歸：近代中國知識分子參與和模式研究》（武漢：華中理工大學 1995 年）

51. 彰化師範大學國文系主編：《第三屆中國詩學會議論文集——魏晉南北朝詩學》（彰化：彰化師範大學，1996 年）

52. 曹道衡：《中古文學史論文集》（臺北：洪葉文化，1996 年）

53. 余英時：《士與中國文化》（上海：人民出版社，1996 年）

54. 臺灣大學中國文學系編：《語文、性情、義理——中國文學的多層面探討學術會議論文集》（臺北：臺灣大學，1996 年）

55. 蔡振豐：《魏晉名士與玄學清談》（臺北：黎明文化，1997 年）

56. 廖蔚卿：《漢魏六朝論文集》（臺北：大安出版社，1997 年）

57. 陳鴻彝：《瀟灑人生——世說新語擷趣》（北京：中央民族大學出版社，1997 年）

58. 孫適民、陳代湘：《中國隱逸文化》（長沙：湖南出版社，1997 年）

59. 薩伊德著，單德興譯：《知識分子論》（臺北：麥田出版社，1997 年）

60. 張仲謀：《兼濟與獨善》（北京：東方出版社，1998 年）

61. 趙輝：《六朝社會文化心態》（臺北：文津出版社，1998 年）

62. 魯金波：《隱逸避世的名士集團：竹林七賢述評》（北京：首都師範大學，1998 年）

63. 王文進：《仕隱與中國文學——六朝篇》（臺北：台灣書店，1999 年）

64. 莊耀郎：《郭象玄學》（臺北：里仁書局，1999 年）

65. 周勛初：《魏晉南北朝文學論叢》（南京：江蘇古籍出版社，1999 年）

66. 李清筠：《魏晉名士人格研究》（台北：文津出版社，2000 年）

67. 高華平：《魏晉玄學人格美研究》（四川：巴蜀書社，2000 年）

68. 蔡忠道：《魏晉儒道互補之研究》（臺北：文津出版社，2000 年）

69. 孫若風：《高蹈人間：六朝文人心態史》（石家庄：河北教育出版社，2001年）

70. 許尤娜：《魏晉隱逸思想及其美學意涵》（臺北：文津出版社，2001年）

71. 孫若風：《高蹈人間——六朝文人心態史》（石家莊：河北教育出版社，2001年）

72. 張可禮：《東晉文藝綜合研究》（濟南：山東大學出版社，2001年）

73. 錢鍾書：《管錐編》（北京：三聯書局，2001年）

74. 龔鵬程：《中國文人階層史論》（宜蘭：佛光人文社會學院，2002年）

75. 畢寶魁：《中國歷代士人生活掠影》（瀋陽：瀋陽出版社，2003年）

76. 余嘉錫：《世說新語箋疏》（台北：華正書局，2003年）

77. 余英時：《歷史人物與文化危機》（臺北：三民出版社，2004年）

78. 倪佩君：《魏晉六朝學術研討會論文集》（臺北：東吳大學中國文學系，2005年）

79. 黃少英：《魏晉人物品題研究》（濟南：齊魯書社，2006年）

80. 甯稼雨：《魏晉名士風流》（北京：中華書局，2007年）

81. 姚維：《才性之辨：人格主題與魏晉玄學》（北京：人民出版社，2007年）

82. 邵建：《知識分子與人文》（臺北：秀威資訊科技，2008年）

83. 湯一介、胡仲平編：《魏晉玄學研究》（武漢：湖北教育出版社，2008年）

84. 蔣凡：《世說新語英雄譜》（北京：中國人民大學出版社，2008年）

85. 蔣星煜：《中國隱士與中國文化》（上海：上海人民出版社，2009年）

86. 湯用彤：《儒學‧佛學‧玄學》（南京：江蘇文藝出版社，2009年）

87. 劉蓉：《漢魏名士研究》（北京：中華書局，2009年）

88. 馬良懷：《魏晉文人講演錄》（廣西：廣西師範大學出版社，2009年）

89. 龔鵬程：《中國文學史》（臺北：里仁書局，2009年）

90. 蕭淑貞：《魏晉山水紀游詩文之研究》（臺北：臺灣學生書局，2009年）

三、學位論文（依發表年代先後排列）

1. 江建俊：《魏晉玄理與玄風之研究》（臺北：中國文化大學中文所博士論文，1987年）

2. 張釩星：《魏晉知識分子道家意識之研究》（臺北：政治大學中文所博士論文，1987年）

3. 朴泰德：《建安時代鄴下文士的研究》（臺北：臺灣大學中文所碩士論文，1989 年）

4. 紀志昌：《魏晉隱逸思想研究——以高士類傳記為主所作的考察》（臺北：輔仁大學中文所碩士論文，1998 年）

5. 許尤娜：《魏晉隱逸的內涵——道德與審美側面之探究》（臺北：淡江大學中文所碩士論文，1999 年）

6. 鄭惠玲：《名教自然與士的自覺——從《世說新語》看魏晉士人的生命觀》（彰化：彰化師範大學國文學系在職進修專班碩士論文，2002 年）

7. 張鳳翔：《劉勰文士論研究》（臺北：輔仁大學中文所碩士論文，2004 年）

8. 黃偉修：《名士：魏晉以前歷史上一個特殊知識階層之發展研究》（臺中：東海大學中文所碩士論文，2004 年）

9. 趙蕾：《文士傳研究》（開封：河南大學碩士論文，2004 年）

10. 林萃菱：《魏晉名士之情性研究：以唯我而情真為考察向度》（嘉義：嘉義大學中文所碩士論文，2005 年）

11. 丁紅旗：《皇甫謐高士傳研究》（開封：河南大學碩士論文，2005 年）

12. 林育信：《製作隱士：六朝隱逸史傳之歷史敘事研究》（新竹：清華大學中文所博士論文，2006 年）

13. 張瑀琳：《遊與友：漢晉名士交往行動探究》（臺南：成功大學中文所碩士論文，2007 年）

14. 張雅茹：《魏晉名教的理論與實際》（臺北：師範大學國文學系碩士論文，2008 年）

15. 周宛亭：《陳留阮氏之家學與家風研究——以《晉書》諸阮傳為對象》（臺南：成功大學中文所在職專班碩士論文，2008 年）

四、期刊論文（依發表年代先後排列）

1. 林麗真：〈魏晉人論聖賢高士〉，《孔孟月刊》18 卷 3 期（1979 年 11 月），頁 33～37。

2. 林麗真：〈魏晉清談名士之類型及談風之盛況〉，《書目季刊》第 17 卷 3 期（1983 年 12 月），頁 96～104。

3. 鄭也夫：〈符號、書與知識分子〉，《社會學研究》第 4 期（1992 年），頁 39。

4. 謝大寧：〈儒隱與道隱〉，《中正大學學報》，第 3 卷第 1 期（1992 年 10 月），頁 121～147。

5. 王曉毅：〈漢魏之際士族文化性格的雙重裂變〉，《史學月刊》第 6 期（1994 年），頁 12～17、25。

6. 李中華：〈從三曹到二十四友——試論魏晉文人集團與文學精神的演變〉，《武漢大學學報》第 2 期（1995 年），頁 69～75。

7. 孔毅：〈漢魏名士價值觀的演變〉，《齊魯學刊》第 2 期（1995 年），頁 58～63。

8. 郭英德：〈中國古代文人集團論綱〉，《中國文化研究》第 12 期（1996 年），頁 9～15。

9. 朱子儀：〈魏晉《高士傳》與中國隱逸文化〉，《中國文化研究》12 期（1996 年 5 月），頁 72～74。

10. 許尤娜：〈魏晉人物品鑑的一個新尺度：隱逸——以《世說新語·棲逸篇》為例〉，《鵝湖月刊》第 280 期（1998 年 10 月），頁 1～14。

11. 許尤娜：〈隱者、逸民與隱逸概念內涵之釐清——以東漢之前為限〉，《哲學與文化》第 294 期（1998 年 11 月），頁 1061～1074。

12. 詹福瑞：〈文士、經生的文士化與文學的自覺〉，《河北學刊》（1998 年），頁 84～88。

13. 張鈞莉：〈論魏晉名士的自我意識〉，《銘傳學刊》10 卷 2 期（1999 年 4 月），頁 151～168。

14. 王保頂：〈從士大夫到名士——論漢末士人階層政治品格的轉向〉，《孔孟月刊》38 卷 11 期（2000 年 7 月），頁 15～22。

15. 林敬文：〈陶淵明為人及其詩文裏蘊藏的哲理之探索〉，《運籌研究集刊》，第 1 期（2002 年 6 月），頁 67～100。

16. 邰積意：〈漢代隱逸與經學〉，《漢學研究》第 20 卷第 1 期（2002 年 6 月），頁 27～54。

17. 陳學舉：〈論士階層之形成〉，《北京工業大學學報》第 2 卷第 3 期（2002 年 9 月），頁 65～68。

18. 孫世民：〈魏晉時期老學對儒學德行觀的滲入：「世說新語—德行篇」為探討中心〉，《菁莪季刊》15 卷 1 期（2003 年 4 月），頁 10～21。

19. 蔡雅霓：〈歷史、玄學、名士──對王衍的重新審視〉，《警專學報》3 卷 3 期（2003 年 6 月），頁 212～237。

20. 林登順：〈從儒家「時」的概念論魏晉士人之隱逸風格〉，《南師語教學報》第 2 期（2004 年 7 月），頁 1～16。

21. 曹瑞峰、孫國華：〈從孫綽〈難八賢論〉析東晉出處回歸現象〉，《張家口職業技術學院學報》第 17 卷第 4 期（2004 年 12 月），頁 21～25。

22. 王曉波：〈「歸本於黃老」與「以無為本」──韓非及王弼對老子哲學詮釋的比較研究〉，《臺大哲學論評》，第 29 期（2005 年 3 月），頁 1～63。

23. 張鴻愷：〈從「才性四本」到「無累於情」──由《世說新語》看魏晉士人生活態度之轉變〉，《弘光人文社會學報》第 4 期（2006 年 5 月），頁 151～166。

24. 周靜佳：〈從《世說新語》論名士飲酒〉，《六朝學刊》第 2 期（2006 年 8 月），頁 15～42。

25. 張玲：〈行品與性品：《世說新語》及其文化敘事結構〉，《中國文化月刊》第 312 期（2006 年 12 月），頁 77～84。

26. 蔡長林：〈從「文學」到「文人」──漢代「文章」的經學底蘊〉，《東華人文學報》第 10 期（2007 年 1 月），頁 52～80。

27. 江建俊：〈來自禮法之敵的「發其高致」──由伏義〈與阮籍書〉探討阮籍超拔之思成立的反向動力〉，《第三屆儒道國際學術研討會》（臺北：臺灣師範大學，2007 年 4 月），頁 1～24。

28. 張鴻愷：〈漢代哲學至魏晉玄學的過渡──劉劭《人物志》析論〉，《問學》第 11 期（2007 年 6 月），頁 107～129。

29. 黃偉倫：〈六朝隱逸文化的新轉向──一個「隱逸自覺論」的提出〉，《成大中文學報》第 19 期（2007 年 12 月），頁 1～26。

30. 陳懷玉：〈論先秦至南北朝士人出處觀念的演變〉，《合肥師範學院學報》第 26 卷第 2 期（2008 年 3 月），頁 64～69。

31. 胡永杰：〈論兩漢士人文人化心態的萌芽、形成與發展〉，《河南教育學院學報》第 27 卷第 4 期（2008 年），頁 56～58。

32. 陳迎輝：〈魏晉人物審美的身體境遇〉，《學術交流》，第 173 期（2008 年 8 月）